U0542461

桑给巴尔岛印度洋沿岸椰林带（1984.6）

坦桑尼亚马赛干草原上的游牧民（1984.6）

坦桑尼亚西部高原热带稀树草原猴面包树（1984.6）

肯尼亚首都内罗毕工艺品市场（1998.11）

肯尼亚高地玫瑰园（1998.12）

乌干达赤道线上（1999.8）

埃塞俄比亚高原乡村民居（1999.4）

南非开普角（2010.10）

南非好望角（2011.8）

刚果（金）贝达村孩子们（2011.8）

刚果（布）贡贝农业示范园（2011.8）

与马里塞林格地区养鱼场职工合影（2011.9）

接待苏丹喀土穆大学东方学院院长

姜忠尽 著

非洲研究五十年：
非洲九国考察与研究

南京大学出版社

图书在版编目(CIP)数据

非洲研究五十年：非洲九国考察与研究 / 姜忠尽著
.— 南京：南京大学出版社，2021.9
ISBN 978-7-305-24909-9

Ⅰ.①非… Ⅱ.①姜… Ⅲ.①地理—非洲—文集
Ⅳ.①K94—53

中国版本图书馆 CIP 数据核字(2021)第 172573 号

出版发行　南京大学出版社
社　　址　南京市汉口路 22 号　　邮　编　210093
出 版 人　金鑫荣

书　　名　非洲研究五十年：非洲九国考察与研究
著　　者　姜忠尽
责任编辑　田　甜　　　　　编辑热线　025-83593947

照　　排　南京南琳图文制作有限公司
印　　刷　南京凯德印刷有限公司
开　　本　718 mm×1000 mm　1/16　印张 28.75　字数 547 千
版　　次　2021 年 9 月第 1 版　2021 年 9 月第 1 次印刷
ISBN 978-7-305-24909-9
定　　价　148.00 元

网址：http://www.njupco.com
官方微博：http://weibo.com/njupco
官方微信号：njupress
销售咨询热线：(025) 83594756

* 版权所有，侵权必究
* 凡购买南大版图书，如有印装质量问题，请与所购
  图书销售部门联系调换

前　言

　　1982年7月,我有幸被国家教育部派往非洲坦桑尼亚达累斯萨拉姆大学进修非洲地理,时年已44岁,但是一种使命感驱使我安心地同当地学生同吃同住同活动。为了更好地认识、了解、熟悉这些非洲朋友,我利用一切"可乘之机"去接近他们,熟悉他们,理解他们。两年的朝夕相处,使我们结下了不解之缘,非洲朋友们憨厚、淳朴、诚实、乐于助人,给我留下了难以磨灭的美好印象,我们之间建立了深厚的情谊。当非洲朋友们得知我即将回国时,无不流露出惜别之情,有的邀请我去家中做客,有的要求合影留念,希望我不要忘记他们,期盼有朝一日能再与我相会。回国后,我一直怀念那块远隔万里的非洲大陆及其哺育着的儿女们,期盼着有朝一日再一次登上非洲大陆,与昔日结交的好友们再相聚。

　　自1984年7月离开坦桑尼亚回国,到如今已过去30多年,期间我又先后踏遍了非洲其他八国,羁旅多年的异国他乡生活和踏上那片土地的场景仍历历在目。这片土地贫困、落后却又令人感动、兴奋、激动,我期待更多的国人能勇敢地踏上这片土地去拥抱她所养育的儿女,闯荡一番事业,感受另一番人生。

　　时至今日,令我难以忘怀的是,在达累斯萨拉姆大学期间,我利用一切可能的机会,踏遍了坦桑尼亚的每一个我想探索的角落,去挖掘我所需要的宝藏。在此期间,令我十分感动和受激励的是,该校在自身教育经费十分拮据的情况下慷慨解囊,资助我赴坦桑尼亚全国各地进行实地野外地理考察,时任校长库汉加教授亲自开具介绍信,等于给我开了一张考察坦桑尼亚各地的通行证。为了少花钱多跑地,我尽量求助于我国援助坦桑尼亚的各类工程队、医疗队和军事专家组。他们给了我大力的支持和帮助,使我得以顺利地完成了长达一个月的野外地理考察。值得一提的是,我曾乘坐轮船横渡印度洋住进我国驻桑给巴尔总领事馆。领事驱车陪我横穿全岛,沿途考察海岛生态环境和土地利用特点。从达累斯萨拉姆驱车北上,沿北方高地可到达山城阿鲁沙,我在那里重点考察了山地土地利用的垂直变化规律以及聚落分布特点。北方高地盛产咖啡。出首都南下,沿南方高地穿行至我国工程队驻地马昆巴科,我考察了我国援建的姆巴巴利农场和县城恩仲贝。小住几日期间,我还南行至马拉维湖北岸湖港。南方高地是盛产茶叶之地。出首都乘火车沿中央铁路西行,越过马赛干草原和稀树草原林地,我落脚在我国援坦桑尼亚医疗队驻地塔波拉,小住数日后继续乘车北上至西部高原热带稀树草原席尼安加地区,落脚在我国军事专家组驻地。之后,我沿途西行重点考察地理环境水平地带性变化规律和热带高原上农牧业的特点与地区差异、人与自然环境相互作用的状况和特点,旨在深入认识高原上各不相同的农业地域类型的地理环境、农业部门结构、农作物地域组合和畜群组成的特点,以及不同类型区乡村居民点与其生存环境的互动关系,进一步探讨在不同的地理环境下如何科学开发农业资源,因地制宜地布局农牧业生产和合理发展乡村工业,以促进乡村经济的发展。

1991年12月,我应美国伊利诺伊大学香槟分校于子桥(于右任嫡孙)教授的邀请,赴该校研究非洲问题。于教授时任美中非洲研究协会主席。该校图书馆专设有非洲分馆,有关非洲的藏书的数量在美国高校中名列前茅。该分馆除主任教授为白人女性外,其余3位均是非洲女性职员。我身处美国,但因研究非洲问题,几乎每天都在分馆度过。在这块别有情趣的小天地里,我深深地感受到了非洲文化的浓郁气息。当我离开伊利诺伊大学赴芝加哥的西北大学访问时,主任教授和维拉女士专门开车送我到芝加哥长途汽车站。她们深切表白:"我们从未接待过像您这样亲和的访问学者"。回国以后,我和她们时有书信往来。几个月相处结下的友好情谊至今在我心底,难以忘怀。

1998年10月至1999年10月,我再一次受教育部委派,先赴东非肯尼亚内罗毕大学地理系访问研究半年,在完成研究课题以后,继续奔赴东非高原的埃塞俄比亚亚的斯亚贝巴大学、乌干达麦克雷雷大学及坦桑尼亚达累斯萨拉姆大学考察和调研半年。在内罗毕大学期间,我曾从内罗毕出发乘火车东行至西印度洋沿岸的蒙巴萨港,继而乘长途汽车北上至历史文化名城马林迪。郑和下西洋时,船队曾到达过这里。我沿途重点考察了沿海农业带。后来我又择日出内罗毕,乘长途汽车西行,穿越东非大裂谷至纳库鲁,继而折向南下至恩乔瑞地区的艾格顿农业大学。我在该大学小住了几日,重点考察肯尼亚高地上的农业、花卉园艺业和乡村发展。肯尼亚高地过去被西方称为"白人高地",这儿是肯尼亚的精华之地,肯尼亚闻名世界的咖啡和茶叶就产自高地。

1999年5月,我乘埃塞俄比亚航空公司的飞机离开肯尼亚,飞向素有"非洲屋脊"之称的埃塞俄比亚高原,投身亚的斯亚贝巴大学地理系,住进大学外国专家公寓。一日,张文建文化参赞驱车陪同我首先到达我国驻纳兹雷特医疗队,午饭后继而出车东行深入东非大裂谷北段阿瓦什河谷地带,考察传统民居及高原儿女的生存环境。又一日,我从亚的斯亚贝巴乘飞机向北飞行至青尼罗河源头塔纳湖地区,落脚湖滨历史名城巴赫达尔的一家宾馆。次日,我乘汽艇在塔纳湖上考察湖中小岛和青尼罗河源头水域,继而驱车前往青尼罗河大瀑布,在山前停车后,徒步登山沿途考察山地农业和山民简陋的栖身居所。

前 言

1999年8月,我乘埃塞俄比亚航空公司飞机从亚的斯亚贝巴国际机场飞往乌干达。一日,我从乌干达首都坎帕拉乘车沿维多利亚湖滨公路至金贾,沿途考察大蕉种植和金贾市郊的尼罗河源头。另一日,我跟随我国驻乌干达工程队的货车,向北至里拉,沿途考察传统乡村聚落与周围土地利用的关系。

在东非四国为期一年的地理考察与研究的最后一个月,我是在坦桑尼亚度过的,有机会再次赴桑给巴尔岛考察海岛农业和达累斯萨拉姆大学海洋研究所。期间,我向我国驻坦桑尼亚大使馆建议,想考察向往已久的南部沿海历史名城基尔瓦。文化参赞全力支持,亲自开车带我出达累斯萨拉姆向南沿着沿海公路南行,乘渡船过鲁菲季河口,继续南下,一路重点考察沿海地带的经济林果业。遗憾的是,在距目的地还有60千米的地方,小车突然冲出快车道,侧翻在路旁,驾驶舱顶被压塌,前面挡风玻璃和一侧玻璃窗破碎,使馆的一位年轻工作人员胳膊被玻璃深深划伤。在这种情况下,不可能继续前往,我们只好使用卫星电话向使馆紧急联系求援。我未曾想到这成了一次遗憾之旅。

1999年10月完成东非四国考察研究之后,我顺利回国。回国后,我又开始做下一个美梦。作为一名非洲地理研究学者,在考察研究过东部非洲高原之后,难免会向往踏上南非高原。南非不仅是非洲经济最发达的国家,也是最具多元文化特色的非洲国家,还有那令人向往的好望角。没想到,我向往踏上这块土地的梦想后来成真了。

2010年11月16日至24日,"中非合作论坛成立10周年学术研讨会"在南非举行,我与南京大学外国语学院副院长刘成富教授应邀以外交部组织的非洲研究专家组成员的身份欣然赴会。这是一次重大的配合中国政府代表团的国际活动。会议圆满结束后,我国驻南非大使钟建华夫妇在大使官邸宴请我们,并安排我们专程赴开普敦和好望角实地考察3天。短短几天的开普敦自然保护区和开普敦城市实地考察给我们留下了深刻的印象,令我难以忘怀。

2011年,我已73岁,赴非洲进行地理考察研究的机会再一次降到我头上。外交部为落实"中非联合研究交流计划",于4月24日下达项目通知书,委托我负责完成这一任务。我着手编制了五国详细地理考察计划,并组织了一个4人考察小组。考察计划中明确了考察的目标、内容、国别、交流对象和实地考察路线。我有目的地选择了非洲大陆不同的地理环境下孕育的5个代表性国家:南非高原上的南非,刚果盆地热带雨林国家刚果(金)、刚果(布)、加蓬和西非热带稀树草原国家马里。在为期一个月的五国实地考察过程中,我们不仅获得了大量的英、法文献资料,而且在野外实地考察中拍摄了大量的照片和影像,为进一步深入研究非洲的农牧业和农村发展、城市化等问题积累了宝贵的第一手资料。

2013年,我已75岁,正筹划着赴北非阿拉伯国家考察,重点考察撒哈拉沙漠中绿洲农牧业和绿洲乡村发展,以及发达的石油和天然气工业,以弥补我未曾踏足这块土地的缺憾。正当我满怀壮志规划考察计划时,8月24日我突然"中风"住进了鼓楼医院,美梦破灭,成为人生一大憾事。

回首我长达50多年的非洲研究生涯,是非洲土地孕育着的儿女让我产生了非洲情怀,那里的每一块乡土的气息、生态环境、淳朴的儿女们,无私地帮助和支持着我,成就了我的非洲研究事业,使我的情感和事业与时俱进地向前推进。回望这50余年,弹指一挥间,品味人生羁旅岁月,人生如寄,酸甜苦辣,五味杂陈。

记得在上海的一次中非贸易合作关系会议上,有非洲朋友与会,会议主持人邀我出席会议并请我上台讲几句话。面对非洲朋友,我发出了蕴藏于心的肺腑之言:美国不是"天堂",非洲也不是"地狱",我告老还乡之时,若让我选择颐享天年之地,我会毫不犹豫地选择非洲。因为我的全部情感在那里,非洲的热带稀树大草原早已把我的心珍藏起来了。广袤的非洲大陆有着广阔的生存空间,孕育着淳朴善良的儿女。他们给过我真诚无私的帮助和支持,这是金钱买不到的。在我的情感世界里,我始终认为,人世间凡是金钱可以买到的东西都是不值钱的。非洲的兄弟姐妹对我的情谊何其重,给我的是人世间无价的心灵之宝,值得我珍藏终生。

新华社前副社长高秋福同志,在赠我他的新书《多彩的非洲——新华社记者笔下的神秘大陆》时,在赠言中写道:"但愿能唤起您对那片神秘的大陆的一点美好回忆。"在其动情的感召之下,我怦然心动。我为非洲儿女经历的困难而悲愤,更为他们为人类文明所做出的贡献而赞赏。非洲儿女精神的内涵,永远地铭刻在我的心中。我爱非洲,爱她的过去和现在,更爱她的光明未来。

当回顾我的非洲足迹时,我情感激荡,感慨万千,欣然提笔洒下肺腑之言。

踏破铁鞋探新路
筚路蓝缕开荒林
万里求真酬壮志
百川竞流苦作舟
白发萧疏不言老
励精更始不言禄
集腋成裘明大志
人生苦短甘瞑目

时至今日,我虽涉足非洲九国乡土之地,耳闻目睹甚多,但我很难说自己对非洲有了很深的了解和认识,但非洲情感确实日渐加深。在书归正传之前,我觉得有必要简单梳理一下中非交往的历史轨迹,给广大读者一个清晰的线条,引导人们去进一步探索中非关系的美好未来,勇敢地踏上这块神秘的大地,去挖掘新的文化宝藏。

我国和非洲虽相隔万里,但我国人民与非洲人民之间的交往和友谊,犹如那长长的尼罗河一样源远流长,早在汉代,我国与世界文明发祥之地之一的古埃及,就有了间接的交往。但直到公元8世纪中叶之前,我国书籍中还没有中国人涉足非洲的确切记载。有史可考的第一个到达非洲的中国人,是唐代著名学者杜佑的孙子杜环。他回国后撰写的《经行记》一书,是我国最早的一部西亚非洲游记。到了宋代,我国已能制造高达五层、载乘千人的大海船,并开始使用罗盘导航。这在中国和世界航海上都开创了一个新纪元。从此,中国的海上交通盛极一时,我国商行日益频繁地往来于波斯湾、亚丁湾和东非海岸一带。我国同非洲国家的香料和象牙贸易日益繁盛。宋代熙宁年间(公元1068—1077年),我国同东非海岸的桑给巴尔建立了正式的外交关系。桑给巴尔曾两次派出使节正式访问我国。到了元代,为发展中国与非洲关系做出过重要贡献的是中国大旅行家汪大渊。他曾两次乘远洋海船,从泉州出发,游历了东南亚和印度洋各地,足迹遍及亚非几十个国家和地区。然后,他又从埃及出发,沿红海西岸南下,出红海到达东非索马里的摩加迪沙、肯尼亚的马林迪以及坦桑尼亚的桑给巴尔岛和基尔瓦·基西瓦尼,最后抵达莫桑比克东海岸的克利马内。

明代是中国古代与非洲交往历史上最重要的时期。我国杰出的航海家郑和在1405年至1433年作为中国明朝的使节,率领庞大的船队,七次下"西洋",访问了东南亚和印度洋沿岸国家,其中后三次访问了非洲。郑和远航"西洋"的年代,要比葡萄牙航海家达·伽马绕道好望角早近一个世纪,为发展中非友好交往和友谊谱写了灿烂的篇章,具有深远的历史意义。事实证明,当时我国造船技术之发达,远航船队规模之大、航程之遥远,海员天文、地理、海洋知识之渊博及其航海技术水平之高超,均是当时世界上最领先的。

15世纪以后,葡萄牙殖民者开始侵略非洲。西班牙、荷兰、英国、法国、比利时、德国、意大利等国殖民者接踵而至,非洲大陆逐渐沦为他们的殖民地,使我国同非洲海岸之间的传统友好关系受到了影响,但割不断中非人民早已建立起来的友好关系。清代,我国对非洲的了解更为丰富和全面。鸦片战争前,徐继畬编撰了《瀛寰智略》一书,对非洲各国地理、气候、物产、政治和风俗做了比较全面、客观的介绍。18世纪中叶,我国广东嘉应州人谢清高曾到达南非并绕过好望角进入欧洲。

从18世纪到20世纪,荷、英、法、德、比等帝国主义国家把大批华工掳掠到非洲为其开发殖民地卖命。华工同非洲人一样,在矿山和种植园里当牛做马,过着奴隶般的生活。为反对殖民主义和种族主义的残酷压迫与剥削,中国人民和非洲人民并肩战斗,用鲜血结下了深厚的友谊。

1949年10月1日,中华人民共和国成立,非洲国家相继独立和解放,中非人民友谊开辟了新纪元。今天,中非人民用鲜血共同浇灌的友谊之花,已在非洲辽阔的大地上盛开并结出了丰硕的果实。我国援建的坦赞铁路举世瞩目,它象征着中非人民真挚的友谊万古长青。今日的非洲已成为我国朋友最多、联系最密切的一个大陆。2000年10月,中非合作论坛首届部长级会议在北京人民大会堂隆重举行,我有幸应邀出席了这次盛会。这次论坛为中非合作以及非洲的发展与振兴注入了新的活力与动力,开拓了新的美好前景。在我国改革开放的新形势下,中非交往日益频繁,中非友谊的发展也与时俱进,进入了一个新的历史阶段。在改革开放大潮的冲击下,越来越多的人开始走出中国,走向世界,不少有胆识的中华儿女大胆地去闯非洲,寻求新的发展之路。在非洲现有的54个国家中,可以说中国人无处不在,但是对我国大多数人来说,非洲还是一块陌生的大陆。

当我提笔撰写这部回忆录时,埋藏在我心底的美好回忆立时展现:那令人瞩目的刚果河流域的热带雨林、撒哈拉大沙漠、辽阔的热带稀树草原、纵贯东非的大裂谷、闻名遐迩的世界名角——好望角,犹如一幅幅绚丽奇妙的风景画卷浮现在我眼前;那身穿白色衣袍的阿拉伯人和身着五彩缤纷艳服的黑人,在世代生活的非洲土地上创造了光辉的过去;那风格迥异的古城风貌、色彩缤纷的名胜古迹、独具奇趣的风土人情和传统文化,令人叹为观止,流连忘返;那粗犷豪迈、节奏强烈、气势磅礴的非洲舞蹈,在非洲鼓铿锵有力的伴奏下,显得格外热烈和谐,狂野奔放的非洲歌舞令人精神振奋,给人信心和力量。所有这一切,交织成一个古朴而神秘、奇特而绚丽的大千世界,令人神往。长期从事非洲地理研究的一种职业使命感驱动着我为渴望了解非洲之魂的人们打开一个窗口。我既非行家里手,又乏生花妙笔,仅能凭我对非洲九国的地理考察和对非洲朋友的坦诚之心,去介绍他们。如果读者能在本书的"导游"下,去非洲访问、览胜、探奇,从中领略自然奇观的风采和魅力,品味非洲人精神的淳朴和美好,那我将感到十分欣慰。

本书主要依赖我四次踏上非洲九国进行地理考察所积累的第一手资料,同时参考了大量有关非洲的文献资料。在本书撰写的过程中,薛红、周静敏两位女士在录入、校对文字,以及选编我实地拍摄的照片、影像等方面都付出了极大的精力和宝贵的时间,使本书得以顺利定稿。

本书在南京大学出版社杨金荣编审的鼎力相助和支持下,田甜承担了全书编辑加工工作,吴敏华承担了校对工作,付出了大量辛勤劳动,在此致以诚挚的感谢。

由于作者能力和水平所限,书中难免有不少缺陷,恳切希望广大读者和专家提出宝贵意见。

姜忠尽

2017年12月于南京大学非洲研究所

目 录

前言 /1
我的非洲留学生涯 /1
"智力援非"若干问题的探讨 /5
"非洲粮仓":中非粮食安全合作的战略选择 /12

坦桑尼亚:剑麻之乡

坦桑尼亚达累斯萨拉姆大学两年留学生活备忘录 /35
享受狂野奔放而欢悦的"恩戈玛"——非洲歌舞与鼓完美融合的艺术结晶 /46
坦桑尼亚人的民俗文化 /53
坦桑尼亚人的雕刻艺术魅力 /57
坦桑尼亚的和平之港——达累斯萨拉姆 /62
昔日隔海相望的人间地狱——巴加莫约囚奴堡 /66
驱车深入热带稀树草原野生动物园 /69
沿中央铁路西行地理考察见闻 /75
坦桑尼亚东北高地行 /92
南部高地行 /106
深入地球的伤疤——东非大裂谷 /112
中坦友谊的象征——坦赞铁路 /117
三上丁香岛——桑给巴尔岛 /119

专题研究
坦桑尼亚农业地域差异的经济地理分析 /131

肯尼亚:野生动物的天堂

内罗毕大学访问研究活动札记 /147
亲历内罗毕大学挑头闹学潮 /152
东非高原上的凉爽之地——内罗毕 /156
海滨明珠蒙巴萨和马林迪散记 /162

西行肯尼亚中央高地 / 167

专题研究

The Formation and Classification of the Regional Types of Agriculture in Kenya / 174

乌干达：东非高原水乡

乌干达首都坎帕拉——羚羊山 / 193

乌干达人的主食——"马托基"与大蕉 / 195

耳闻令人深恶痛绝的原始成人礼陋习 ——少女割阴 / 197

文身 / 199

远嫁非洲的中国靓妹 / 201

赴金贾尼罗河源头探访记 / 206

亲临东非高原上的鱼米之乡——维多利亚湖 / 211

坎帕拉市中心区遭偷记 / 214

深入内陆利拉地区 / 216

埃塞俄比亚：非洲屋脊上的高原国家

我登上了非洲屋脊 / 225

谁建造了"非洲屋脊" / 227

感受非洲屋脊上的山城——亚的斯亚贝巴 / 229

美女辈出的民族 / 231

高原儿女的宗教信仰——埃塞俄比亚东正教与伊斯兰教 / 233

埃塞俄比亚的饮食文化——英吉拉与咖啡 / 237

我嚼食了恰特草——埃塞俄比亚茶 / 241

树枝刷牙 / 242

参观埃塞俄比亚国家博物馆 / 243

观青尼罗河大瀑布 / 245

追梦青尼罗河源头 / 247

深入底部大裂谷——阿瓦什河谷地 / 250

埃塞俄比亚国际机场出境飞往乌干达受困记 / 252

专题研究

埃塞俄比亚农业现代化战略转型模式探讨 / 254

南非：彩虹之国

踏上飞往南非首都比勒陀利亚的旅程 / 265
南非行政首都比勒陀利亚印象 / 266
参观南非种族隔离纪念馆 / 269
南非先民纪念馆与自由公园观感 / 271
"纪念中非合作论坛成立10周年"巡礼 / 274
访谈农业部与比勒陀利亚大学 / 277
国际航空枢纽——约翰内斯堡 / 281
南非开普角自然保护区考察足迹 / 283
尼裴依酒庄 / 284
斯坦陵布什大学印象 / 286
南非观赏企鹅 / 288
亲临好望角 / 291
登上世界新七大自然奇观——桌山 / 294
趣游海豹岛 / 298
母亲城——开普敦 / 301
开普敦大学印象 / 304

专题研究

南非农村发展与城镇化之管见 / 306

刚果（金）：赤道线上的中非宝石

我们踏上了刚果盆地 / 313
刚果（金）金沙萨国际机场出入境遭遇备忘录 / 316
刚果河两岸上的姐妹都城——金沙萨 / 318
刚果（金）农业部与农村发展部访谈纪要 / 323
刚果（金）乡村发展一例——贝塔村实地考察纪要 / 325
刚果（金）金沙萨大学访谈纪要 / 330
答谢小宴 / 332
与刚果（金）少女霍加闲谈 / 333
刚果盆地热带雨林中的矮黑人 / 335

专题研究

刚果（金）粮食安全战略研究 / 339
刚果（金）农村发展 / 350

刚果(布):刚果河孕育的木材之国

专访中国驻刚果(布)大使馆 / 361

刚果(布)农业部双边合作司访谈纪要 / 362

布拉柴维尔 / 363

刚果(布)贡贝农业示范中心考察纪要 / 366

专题研究

刚果(布)土地利用与粮食安全研究 / 368

加蓬:赤道雨林之国

漫步利伯维尔——加蓬首都 / 377

利伯维尔海岛沙滩游 / 381

小记丁丁宾馆二三事 / 383

专题研究

加蓬森林资源的综合开发利用与保护 / 385

马里:西非粮仓

拜访联合国粮农组织与马里农业部官员 / 400

塞林格地区农牧渔与农村发展考察 / 402

专访马里大学农学院 / 408

访问我国农业专家组工作站 / 409

首都巴马科城市文化景观巡礼 / 411

终生的遗憾——未能如愿考察沙漠南部边缘古镇通布图 / 417

专题研究

马里畜牧业可持续发展对策研究 / 423

美国大学访问研究札记 / 440

参考文献 / 449

我的非洲留学生涯

我国于1981年9月份开始向国外派遣留学生,名为留学,实为以访问学者的身份赴发达国家的名牌大学进修两年。学子们大都年过40岁,英语口语不过关,所以在出国前,我们被集中起来,由外籍教师和本校英语老师给我们补习英语,主要学习口语。当时的我们全力以赴,但我们都感到,我们这帮子人学好英语口语太难了。我英语口语虽然有点底子,但遗憾的是中途一段时期学业荒废,更不用说英语口语了。俗话说,拳不离手,曲不离口。至我们英语集中培训时,我荒废了18年的英语口语已说不出口了。学校非常重视并积极选派年轻教师出国进修,南京大学校师资科李德地老师专门负责我们的英语补习和出国事宜。补习几个月英语后,学校要求我们自己先行联系发达国家专业对口的著名高等院校。我首先联系了美国哥伦比亚大学的 W. A. 汉斯(W. A. Hance)教授和波士顿大学的 H. J. 德贝里(H. J. de Blij)教授,两位都是美国著名的非洲地理研究学者。汉斯教授很快回信,欢迎我去哥伦比亚大学,但他实话实说,他已退休,但还是表示希望能在哥伦比亚大学相见。德贝里教授回信说他已离开波士顿大学并受聘于佛罗里达州一所高校。他在信中推荐了一位教授,请我与他直接联系。在联系未定时,李德地老师请我到他办公室。他的第一句话是:"你的好消息来了,教育部派你去坦桑尼亚达累斯萨拉姆大学留学两年。"这时已是1982年5月,需尽快准备办理赴坦桑尼亚的相关手续。根据对方要求,我需提供大学本科毕业证书的复印件和我大学五年的各科考试成绩复印件。根据教育部的要求,每位公派出国的留学生行前必须到教育部留学服务中心集中学习几天。当时的集训中心设在北京语言学院(现北京语言大学)。我奉命于6月下旬赴该校报到集训。报到时,我才知道与我一起去坦桑尼亚达累斯萨拉姆大学留学的还有两位,一位是北京外国语学院(现北京外国语大学)斯瓦希里语专业的冯玉培老师和中国国际广播电台的斯瓦希里语播音员万玉珍同志,他们两位是进修斯瓦希里语,我是进修非洲地理。集训完毕后,国家向每位留学生发放了600元的出国服装费。

教育部事先给我们三人预订好了国际机票,我们三人于7月1日乘坐中国民航飞机启程出国,从北京起飞,直达埃塞俄比亚首都亚的斯亚贝巴国际机场。

我国驻埃塞俄比亚大使馆派员到机场接我们三人入住使馆，三天后转机，换乘埃塞俄比亚航空公司的飞机飞往坦桑尼亚达累斯萨拉姆国际机场，途经巴基斯坦卡拉奇国际机场时曾短暂停留，乘客下飞机在候机大厅停留半小时，再行登机，继续航行。

在我国驻亚的斯亚贝巴大使馆小住的几天内，使馆派车派员陪我们游览全城的主要景点和别具特色的城市建筑。大型城市石雕十分气派，东正教教堂建筑风格别具。非洲统一组织（现为非洲联盟）总部建筑气势恢宏。总统府建筑突显民族特色。埃塞俄比亚人待中国人十分友好。这些都给我这初来乍到的远方来客留下了美好的初印象。

随后，我们搭乘埃塞俄比亚航空公司的飞机飞往坦桑尼亚首都达累斯萨拉姆。飞行途中需在坦桑尼亚东北部的乞力马扎罗国际机场停留半个小时。当飞机盘旋在乞力马扎罗山峰上空时，透过飞机舷窗俯视，我第一次看到了赤道上屹立着冰雪覆盖山峰的奇特雪山景观。在机场停留半小时后，飞机继续飞往目的地达累斯萨拉姆机场。飞机平稳降落后，我们走出机舱。我国驻坦桑尼亚大使馆的文化参赞和文化处的两位秘书来机场迎接我们。我们在大使馆住了一个星期，一方面为入校做准备工作，另一方面等待大使馆与校方联系和落实我们入学的相关事宜。我们三人经文化处每人领取了一床单人草席、一顶蚊帐、一只枕头和一条枕巾。入学相关事宜落实后，大使馆派专车把我们送进学校，我们先直接入住学生宿舍。我与冯玉培老师入住第一宿舍10号房间，万玉珍就直接入住女生宿舍第三宿舍。学生餐厅就在第一宿舍近处，我们就在这处餐厅解决一日三餐。安排好住处后，文化处的同志陪我们拜会了学校地理系主任和斯瓦希里语系主任。此后，我们陆续办好了入学注册的相关手续。这样，我们就算开始了两年的留学生活。名为留学，实为进修。学校发给我们的学生证上面写着"Short-term Student"。

从南京大学到达累斯萨拉姆大学，我们远涉太平洋和印度洋，不远万里求学而至。我第一次远离祖国，能在两地不同的时空中融入我所渴望求知的文化圈内，实在是我人生中的一件大事和幸事。

刚入住学生宿舍时，我与非洲学生同在一个餐厅吃饭，同住宿舍楼，开始时对周围的社会文化氛围非常不适应。我这个初来乍到的远方学子情绪上多少有点波动。我国派遣的留学生绝大多数都去了西方发达国家。我们因学科发展需要不得不到研究对象国家来。我是研究非洲地理的，不到非洲国家来学习，还能到欧美国家去研究非洲吗？派我到非洲国家来，是国家学科发展的需要，我必须尽快适应新的生存环境，尽快融入非洲社会，去认识非洲人，了解他们，研究他们。我与非洲学生经过两年的相处，从陌生到认识，到了解，到熟知，相处慢慢地融洽，相互有了感情，相处甚欢，也学会相互开玩笑了。经过两年的相处，我与非洲师生结下了深厚的友谊。这种友谊成为促进我完成非洲地理进修和研究工作的强大动力。

1984年上半年,在我即将完成两年的进修与研究之时,发生了两件我至今难以忘怀的事。第一件,是我建议以我国驻坦桑尼亚大使馆的名义举办一次招待会,答谢达累斯萨拉姆大学在我两年在该校进修与研究期间给我有力的支持和帮助,特别值得提及的是,该大学在教育经费十分紧张的情况下,慷慨解囊资助我赴坦桑尼亚全国各地开展野外考察,使我实现了在完成两篇研究论文英文手稿的基础上,进一步奔赴坦桑尼亚大陆和桑给巴尔岛进行实地野外考察,帮助我积累了大量野外考察资料,实拍了许多照片,这对我这样长期从事非洲地理研究工作的中国学者来说,是宝贵的第一手资料和财富,为我日后的研究工作打下了坚实的基础。这是一笔花钱买不来的财富,令我终生难忘。大使馆对我的建议十分重视,嘱我提供邀请名单。出席这次招待会的达累斯萨拉姆大学客人一行,由人文与社会学院副院长穆莱教授带队。宴席十分丰盛,都是大使馆面点师傅巧手制作的特色小吃,饮料主要有青岛啤酒和进口的威士忌、白兰地等。客人们喜欢喝青岛啤酒。据大使馆同志介绍,外国客人都喜欢出席中国大使馆举办的招待会,因为中国人待人诚恳而热情,菜肴丰盛。这可能与各国的饮食文化有直接的关系。宴会结束后,我们请客人们到会议室就座,简短欢迎和致谢后,开始放映国产影片《武当》。客人们十分赞赏这部影片。

另一件事是我即将结束留学生活回国之前,我国驻坦桑尼亚大使馆专为我举行了一次学成回国饯行晚宴,以示欢送。晚宴上,我向大使馆领导和全体馆员表达了深情厚谊,感谢他们给我的多方面支持和帮助,使我得以顺利完成留学任务。答谢后,我举杯走向各餐桌向每一位馆员敬酒,以此谢别。

在我1984年7月回国以后,达累斯萨拉姆大学地理系的我的顾问教授P. S. 马罗(P. S. Maro)在给我校校长的信件中,对我在该大学的两年进修研究工作给予了十分中肯的评价,为我两年的留学生涯画上了圆满的句号。(详见英文信件)

现附上马罗教授给我校校长的原始信件：

UNIVERSITY OF DAR ES SALAAM
FACULTY OF ARTS AND SOCIAL SCIENCE
P.O. Box 35051 — DAR ES SALAAM — TANZANIA

Telephone No: 49052

Telegrams: UNIVERSITY DAR ES SALAAM

Our Ref:

Your Ref:

26th Nov. 1984

The President,
Nanjing University,
NAJING,
China.

Dear Sir,

Re: REPORT ON MR. JIANG ZHONG-JIN'S VISIT IN THE UNIVERSITY OF DAR ES SALAAM, JULY 1982-JUNE 1984

  Mr. Jiang Zhong-Jin came to the Geography Department in July 1982 and left us in July 1984. During his visit I served as his academic advisor.

  Mr. Jiang is a hardworking scholar who has the competence to pursue independent study and research. He is very friendly and sociable. He got along extremely well will members of staff and with students.

  During his two years stay he participated in relevant courses as a student and conducted extensive library research. He designed two research programmes which he completed successfully. In the last month of his stay he was able to conduct field excursions in eight regions in Tanzania.

  Mr. Jiang's research produced two scholarly papers, one in 1982/83 on "Geographical Conditions, Distribution and Problems in Developing Animal Husbandry in Africa" (67pp), and another in 1983/84 on "A Preliminary Classification of Regional Types of Agricultural Production in East Africa" (80pp). These research papers are of high quality and are well written and illustrated with maps and statistics. These papers are good source teaching materials and are publishable (after some revision) as monographs or occasional papers.

  I am sure Mr. Jiang's two years were very well spent. Both staff and students in the department enjoyed Mr. Jiang's visit and learnt a lot from him. For me it was indeed great pleasure to work with Mr. Jiang.

  Enclosed herein please find copies of Mr. Jiang's research papers.

Yours sincerely,

Professor P.S. Maro
for Head, Department of Geography

c.c The Head,
Department of Geography,
Institute of Geography of Africa,
Nanjing University
Nanjing China

2/........

"智力援非"若干问题的探讨

  按语：本文是作者于 1999 年 12 月向教育部国际合作与交流司呈送的调研报告。2000 年 2 月 25 日，韦钰副部长在报告上做了重要批示：我认为是写得十分好的一篇报告，很多建议都应认真研究和采纳。请国际司组织相关处认真学一下，讨论一下，我们怎么改进工作。

  中非友好关系源远流长。中华人民共和国成立 50 年，成就辉煌，我国的国际地位空前上升，在国际事务中发挥着越来越大的作用。我国历代领导人都非常重视并致力于中非友好事业，制定了一系列加强中非友好合作关系的方针和政策。这为我国加强非洲研究和对非工作创造了良好的条件与机遇，使我们长期从事非洲研究工作的同志深受鼓舞。

  教育部为认真贯彻中央领导关于重视非洲工作的指示精神，首批指派南京大学非洲研究所两位学者赴东非四国进行为期一年的"智力援非"调查研究，这在探索我国在新形势下如何为非洲国家培养人才并形成长期稳定的人才培养机制方面，具有现实的和长远的战略性意义。

  我们受命于 1998 年 10 月启程分别赴东非肯尼亚、埃塞俄比亚、乌干达、坦桑尼亚四国进行访问研究和"智力援非"考察。1998 年 10 月至 1999 年 4 月在肯尼亚内罗毕大学享受政府互换奖学金从事自选课题研究，着重研究非洲的乡村发展和食物供应问题。1999 年 5 月至 1999 年 10 月，我们分赴其他三国，重点开展"智力援非"调研活动。

  "智力援非"范畴较广，涉及人口、民族、文化、教育、经济、产业开发等许多方面。我们为深入展开调研活动，选择了四国最高学府内罗毕大学（肯尼亚）、亚的斯亚贝巴大学（埃塞俄比亚）、麦克雷雷大学（乌干达）、达累斯萨拉姆大学（坦桑尼亚）为依托基地，对四国的人口、经济、教育、环境、资源等进行了较全面、多层次的考察，与社会各阶层进行了广泛的接触，并深入乡村地区实地考察了人与环境的互动生存关系，丰富了感性认识，深化了理性认识。我们深刻地认识到非洲国家无论现在还是将来，相当长时期内所面临的关键制约因素，是人才培养问题。东非国家也认识到了这一点，已采取措施加大人才培养力度，把培养人才作为长期追求的重要战略目标。人才短缺是长期困扰国家发展的大事。解决人才短缺和人才培养问题也就成了非洲各国历届政府的重要战略任务。

现仅就东非四国"智力援非"中的教育问题做综合考察报告。

一、非洲留华学生的培养目标和对策——学术骨干(学术带头人)、高层次技术与管理人才、政府要员

20世纪90年代以来,西方大国加大对非洲工作的政策性调整力度,其主旨在于继续推行西方政治、经济、文化思想体系,以便持续地控制、摆布和剥削非洲人民。非洲国家承受了西方巨大的政治经济压力,处境艰难,不得不顺从西方普遍实行多党制和市场经济制度,外交政策继续西倾,依赖加深。同时,我国援非方针政策改革调整,非洲国家老一代领导人打下的以政治支持为基础的中非友好关系逐渐弱化,受到严重挑战,在老朋友那体会到了某种冷落感。非洲国家新一代领导人和政府要员基本上受的是西方教育,同我国接触较少,对我国的政治体制、社会主义民主制度、经济实力、科技水平、教育体制和教育水平缺乏了解,甚至有误解和偏见,给我国新形势下的"智力援非"工作带来了新的挑战和压力。

为进一步发展新时期的对非关系,需要在现有的"智力援非"基础上,更新观念,探讨新的举措,树立"智力援非"工作双向互为的观念,克服单向为非洲国家培养人才的观念,从战略高度和政策上制定"智力援非"发展规划,互动培养非洲国家的"中国通"紧缺人才和中国的"非洲通",推动"智力援非"向更深层面发展。

在相当长时期内,"智力援非"的战略目标应定位在为非洲国家培养学术骨干(学术带头人)、高层次技术与管理人才、政府要员等。据初步了解,留华学生中在高等院校任教者甚少,最高学府中任教者除麦克雷雷大学有一位外,其他无一人任教。在政府部门中,任部长及以上职务者无一人(仅埃塞俄比亚经济与发展规划部副部长,他在中国获得硕士学位后又到美国留学)。留华学生在政府部门和企业界基本上处于中层干部位置,起不了主导作用。造成这种局面的原因有以下几个:

(1) 受过西方教育的人力在各部门中处于垄断地位,西方化的价值观念和对中国的偏见左右他们的行为取向。留华学生处于西方势力的"围城"之中,难以打入上层和领导层。

(2) 在就业市场上,非洲国家对中国的教育水平和质量不了解,存有偏见,学生往往首选留学西方。企业招聘时也非常注重名牌大学和学历。早期留华学生多为本科,加之后续教育跟不上、汉语语言问题等,在就业选择上与留学西方的学生相比处于不利地位。

(3) 在经援项目中,人才培养往往注重"传帮带"的人才培养方式,忽视了高层次技术与管理人才的培养,中国专家组撤走后,往往造成援非项目"鸡飞蛋打"的局面,企业陷入困境,难以为继。

为了实现高层培养目标,应树立"提高层次、优生优育"的思路和相应的对策。

二、生源选拔、培养和后续教育

1. 生源选拔——提高层次,严进宽出,优生优育

我国为非洲国家培养人才已由以本科生为主转向了以更高学位为主,这是重要的战略性转变,为非洲国家培养高层次人才创造了条件,但在生源选拔和后续教育上存在不少问题,有待改进。

(1) 在本科生考试选拔上仍存在不同意见。从历年考生成绩上看,很少能达到录取标准。主要原因是:① 东非四国教育水平普遍较低;② 统一考试与各国课程设置不完全对应,超出了他们的所学范围;③ 留学生在选择留学国家时,优生往往首选西方国家,我们难以招到尖子生源。我国大使馆同志也有两种意见,一是大大降低录取标准,不要缺额;二是考题应结合各国课程设置实际情况,出考题和录取时"不要以自己的鞋量人家的脚"。对考试形式,非洲国家教育部门还是认真负责的。监考老师也认为考题较难。留华学生认为,考试选择是好的,他们都是考试后被录取的,认为考试能保证质量和在华顺利完成学业,还认为考试比较公平,可以避免有权有势的学生"走后门"。到西方国家留学虽不经考试,但入学几个月后,资格考试不合格者,也有被退学的。

埃塞俄比亚在生源选拔上与其他三国不同。门格斯图执政时期,留华学生是通过考试进行选拔的,质量有保证,留华学生回国后,政府负责安排工作,就业不成问题。现政府在留华学生选拔上存在两个严重问题:一是将名额分配到民族地方政府,由地方政府决定,如放弃,中央政府也不补缺;二是走"后门"问题严重,还要看申请者是哪个民族的。因此,生源数量和质量都难以保证,留华学生回国后,政府也不管分配工作。有些专业的留华学生面临找工作难的问题。

(2) 对高学位留华学生的选拔,应注意物色目标和从最高学府中优选,作为培养高层次人才的目标。

(3) 从我国援非项目点选拔人才来华深造,除一般进修培训外,要注重培养高层次人才。如肯尼亚"中肯园艺技术合作中心",中方就地培养了研究生,但忽视了选拔优秀者来华深造,拿中国的学位证书。

2. 留华学生培养问题

据留华学生反映,中国教育的弊端是追求分数的应试教育,上课"满堂灌",考试范围老师圈。留华学生的学科理论基础不如从西方留学回来的学生的,但实际工作能力方面优于他们。例如留华医学生,在医术医德方面有较大的比较优势,社会反应良好。

3. 留华学生就业和后续教育问题

据了解,留华学生回国就业,由于种种原因,在就业市场上较之从西方留学回来的学生处于不利地位。后续教育难的问题也是留华学生打入上层的约束性因素。在华没有获得高学位的留学生,由于回国后就业难和工作条件差,业务成绩受到很大限制,不少留华学生希望重返中国继续深造和更新知识,以便回国后发挥更大的作用。但他们难以再次获得留华奖学金,使得重返中国读最高学位的愿望难以实现。例如,埃塞俄比亚的留华并获医学学士学位的学生 Yohannes Debru 回国后晋升受到极大限制,因为在该国需获得硕士以上学位才有晋升资格。据对东非四国的了解,有些留学生因难以获得重返中国读高学位的机会,不得不转向西方国家寻求发展机会。四国都有留华学生转向西方国家,且很少再回国。这等于我们为西方国家培养了"半成品",同时,也使我国成为非洲国家人才流向西方的"无形跳板",因为这些人的大学教育是在我国完成的,成了他们外流的资本。这一倾向与我国"智力援非"宗旨背道而驰,我们应高度重视,采取有效对策,遏制或缓解这一倾向。可采取两种对策缓解这一倾向,一是每年提供若干名非政府互换奖学金名额;二是推行优惠政策吸收自费留华学生。据归国留华学生反映,他们回国工作几年,积累了一定的工作经验,再次到中国深造,更新知识,有利于人才成长。我们认为,对确有培养前途的毕业归国留华学生,应拟定政策给予他们来华深造的机会,这有助于我国为受援国培养学术骨干、高层次技术与管理人员、政府要员,并为他们进入社会各界高层创造有利条件。

三、积极开拓非洲自费留华学生市场

开拓非洲自费留华学生市场,应成为我国"智力援非"的重要组成部分,这对加速培养非洲国家急需的人才具有重要战略意义,应开展针对性的调查并采取有效对策大量吸收非洲国家的自费留华学生,逐步形成非洲自费留华学生的选拔和培养机制。据了解,西方国家和印度均大量吸收东非四国的自费留学生。

据报道，美国各大学每年招收的外籍学生达 56 万人。法国 10 年来外籍学生在大学生总人数中的比重虽从 12.5％降为 8.5％，但仍多达 13 万人，目前在世界排名第三。过去非洲国家自费留学生大都选择原宗主国英国和法国，以及美国，此外，非洲英语国家每年均有相当数量的自费学生去印度留学。

乌干达驻华大使(曾在英国获得学位)曾参观过中国的高等院校，认为中国培养的学生素质不比西方培养的低。有不少乌干达学生想自费到中国留学，但又不知如何办理手续，实现这一愿望。这也反映出我们还没有一套有效的招生办法和完善的招生制度。据我国驻乌干达大使馆反映，大使馆只有一本介绍中国大学的书，很简单，这远远不能满足自费留学考生的要求，招生渠道不畅。我国教育费用大大低于西方国家，在吸引非洲国家自费生方面有较大的优势。关键在于我国高校在培养非洲留学生方面要树立新观念，利用自身的有利条件，这既可为非洲国家培养人才，又可为自己创收开辟一条新的渠道，也为培养中非友好人士增加力量，获得政治、经济和社会效益。

建议教育部选择一些非洲国家作为招收自费留华学生试点，组成赴非洲国家招生小组，开展宣传和招生工作，取得经验后再行推广。

四、高层次学术交流、合作研究，合作培养人才，建立校际关系问题

(1) 过去，我国与非洲国家之间的高层次学术交流不多，而非洲国家的最高学府往往与西方国家保持着密切的关系，与我国的学术交流更少。这与我国的国际地位很不相称。积极开拓多渠道、多形式的高层次学术交流、合作研究应纳入我国"智力援非"长远规划，这是宣传我国，加深我国与非洲国家相互了解，推动中非友好合作可持续发展的最佳途径之一，具有深远的战略意义。在我们对东非四国最高学府考察的过程中，我们发现各校专家都有短期访问中国高等院校的强烈愿望，但很少有机会实现这一愿望。非洲国家高等教育比较落后，最高学府往往是一国人才汇聚之地，也是各国最敏感和最活跃的政治舞台与信息辐射中心。因此，我国著名高校与非洲国家最高学府开展学术交流，建立友好合作关系，应成为主要战略目标。

中非高层次学者均有建立多种形式开展合作研究的意向，但实现这一目标尚有不少困难，尤其是资金上的困难。东非四国高校主要与西方国家有合作研究关系，其合作形式主要有两种：一是西方国家出资和派出学者与非洲国家学者合作研究，如英国牛津大学获得国际相关组织资助与肯尼亚内罗毕大学医学院的学者合

作研究艾滋病；二是西方国家出资，由非洲国家的学者完成本国的课题，野外考察在本国完成，成果在西方国家高校发表。目前，我国尚无经济能力资助这两种形式的合作研究，但可以考虑利用政府互换奖学金解决合作研究共同关心的问题。例如，我国高校的各海洋研究所与坦桑尼亚达累斯萨拉姆大学海洋研究所可以合作研究东非沿海海洋资源的开发利用问题。我国高校与埃塞俄比亚亚的斯亚贝巴大学可合作研究埃塞俄比亚乡村发展与农业现代化转型问题。如何把非洲国家落后的小农业转型为先进的现代农业、中国农业产业化经营模式在非洲国家的可移植性等，可作为中非学者共同探讨的重大研究课题。

（2）关于中非双方合作培养"中国通"和"非洲通"人才问题，至今，仍处于无序散兵单向培养状态，应逐步探索合作培养人才的运行机制。"非洲通"应由非洲国家颁发学位证书，"中国通"应由中国颁发学位证书。根据目前我国援非情况，有效利用"智力援非"项目，中非合作为非洲国家培养人才，是一条有效途径，但应坚持为合作培养的非洲学生提供来华实践一年的机会，并由中国颁发学位证书。

（3）我国著名高校与非洲国家最高学府建立友好合作关系，可为他们定向培养所需人才，选好学科，实施人才培养制度，配套建设学术机构或学术中心，为留华学生成长为学术骨干（或学科带头人）创造条件。可采取三种对策：一是以最高学府为目标，选拔优生来华留学，定向重点培养，在他们获最高学位回母校任教后，我方配套赠送一些仪器设备，扶植他们建立学科中心；二是在来华留学生中选择优生重点培养，在他们获最高学位回国后实施跟踪后续教育；三是对回国留华学生中已获较高职位或在学校已有一席之地的留华学生，根据需要实施长期扶植计划，以形成"智力援非"扩散中心。

五、"智力援非"项目目标定位、运行机制与可持续发展问题

我国"智力援非"已采取来华留学、师资支援、赠送图书资料、仪器设备、项目建设等多种形式，都获得了积极的效益。

在东非四国中，至今已在肯尼亚埃格顿农业大学创立了一个"中肯园艺技术合作中心"。我们曾于1999年2月在该中心进行了2天的实地考察，有些问题值得思考改进。

1. 成功经验

建成了"生物技术实验室"和"试验示范田"（12亩）；以"中心"为依托基地，开展了教学—科研—示范—推广活动，联合在培5名硕士生；软、硬件同步配套，建立

起智力援非"中心基地",并以"基地"为依托形成"联合培养人才"运行机制,是切实可行而有效的"智力援非"形式之一。

2. 目前面临的困难

(1) 推广速度缓慢,处于无序扩散状态,推广体系难以形成。肯尼亚落后的小农业与先进的种植园农业并存,但以前者为主体(分别占农业总产值的 3/4 和 1/4)。根据现阶段肯尼亚经济发展水平,在落后分散粗放的农户中建立起推广机制和管理体制尚不具备条件,该中心的科技成果难以转化为生产力形成产业规模。

(2) 大学管理不善,教师的总体素质不高,实践能力差,要有效地进行合作研究尚存在一定难度。

(3) 大学远离首都,"汉语班"吸引空间有限,目前仅有校内人员选修,直接影响到汉语的传播效应,事倍功半。

3. 值得思考的问题

(1) 中心基地的定位问题——职能和层次。定位在"示范"职能上,还是"科学园"模式上,值得探讨。定位在"示范"职能上,则中心基地宜精不宜大,重点在教学—科研—示范和无序扩散上,但科研成果难以转化为生产力。定位在"科学园"模式上,则产、学、研相结合,科研成果可转化为生产力,形成规模农业。实施"科学园"模式,可考虑与中国企业合作。科教人员负责出成果,企业负责将成果转化为生产力,形成产业。同时,还应考虑周围地区的乡村发展问题,使示范基地逐步成为区域现代农业的增长点,带动周围地区传统农业逐渐向现代农业转型。

(2) 建议"智力援非"项目在计划期内不断完善、充实、巩固和提高,不延期和追加投资,在产生"火花"效应之后,延期往往产生负面影响,不如"见好就收",以免成为"扶贫工程"。

(3) 为保证中心基地可持续发展,可实施"后续行动计划",中方继续给予师资和设备支援,以保证中心基地的教学—科研—示范—推广运行机制正常运行。为保证项目健康运行,应建立监督管理结项机制。

(4) "智力援非"项目选项和定位上,在对受援国对口学科最高水平和相关产业进行全面调查的基础上,进行多方案比较,选好项,布好点,为建立受援国最高水平的教学科研基地和培养出高水平的学术骨干与学术带头人创造条件。

(5) "智力援非"项目尽量以最高学府为目标,占领"制高点"。

"非洲粮仓"：中非粮食安全合作的战略选择

摘要：2008年4月暴发的国际市场粮价猛涨，使世界粮食安全面临严峻挑战，许多发展中国家，尤其是撒哈拉以南非洲国家深陷粮食危机之中，直接威胁着非洲的和平、稳定与发展，实现2015年世界贫困人口减一半的"千年发展目标"希望十分渺茫。中非合作携手共建非洲粮食生产基地，是迎战粮食危机的最佳战略选择。

一、非洲粮食安全形势严峻

1. 非洲粮食危机重重，走出缺粮困境步履艰难

许多非洲国家粮食自给率在20世纪60年代初为98%，70年代末下降到82%，80年代再下降到60%～70%，到90年代许多非洲国家甚至已降到了50%以下，粮食进口量逐年增加。自1980年起，非洲成为农产品净进口洲。2003年23个国家粮食短缺，进口粮食3820万吨。除玉米能基本满足地区需求外，45%的小麦或80%的大米依赖进口。2006年，撒哈拉以南非洲人均粮食产量只有84千克，只及全球人均339千克的24.8%。到了2018年，非洲人均粮食产量也只有159公斤，远远低于全球平均水平，撒哈拉以南非洲人均粮食产量为148千克。

在持续不断的武装冲突、自然灾害频发及国际粮价飙升影响下，非洲粮食的可用性、获得方式及稳定性，也就是联合国粮食及农业组织农业与经济发展局局长普拉布·平加里定义的粮食安全最重要的三个维度，均受到了很大影响。非洲近年频发的武装冲突损害了大量农田，造成的粮食损失远远超过国际组织提供的粮食援助；道路设施的损毁则隔断了粮食的输送；干旱和洪涝等自然灾害给撒哈拉以南非洲地区的农业和畜牧业带来了严重的影响，其中非洲之角由于干旱影响面临巨大粮食安全危机；而日益上涨的国际粮食价格更是使得非洲地区的粮食安全形势雪上加霜。例如，在极端缺粮的塞拉利昂，大米价格猛涨了三倍；在严重缺粮的科特迪瓦、塞内加尔和粮食不足的喀麦隆,大米价格也涨了一倍,据联合国粮食及农业组织估计,全球粮食价格还将进一步上涨,导致暴发多起抗议食品涨价的罢工和示威活动,部分地区出现骚乱。资料显示40多个国家粮食不足,特别是撒哈拉以南非洲近30个国家,人均粮食供应量低于最低需要量,其中马拉维、津巴布韦、莫桑比克等国至少有1200万人严重缺粮,全非洲有2亿多人长期忍受饥饿,3700万5岁以下儿童营养不良。国际粮食政策研究所发布的《全球饥饿指数2019》报告显示,在调查的117个国家中,撒哈拉以南非洲国家的营养不良人口增幅最大。该报告认为,非洲47个国家的饥饿水平处于"严重"或"警戒"状态,乍得、马达加斯加和赞比亚的饥饿状况令人担忧,而中非共和国的饥饿水平尤为严重。① 2014—2016年,非洲仍有饥饿人口数量2.325亿,粮食不安全人口发生率高达20.0%。其中撒哈拉以南非洲就有2.2亿,粮食不安全人口发生率更是高达23.2%,远远高于世界平均水平的10.9%。②

2. 非洲粮食自给率长期低下的原因分析

非洲缺粮日益严重,是自然、经济、社会等多种因素综合作用造成的。

(1)粮食缓慢的增长不能满足激增的人口需求,缺口越来越大

缓慢的粮食增长远不能满足快速增长的人口的需要,是非洲粮食危机最根本的原因之一。2018年非洲人口达到12.76亿人,比2017年增加了0.32亿,若以2006年世界人均粮食消费量314公斤计算,则需973.4万吨粮食来满足新增的人口需求。但据联合国粮企与农业组织统计,2018年粮食产量只比2017年增加了506.5万吨,也就是说,仅2018年新增人口就存在470万吨的粮食缺口。另据人口调查局推断,到2025年非洲人口将达到13.58亿人,人口呈爆炸式增长,使本已存在的饥荒雪上加霜。谁来养活快速增长的非洲人口成为非洲国家必须应对的现实挑战。

表1 1970—2018年世界各洲人均粮食产量　　　　单位:千克/人

地区\年份	1970年	1980年	1990年	2000年	2010年	2018年
中国	241	278	340	311	358	420
非洲	165	152	148	138	161	159
北美洲	931	1222	1308	1248	1291	977

---

① 叶琦.中非合作,助力非洲早日实现"零饥饿"[J].粮食科技与经济,2019,44(10):10-11.
② 安春英."一带一路"背景下的中非粮食安全合作:战略对接与路径选择[J].亚太安全与海洋研究,2017(2):94-95.

(续表)

年份 地区	1970年	1980年	1990年	2000年	2010年	2018年
南美洲	274	261	230	300	384	489
亚洲(中国除外)	221	222	238	244	263	270
欧洲	499	571	626	528	547	668
大洋洲	687	749	888	1132	942	839
全球总计	322	348	366	336	358	388

数据来源:联合国粮食及农业组织统计数据库。

(2) 重工轻农,重经轻粮

轻视粮食作物生产,重视出口经济作物生产,是造成粮食短缺的重要原因之一。非洲国家独立之前被迫按照殖民主义者的需要去种植咖啡、油棕、剑麻、可可等商品性极强的出口作物,以满足宗主国的需要。传统的农业生产结构遭到破坏,面向出口的经济作物得到畸形片面的发展,粮食种植面积大大压缩,使粮食生产的增长日趋缓慢,粮食自给率逐渐下降。独立以后,许多国家为了取得发展民族经济所需的外汇收入,依然继续发展以出口为目的的经济作物,实行经济作物"保证价格",粮食生产的发展被忽视,收购价格被压低。这种不适当的粮食政策,挫伤了农民的生产积极性,使他们不愿在土地上多投资。多数国家把最好的土地、大部分水利设施、资金、劳动力、肥料和农药等都投入经济作物生产。相反,生产粮食的土地则经营粗放,产量很低。另有一些国家,投入大量的资金、人力和物力用来片面发展采矿业,忽视农业,尤其是粮食作物生产,农业衰退,甚至从粮食出口国变成粮食进口国,导致从单一农产品经济转变为单一矿产经济。尼日利亚就是典型代表:随着石油工业大发展,已从粮食出口国变为粮食进口国。

(3) 粮食生产布局与消费不相协调,加剧了粮食供求矛盾

从20世纪60年代初到90年代初的30年间,非洲城市人口的年均增长率为5%,是世界上最快的。据联合国非洲经济委员会预计,1990—2010年,非洲城市人口将从2.01亿增加到4.68亿,到2025年非洲将有一半人生活在城市。目前,非洲城市化水平接近43%,到2030年估计将上升为53%。非洲畸形城市化是在人口爆炸的背景下,大量农村人口盲目涌入城市的结果,而不是经济社会发展的结果。这一趋势必然造成两种结果:一方面,农村大量的青壮年劳动力背井离乡,使得农业生产的主力军不断减少,导致农村经济缺乏活力。同时艾滋病的肆虐也大大削弱了农业的再生产能力,有些土地无人耕种,甚至直接影响到作物布局结构的改变,使原来种植出口经济作物转向更多地种植粗放经营的玉米、高粱和薯类等。

衰落的农村迫使越来越多的农村青年涌向城市谋生,造成恶性循环。另一方面,城市人口增加大大增加了城市居民的粮食供应压力,不得不大量进口粮食来满足需求。出口作物的减少使单一依赖出口作物换取外汇的国家购买粮食的能力每况愈下,加剧了业已存在的粮荒。

城市居民与农民的消费结构不同也是造成粮荒的原因之一。农民消费的主要粮食是玉米、高粱、薯类等杂粮,城市主要消费面粉和大米。农民为了解决自己的温饱问题,首选种植自己需要的粮食,很少生产小麦和稻谷,自给自足的小农经济无力向城市提供商品粮。这也就加剧了大多数非洲国家城市细粮供应不足的严重程度,不得不仰仗进口。

(4) 城市化进程的加速为撒哈拉以南非洲的粮食安全带来巨大隐患

随着城市化进程,撒哈拉以南非洲地区的粮食安全形势更加不容乐观。第25届非洲地区会议上专家指出,在撒哈拉以南非洲地区,城市居民消费的粮食主要来自农村和城市周边地区。近几年,随着非洲年均0.45%的城市化进程,城市人口迅速增长,农业人口不断减少,粮食生产和需求之间的缺口因此越来越大。与农村人口不同,城镇居民必须购买粮食以满足日常需求。据统计,这一地区部分国家的首都,居民用于食品的开支占其日常开支总额的比例在54%到76%之间。而在国际粮价飙升的情况下,城市化进程带来的城市居民人口增多,将为撒哈拉以南非洲的粮食安全埋下巨大隐患。

(5) 自然灾害的频发严重影响了非洲粮食安全

非洲的自然灾害十分频繁,非洲大陆几乎每十年经受一次干旱袭击。在过去的几年内,非洲之角则遭受了四次大型干旱的袭击;2011年以来,该地区更是持续遭遇数十年不遇的大旱,截至5月初雨季过半之时,非洲之角国家的降水量仅为往年正常值的5%至50%不等,造成粮食大幅度减产,难民数量大幅增加,粮食安全每况愈下。

病虫害亦增加了非洲农民生产和生计的脆弱性。蝗虫灾害是一种破坏性很大的灾害,且经常发生,尤其是沙漠蝗,其繁殖地区在西非撒哈拉沙漠周边地带。主要的粮食作物每年因农作物病害损失15.6%,因虫害及鸟害损失16.3%,因杂草危害损失16.6%,总计损失高达48.5%。

2019年末暴发的蝗灾更是数十年来最严重的一次。目前,广大东非地区的灾情尤为严重,根据《全球粮食危机报告》的预测,到2020年下半年,该地区有2500万人陷入重度粮食不安全状况。

二、世界粮食危机直逼中国，粮食安全隐患应引起高度重视

1. 粮食供求关系改变，阶段性过剩和结构性缺陷并存

表2　2005—2015年中国(原粮)粮食产量和消费量变化比较　　单位：万吨

年份	2005	2006	2007	2008	2009	2010	2011	2012	2013	2014	2015
粮食总产量	48400	49748	50414	53434	53941	55911	58849	61223	63048	63965	66060
粮食消费量	49500	50000	43194	43388	46534	51350	51965	51965	49148	47018	46937
产消余缺	−1100	−252	7220	10046	7407	4561	6884	9258	13900	16947	19123

数据来源：中国国家粮油信息中心。

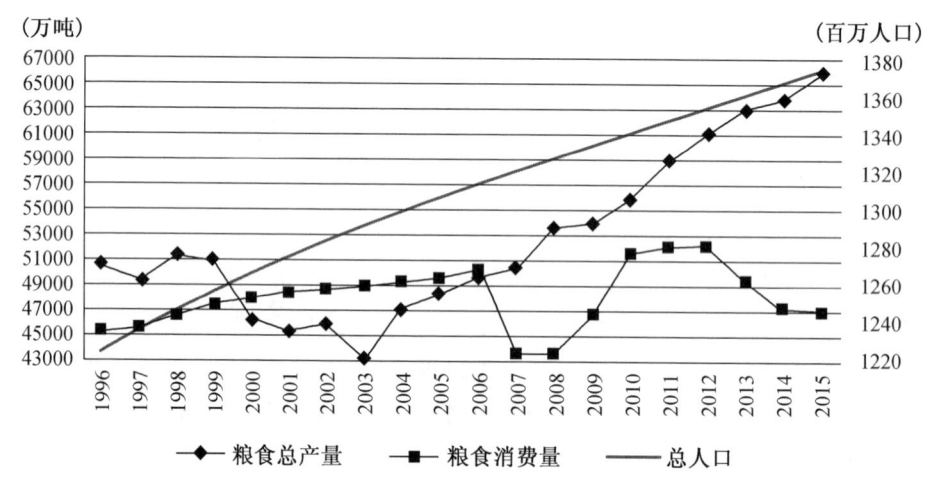

图1　2005—2015年中国总人口、粮食总产量和粮食消费量变化趋势图

数据来源：中国国家粮油信息中心。

20世纪90年代，中国粮食产量基本能够自给，特别是1996—1999年，粮食总产量基本稳定在5亿吨，人均粮食占有量400公斤。但从2000年开始，粮食产量下降，出现了粮食缺口，造成连续7年产不足需，直到2006年才有所改善。7年累计缺少16617公斤粮食，主要靠挖库存和适当进口补足。2007年以后，粮食产量持续上升，到2015年粮食总产量达66000万吨，之后一直维持在这个水平。与此同时，粮食消费量并没有显著增加，近些年来反而有一定的下降趋势。目前，我国粮食生产阶段性过剩。

从近十年的粮食生产结构来看,谷物产量占粮食总产量的比重一直在90％以上,且产量连年增长,而豆类和薯类产量均没有明显变化。长期以来,保障口粮安全是我国农业政策的最基本目标之一,国内有限的土地资源和水资源在中央政府的强调下主要用于口粮生产。在这一政策前提下,豆类粮食等重要农产品,诸如大豆等农产品只能依赖国际市场进口以满足国内日益增长的巨大需求[①]。

口粮是粮食总需求的重中之重,一直保持高位运行,占据主导地位,但数量呈逐年下降趋势[②]。随着城镇化进程的不断推进,人口总量仍在增长,人均食用消费量却在大幅下降,导致口粮消费量逐渐减少。2018年口粮消费量下降到17750万吨,仅占当年粮食消费总量的37.8％。结构性不足问题,主要表现为口粮阶段性过剩但大豆不足,普通品种过剩但优质强筋弱筋小麦、优质稻谷等不足[③]。

表3 2007—2017年中国粮食作物产量变化 单位:万吨

年份	谷物				豆类	薯类	粮食
	稻谷	小麦	玉米	总量			
2007	18638.1	10952.5	15512.3	45963.0	1709.1	2741.8	50413.9
2008	19261.2	11293.2	17212.0	48569.4	2021.9	2843.0	53434.3
2009	19619.7	11583.2	17325.9	49243.3	1904.6	2792.9	53940.9
2010	19722.6	11614.1	19075.8	51196.7	1871.8	2842.7	55911.3
2011	20288.3	11862.5	21131.6	54061.7	1863.3	2924.3	58849.3
2012	20653.2	12254.0	22955.9	56659.0	1680.6	2883.0	61222.6
2013	20628.6	12371.0	24845.3	58650.4	1542.4	2855.4	63048.2
2014	20960.9	12832.1	24976.4	59601.5	1564.5	2798.8	63964.8
2015	21214.2	13263.9	26499.2	61818.4	1512.5	2729.3	66060.3
2016	21109.4	13327.1	26361.3	61666.5	1650.7	2726.3	66043.5
2017	21267.6	13433.4	25907.1	61520.5	1841.6	2798.6	66160.7

数据来源:中国国家粮油信息中心。

---

① 陈前恒.中国粮食安全如何统筹国内国际两个市场[J].人民论坛,2019(32):37-39.
② 王明华."十一五"时期中国粮食需求总量预测[J].调研世界,2006(4).
③ 陈光军.乡村振兴背景下中国改革40年来粮食安全的回顾与思考[J].农业经济,2020(03):3-5.

表 4　2013—2018 年中国口粮消费变化

年份	人均食用消费(千克/人)	人口(万人)	口粮消费量(万吨)
2013	148.7	136072	20233.91
2014	141	136782	19286.26
2015	134.5	137462	18488.64
2016	132.8	138271	18362.39
2017	130.1	139008	18084.94
2018	127.2	139538	17749.23

数据来源：《中国统计年鉴 2019》。

2. 进口依存度持续上升，粮食安全任重道远

回顾中国粮食的进口情况：20 世纪 50 年代微不足道，60 年代开始粮食进口量较大，至 80 年代初期达到了年均 1500 万吨左右，90 年代以来有所下降，但是仍然在 1000 万吨以上。[①] 近十年来，谷物进口总量较之前有所增加，维持在 2000 万吨左右，大豆进口连年增长。而从粮食出口来看，2000—2005 年，谷物出口总量大，均在千万吨以上。2012 年以后，谷物出口量不足百万吨，近两三年出口总量有所回升。大豆本身供不应求，出口量低，主要依靠进口满足国内市场需求。结合粮食进出口情况分析，早在 2004 年左右，中国已由粮食出口国转变成粮食净进口国。特别是粮食总产量自从 1998 年达到 5.1 亿吨以后大幅度下滑，2003 年降为 4.35 亿吨，产需缺口达到 300 万～400 万吨，并且逐年扩大[②]。自 2004 年以来，我国一直处于粮食净进口状态。2012 到 2018 年间，我国年平均净进口谷物约 2000 万吨，大豆净进口量在每年 8000 万吨左右。

表 5　2000—2019 年中国谷物进出口数量　　　　　　　　　　　单位：万吨

年份	稻谷		小麦		玉米		总计		
	进口量	出口量	进口量	出口量	进口量	出口量	进口量	出口量	净出口
2000	123.14	175.66	270.34	76.55	561.78	1179.12	955.26	1431.33	476.07
2005	154.33	457.10	547.5	120.02	529.54	908.58	1231.41	1485.70	254.29
2012	236.86	27.92	370.10	28.59	520.80	25.73	1398.30	101.61	−1296.69

---

① 谢秀娥，张瑞华. 世界粮食贸易环境与中国粮食进口战略[J]. 黑龙江对外经贸，2005(8):16.
② 刘兴，张朝华. 中国当前粮食安全问题现状思考与相关对策[J]. 山东经济，2004(6):25.

(续表)

年份	稻谷		小麦		玉米		总计		
	进口量	出口量	进口量	出口量	进口量	出口量	进口量	出口量	净出口
2013	227.10	47.85	553.55	27.84	326.59	7.76	1458.48	100.06	－1358.42
2014	257.90	41.92	300.44	18.96	259.91	2.00	1951.56	76.94	－1874.62
2015	337.69	28.72	300.70	12.18	473.00	1.11	3271.49	53.25	－3218.24
2016	356.22	39.51	341.19	11.28	316.78	0.41	2199.70	63.61	－2136.09
2017	402.56	119.68	442.25	18.26	282.73	8.59	2560.11	161.65	－2398.46
2018	307.66	208.93	309.93	28.55	352.42	1.22	2050.20	254.42	－1795.78
2019	254.57	274.76	348.79	31.32	479.34	2.61	1791.78	323.60	－1468.18

数据来源：中国农业信息网。

表6　2000—2018年中国大豆进出口数量　　　　　　　　　单位：万吨

年份	进口	出口	净进口
2000	1042	21	1021
2001	1394	25	1369
2002	1132	28	1104
2003	2074	27	2047
2004	2023	33	1990
2005	2659	40	2619
2006	2827	38	2789
2007	3082	46	3036
2008	3744	47	3697
2009	4255	35	4220
2010	5480	16	5464
2011	5264	21	5243
2012	5838	32	5806
2013	6338	21	6317
2014	7140	21	7119
2015	8169	13	8156
2016	8391	13	8378
2017	9553	11	9542
2018	8804	13	8791

数据来源：中国国家统计局统计年鉴。

(万吨)

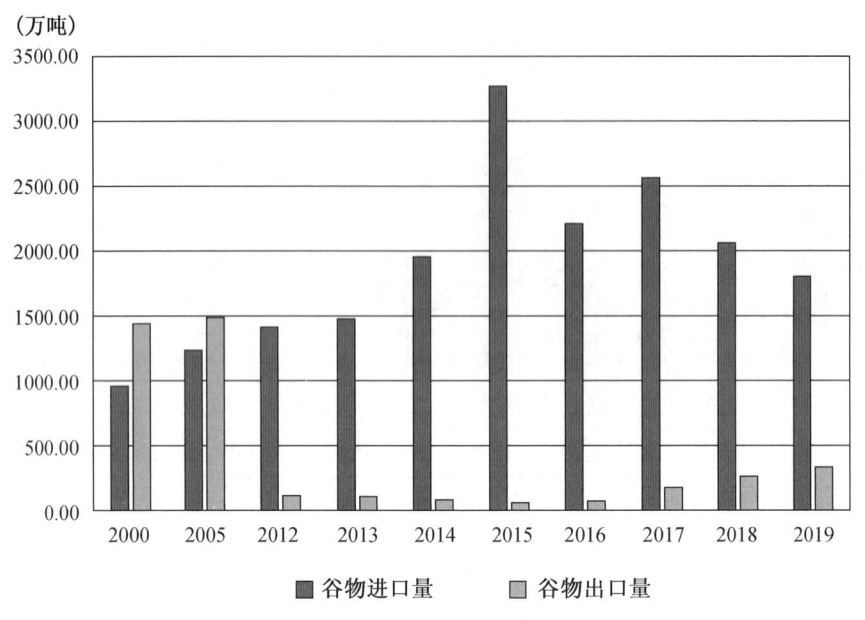

图2 2000—2019年中国谷物进出口情况

数据来源：中国农业信息网。

从农业农村部对粮食生产量和消费量的预测来看，未来10年以上，产品供需形势将不会改变①，即中国仍是净进口大国。但中国不能完全依赖进口，因为中国粮食自给率下降1%就需要进口粮食50亿公斤，占世界粮食贸易总量的2.5%。②如果中国单纯依靠国家外市场实现粮食安全，就会导致粮食贸易价格的大幅度上涨，不仅会影响进出口平衡，而且将对其余30多个粮食净进口的发展中国家构成威胁。所以，如果要构筑日益坚固的粮食安全大厦，开发利用国外土地资源，建立"海外粮仓"是势在必行的战略选择。

3. 中国粮食安全隐患因素分析

（1）工业化和城市化进程加速，实际可用耕地日益减少

城市扩张的方式是以扩大城市土地面积的外延发展为主，为此不得不占用大量土地，甚至包括部分耕地。随着城市化率的增长和工矿业的大发展，耕地面积日渐减少，"吃饭"和"建设"的矛盾日益尖锐。城市化率达到25%～75%是城市化的加速阶段，S曲线③呈指数攀升，也是城市发展最快的时期。在这一阶段，城市人口

---

① 杜志雄,韩磊.供给侧生产端变化对中国粮食安全的影响研究[J].中国农村经济,2020(04):10.
② 吕新业.中国粮食安全现状及发展战略[J].粮食科技与经济,2004(1):17.
③ 城市化整个发展过程具有明显阶段性，以城市化率为25%、59%、75%为拐点按S曲线分为四个阶段。——作者

飞速增长,产业、资金、技术和人口向城市集中,城市以向外围拓展为主,这必然侵占大量的耕地,势必造成耕地的减少。我国城镇化正处于快速发展阶段,2019年底,我国城镇人口8.48亿人,城镇化水平60.60%,比2000年的36.22%增长了24.38%。预计未来10~15年我国城镇化率仍将保持年均0.8%~1%的增长速度。这将给稀缺的耕地资源造成更大的压力。

我国第二次全国土地调查显示,截至2009年12月31日,全国耕地总面积为13538.5万公顷,比基于一调的2009年变更调查数据多出1358.7万公顷。这是由于调查标准、技术方法的改进和农村税费政策调整等因素影响,调查数据更加全面、客观、准确。多出的耕地有相当部分需要退耕还林、还草、还湿和休耕,有相当数量受污染而不宜耕种,还有一定数量因表土层破坏、地下水超采等已影响耕种,因此,耕地保护形势依然严峻。

表7 2007—2017年中国城市化率与耕地面积变化　　单位:%,万公顷

年份	2007	2008	2009	2010	2011	2012	2013	2014	2015	2016	2017
城市化率	45.89	46.99	48.34	49.95	51.27	52.57	53.73	54.77	56.1	57.35	58.52
耕地面积	12174	12172	13538	13527	13524	13516	13516	13506	13500	13492	13487

数据来源:耕地面积数据来自自然资源部编制的历年中国国土资源公报;城市化率数据来自国家统计局统计年鉴。

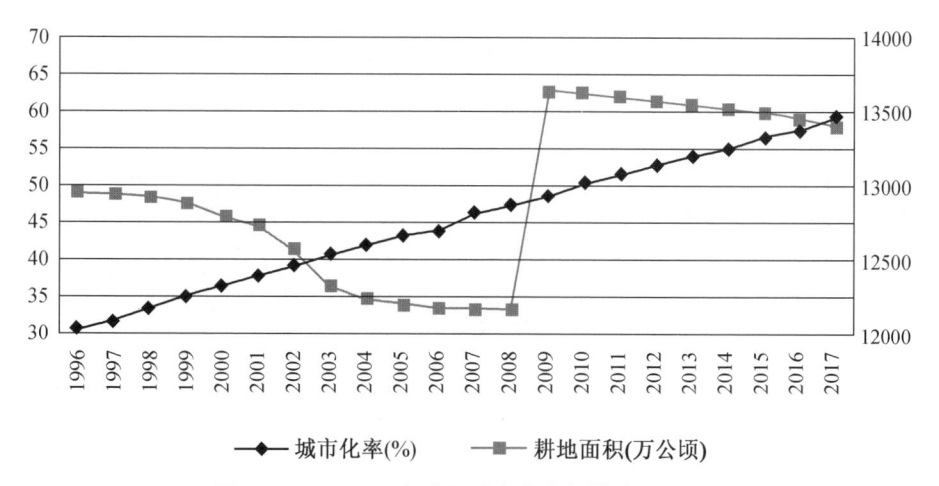

图3 1996—2017年中国城市化率与耕地面积变化

数据来源:耕地面积数据来自自然资源部编制的历年中国国土资源公报;城市化率数据来自国家统计局统计年鉴。

我国多次强调守住18亿亩的耕地红线,但据统计2014年我国实用耕地面积为16.1亿亩,耕地面积减少,我国粮食安全面临严峻危机。此外,耕地质量下降,城镇化发展的同时,政府采取占补平衡的方法使得耕地总量不变,但实际操作过程中往往存在劣等地换优质地、低产田换高产田的现象,导致耕地质量下降,对我国粮食安全有很大的影响。[①]

据统计,1996—2005年的10年间,我国城市化率从30.48%上升到42.99%,而耕地面积相应减少了976万公顷。我国人均耕地只有0.11公顷,不足世界人均水平的45%[②]。不仅现有耕地面积减少,宜农荒地开垦潜力有限,耕地后备资源不足,提高垦殖指数潜力不大,如果这个时期不对耕地资源采取有效的保护措施,随着城市化水平的不断提高,耕地资源将进一步减少,进而影响农业生产,引发粮食危机,这些潜在威胁应引起高度重视。

(2)国内粮食市场存在较强的对外依赖性,粮食进口地区集中化

中国粮食进口量显著高于出口,且呈现逐年递增的趋势。特别是大豆,主要依靠进口来满足国内市场需求。粮食市场对外依赖性较强。同时,四大粮食作物进口来源地的集中化程度较高,前三大来源国进口量占比基本保持在90%以上,而前两大来源国进口量占比也均保持在75%以上。从表9可以发现美国是中国粮食进口的主要来源国,大豆、小麦、玉米进口量均排在前三。中国每年从美国进口的大豆数量均超过3000万吨。由于美国是中国大豆、小麦和玉米的主要进口来源国之一,中美涉粮贸易争端的持续乃至加剧无疑会极大增加中国的粮食进口风险[③]。

表8 中国粮食生产、进口与消费预测　　　　　　　　单位:万吨

类别		2018	2022	2026	2028
大米	生产量	14850	15006	15525	15650
	进口量	308	373	432	460
	消费量	15471	15747	15949	16011
小麦	生产量	13143	13091	13301	13490
	进口量	310	438	507	516
	消费量	12663	13159	13716	13986

---

① 冯瑞.新时代中国粮食安全的问题与对策[C].中国教育发展战略学会教育教学创新专业委员会.2020全国教育教学创新与发展高端论坛会议论文集(卷三).中国教育发展战略学会教育教学创新专业委员会,2020:560-561.

② 关键.21世纪中国粮食安全的战略对策[J].理论探讨,2006(1):43.

③ 王钢,赵霞.中国粮食贸易变化的新特征、新挑战与新思维——兼论"一带一路"的粮食贸易战略[J].湖南农业大学学报(社会科学版),2020,21(01):62-68.

（续表）

类别		2018	2022	2026	2028
玉米	生产量	25733	28253	31220	31919
	进口量	352	487	624	650
	消费量	28487	29893	32148	32825
大豆	生产量	1600	2055	2124	2140
	进口量	8806	9220	9623	9886
	消费量	10470	11082	11599	11882

资料来源：杜志雄，韩磊．供给侧生产端变化对中国粮食安全的影响研究[J]．中国农村经济，2020(04)：10．

表9　2014—2018年四大粮食作物进口来源地分布

年份	品种	主要来源地、进口量及其占比		
2014	大米	越南，135.2万吨（52.42%）	泰国，72.78万吨（28.22%）	巴基斯坦，40.67万吨（15.77%）
	小麦	澳大利亚，139.06万吨（46.35%）	美国，86.27万吨（28.76%）	加拿大，41.09万吨（13.7%）
	玉米	美国，102.71万吨（39.5%）	乌克兰，96.43万吨（37.09%）	泰国，28.86万吨（11.1%）
	大豆	巴西，3200.55万吨（44.82%）	美国，3002.93万吨（42.06%）	阿根廷，600.38万吨（8.41%）
2015	大米	越南，179.42万吨（53.13%）	泰国，93.14万吨（27.58%）	巴基斯坦，44.26万吨（13.11%）
	小麦	澳大利亚，125.51万吨（41.75%）	加拿大，99.19万吨（33.00%）	美国，60.28万吨（20.05%）
	玉米	乌克兰，385.07万吨（81.41%）	美国，46.18万吨（9.76%）	保加利亚，16万吨（3.38%）
	大豆	巴西，4007.67万吨（49.06%）	美国，2841.31万吨（34.78%）	阿根廷，943.66万吨（11.55%）
2016	大米	越南，161.79万吨（45.45%）	泰国，92.84万吨（26.08%）	巴基斯坦，70.38万吨（19.77%）
	小麦	澳大利亚，136.91万吨（40.15%）	美国，86.24万吨（25.29%）	加拿大，85.88万吨（25.18%）

(续表)

年份	品种	主要来源地、进口量及其占比		
2016	玉米	乌克兰,266.03 万吨 (83.92%)	美国,22.3 万吨 (7.03%)	老挝,13.89 万吨 (4.38%)
	大豆	巴西,3820.53 万吨 (45.53%)	美国,3417.16 万吨 (40.72%)	阿根廷,801.39 万吨 (9.55%)
2017	大米	越南,226.5 万吨 (56.20%)	泰国,111.70 万吨 (27.72%)	巴基斯坦,27.3 万吨 (6.77%)
	小麦	澳大利亚,189.95 万吨 (42.98%)	美国,155.52 万吨 (35.19%)	加拿大,52.29 万吨 (11.83%)
	玉米	乌克兰,183.95 万吨 (65.00%)	美国,76.41 万吨 (27.00%)	老挝,7.00 万吨 (2.47%)
	大豆	巴西,5063.62 万吨 (53.01%)	美国,3248.36 万吨 (34.00%)	阿根廷,668.78 万吨 (7.00%)
2018	大米	越南,163.22 万吨 (52.99%)	泰国,78.34 万吨 (25.44%)	巴基斯坦,37.32 万吨 (12.12%)
	小麦	美国,135.58 万吨 (43.74%)	澳大利亚,104.63 万吨 (33.75%)	加拿大,32.15 万吨 (10.37%)
	玉米	乌克兰,201.46 万吨 (57.23%)	美国,97.23 万吨 (27.62%)	老挝,17.33 万吨 (4.92%)
	大豆	巴西,4563.42 万吨 (51.84%)	美国,3018.27 万吨 (34.29%)	阿根廷,625.17 万吨 (7.10%)

资料来源:王钢,赵霞.中国粮食贸易变化的新特征、新挑战与新思维——兼论"一带一路"的粮食贸易战略[J].湖南农业大学学报(社会科学版),2020,21(01):62-68.

三、"非洲粮仓"首位战略目标——解决非洲人民温饱问题

为保障粮食安全,联合国粮食及农业组织提出的目标是积极增加粮食产量,既要遵循自力更生和自给自足的基本原则,又要考虑适当调剂与储备,稳定粮食供应,使贫困人口有获得粮食的机会,妥善解决粮食问题,保障粮食安全(粮食储备量占年需求量的17%~18%,此为最低安全系数)。我们认为提高非洲粮食安全系数要分两步走:第一步,解决人民温饱问题;第二步,提高粮食安全系数。联合国前秘书长安南说:"绝大多数非洲农民在小块土地上耕作,其产品不足以养家糊口,加

上他们缺少交易实力、土地、财政支援和技术,麻烦就更大。"可见,解决非洲人民的温饱问题是非洲各国政府所面临的首要战略任务。

美国著名粮食问题专家戈林在2000年的非洲粮食研讨会上指出,非洲大陆1975—2000年饥饿人口增长了45%,达到1.75亿人,而人均粮食产量在过去25年中却减少了12%,粮食进口则以每年7%的速度在不断增长。预计到2025年,非洲大陆营养不良儿童的数量将达到4000万。面对如此严峻的缺粮形势,单靠国际粮食援助或资金援助不是长久之计。非洲人民如果要解决温饱问题,必须把这种"输血"方式转变成帮助本国"造血",在援助国的技术和资金支持下,靠自己的努力在自己的土地上收获粮食,解决温饱问题,进而提高国家的粮食安全系数。实际上,随着非洲国家粮食安全意识的增强,许多非洲国家纷纷采取措施,努力提高本国大米、玉米等粮食作物的产量,以减少粮食进口。

四、建立"非洲粮仓"原则、模式与对策

1. 中非农业合作的原则

（1）互利合作原则

中国与非洲国家在农业资源开发合作中各具不同优势,充分发挥双方的比较优势,互利合作,是我们的基本目标和原则。非洲国家具有气候、土地资源相对优势和劳动力优势,而我国则具有科技优势和资金相对优势。我国企业与非洲国家共同开发非洲当地农业资源时,应侧重发挥我国的相对技术优势,帮助非洲国家把资源优势转变成能力发展的优势。在项目的具体实施中,我国只需派遣精干的项目经理、农技人员等,充分利用当地的劳动力资源优势。这样,既可满足完成项目的大部分劳动力需求,又有助于解决当地就业问题,从而降低项目成本,提高效益,实现风险共担、利益共享。中非在各个领域的合作是优势互补、互利互惠的,有利于非洲国家实现经济发展,有利于中非共同发展。

（2）因地制宜原则

由于自然资源时空分布的不均匀性和严格的区域性,以及不同资源的不同特性,因此自然资源的利用必须因地制宜、因时制宜。粮食作物受热量、水分等自然条件区域差异的影响,分布也有明显的地区差异。非洲自然环境具有比较典型的水平地带性和垂直分异性,水分条件和热量条件的变化尤为明显,所以水热的差异大体决定了粮食作物种类的选择和地带分布。麦类主要分布在北非地中海和沿岸亚热带地区,以及南非开普省和东部非洲海拔1500米以上的山地、高地;玉米、高

梁、粟类主要分布在南部非洲的热带草原和半荒漠地区,而水稻主要分布在西非地区、埃及和马达加斯加的部分地区。粮食作物的分布充分显示了地域性,作物布局必须坚持因地制宜原则。

(3) 适度开发原则

非洲国家发展粮食生产时,应坚持适度开发、节约和有效利用土地资源的原则,防止盲目和过度开发,保证土地资源的永续利用,实现经济、社会和环境效益的统一。此外,在适度开发土地的同时,要积极推进集约用地,着重提高现有土地利用率和产出率。提高土地产出不是指盲目增大农药化肥的使用量来提高土壤肥力,而是提高农业现代化和机械化水平,改善农田基础设施。实际上许多非洲国家虽然很支持开发有竞争能力的优势产业项目,但它们非常重视环境和生态保护,发展生态环境循环经济在农业生产过程中完全不用或基本不用化肥、农药、生长调节剂和牲畜饲料添加剂,尽量使用豆科作物、作物秸秆、牲畜粪肥、有机废物,采取作物轮作方式来保持土壤肥力,对病虫害尽可能采用生物防治方法,这些措施都能有效保护土地,保证土地的永续利用。

2. 中非农业合作的模式

(1) 发展小农场,推进非洲农村土地制度改革,探索移植中国式农业产业化经营模式的可行性

农业产业化是农业现代化的主要标志,同时也是传统农业向现代化农业转变的必由之路。它是指以市场为导向,以农户为基础,以龙头企业或合作经济组织为依托,以经济效益为中心,以系列化服务为手段,通过实现生产、加工、销售一体化经营,将农业产前、产中、产后诸环节联结为一个完整的产业体系。[①] 自党的十六届五中全会和"十一五"这一关键时期以来,中国农民已经在促进农业产业化转型的路上积累了丰富的经验,这也为中国农民或农业工作者进入非洲农村探索移植中国农业产业化经营模式提供了不可或缺的前提条件。据国际权威机构发布的《技术与创新报告》称,目前非洲大陆人口中超过 2/3 仍依靠农业维持生计,逾 70% 的未成年劳动力从事农作物种植,非洲人口仍面临健康、营养和环境诸多问题。广大的非洲农村地区仍处在一家一户"吃饭种田""靠天吃饭"的自给自足的小农经济状态,为温饱而劳作,远离农产品加工和销售各个环节,根本脱离了农业内在的产业关联规律,家庭农业经营与市场经济远不相适应。中国的农业产业化经营证明了农业不是单一的农业生产环节,而是包括农业的生产、加工、流通等各个环节在内的产业体系,必须树立农业系统工程的理念,指导非洲农业的发展,使其

---

① 郁鹏.农业产业化与中国农业发展[J].当代经济管理,2008(6):50.

逐步从传统农业走上现代农业之路。因此,鼓励中国农民到非洲去种地创业,移植中国农业产业化模式,是一条值得探索的路子。

为推进非洲农业产业化发展,在探索移植中国农业产业化经营模式的过程中应着力实施以下几个方面的内容:首先,鼓励中国有一定经济实力的农民或农业专家,自筹资金到非洲开办小农场,创办小型龙头企业,探索适宜非洲农村的"农户＋龙头企业＋市场"的产业化经营模式,把当地的土地资源优势和劳动力资源优势转化为经济优势。小农场吸纳当地农村劳动力,可以一定程度上缓解农民流向城市谋生的压力潮流,同时还可为非洲城市居民提供"菜篮子",发挥中国式的"菜篮子"工程效应。其次,建立健全合理的土地制度,为非洲农业产业化发展提供有力保障。土地是农民的生产资料,农民既是土地的生产者又是经营者。只有制定合理的土地制度,便于农民进行土地转让、抵押、转租,才能切实促进土地市场化和土地资源分配,有效提高土地利用效率和粮食生产效率。最后,将先进的农业技术与管理经验引进非洲的同时,培养非洲农民的经营意识是移植中国农业产业化经营模式的必要条件。倘若只重视农民生产技能的培训,而忽略其经营、管理、营销等知识的传播,他们仍无法摆脱贫困的命运。根据中国以往的经验,过去无论是送科技下乡,办农民培训班,还是培养农业人才,都忽视了农民最需要的和最基本的产业化经营知识的普及。[①] 只有让非洲农业少走中国农业产业化发展的弯路,才能真正做到粮食的增产和农民的增收。

（2）创建农业综合技术开发区

中国和非洲的农业合作早在20世纪50年代末就已经开始。迄今为止,中国共与40多个非洲国家实施了近200个合作项目,其中包括设立农业技术推广站、水田改造、农机站、人员培训等。中国先后向非洲国家派出农业技术人员近万人,开垦、种植了近7万公顷土地。通过援助,中国将一部分农业技术,如农作物的种植技术、品种繁育技术、农产品初加工技术等传授给了受援国。[②] 改革开放以来,中国调整了非洲政策,由原先的无偿援助逐渐向互利互惠过渡,中非农业合作也相对进入了调整期。

自实施教育援非项目以来,中国已先后在非洲建立了较为先进的生物、微生物、物理、化学、计算机、材料、土木工程、食品保鲜加工等教学专业实验室,其中不少取得了令人瞩目的成果,并受到了受援国的赞赏。值得探讨的是如何以教育援非项目为依托,实施"产、学、研"科技园区模式,将科研成果转化为生产力,从而形成产业。毋庸置疑,"产、学、研"是一项多产业的系统工程,并非教育部门所能独立

---

① 李里特. 特色农业与农业产业化[J]. 农产品加工,2006(1):10-12.
② 唐正平. 前景广阔的中非农业合作[J]. 西亚非洲,2002(6):13-17.

完成的,因此应鼓励企业集团对非洲投资进行项目选择时优先考虑以教育援非项目为依托,将科研成果尽快转化为生产力,使得"教、学、研"成果延伸到生产和销售领域,实现教育目标与经济目标的有机结合。在此背景下,现代农业科技园区作为体现科研成果转化和科技产业发展的重要载体,也是加快农业现代化发展的一种新的组织形式。与工业生产相比,农业生产具有明显的地域性差别,因而农业科技园区也呈现出显著的地域性,其空间结构在区域性的影响下呈现出不同的形式、特点和分布。一般来说,一个功能完整、结构合理的现代农业科技园区,在空间结构上的布局可以分为三个层级:核心区、示范区和辐射区。[①]

狭义上,农业科技园区是一类园区,但广义上,它是一种空间,兼具诸多功能,例如生产、加工、研制、开发、培训、展示、仓储、物流、交易等。核心区是整个农业科技园区的高端职能中心、特色展示中心和运行管理中心。[②] 通常集中了园区管理机构、生物技术组培中心、新品种引种区、科研开发中心等重要部门,是整个科技园区的技术信息源、技术扩散源。作为核心区的直接作用对象,示范区是农业科技园区的农产品生产基地和农业科技成果的实验基地,同时也是核心区的农业产业化带动基地。[③] 此外,园区的辐射区相对来说距离核心区较远,并不属于科技园区的范围,但它受到核心区主导产业的影响,是周边的农业生产和农村经济区域。在"产、学、研"模式的引导下,根据非洲农村所具有的特征,所建立的现代农业科技园区应包含商品粮(水稻、玉米、木薯等)生产基地、畜禽(牛、羊、鸡、鸭、鱼等)养殖中心、农产品加工中心、仓储物流中心、服务中心、研发培训中心、研发成果转化和推广中心,形成一个集生产、加工、配送、研发、培训为一体的有机整体。其中,中非两国的农业院校应加强合作,在园区的研发培训中心挂牌成立教学、科研、实验基地,以进一步深化"产、学、研"模式。此外,在"农户+龙头企业+市场"的组织模式下,还可向园区周围的农民推行"订单农业",即企业与农户之间签订契约,前者按协议价格集中收购后者的农产品,进行再加工并销售至市场,企业还可向农户提供产前、产中的原材料或者技术指导,这样不仅可以充分发挥园区的辐射与带动功能,还能够增加农民收入并保证粮食安全。

3. 对策

(1) 建立种子工程,提高粮食作物单产

据调查显示,非洲总消费量最大的六种粮食作物分别为木薯、玉米、小麦、薯

---

① 蒋和平.农业科技园区的建设理论与模式探索[M].北京:气象出版社,2006.
② 张云彬,等.基于空间特征的现代农业科技园区控制性详细规划方法研究[J].安徽农业大学学报,2010(4):796-797.
③ 同上.

蓣、水稻和高粱,2011年的消费量依次为1.2亿吨、7601万吨、6276万吨、5483万吨、4020万吨和2628万吨。在粮食单产方面,我们也对这六种粮食作物进行了研究,因为消费量大意味着需求量大,相应地提高国内产量的需求也就更为迫切。

表10 非洲与世界主要粮食品种的单产及前者占后者的比例

单位:千克/公顷

年份 作物	1961年			2018年		
	非洲	世界	非洲/世界	非洲	世界	非洲/世界
木薯	5660.3	7404.5	76.44%	9082.6	11297.3	80.40%
玉米	1044.4	1942.3	53.77%	2040.2	5923.7	34.44%
小麦	693	1088.9	63.64%	2863.9	3425.4	83.61%
薯蓣	7165.6	7234.5	99.05%	8292.4	8351.5	99.29%
水稻	1552	1836.2	84.52%	2329.1	4678.9	49.78%
高粱	809.1	889.6	90.95%	1002.4	1408.1	77.19%

资料来源:联合国粮食及农业组织统计数据库。

通过表10不难看出,除薯蓣外,其他几个粮食品种的单产都与世界水平相差甚远。非洲薯蓣的单产水平之所以接近世界水平,是因为全世界的薯蓣基本都集中在非洲生产。同时,作为非洲粮食消费的第二大作物,玉米的单产水平却极其低下。例如,在2018年,非洲玉米每公顷的产量只有2040.2千克,仅占世界水平的34.44%。又如,近50年来,非洲水稻的单产有所增长,1961年为1552千克,2018年为2329.1千克,增长了50.1%,而世界水稻单产却增长了155%。此外,非洲高粱单产也同样增长缓慢,1961年为809.1千克,2018年为1002.4千克,增长率为23.9%,低于世界高粱单产的增长率58.3%。

粮食生产是一项系统工程,影响粮食单产的因素有很多,包括育种、灌溉、栽培技术、农业机械等方面,其中种子是农业科技最直接的载体,也是决定农产品产量与质量的重要保障,直接关系到种植业和农产品加工业的进一步发展。在中国,种子工程及其推广体系已经实施了近20年。自1996年农业部实施种子工程以来,这项工程先后经过"九五""十五""十一五"等阶段的布局与完善,取得了阶段性的成效,为我国种业发展、农业现代化和粮食安全等方面做出了重要贡献。从长远来看,非洲国家应借鉴和引进中国政府实施的种子工程,保护本国的种子市场不受西方国家入侵,以保证粮食安全。同时,中非双方学者应共同深入农村,实地考察研究,共同探讨如何将中国农村的经验实践并服务于非洲农村,摸索出适合非洲的种子工程,提高粮食作物的单产,以推动非洲传统农业向现代农业转变。

(2) 沼气发电工程,探索生态农业循环经济模式

在现代农业生产中,化肥、农药、动植物成长激素等农业投入品的使用一方面促进了农产品产量的增长,另一方面又带来了产品质量隐患,使大量土地出现退化,造成了不容小觑的生态问题。这不仅会影响一个国家农村经济结构的优化,还会降低该国产品在国际市场上的竞争力。同时,由于毁林开荒、过度樵采等一系列不合理的农业经济活动,非洲的土地日益荒漠化且严重贫瘠,构成了非洲粮食安全的又一严重威胁。不仅如此,在世界各地区中,非洲能源短缺的现象显得尤为突出,其能源消费量的80%~90%取自薪柴、作物秸秆和牲畜粪便,既制约了农村经济的发展和农民生活水平的提高,又使得森林资源被过度开采,自然植被遭到破坏,生态问题进一步恶化。面对如此严峻的形势,非洲农村唯有大力发展生态农业循环经济才能使经济和生态进入良性循环,农业资源得到永续利用,农业可持续发展并实现经济效益、环境效益和社会效益三者统一协调。

在各种循环经济模式中,沼气生态农业模式依据生态学原理,以太阳能为动力,沼气建设为纽带,将养殖业、种植业等有机地组合在一起,通过各单元之间的合理配置和匹配,使得物质和能量实现梯级利用,从而使农业生产达到高产、高效、优质和低耗的目的,实现农业生产的生态化和可持续化。[①] 此类生态农业模式将物质分解、转化、富集、循环再生等有机结合,形成一个开放式的互补系统,类似于自然生态系统的食物链结构。

随着我国沼气技术的不断完善,沼气的开发利用与生态农业循环经济的关系日益密切,发挥了巨大的效能,并逐渐涌现出各种各样以沼气为纽带的生态农业模式,如南方的"猪—沼—果"、北方的"四位一体"、平原地区的"粮饲—猪—沼—肥"、西北地区的"五配套"等。以"猪—沼—果"这一生态农业模式为例,该系统中的养殖业包含猪、牛、鸡、鸭、鱼等,种植业除果业外,还包括粮食、蔬菜及其他各类经济作物,将养殖、种植和生活三个孤立的活动组合成一个整体,体现出多层次、多时序、多产品的特点。人和禽畜的粪便在进入沼气池后,在缺氧环境和一定温度、湿度、酸碱条件下,菌群逐步将粪便中的碳水化合物、蛋白质和脂肪等有机物分解为沼气、沼液、沼渣,沼气池将一系列复杂的生化反应过程聚集在一起,加快了反应速率,提高了分解效率,并收集、储存、输送沼气,用于家庭照明或炊事。同时,沼液和沼渣中含有丰富的氮、磷、钾、钠、钙等营养元素,可被作物直接吸收,仅少量残余的有机质还要经土壤中的微生物分解,比传统施肥方式所造成的营养流失和对环境造成的污染都要小很多。[②] 此外,"猪—沼—果"生态农业模式还能有效杀灭寄生

[①] 陈豫,等. 宝鸡市典型沼气生态农业模式的结构和效益分析[J]. 干旱地区农业研究,2008(2):184.
[②] 胡振鹏,等."猪—沼—果"生态农业模式[J]. 自然资源学报,2006(4):639.

虫卵,防止农村疫情发生,并生产出绿色、无公害的农业产品,可谓一举多得。

综观当下,尽管非洲具有丰富的生物质资源,具备巨大的厌氧消化潜力,但目前却只有少量沼气池,沼气生态农业循环经济模式仍处于初级阶段。目前,在布隆迪、博茨瓦纳、布基纳法索、科特迪瓦、埃塞俄比亚、加纳、几内亚、莱索托、纳米比亚、尼日利亚、卢旺达、津巴布韦、突尼斯、摩洛哥、坦桑尼亚、南非和乌干达已经完成了一些大中型沼气工程。① 但非洲的沼气生态农业模式的建设仍面临着原料、资金、技术、政治安全诸多方面的制约,尚未挖掘出其巨大的发展潜力。只有通过全球信息共享、改进沼气技术、制定合理政策、补贴农村地区发展,非洲的沼气工程才能大踏步推进,有效提高农村经济和农民生活水平,改善生态环境并保证粮食安全。

(姜忠尽　胡泽鹏　徐姗姗)

---

① CYMANA Mulinda,顾新娇,等.非洲沼气技术发展和潜力[J].中国沼气,2013(1):22.

坦桑尼亚
——剑麻之乡

坦桑尼亚达累斯萨拉姆大学
两年留学生活备忘录

　　20世纪80年代初期,我以教育部公派留学生的身份,远赴非洲大陆东非高原上的友好国家坦桑尼亚的达累斯萨拉姆大学,羁旅该校2年。该校是该国的最高学府,有来自世界多个国家的留学生,其中有来自朝鲜的6位留学生学习英语。

图1　达累斯萨拉姆大学恩克鲁玛礼堂(作者摄于1982年)

图2　达累斯萨拉姆大学图书馆门前雕像(作者摄于1982年)

图3　达累斯萨拉姆大学旁的清真寺(作者摄于1982年)

达累斯萨拉姆大学原为总校设在乌干达的东非大学的分校。1970年3月，东非大学一分为三，达累斯萨拉姆大学正式成立，成为一所综合性大学，分人文与社会学院、工学院、理学院、法学院、商业管理学院和教育学院。地理系设在人文与社会学院。该校在校学生大约4000人。学校可授予学士、硕士和博士学位。当时该校实行免费教育，此外，每位学生每月可领取500先令（按当时兑率折算，约合70美元），高于当时坦桑尼亚国家最低工资400先令。我们以留学生的身份入学，注册身份为进修生（short-time student）。入学时，我与北京外国学院的冯玉培老师住在第一宿舍10号房间，中国国际广播电台斯瓦希里语播音员万玉珍同志住在女生宿舍第三宿舍。学生食堂就在第一宿舍旁边。我们与其他同学同吃同住，没有什么特殊之处。初来乍到，我们一时难以适应这一新的人文环境。

一、学生食堂

在餐厅里、图书馆里、教室里，我被夹杂在非洲学生之中，那种非洲人身上特有的气味从四面袭来，令人难以招架，甚至有点令人窒息，却又无法回避，特别是在食堂就餐时，我也同非洲学生一样端着金属大盘子排着队去打饭，一日三餐没有什么花样。早餐几片面包、两根香蕉或柑橘，餐桌上摆有黄油或果酱，中餐和晚餐的主食是米饭，菜是炖牛肉，没有其他蔬菜供应，奶茶三餐随便喝。此外，每日上午10点和下午4点，餐厅都有奶茶供应，有时会发点点心。这样的食物，我整整吃了两年。我国驻坦桑尼亚大使馆为了改善一下我们的饮食，每周派车接我们回大使馆度过周末，星期天下午再把我们送回学校。冯玉培因平时不能吃牛肉，又无别的菜吃，每天处于半饱状态，身体状态越来越差，只好到学校办理病号饭。病号饭也没有什么特殊供应的东西，就是有点蔬菜、一袋牛奶、一片木瓜、一只鸡蛋，主食是米饭。一年下来，小冯身体难以支撑下去，就先行回国了。万玉珍同志被我国驻坦赞铁路专家组调去当斯瓦希里语翻译。第二学年，只剩我一个人坚持下去。好在我的适应性比较强，再困难也要坚持到底，我常问自己，人家能过我为什么不能过。研究非洲地理，我不到这里来，到哪里去？这里才是我应该来的地方。大约经过半年的适应期后，我逐渐融入了这个非洲群体，成为受他们欢迎的一员。我也逐渐适应了那种特殊气味，适应了他们那种缓慢而乐观的生活情趣。在餐厅里，一日三餐和上午、下午的茶点时间，往往是我与同学们交流的好机会，边吃边聊，别有一番风趣。这里是热带地区，餐厅里苍蝇满天飞，吃饭时，我往往是右手拿勺，左手拿叉，边吃边用左手的叉驱赶苍蝇。有位同学开玩笑说,你们中国太冷,苍蝇都跑到我们这来了。非洲同学交流时,有个习惯性动作,谈吐甚欢时,双方各伸出右手,手掌向上,互相击掌以示快乐。平时我与非洲同学见面互相问候时,都有握手的习惯。握手时,我会有点特别的感受,非洲人手掌有点湿润而又不粘手的感觉。非洲人皮肤是黑色的,但手掌颜色有些淡红。

二、我的露天"写作室"——恩克鲁玛礼堂

　　我与冯玉培同住一间学生宿舍,大约十几平方米。进门两侧各放一张单人床,床头立一单人用衣橱,再向外,窗户两侧各有一张写字台,台前靠墙是一嵌入式书架。平时,冯玉培在宿舍内自习。我每天到校教学区大院内礼堂(恩克鲁玛礼堂)一侧学习,一张桌子、一把椅子便是我的私人学习空间。不管刮风下雨,天天如此。这是赤道地区,雨季常常下雨,但雨过天便晴。非洲学生下课后也常到我这里聊天。第一学年,我的自选研究课题是"非洲畜牧业发展的地理条件、分布与问题"。首先要解决的问题是,我是用中文写好再译成英文,还是直接用英文写。我想两种语言的逻辑思维是不同的,语言结构各有自己的特点。如果用中文写,然后将中文稿译成英文稿,说起来容易,但做起来并不那么容易,在译成英文时往往会习惯性按中文的逻辑思维去翻译,这样会译成中国式英文,很难提高英文水平。经过反复思考,最后我决定直接用英文写论文。当然,这样开始难度要大些。在这里,我阅读的书刊全是英文原著,地地道道的英文。当时我想,天下无难事,就看心专不专。一切从头开始,首先我读懂英文原著,看懂语法结构,然后学着用自己已领会的内容组建我所要表达的内容。开始我怕词不达意,我就采取了一个笨办法,每写好一个独立段落,就请非洲同学阅读,如果他们读懂了,没有挑出语法上的毛病,那就算合格了。开始半年我像蜗牛爬行一样,不慌不忙,慢慢向前爬行,大约半年功夫,我就开始感到顺手多了。第一学年结束,我终于完成了这篇英文论文。这篇论文主要评价非洲发展畜牧业有利的地理条件和制约因素,不同地理环境条件下的畜群组成特点及其地理分布规律,畜牧业发展面临的主要问题以及热带稀树草原的合理开发利用问题。全文大约有 6 万字。定稿后,我首先将英文稿呈送我的顾问教授马罗先生。他在阅完全稿后,大加赞赏,没有提出任何修改意见。他说,这完全出乎他的预料之外,因为我的口语不好,但没想到我的文笔这么好。地理系主任穆桑基女士对新华社驻坦桑尼亚记者说,姜先生是一位非常勤奋的学者。第二学年,我便开始了我的第二个自选研究课题:东非高原农业地域类型初探。

我花了将近一年的时间完成了这篇英文论文。在东非高原这块土地上研究高原农牧业问题，认识和划分高原山区的农业地域类型对于探讨如何进一步开发利用人地资源，在科学上和实践上都是十分重要的。我选择这一研究课题的目的在于：查明影响东非高原山地农业地域类型形成和演变的主要地理因素；剖析各地域类型的形成、演变和分布的规律；揭示各类型农业部门结构、作物组合和畜群组成的特点，评价人、地相互作用和结合的合理性与存在的问题，以便更好地发挥不同地域类型的潜力，提高不同地域类型的经济效益。

图4　校区腰果树林合影（1983年）
（左：查加族女生莫希，右：桑给巴尔印度裔女生娇依）

三、在男女生宿舍闲谈趣事

在达累斯萨拉姆大学的两年留学生活，虽然比较枯燥，但非洲人十分有情趣。两年的异国他乡生活使我亲身感受到，在这块非洲大地上，到处蕴藏着生活的宝藏和乐趣。在这所大学里，平时没有什么娱乐活动。但每到周末，不少学生纷纷离校，自寻欢乐去。有不少学生去市内夜总会。有不少学生每到周末看我总是待在学校，哪里也不去，只知道读书。该校的古巴留学生说我们中国留学生不会生活，只知道读书。他们概念中的会生活，指的是该学习的时候全心地去认真学习，周末的时候全身放松，尽情地去享受生活的乐趣，不能整天宿舍、餐厅、教室、图书馆一条线，枯燥得很，没有一点生活情趣。他们说我们的上学之道确实存在不少弊端，中国式的教育方法确实太书呆子气，德智体全面发展难以实实在在地落实，分数至上成为每个中国学生的奋斗目标。我在国内长期养成的学校生活习惯和节奏，很难短期内与这所大学相适应，只能慢慢地做些调整。比如，我也学着经常去男生宿舍或女生宿舍走动走动，去聊天和逗乐。我也体验到，每到男生宿舍，一般待不长，不是我不想多待会，而是男同学并不情愿与我较长时间地闲聊，也许他们善于另寻欢乐之处。到女生宿舍情况就大不相同了，尤其是周末，我只要到女同学宿舍，她们都十分欢迎，与我谈得也十分投机，无话不谈，大大方方，毫不避讳。常常是她们边谈边展示传统舞蹈。如果我乐于陪跳,她们当然非常欢迎男女搭肩配对,欢快地跳起双人舞。遗憾的是,我实在太笨,不会模仿着跳,只好在一边欣赏她们欢跳。在谈到男女恋情时,她们十分开放,敞开心扉畅谈。有一位女同学对我说,她十分喜欢中国男孩,愿意嫁给中国男孩。我说,那好,我回国后尽力给你介绍一个,她十分高兴。在坦桑尼亚,甚至撒哈拉以南非洲所有国家,一直都实行一夫多妻制,未婚先育比较普遍。记得有一次,我去坦桑尼亚西部高原考察完返校途中,巧遇该大学的一位助教,他告诉我他利用周末去新首都多多马看望儿子。我问他为什么不一家人生活在一起。他实话告诉我,他还没有结婚。当时我有点纳闷,未结婚怎么有孩子啦。在坦桑尼亚现实社会中,这一现象十分普遍,孩子一般不知谁是他的父亲,只知道谁是他的母亲。在校读书的一位女生是一位天主教修女,她一辈子不结婚。她告诉我,在婚前,男女青年恋爱择偶是十分自由的,性行为也是自由的,只是在结婚后,家庭比较稳定了,大都不会有婚外情了。我在女生宿舍聊天时,有位来自乞力马扎罗山地区查加族的女学生十分健谈。每到周末,也时常碰上我隔壁的同学有女朋友来玩。记得有一次,有一位精心打扮过的女孩,头上还插了一朵鲜花,在我隔壁的男生宿舍聊天,当时在场的有几位男同学。在交谈的过程中,我说了一句不该说的话,我对这位女孩说,他有许多女朋友。实际上,我是开玩笑的。说者无心,听者当真。这位女孩以后再也没来了。我问起时,男同学抱怨我说,姜先生,你说我有很多女朋友,她信以为真,以后就再也不来找我了。这时我才恍然大悟。原来,他们男女自由恋爱,自由选择适合自己的恋爱对象,同时可交往多位,但彼此互不相通,都是互相保密的。最后与谁成婚,按中国的说法,那就看缘分了。然而,在男女同室聊天时,我又走上了另一个极端。在我同宿舍一楼住着来自布隆迪的男女留学生十多位,他们周末常来此欢聚。布隆迪地处东非高原西侧,为一山地小国,由于山区自然环境宜人,是尼罗河的发源地,水土养人,加之遗传基因,男女身材高挑,肤色呈淡棕黑,女孩长相健美。有一次,他们在宿舍聚会时,我也凑了上去一块聊天,我指着一位女同学身边的男同学对她说,他就爱你一个,排他性的,这句话逗得他们开怀畅笑,男同学伸出手来与我击掌同欢,其实我们大家都知道,我说的是一句玩笑话。这说明我已融入了非洲人充满情趣的生活之中了。

在我入读达累斯萨拉姆大学的第二年,值得提及的还有两位女留学生,一位是来自日本的艾亦柯,另一位是来自美国的艾迪。在这所充满非洲学生的大学里,来自亚洲和欧美的留学生为数不多,我与他们多少有些交往,留下的印象也较为深刻,各自完成学业回国后,我们多有书信往来。特别值得一提的是,我于1992年上半年应邀在美国伊利诺伊大学香槟分校访问研究期间,曾应艾迪邀请拜访她,并在她家小住两天,留下了美好的记忆,详情在我应邀赴美国访问研究一文中再叙。

在达累斯萨拉姆大学期间,我与艾亦柯交往较多。她是一位年轻貌美、年龄不超过30岁的未婚女子,在日本是大学本科毕业生,专业为斯瓦希里语。她来此自费进修斯瓦希里语。她一进大学,就很快融入了非洲学生群体,和他们相处较为融洽,远不像来自朝鲜的三位学习英语的女留学生那样内向,不与其他各国的留学生往来。

在我与艾亦柯交往的过程中,有三件事给我印象极深。她住女生宿舍,独居一室;我住男生宿舍,北京外国语学院的冯玉培老师先行回国,我也独居一室。我与她有时到对方的宿舍拜访聊天。有一天中午吃过饭后,艾亦柯到我宿舍闲聊时,突然有人敲门,出我意料的是新华社驻坦桑尼亚记者站的俞跃良记者突然来访,见我们俩单独在一起,表情上反映出他有点愕然,我也有点不自在,其实我们各自都很谨慎,但是总还是会怕别人怀疑我们有什么不检点之举。第二件事我至今记忆犹新。有一天夜里,大约凌晨1点钟,我正在写论文,没有休息。突然有人敲门,我开门见艾亦柯深夜来访,心想她一定有急事,否则不会这么晚还来。请她落座以后,我看她面带愠色。待她神情安定以后,她直言相告说,有一位非洲男学生到她宿舍聊天,一直不愿自动离去,已到深夜了,他还是没有去意,男学生终于开口说:"我今晚想和你睡觉。"艾亦柯说她一口拒绝了,她跟那位男学生说,我们没有随便跟男人睡觉的传统习惯。但这位男生就是赖着不走,她非常无奈,忧虑好长时间,突然想到了脱身办法。她说,我今晚和那个中国留学生有个约会,不能失信,我要马上去他宿舍,说罢马上起身准备到我这里来,那位非洲学生这才不情愿地离开。我对她这一遭遇深表同情。她对我说,以后如果遇到这种情况,就躲避到我这里来好吗。我说,可以呀,这儿是你的安全避风港。于是我顺便跟她讲了一些非洲的传统文化,特别是男女交往和婚姻方面的道德价值观,闲聊了大约1个小时,为了她的安全,我送她直接回到了她的宿舍。第三件事是,坦桑尼亚联合共和国是1964年10月29日由坦噶尼喀与桑给巴尔共和国联合组成的一个国家。来自桑给巴尔的学生每年都举行桑给巴尔共和国建立日纪念活动。1984年1月12日,桑给巴尔学生组织举行纪念活动,特别邀请我和艾亦柯两人参加,那天晚上,我与艾亦柯应邀赴会,舞会上学生多成双配对,载歌载舞,我看到有不少同学贴身搭背,伴随着舞曲舞动,动作十分协调,富有情感。舞会上有饮料和地方小吃,我不会跳舞,专注欣赏非洲学生欢跳。艾亦柯起身邀请我和她一起跳。我从未参加过舞会,更不会跳舞,真是被赶鸭子上架,硬着头皮加入群体中。我是一点都不会跳,一点都不懂舞谱,不知手脚该如何动作,艾亦柯跟我面对面双人跳,她多少还能跳,我急得是满头大汗,手脚随便无韵律地乱跳,只听到坐在外围的非洲学生在大笑,我知道他们是在笑我,我当时简直是无地自容,上也不是下也不是,无可奈何,只得这么硬着头皮继续乱跳下去。我就学着非洲学生把手搭在女生背上。我把两只手搭在了艾亦柯背上,保持一点距离,不好意思双臂搭在她背上,那就贴身了。当搭在她背上的一刹那，我感到她也是满身大汗。我问她在国内常跳舞吗，她说有时跳的。当时我感到舞曲好长好长啊，待舞曲放完暂停等待下一曲时，我总算是解放了。如此狼狈，心里很不是滋味，在非洲人的世界里不会跳当地舞是很难融入他们中间的，非洲舞看起来简单，实际跳起来大有讲究，外人学起来只能做到形似，绝跳不出那种非洲舞的精髓韵味。稍息片刻又一舞曲开始，一位女生邀请我和她跳一曲，我婉言谢绝了。当时我的心态是我再不能上场了，怕人嘲笑，还是老老实实欣赏他们欢跳吧。我也意识到拒绝一位女学生的邀请是一种不友好和不礼貌的行为，可我也是无可奈何呀。这件事多少令我遗憾。

四、我打摆子了

1984年，我在达累斯萨拉姆大学住校期间，正值干季。有一天中午我午休时，突然感到浑身发冷。这时我意识到，我打摆子了。凡是在热带非洲国家生活过的人都知道，在热带草原地区的国家全年是无四季之分的，只有雨季和干季。达累斯萨拉姆市位于印度洋沿岸，年平均温度早上6点为22.4℃，12点为21.4℃，月平均温度的年温差也只有4℃，温度日较差也很小。在这种气候条件下生活，如不是发高烧是不会感到浑身发冷的。当时我可以直接给我国驻坦桑尼亚大使馆打电话，请大使馆派车来接我，把我直接送到我国援坦赞铁路总部医院，我也可以直接去校医院就诊。我在大学的两年间，除这次打摆子外，没生过一次病，也没去过校医院。当时我强打着精神，使用学校宿舍区的专用电话，直接打电话给我国新华社驻坦桑尼亚记者站的俞跃良同志。他是我在大学期间经常往来的最要好的同志，对我百般照顾，有求必应，也常开车来校看望我。他接到电话后，直接开车到我宿舍接我，把我送到坦赞铁路总部医院。当时我的体温升到39℃多，只好住院治疗，打吊针吃药，十分有效。吊完水后体温降下来了，我感到有点饿了，一位北京某医院来的驻院女护士长到厨房拿来两个馒头，每个馒头夹了一些白糖，因不是吃饭时间，只能搞到这点吃的。两个馒头下肚，我好似有了点精神。这位女护士长身材高挑，气质上佳，待人和蔼可亲，我至今仍记忆犹新。住院三天后，我可以出院了。正巧，大使馆的一秘来医院办事，顺便把我接到了大使馆。我在大使馆住了一晚，第二天大使馆派车把我送回了学生宿舍。

"打摆子"即疟疾，下面对世界范围内疟疾疫情的概况和坦桑尼亚疟疾的防治作一简要介绍。

1. 世界疟疾疫情概况

全世界每年有 4 亿人次感染疟疾,其中 3 亿集中在最为贫穷落后的撒哈拉以南非洲地区。疟疾基本上在农村地区流行,城市较少。据世界卫生组织统计,世界上每年约有 110 万人死于疟疾,80% 的疟疾患者生活在非洲地区,其中大部分是 5 岁以下儿童。非洲由于疟疾而死亡的儿童人数占到死亡儿童总人数的 20%。疟疾也会引起呼吸道感染、痢疾、营养不良等间接导致死亡的疾病。[①] 目前,非洲国家防治疟疾的费用已占非洲国家公共卫生支出的 40% 以上,每年高达 120 亿美元。

疟疾是由疟原虫经按蚊叮咬传播的传染病,以周期性、定时性发作的寒战、高热、出汗退热,以及贫血和脾大为临床特征,因原虫株、感染程度、机体免疫状况等差异,临床症状和发作规律表现不一。

典型的疟疾多呈周期性发作,表现为间歇性寒热发作。一般在发作时先有明显的寒战,全身发抖,面色苍白,口唇发绀,寒战持续 10 分钟至 2 小时,接着体温迅速上升,常达 40 ℃ 或更高,面色潮红,皮肤干热,烦躁不安,高热持续 2~6 小时后,全身大汗淋漓,大汗后体温降至正常或正常以下。经过一段间歇期后,又开始重复上述间歇性定时寒战、高热发作。

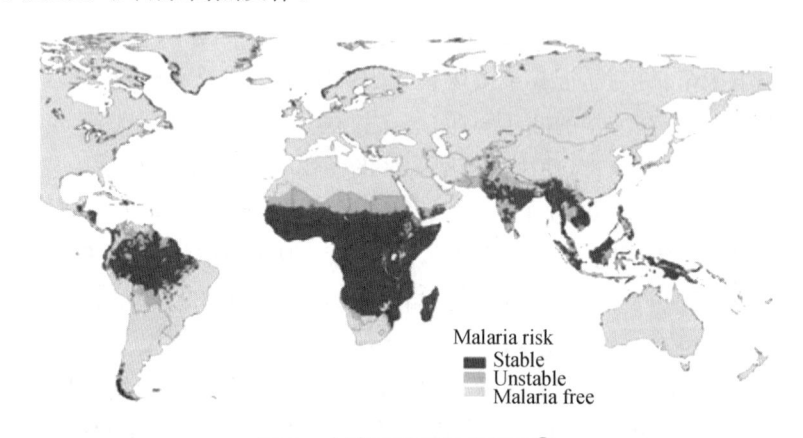

图 5 全球疟疾流行分布图[②]

传播疟疾的自然媒介是按蚊。按蚊的种类很多,可传播人疟的有 60 余种。经疟蚊叮咬或输入携带疟原虫者的血液而感染。按蚊根据吸血习性、数量、寿命及对

---

① VIBEKE BAELUM, FLEMMING SCHEUTZ. Periodontal diseases in Africa[J]. Periodontology, 2000, 29: 79-103.

② Robert W. Snow, Carlos A. Guerra, Abdisalan M. Noor, Hla Y. Myint, Simon I. Hay. The global distribution of clinical episodes of Plasmodium falciparum malaria[J]. Nature, 2005, 434(10).

疟原虫的感梁性,可以分为中华按蚊、巴拉巴按蚊、麦赛按蚊、雷氏按蚊、微小按蚊、日月潭按蚊及萨氏按蚊等7种主要传疟媒介按蚊,人被有传染性的雌性按蚊叮咬后即感染疟疾。输入含疟原虫的血液或使用含疟原虫的血液污染的注射器也可传播疟疾。通过胎盘感染胎儿的传播方式很罕见。

从全球疟疾流行分布图来看,非洲是世界上疟疾最为流行的大洲。因患疟疾死亡的患者80%都生活在撒哈拉以南非洲地区,这种疾病严重威胁着该地区的经济发展。例如在马拉维,疟疾已成头号杀手,每年它夺走的人类生命的数量甚至超过艾滋病。非洲疟疾较为严重的国家主要分布在中部非洲和西非的热带雨林气候区,包括中非、刚果(布)、坦桑尼亚、乌干达、喀麦隆、尼日利亚等国家。

从城乡空间来看,疟疾在城市基本已绝迹,主要分布在乡村地区,尤其是在热带草原地区和灌溉地区。

2. 坦桑尼亚疟疾的防治

传播疟疾寄生虫的主要媒介是按蚊属的冈比亚按蚊(Anopheles gambiae)和另一种按蚊 A. funestus。冈比亚按蚊是最危险的和分布最广的蚊子,它生长在没有茂密植物的淡水或咸水里。它传播疾病最严重的时期是雨季和雨季刚过以后的时期。A. funestus 分布在更阴暗的生境,特别是在流动缓慢的河流的多草河岸:凡是水以河流、沼泽或湖泊的形式长期存在的海拔较低的地方,均广泛分布有 A. funestus。

疟疾传播的强度并不确切地反映在疟疾发病情况上,因为人们一般在不同发病情况的地区间流动。劳动力的迁移习惯使农民行经或前往疟疾传播的地区,以获得就业机会。在纯粹农村地区,许多家庭在无疟疾的高地上耕作。局部的自然差异也可因控制传播媒介的数目或使用药品不同而改变。

由于传播性大,人口的移动以及技术上、行政上的困难,消灭疟疾是一个特别困难的问题。大规模措施集中在用消灭传病媒介或控制传病媒介的方法来防止传播上:可用排干溪涧和沼泽的方法,消灭主要繁殖地;排干积水,并对留存的水面施用杀虫剂;也采取杀成虫的措施,以减少成虫媒介的数量。

五、我国影片在达累斯萨拉姆大学受到热烈欢迎的情景

在我国驻坦桑尼亚大使馆文化处的领导和关怀下,我们通过电影、书刊、招待会等多种形式开展了对达累斯萨拉姆大学的友好宣传活动,获得了良好的宣传效果。

在达累斯萨拉姆大学,功夫片、打斗片、战争片颇受欢迎。1983年7月至次年3月底,在该校放映过的影片有苏联影片3部、法国影片2部、朝鲜影片3部、中国影片2部、阿尔巴尼亚影片1部,其他国家影片5部。在此期间我们先后放映了《白蛇传》《红牡丹》《平原游击队》《陌生的朋友》《一盘没有下完的棋》《布谷催春》《竹山青青》《武当》等8部,约占该校总映影片的1/3。从师生的反应来看,其他国家影片中受到欢迎的有朝鲜的《卖花姑娘》、印度的《祝福》,我国8部影片均受到热烈欢迎和好评。其中《陌生的朋友》和《武当》获得最高赞赏,李羚成了他们心中的最佳女演员。

我国影片受到热烈欢迎和好评的主要表现有六个方面。

(1) 放映场次最多

在广大师生的要求下,《红牡丹》放映2次,《陌生的朋友》放映3次。据反映,一部影片如此受欢迎以至放映3次是从未有过的事。

(2) 观众最多

该校每场电影的观众一般在500人左右,少时200人,多则700人,中途退场现象较为普遍。我国影片每场均超过700人观看,特别是第三次放映《陌生的朋友》时,盛况空前,光临人数超过千人,大厅内挤得水泄不通,难以进入,很多人站着,挤不进去的就站在大厅的门口和窗口看。每映我国影片时,中途无人退场。

(3) 观众反响热烈

首映《陌生的朋友》时,观众反响极为热烈。影片结束时,不少朋友包括印巴人跑来与我握手表示祝贺,并高度赞扬了这部影片的思想性和艺术性。这是大学之前从未碰到过的事情。之后有几位男同学向我索要李羚的地址,想直接给她写信。有的同学说,"如果我有机会去中国,一定专门去采访李羚,就是看看她,没有别的意思"。据说在该校如此得宠的影片和演员以前是从未有过的。

(4) 我国影片深得人心

该校师生每碰到我或马木亚(发展研究所助教,义务放映我国或其他国家影片),总是要求多放映中国影片,1984年3月21日至25日放映我国3部影片(《陌生的朋友》《竹山青青》《武当》),法国影片2部(A Week of Holidays 和 Cyay Years)。学生反映 A Week of Holidays 不错,但与中国影片比较,《陌生的朋友》是最好的。一位印度籍教授夫人告诉我说,"我去商店买东西,听学生们在议论《陌生的朋友》,说他们非常喜欢这部片子"。

(5) 观众期待

学生在放假离校之际,希望下半年开学时就能看到中国影片,但当他们知道我6月底学习期满时很惋惜,希望我在这儿再工作一年。

我国影片受到如此欢迎和赞扬,据观众反映,大体说来主要有两个原因。

① 主题鲜明,思想艺术性强,富有教育意义

我国影片映后往往受到观众交口称赞,普遍反映看了我国影片很受教育,很受感动,而对西方影片总感到乏味。例如《布谷催春》和《竹山青青》比较真实地反映了农村的几个方面,引起了强烈的共鸣。在坦桑尼亚农村,同样存在着父母包办婚姻和索要彩礼的习惯,以牛作为彩礼,有牛就能讨到老婆(几头到几十头不等)。

观众普遍反映完全能跟上影片的剧情发展,理解影片的主题思想,不少同学反映西方影片往往令人摸不着头脑,有时看到打斗场面不知其缘。《武当》映后,同学们反映,过去他们喜欢李小龙的功夫,现在他们认为《武当》更好。

观众的反应说明了我国影片主题鲜明,思想性和艺术性完美结合。

② 演员的表演艺术富有特色和真实感

《陌生的朋友》和女主角李羚之所以受宠,主要原因有四:

第一,影片题材小,情节简单,主题鲜明而真实。观众能跟上剧情发展,理解主题思想,从艺术享受中获得思想裨益。

第二,三个人物性格迥异,给观众留下了深刻的印象,特别是李羚的表演细腻、真实而含蓄,人物性格突出,富有深度和力度,所以能抓住观众的心。

第三,京福线是该片的主要舞台。观众感到故事好像发生在我国援建的坦赞铁路上,列车好像载着"三个陌生的朋友"从达累斯萨拉姆车站奔向西南重镇姆贝亚,难怪观众发出"触景生情"的肺腑之言"太像塔扎拉(坦赞铁路简称)"了。

第四,我国影片对坦桑观众较强的"适口性"效果,在一定程度上反映了第三世界国家在政治、经济、思想意识形态方面的共性。

享受狂野奔放而欢悦的"恩戈玛"
——非洲歌舞与鼓完美融合的艺术结晶

在达累斯萨拉姆大学的两年留学生活中,我发现每逢周末就有不少同学去市内夜总会欢度一宵。常有非洲同学看我一人远离家乡,很孤独,就对我说,姜先生去夜总会吧,我给你介绍一个漂亮女同学陪你一块去享受夜生活。我从未应邀去过夜总会。有一次,我白天独自一人走进一家简陋的夜总会。白天清静得很,一到晚上灯火通明,热闹非凡。我较详细地观察夜总会的总体环境和内部布局,中央是一个长方形舞池,周边是宽敞的廊道环绕,摆有桌椅,廊道外侧则是排列有序的小单间。舞会通常是晚上10点开始,活动到次日凌晨2点结束,舞客大都离去,有些舞伴开一单间共度良宵。同学对我说,你可尽情地享受那里的夜生活,有漂亮的女同学陪你,只要两情相悦,跳累了就可开房,同欢良宵。每当此时,我均婉言谢绝,说实话,我哪有这个心,即便有这个心,也无这个胆。在我的思想意识里,婚外一夜情是不道德的。

达累斯萨拉姆大学平日没有什么娱乐活动,但有时有学生自己组织的周末舞会。此外,每学期一般有一次小型歌舞团来校演出。这儿的歌舞被东非高原上的儿女们统称为"恩戈玛"。恩戈玛在斯瓦希里语中是"鼓"的意思。非洲舞蹈主要的伴奏乐器是"鼓",鼓可说是非洲舞蹈的"灵魂"。在非洲任何一个国家,没有无鼓伴奏的"舞",也没有无舞的"鼓"。鼓和舞好似孪生兄弟,完美地融为一体,成为世界上一种独一无二的艺术形式。因此,恩戈玛是被能歌善舞的非洲儿女衍生出的热情奔放、粗犷欢悦的非洲民族舞蹈的代称。随着时代的发展,恩戈玛逐渐从民间走上了舞台,其表演形式虽然发生了一些变化,但万变不离其宗,狂野、粗犷、奔放、欢快的风格依旧。鼓和舞的完美融合,既是对这类民族歌舞艺术基本面貌的形象描绘,也异彩纷呈地展现了东非民族物质文化与精神文化融合的结晶,魅力无穷。

1963年,坦桑尼亚成立了"坦桑尼亚国家歌舞团"。1964年,达累斯萨拉姆大学新设立了舞蹈戏剧系。有许多有才华的艺术家深入各个民族,认真发掘、整理、学习、排演恩戈玛,使其焕发出青春的活力和光彩。

东非高原之国坦桑尼亚、肯尼亚和乌干达,大大小小的民族近200个,其中坦桑尼亚120多个、肯尼亚42个、乌干达28个，几乎每个民族都有自己独特的恩戈玛。不管你走到哪里，不分昼夜，往往都有机会听到那铿锵有力的鼓声和歌舞声。可以毫不夸张地说，恩戈玛就是非洲人生活不可分割的重要组成部分，没有鼓和歌舞就没有非洲人的生活。他们白天跳，晚上跳，甚至通宵达旦地跳，有时饿着肚子也跳，只要听到鼓声，他们就来劲了。对于初来乍到的远方来客来说，多看恩戈玛，就能慢慢体味和深切地领略到非洲社会生活的各个方面，因为恩戈玛如同一面镜子，映照出非洲各族人民社会生活的方方面面。恩戈玛虽无特定的主题，但能通过一些独特的舞蹈语汇表达人们的喜怒哀乐之情。常见的舞蹈基本上表现民族的历史、祭祖祈神、农耕狩猎、男女恋情、战场搏杀等，尤其是狩猎与战斗，在舞蹈上有着震撼人心的强烈表现。恩戈玛的某些歌舞节目作为艺术教育工具，常为传播生产技能和提高人们的精神修养服务。

令我难忘的是，我在达累斯萨拉姆大学期间，凡有恩戈玛歌舞团来校演出，我每场必到。恩克鲁玛礼堂是该校的文化活动中心，每次歌舞团来校演出都在此表演。学生周末舞会和电影放映也在此举行。一个周末的晚上，恩戈玛歌舞团来校演出，入场券7先令（约合1美元），我要买入场券，售票的男同学对我十分客气地说，你免费，但我还是坚持购票入场。正式演出开始前，我在礼堂外耐心等待歌舞团到来。当时，我凭借对中国歌舞团的美好印象等待着目睹恩戈玛演员的风采，在我的想象中，他们也是青春靓丽、花枝招展的。令我十分不解的是，我在礼堂门口转悠了好长时间，不见演员到来。正在焦虑之时，我忽然听到令人震撼的鼓声从礼堂传来。一位同学告诉我赶紧入场，歌舞演出已正式开始了。我怀着纳闷和好奇的心情步入礼堂，登上二楼找了个座位坐下。这时礼堂内几乎座无空席，我落座之后，开始好奇地直盯舞台，观看男女演员十分简单而粗线条的表演，在鼓手动感十足的击鼓伴奏下，舞蹈动作显得粗犷有力，狂野奔放，女演员时而发出尖亮的卷舌声，舞蹈旋律极为感人，震人心扉，给人以信心和力量。当时，我跟坐在我身边的一位男同学说，演员们好像从森林中跳出来的感觉，男同学对我笑了笑，顿时，我意识到自己用词不当，有侮辱人格之嫌，但我也不能解释，只能继续看下去，直至终场。非洲舞蹈的风格特色给我留下了终生难忘的印象。每当我回忆往事时，那种舞蹈场景仍历历在目，仿佛我又回到了现场。记得我曾在恩克鲁玛礼堂观赏过一种农耕舞。演员腰缠禾杆编织的短草裙，头戴茅草编织的凉帽，手拿短把锄头或砍刀，男演员或穿白色汗衫或光着膀子，女演员胸围一长条白布，显得淡雅。在震耳而强有力的鼓声中，演员们奔放登场，简单模仿着农事动作，从播种、耕耘、收割到粮食进仓，一气呵成，女演员不时地卷着舌头高叫，发出欢快的卷舌声"威飞叫"（斯瓦希里语），表达着丰收的喜悦。总体说来，非洲舞蹈动作无严格规定，但律动和节奏比较统一，以强烈的节奏、丰富的感情、充沛的活力、磅礴的气势著称于世。非洲舞蹈的动作主要突显人体的各个部位,如头、颈、肩、胸、腰、胯和四肢的动能表现力。

非洲舞蹈常常甩动头部、起伏胸部、屈伸腰部、摆动胯部、扭动臂部、晃动手脚、转动眼珠等,几乎身体的每一个部位都在剧烈地运动。在非洲的许多地方舞蹈中,男演员上半身赤裸,涂着黑白相间的花纹,下半身围着用各种兽皮制成的裙衣,头上插着各种颜色的羽毛;女演员身着古典民族服装,手腕和脚腕上缠绕着一串串贝壳、兽骨片以及小铃铛,贝壳和铃铛发出悦耳的响声,羽毛在空中飘动,伴随着兽皮的波动,令人眼花缭乱、耳目一新。令我终生难忘的一幕是,1983年我国国家代表团出访坦桑尼亚。坦桑尼亚政府高度重视这次国事访问,在首都国际机场举行了隆重的欢迎仪式。我们作为留学生代表也有幸到机场欢迎代表团到访。当时广场上人山人海,人们跳着民族舞蹈,热烈欢迎我国代表团。

如果你有机会观看非洲歌舞,请留心仔细观察。非洲舞蹈动作主要是抖肩和甩胯不断重复,上身前倾,屁股后翘,微屈膝。甩胯动作十分多样,如前后甩动、左右甩动、平圆甩动、立圆甩动等,其中前后甩动最有特点。除了前倾和甩胯,还有一个舞蹈动作也很常见,即胯部不停地向前,双膝连续开合。舞蹈的队形比较简单,横排、竖排、圆形或男女对舞。跳集体舞时,往往有一人或几人到圈中间跳,然后男女轮流对换,或男女成双成对在圈中跳。

非洲舞蹈题材广泛,凡生活中较大的事情均可入舞。每逢结婚、举丧、添丁、成年、迎宾、战斗、劳作、祀神、祭祖、节庆、休闲,非洲人都会通过舞蹈表达喜怒哀乐。表现生产劳动的有狩猎舞、耕地舞、播种舞、收获舞、祈雨舞等;反映部族争斗和反侵略斗争的战争舞粗犷雄武,演员在激越的鼓声当中模拟战斗动作;表达男女爱情的舞蹈是非洲最常见的舞蹈,多出现在婚事活动和日常舞会上;举丧舞蹈也是必不可少的,这和信仰有关,他们认为死者的生命会在继承人的身上延续,不必悲伤,有些丧礼舞蹈也表达对死者的怀念;举行重要庆典时,非洲人多以歌舞欢庆,非洲很多民族有为成年男女举办成年礼的习俗,仪式上要歌舞游行,酋长制早已废除,但酋长的世袭自然存在,举行酋长加冕礼时,往往会举办庆祝舞会。

非洲舞蹈服饰至今仍保留着古老甚至原始的传统文化成分,多以兽皮、树皮、草裙裹身,头、臀饰以羽毛,裸露部分涂上各种颜色的花纹,展现各式图案,颈部和手脚臂腕佩戴各种珠饰。各类舞蹈服饰大多与部落图腾信仰和生活习俗密切相关,各有自己本部落的特殊标记。非洲人在舞蹈时,羽毛随着身体左右上下抖动而舞动,强化了动感,增添了活力,突出了观赏性。热带非洲原始的传统舞蹈中,舞者大都近乎全身赤裸,仅在腰际系一物体。随着生产和文明的发展,他们用贝壳、羽毛、小珠子、金属制品、植物纤维编制物、染色的种子、兽皮等制成舞蹈服饰。有的人喜欢戴上脚铃,以加强动作的节奏和舞蹈的气势。化妆和道具对非洲舞蹈起着渲染和烘托的作用。非洲人常把某种野兽当作神灵崇拜,因此,器具和面具舞蹈就成了这种崇拜的象征和主要的表达方式。按照传统的观念,舞蹈者只要一戴上面具,也就成了这种面具的精灵或媒介。在一些民族的舞蹈中,舞者也在全身绘制各种图案和花纹。这些图案和小面具一样,已不限于装饰和美观,通常具有吉祥和邪恶的含义,有的则是民族的一种象征。

非洲舞蹈节奏感强烈,狂野奔放,舞蹈动作与乐器节拍紧紧相扣。以鼓为主的打击乐器在非洲舞蹈中用得最多最广,其他常见的打击乐器还有刮擦器、槌捣器、打击式和撞击式体鸣乐器等,如葫芦、梆子、金属铃之类的各种响器。此外,还有以拍手、跺脚、弹手指、拍大腿、模仿自然及乐器声音等方式为舞蹈伴奏。跳舞时,往往先有一名歌手即兴朗诵或颂唱,众人合唱叠句部分,与鼓声和乐器声有机地组成节奏鲜明的旋律,还时常伴有喊叫声,以抒发感情,增加热烈气氛。

非洲舞蹈类别多样,形式各异。非洲民族众多,由于地理、历史、民族不同,宗教信仰和生活习惯有差异,各地的舞蹈也是千姿百态的。非洲舞蹈是非洲人最古老、最常见,也是最主要的艺术形式。它是整个撒哈拉以南非洲大陆文明历史的丰富遗产。非洲舞蹈一般可分为传统的礼仪性舞蹈与民间的自娱性舞蹈。传统的礼仪性舞蹈出现于一定的场合、一定的时间,按照一定的程式,并有部族每个成员所心领神会的内容,而且在动作、服饰、参加人员、舞蹈伴奏的鼓点和歌词内容等许多方面都有严格的规定,是非洲文化的主要遗产。这类舞蹈涉及范围很广,有敬神舞、驱邪舞、生育舞、割礼舞、葬礼舞、耕种舞、狩猎舞、求雨舞、丰收舞、战斗舞、庆贺舞等。民间自娱性舞蹈也包括各种带有表演和竞赛性质的技术舞蹈。非洲人最善于用身体的动作和节奏来表达自己的情感和欲望。这类舞蹈一般没有固定的程式,没有时间、场合和人数的限制,带有明显的自娱性和即兴性。

劳动一类的舞蹈,常见的有狩猎舞、耕地舞、播种舞、收获舞、祈雨舞等。这类舞蹈的表演形式和部族的生产方式相关联。坦桑尼亚东北部的猎手多单独出猎,该地区的狩猎舞表演的是村民为猎手送行,猎手行猎时的威武,打猎归家时的欢乐。

战争舞粗犷雄武,舞者常身着兽皮披肩或围腰,头插羽毛,腰间系铃铛,手持刀剑、长矛、战棒、盾等武器,在激越的鼓声中模拟战斗动作,大型的战争舞常有数百人参加,场面极为壮观。卢旺达的战斗舞、乌干达的布沃拉舞等都是精彩的战争舞,坦桑尼亚、肯尼亚、乌干达等国流行一种砍刀舞。在一阵阵激昂的"哒哒、哒哒哒"的鼓声中,数名腰系兽皮、脚缠铃铛的武士装扮的男青年登台,他们舞步急速矫健,剧烈抖动身躯,手中闪闪发光的砍刀左挥右劈,舞台发出有节奏的沉闷响声,恰似猛虎下山,犹如雄狮出大草原,观众仿佛置身于奋勇杀敌的疆场。

表达爱情的舞蹈欢快、抒情,燃烧着情爱之火。求爱舞会为未婚青年提供互结情缘的机遇。东非高原上最大的游牧民族马赛族的求爱舞会最具特色。男青年身着紫红色或红色长袍，手持梭镖，并腿跳高，尖叫助威，以示健壮的体魄，跳完后随即跑到中意的女子面前，把头贴到女子肩膀一甩，以示相中。如若女子被两个以上男子看中，几个男子就得比跳，谁跳得最高谁获胜。肯尼亚第一大民族吉库尤族的爱情舞蹈"蒙波科"则有另一番特色。男女青年牵手、搂抱和漫步的动作古朴、轻盈，体现了青年男女之间的甜蜜气氛。

除上述各类舞蹈外，非洲人还爱跳模拟动物的舞蹈。他们或戴动物面具，或头戴牛角、插上羽毛，身上饰以兽皮、干草等，模拟禽兽的动作。坦桑尼亚北部的塔波拉地区有不少人爱跳蛇舞，他们进入林区，吹起独特的口哨，哨声会引来成群的山地蛇。在非洲鼓的咚咚声中，舞者身缠5至7条巨蛇徐徐起舞，不时手拿蛇头，与蛇相吻，或将蛇头塞入口中，衔蛇狂舞，惊人耳目，扣人心弦。

非洲舞蹈文化对欧美流行舞蹈文化产生了深远影响，随着奴隶贸易数百年的苦难历程，大量奴隶被运到美洲大陆和世界其他地区，伴随非洲人终生的民族舞蹈也一同走向了世界，尤其在美国和拉丁美洲各国，非洲人融入了广大的当地社会。长期的文化交融过程中，非洲舞蹈文化对美国、古巴、阿根廷、巴西等国家的舞蹈产生了很大的影响，形成了影响世界的流行舞蹈文化。非洲舞蹈是现代西方大多数流行乐、爵士乐、摇滚乐、迪斯科等舞蹈的来源。例如，探戈是西班牙舞蹈和非洲舞蹈融合的产物。具有英国绅士风度的爵士舞的伴奏音乐最早源于非洲人的忧伤的抒情乐曲。古巴民间舞蹈与非洲舞蹈融合而成的伦巴，动作以扭摆为特色。狐步舞、桑巴都是在非洲舞蹈的基础上发展而来的。风靡我国的迪斯科源于撒哈拉以南非洲，动作特点是全身松弛，甩头、扭腰、摆胯、转胯等动作幅度大，以鼓的急促节奏为支撑节奏，贯穿于整个伴奏之中。非洲舞蹈以独特的舞蹈风格和强大的魅力走向了世界。

非洲舞蹈的伴侣是各式各样的鼓。鼓作为打击乐器，早在远古时代就被人类所使用，流传于世界各地。然而，像撒哈拉以南非洲那样，鼓渗透到非洲社会的每个角落，在非洲社会生活中占有无可替代的独特位置，人人能敲会打，是世界上少有的。到撒哈拉以南非洲任何一个地方去旅游观光，都有机会听到铿锵有力、动魄牵魂的鼓声。撒哈拉以南非洲鼓声，就是非洲人语言的转化和延伸，表达出他们的喜怒哀乐。鼓作为非洲音乐、舞蹈节奏的基础，构成了非洲舞蹈的一大特色。非洲各个民族都掌握着独具特点的鼓语，世代相传，即使在现代通信发达的今天，非洲人的鼓声依旧不衰，散发着它那特有的魅力，可说是非洲人之魂。

在非洲，制鼓是一个专门的行业，每个民族都有自己的制鼓工匠，各有一套制鼓技艺。非洲鼓种类繁多，形状和大小千差万别，制作工艺也很讲究，一般是选用硬木做鼓身，兽皮做鼓面。有的将整个树干挖空作鼓，蒙上兽皮；有的是用硬木条拼成鼓筒，蒙上兽皮；有的用油筒或罐头筒，蒙上兽皮；也有用椰子壳或葫芦制成小鼓。非洲人对鼓皮选料考究,多使用象皮、狮子皮、羚羊皮、鱼皮、牛皮、羊皮、骆驼皮等。鼓的形状,从鼓身与鼓面的比例上看,大体可分为短、中、长三种。长者可达一至二米,短的仅有一乍长。大者如水缸粮瓮,如最流行的大鼓直径一米多,支在祭坛或宫殿一侧,专供庆典祭祀之用。小者宛如茶杯,可以拿在手中边歌边舞。鼓的造型丰富多姿,富有民族特色。各民族都有自己专门的鼓匠,根据不同需要制成各种类型的鼓,常见的有圆筒形长鼓、陀螺形桶鼓、长度小于直径的扁鼓,还有大大小小的平鼓、腰鼓、挎鼓、云鼓、铃鼓、板鼓、定音鼓等。人们喜欢用动物的肠衣制成颜色不同的绳索或用铁环紧箍鼓身,不少鼓与绘画、雕刻融为一体,绘以种种几何图案或雕刻绚丽多彩的花草人兽,彰显非洲神采。为了增强鼓音的音响效果和韵味,有些鼓在鼓面周围镶上小金属片、小铃铛,或在鼓筒里装些豆子、珠子等,敲鼓时鼓声别致,铿锵悦耳,别具乡土味。

非洲鼓用途广泛,若按鼓的职能来区分,大体上可以分为音乐鼓、信号鼓、战鼓三大类。以鼓作为打击乐器的音乐鼓,风行撒哈拉以南非洲的每个角落,可说鼓是非洲器乐之王。非洲人每逢节假日或集会,总是以鼓为乐队指挥,载歌载舞。晚上皓月当空,人们只要听到鼓声,便不约而同地雀跃而至,汇聚一起,围着熊熊燃烧的篝火,尽情地欢跳。人人扭动身躯、摆动胯部、屈伸腰部、晃动手脚,在震耳的鼓声指挥下狂欢共舞。动作粗犷豪迈,鼓声激越昂扬,表现出强烈的感染力,给人以信心和力量。据说,最令人惊叹不已的是赛鼓会,这已成为非洲人饶有风趣的民间传统节日。每值赛鼓会,几路鼓手聚集在一起,互以鼓声参赛,人们身着民族服装,扶老携幼,前来观战。比赛分单人击鼓和团体赛。场面最热烈的是,两组鼓手进行对抗赛的斗鼓,用鼓语进行一问一答,一组提出问题,另一组即刻回答,并提出反问,若一方反应迟钝,或有人击错,就算失分,最后以得分多少论胜负。此刻,那鼓声如万马奔腾,苍鹰乍起,或如小溪流水,细雨叮咚;时而万鼓齐鸣,犹如山洪暴发,惊天动地,气势壮观;时而又轻歌飘荡,扣人心弦,陶人心醉。广场上成了鼓的世界,人的海洋,通宵达旦,夜以继日,充满着浓烈的节日气氛。赛鼓会上,他们不仅比击鼓技巧,更重要的是比智慧。对阵的鼓手个个精明强干,绝不会有滥竽充数者。

信号鼓是非洲社会传递信息的工具,不论是古时还是现在,用鼓传递信息,在撒哈拉以南非洲都是常见的。所发生的一切事情,都可以通过鼓点形成的特殊信号语言传递出去。各级首领的继位、晋升仪式,迎送宾客,婚丧嫁娶仪式,都可通过鼓声来表达他们的庆祝、尊敬和内心的喜怒哀乐。政府可用鼓声来发布新政策,人们还可将新闻从一个村庄传递到另一个村庄等。例如,坦桑尼亚的苏库马族,击鼓公告新酋长继位。有的民族用鼓声公告人的出生、婚庆和死亡。

战鼓最为威严,凌驾于其他一切鼓之上,一般情况不轻易使用,只是在出现敌情的紧急时刻使用,如遇敌情,战鼓齐鸣,声音雄浑,气势威严,唤起民众共同对敌。

战鼓曾使西方殖民者胆战心惊,望风而逃。自 16 世纪以来,战鼓激励着非洲人前仆后继,英勇战斗,迎来了国家的独立和民族的尊严。有的撒哈拉以南非洲国家还把鼓作为国家和民族尊严的象征。在非洲一些古老的王国里,设有陈列鼓的宫殿。例如,乌干达不仅设有陈列鼓的宫殿,在国徽中间还有一面鼓的标志。

　　非洲人对击鼓方法也是很有学问的,有的架在地上,或挂在空中,或架在空中,或夹在腿间,或挎在腰间,或举在手中,或顶在头上等。敲打时,立放打两面或平打一面,用两只手掌打击,或用木槌敲打。打击时,鼓身上的铁环发出刚劲有力的铁器声,伴随着不同的鼓声,发出一种相当奇妙的声响。令人拍手叫绝的是把大小不同、音色各异的鼓连在一起组成套鼓,套鼓有更丰富的表现力。坦桑尼亚著名盲人鼓手毛里斯曾随坦桑尼亚歌舞团来华访问演出,他能同时打击 12 面大大小小的鼓,以不同的音调奏出优美和谐的旋律。

　　非洲民族众多,语言繁杂,部落方言更是不计其数,但鼓语可以为操不同方言的部落所理解。在撒哈拉以南非洲,不仅各个国家地区、民族都有自己特定的鼓声,而且有的地区每个家庭都有一面特定的鼓,以便用来通过鼓声联系家人。因此,一个外族人要知道鼓语的秘密是很困难的。因为鼓语不外传,只在本族内世代相传,特别在原始森林地带,谁泄露鼓语的秘密,谁就要受到本族严厉的惩罚。人们不仅喜欢鼓,而且崇拜鼓,孩子一出世,父母除了给孩子起名字外,还要起个鼓名,并用鼓声把这个鼓名告知全村。鼓在非洲社会中既然占有重要地位,那么知名的鼓手当然倍受爱戴和尊敬。在非洲各族日常生活中,大多数人都会击鼓,但只有在重大仪式上被指派的击鼓人,才能算作正式的鼓手。真正的鼓手来自鼓家族,每个民族都有自己的专司击鼓的鼓家族。一般鼓家族中年长的富有经验的鼓手,在本族青年中选拔品德端庄的人作为培养对象,着重传授击鼓套路、击鼓技巧和鼓语,同时还讲授本民族的历史、文化及习俗等。只有经过长期刻苦训练的人,才能通过正式鼓手的严格考试和答辩,获得真正的鼓手资格。

坦桑尼亚人的民俗文化

一、坦桑尼亚人的饮食文化——"乌咖喱"

民以食为天,饮食在人类生活中占有十分重要的无可替代的位置。食俗是人们在长期生活中形成的饮食习惯和风俗。玉米是撒哈拉以南非洲各地比较普遍的主食,但做法和吃法各有特色。坦桑尼亚和肯尼亚人喜食的主食乌咖喱就是用玉米面做成的。我在坦桑尼亚达累斯萨拉姆大学和肯尼亚内罗毕大学期间,内罗毕大学学生餐厅中午、晚上都有乌咖喱供应,我也经常吃这一主食。不过餐厅的乌咖喱做法与民间或小饭店不同。学校餐厅因就餐学生多,只能用大型不锈钢桶蒸熟,不加任何佐料。一般小户人家做乌咖喱十分简单,三块石头架起一只锅,先放水烧开,放一些玉米面,妇女用木棍在锅里搅拌,等煮熟了再加上一些玉米面,继续搅拌,这样简单操作多次,直到玉米糊稠得再也搅不动时,乌咖喱才算做成。用手抓时,可捏成团。一般人家直接食用,条件好些的家庭做些汤类佐餐。乌咖喱由于反复搅动时间长,吃起来有点玉米原味的感觉。我在内罗毕大学学生餐厅吃乌咖喱时,喜欢浇上番茄酱佐餐,配上一盘煎鱼片,通常是煎炸的尼罗河鲈鱼块,吃起来香嫩可口。

当地人吃乌咖喱要用手抓,手就是筷子或刀叉,按规矩,吃乌咖喱要用右手抓,在斯瓦希里语中右手被称为"吃饭的手"。抓饭时,小孩要满把抓,大人随意。左手被认为是不洁净的手,如果右手受伤不便,只能用左手,但仍不能用左手直接抓饭,要使用汤勺。当地人吃饭时喜欢喝自制的土酒,平时从不喝烧开的水,各个家庭也没有烧开水用的水壶,更不用开水瓶,在机关单位也是如此。人们渴了直接喝凉水。喝水的杯子都是敞口的,没有盖子。有盖子的杯子,他们不叫杯子,叫瓶子。

我比较喜欢坦桑尼亚的色拉。在达累斯萨拉姆大学每年有一次特殊的聚餐,在晚上举行,每人一份牛肉蒸大米饭、一份色拉、一瓶啤酒。吃饭时,将餐桌拉到餐厅外,架起夜灯,好似学生大事聚餐,边吃边聊,热闹非凡。

色拉的配料是生鲜红洋葱、番茄、包菜、辣椒,切成细条,以白醋相拌,吃起来十分清爽可口,回味无穷。有时我舍不得一次吃完,留点下顿再吃,可没想到的是再吃就不是那个味了。回国后,我也学着做过多次,但总是做不出那个味道。吃起来简单,但做起来还是需要一点烹饪技巧的。

在达累斯萨拉姆大学的第一年里,一位在校深造的在职生对我们十分友好,常从自家果园里采一些柑橘送给我。这位先生与冯玉培老师认识,他曾率坦桑尼亚体育代表团访问中国,冯老师当时作为斯瓦希里语翻译陪同,在达累斯萨拉姆大学跟他相聚,当然十分欣喜。他特邀我们两人到他家做客。有一天他专门开车来接我们到他家中。他夫人和孩子专门准备了午饭招待我们。我们带了些鱼罐头和中国的对外彩色宣传册作为礼物。他家位于城市近郊的一处小村庄。村中人家散布于果树茂密的环境之中,十分宜人。这儿的果树以茂盛高大的芒果树、柑橘树为主。吃饭时,他拿出了在中国访问时购买的中国竹筷,他知道我们擅长使用筷子吃饭。这一简单的动作,使我们突然有了一种亲近感。当天的主食不是乌咖喱,而是大米饭。米饭平摊在一只直径约30厘米的大金属平盘上,米饭上撒满绿色菜叶,另外有烤小鱼、色拉、可乐,饭后有香蕉和柑橘。

冯老师进修所在的斯瓦希里语系的一位老师多次邀请冯老师到家里做客。有一天冯老师再次受到邀请,只好应邀赴家宴。当时我想,国内的家宴饭菜都是丰盛的,我跟冯老师说,他一定会酒足饭饱,一醉方休后回来。冯老师回来后说,这顿家宴别提有多么简单了,烧牛肉和色拉两种菜,主食是大米饭,饭后有些水果,主要是香蕉和柑橘。我想,我们不能以饭菜丰盛与否论友谊轻重。他们有心请我们赴家宴,说明他们心中藏着我们,是一种国际情谊的表现,无可厚非。

坦桑尼亚人一般喜欢直接打开椰子喝新鲜椰汁,特别是海边上的人喜欢自采自喝。男人几乎都有一把剥削椰子的刀。常见的椰子树有两种,一种个矮、树冠大,一种高挺、树冠小。有时可看到男人独自一人麻利地爬上椰子树顶端,将椰子砍下。专用于喝椰汁的那种椰子个头较大,果肉薄;主要供食果肉的那种椰子个头小,汁少,果肉厚。有时,我在街上考察城市道路与城市建筑景观时,也常到小摊贩手上买椰子吃。卖椰子的小伙很熟练地用砍刀削掉有三个小孔的那一头,然后削一根椰子梗作餐勺。喝完椰汁后,可用当场现做的这把勺挖果肉吃,一只椰子又解渴又解饿,营养十分丰富。

二、坦桑尼亚人的服饰

服饰民俗是指有关人们穿戴衣服、鞋帽、首饰等的风俗习惯。服饰民俗的形成与人类的生存环境条件有着不可分割的关系。服饰款式的形成和人体装饰品艺术与一个民族的历史及文化发展史紧密相连,体现着一个民族集体的智慧和创造力。影响民族服饰最为重要和直接的条件是气候。从非洲各地各民族所流行的各类服饰中,可以反映出各地自然环境和气候对服饰式样、质料及其使用价值起着决定性的作用。总体说来,广大的热带非洲地区由于气候炎热,居民服装样式简单,缝制工艺单调,如坦桑尼亚的"坎加"是以布单成衣,不加裁剪缝制。除生存环境和气候条件外,各民族的生产方式和生活方式的不同,尤其是农民和牧民的生计要求不同,对服饰的形成和发展也有着很大的影响。如东非高原稀树草原上的游牧民族马赛人,过着逐水草而居的游牧生活,牧民居无定所,临时搭建帐篷或茅舍,十分简陋。他们的服饰别具风格,儿童通常一丝不挂,成年男女也只是下身兜一块兽皮或草帘,或一块布裹全身的无袖长衫,多为黑色或褚红色。马赛人的首饰十分讲究,按习俗,男子12岁、女子9岁时都要穿耳孔,挂上皮饰耳环,将耳孔拉得长长的。

坦桑尼亚人穿着不太讲究,比较随意。由于气候炎热,男女一般穿短袖衬衫或白色针织汗衫,女子穿着布料较薄的宽松裙子。一般百姓人家,长年打赤脚或穿拖鞋。在达累斯萨拉姆大学,男女学生往往也穿着拖鞋,有些拖鞋是用旧轮胎做的,很耐穿。传统民族服饰是一块单人床单大小的"坎加"。男子仅下身围上一块"坎加"。女子则上、下身分别围上一块"坎加",从胸或腰围到脚。妇女喜欢颜色鲜艳、色彩明亮的"坎加",如印有国家领袖肖像或带有国旗、党旗等的图案,有纪念性字样的"坎加"更受妇女的喜爱。"坎加"白天可当衣服,夜晚铺在地上可当床,盖在身上就是被单。

三、坦桑尼亚人的发型

非洲各族人民都很讲究发型,尤其是女性特别注重发型,它不仅能表现不同人的民族属性和性格,而且还反映出非洲人不同的审美观和想表达的寓意。坦桑尼亚妇女的发型多姿多彩,反映出她们的审美情趣,有着浓厚的民族气息。非洲男女的头发生来卷曲,自己无法梳理,如果妇女不编织各种发型,单从头发上是分不出男女性别的。亚洲女性头发是黑黑的直发,为平添一份美感,纷纷将直发烫成卷发。天生卷发的非洲女性则想方设法将卷发拉直，编成无数根小辫，然后将小辫盘成样式不同的发型。一般人家，靠亲朋之间相互帮忙梳理成各式传统发型。如果要求高点，讲究些的，要将满头卷曲的头发一根根拉直，这并非易事，必须到发廊由美容师使用特殊的发液才能办到。在坦桑尼亚常见的传统发型有"田块式"和"西瓜式"。由于头发短而卷曲，贴在头皮上，常用坚硬的乌木或其他硬木制成的长齿木梳。编织一头理想的发型，十分耗费时间，一般需要半天。有时我们可以看到女伴们在芒果树下相互帮忙，将紧贴头皮的卷发从前往后或从下至上拉直，梳编成一条条小辫，然后在头顶或后脑勺上收拢打成一个结，看上去好似花皮西瓜，也好像田垄一样。有的少女把头发分成若干"田块"，将每块头发编成一根小辫，或直立，或下垂，或弯曲，形成不同的发型。还有一种比较时髦的发型，把头发编成一根根的细辫，在辫梢结上用青丝黑线或金丝线，线头上扎上彩色的玻璃珠，灿灿闪光，彰显出少女的青春俏丽。

坦桑尼亚人的雕刻艺术魅力

一、木雕艺术——撒哈拉以南非洲一种别具一格的艺术之花

20世纪80年代初我远赴非洲坦桑尼亚达累斯萨拉姆大学留学之前,对非洲木雕非常陌生,虽有耳闻,但没有见过,实感可言。在达累斯萨拉姆大学的两年留学生涯,我有多次机会去走访木雕艺术市场。值得重笔感谢的是新华社驻坦桑尼亚记者站的俞跃良。他是我在坦桑尼亚结识的令我十分敬佩的一位记者。由于记者身份特殊,他社会交际十分广泛,与坦桑尼亚人相处十分融洽。他与该大学负责对外接待的穆莱先生特别要好。俞跃良同志经常开车到大学来看我,带我游逛木雕市场,那是我们乐意去的地方。20世纪80年代初的木雕市场主要集中在市西北郊区沿巴噶莫约路的西侧,一字排开的大排档,摊主各做各的生意。当时的主要雕刻品是乌木雕刻。来自世界各地的游客在攀登乞力马扎罗山或漫游野生动物园之后,常常光顾木雕市场,挑选一些自己喜爱的乌木雕刻和象牙雕刻艺术品。那时,象牙雕刻艺术品还可以在市场公开出售。对于贵些的象牙雕刻艺术品,摊主随即开一出售证明以备海关放行。

图1　雕刻艺术品门面(作者摄于1984年)

坦桑尼亚的乌木雕刻艺术品驰名世界，主要以当地产的乌木或紫檀木为材料，非洲人凭着灵巧的双手，使用简易的雕刻工具如斧、锯、锉、刀、锤等，雕刻成异彩纷呈的艺术品。各民族的木雕各具特色，但以马孔德族的木雕最为著名。

图 2　乌木雕（一）　　　　　图 3　乌木雕（二）

据传说，马孔德族原始部落位于热带非洲中部的热带雨林中，其族人大约在2000年前移居到坦桑尼亚南部与莫桑比克之间的界河鲁伍马河一带，成为两国的跨界民族。马孔德族木雕大概分为四类：神灵雕塑、云型雕塑、群体雕塑、实用器雕塑。马孔德族木雕取材非洲乌木，也称黑檀，木质坚硬，无虫蛀，不腐烂，不龟裂，也不怕水泡。据说，成材的乌木年龄都在百年以上，适用于雕刻艺术品。因此，坦桑尼亚人的木雕大都用乌木，雕刻品色黑质硬，用黑色油质抛光，显得格外光亮。从木雕品的题材看，马孔德人的作品大致分三类：反映农猎生活的，家族群体的和幻想中的形象。农猎生活有砍柴、打猎、收获、家事、舞蹈等内容。家族群像如祖孙多人团聚一起，被雕刻在一段乌木上。幻想中的形象作品具有抽象感。写实性木雕作品造型淳朴，有所夸张，但仍显得自然逼真，栩栩如生。例如，人物雕往往突显头部的刻画，身躯不合比例地缩小，但人体造型质朴，感觉舒坦，体现出一种艺术美。人物群像都统一在一个乌木整体上，镂孔雕刻造型，神态和姿态各异，雕刻艺术手法自由而独特，构思精巧。难怪这些富有非洲传统艺术特色和艺术感染力的雕刻艺术作品能吸引众多的世界来客，绽放出非洲艺术光彩。

达累斯萨拉姆市区比较热闹的地段分散着众多的木雕艺人，除马孔德人外，还有当地的瓦扎拉姆人等，各家的木雕作品有不同的特色。在千姿百态的众多木雕作品中，值得赞赏的是我在乞力马扎罗马饭店和海滨公园内亲眼看到过的多件大型木雕作品。

在达累斯萨拉姆市中心的高档饭店乞力马扎罗饭店大厅旋转楼梯口,两尊紫檀木巨型人物雕像最引人注目。这是一对高3米多的老年夫妇雕像。丈夫立右,右手擎着带钩的砍刀,左手握着扛在左肩的锄头,身上披着一块树皮,从右肩向左胸斜挂,裹着胸部和腹部,直盖右膝和左边脚。老妻头顶葫芦,左手抬起,按着葫芦柄,右手握锄,胸部至小腿部围着具有民族特色的"坎加"。雕像神态庄重,表现出农民艰苦守业、勤劳朴素的气质。据介绍,这一木雕作品出自瓦扎拉姆人萨卢姆·阿利之手,他出生在一个木雕世家,从祖父那里得到了真传。他的大型木雕制品远销国外。萨卢姆的重要木雕作品还有《渡江》和《归来》等十几件大型木雕。我曾在达累斯萨拉姆北郊的非洲饭店门口目睹过著名的大型木雕《渡江》。《渡江》是一条独木舟,载着一对老夫妻和他们的两个孙子。老夫妻和小孙子盘膝坐在舟中,大孙子在船尾用篙撑船。四双眼睛凝视着前方,表现出他们在湍急的河上沉着前行。这一反映非洲人现实生活场景的木雕布置在以非洲式传统小屋为主体的非洲饭店,散发出浓厚的非洲民族气息,令游人赞赏不已。萨卢姆的木雕作品已在国际上享有盛名。1979年和1981年,他曾三次应邀前往德国举行个人木雕作品展。英国、荷兰、日本、加拿大、美国、意大利、西班牙和北欧各国也都展销过他的作品。

坦桑尼亚是我1999年9月到10月考察的东部非洲四国(肯尼亚、埃塞俄比亚、乌干达、坦桑尼亚)中的最后一国,距我留学达累斯萨拉姆大学回国已有15个年头,这一次有机会故地重游,内心倍感亲切。我住在我国驻坦桑尼亚经商处招待所,每天早出晚归,凡是我留学期间去过的地方,大都安排时间故地重游。故地重游的地方,主要是达累斯萨拉姆大学、达累斯萨拉姆市区尤其是港口海滨沙滩以及牡蛎湾海滩、桑给巴尔岛。无论走到哪里,我都抓住机会去木雕市场。这时的巴加莫约路已修筑成了一条混凝土路,20世纪80年代路边的木雕大排档市场已全部集中到沿巴加莫约路城乡接合部的莫万格,这儿是公交车的中转站。木雕市场就在附近,各家木雕门店已一字排列整齐,对游客开放,门店后面便是木雕制作作坊。各类木雕作品仍然是主导工艺品,每个门店都有少量的当地产玉器饰品,主要为项链、手镯、小动物等。木雕作品种类繁多,主要有人物雕像(人头雕像、上半身雕像、全身雕像)、人物面具雕刻、动物雕刻、祭品雕刻、用具雕刻等。如果按木雕的功能划分,大致可分为实用性和观赏性雕刻。实用性雕刻一般以日常生活和生产用品为主,如饭碗、容器、酒杯、桌子、椅子、凳子、手杖、蜡烛台以及生产用锹、镐等。值得一提的是,这时销售的手杖已是中国式的弯把手杖,20世纪80年代以前销售的手杖都是直杆手杖,这大概是受中国人的要求而制。观赏性雕刻品种繁多,大小不一,异彩纷呈,主要有人头像、人物全身像,特别引人注目的是少女头像,做工精细,打磨抛光后显得格外青春靓丽,十分讨喜,但售价大大高于一般人头像。

除人头像外，还有动物、浮雕、壁挂、房屋装饰等。动物像中以木雕大象作品最为抢眼，大小不一，姿态各异，形象逼真。如木雕小件木勺、木匙、木梳及挂件上雕刻一些构思独特的花纹或图案，给人一种美感。以动物为题材的观赏性雕刻如豹、牛、羚羊、狗、蜘蛛、四脚蛇等，件件栩栩如生，给观赏者留下美好而深刻的印象。

二、象牙雕刻

象牙是大象野外生活的工具，它具有一般野兽的牙齿和骨不具有的特质，其横截面显示出一种独特的类似锬削的交错网纹，称"牙纹"或"利器纹"，呈圆弧状两组交叉，而具菱形网络。正因为象牙具有这一特质，人们很早就学会用象牙制作工艺品。象牙分非洲象牙和亚洲象牙两种，形状差别很小，但牙长却相差很大，非洲象牙，长大都在 1 米以上，成年非洲雄象象牙可长达 2.5 米，重 70～90 千克。非洲象牙多呈淡黄色，光洁度好，但易生细小龟裂。亚洲象牙色白，但质地较软，易保存。相比之下，非洲象牙质更佳，尤以喀麦隆象牙为优，次之为坦桑尼亚等国的象牙。正因为非洲象牙长而质佳，据 DNA 分析结果，全球 90％以上的走私象牙来自非洲。

象牙的成分约 65％接近羟基磷灰石，另外 35％为胶质蛋白及微量弹性蛋白。多呈乳白色，具有油脂光泽到暗淡光泽，有一定的韧性，无解理，裂片状断口，硬度 2.5～2.75，平均折射率 1.535。象牙牙尖段约占牙长的 1/3，为实心，是用来制作雕刻品的最佳部分，一般也只取用这段象牙进行雕刻。

非洲盛产象牙，西方殖民者入侵非洲时便大肆掠夺黄金、象牙，使之成为重要贸易商品。

非洲牙雕历史久远，例如，牙雕曾是 500 年前贝宁宫廷艺术品中最复杂、精致的品类之一。大英博物馆收藏的一件以象牙和铜片嵌制的豹子工艺品（高 81 厘米）是这一时期的代表作，它是奥巴国王的象征。古代象牙雕刻是供宫廷御用的高级工艺品。在贝宁发现过巨大的牙雕，象牙表面镂刻着复杂的花纹和故事场面，牙雕置于某些青铜头像上部。在刚果（金），牙雕也作为祭祀品或乐器使用。

牙雕面具也是一种很有特色的雕刻工艺品，如贝宁牙雕面具的模式和青铜面具的模式很相近。

牙雕除作为家具或其他用品的装饰外，多见的是象牙雕刻的人物和动物。现在出现在非洲各国工艺品市场上的牙雕基本上是表现现实生活的作品，主要有非洲妇女人像（且多头像和半身像），狩猎人像，圣母像，手镯、臂镯、手链、项链、耳坠、小面具等各种首饰，还有动物像，如大象、鳄鱼等。大型牙雕是用一整根象牙雕成一组象群,还有雕刻浅浮雕图案或人物的。非洲牙雕体现了非洲人的气质,风格简约粗犷,不像中国的牙雕细腻典雅,牙雕多与创作人的生活相关,无草图和模型,即兴创作,艺术风格粗犷大胆、自由浪漫,在表现手法上不拘泥于小节,多以朴实的自然美取悦于人。雕刻工艺品市场一般无专门的创作间,前店后作坊,就地加工制作,创作人栖身于简陋的作坊,雕刻出一件件具有非洲特色的栩栩如生的牙雕制品。

坦桑尼亚的和平之港——达累斯萨拉姆

从乞力马扎罗机场起飞，向南飞行1个小时便可抵达坦桑尼亚的首都达累斯萨拉姆。

100多年前，莫罗戈罗一带的部分库突人迁移至此，取地名姆兹兹玛村（Mzizima），意为"凉爽之地"或"健康镇"。1857年，桑给巴尔苏丹马吉德派人在此修建宫殿。1862年，桑给巴尔苏丹为加强对东非沿海地区的控制，在此建立阿拉伯人聚落，将此地命名为"和平之港"。达累斯萨拉姆在斯瓦希里语中意为"和平之港"。1867年，该地已有居民900人。1887年，德国的东印度公司在此建立锚地。1889年，德国殖民者占领坦噶尼喀后，将这里作为货物进出口岸。1891年，德国殖民者将殖民据点从巴加莫约迁到这里。1905年，坦噶尼喀中央铁路开始修建并不断向内陆延伸，农矿产品输出量剧增。至1918年，达累斯萨拉姆成为了德属东非的首府，港口和城市建设迅速发展，形成了现今市中心及主要街道的基本格局。1916年，英国取代德国的统治后，开始兴办工业，达累斯萨拉姆逐渐成为主要的工业中心，港口发展进一步促进城市建设大发展，货物批发和进出口贸易使达累斯萨拉姆成为国家的主要商业和财政中心，城市和港口的发展吸引了大量欧洲人和亚洲人涌入。1961年坦噶尼喀独立后，达累斯萨拉姆被定为首都。1964年10月29日，坦噶尼喀和桑给巴尔组成了坦桑尼亚联合共和国，首都仍为达累斯萨拉姆。新的乌邦戈工业区建成，中国援建的"友谊纺织厂"提供了3000多人的就业岗位。大学的建立为逐渐形成卫星城打下了基础，该国国家房地产公司开发了新的区域，这一切都为城市发展提供了新的动力。达累斯萨拉姆的发展进入了一个新的时期，城市经济和文化发展较快，逐渐成为全国最大的城市、港口和政治文化中心。1970年，达累斯萨拉姆的人口已增加到34.4万人。

达累斯萨拉姆地处东非高原东部沿海的狭长阶地上，地势平坦，海拔8～15米，属沿海低平原，由新生代地层所组成，表层为黄白色沙层，下层为第三系红棕色黏土夹沙层，或珊瑚质石灰岩和带石灰岩质黏土互层。地下含水层为黏质沙土，因土质黏重，渗水能力低，厚度不大，故地下水资源不是很丰富，市内水井很少，且水质较硬。因地处赤道附近，并受印度洋季风影响，达累斯萨拉姆气候温热，雨量充沛，地表水资源丰富。年平均气温25.8℃，年平均最高气温29.7℃，绝对高温可达 35.8 ℃,年平均最低气温 21.8 ℃,绝对低温为 15 ℃。气温日较差 10 ℃,大于年较差 4 ℃。年平均降雨量 1075 毫米,月最大降雨量 589 毫米,24 小时最大降雨量 152.1 毫米(1945 年 5 月 19 日)。每年 10 月至次年 5 月为雨季,以 3—5 月降雨最多。全年雷电日平均 32~48 天。全年主导风向为东南风,一般风速为 2.1~6.1 米/秒,最大风速可达 6.8 米/秒。

达累斯萨拉姆整个市区位于胃形港湾的西岸。市区中心地带是商业区,其东面是政府机关和使馆区,北面是住宅区和文化区,南面是港区和铁路站场,外围西北和西南是两片工业区,市区东部和东北部为滨海旅游区,也可说是休闲度假区。

中央商业区位居城市的核心地带。由此出发,沿巴加莫约路向北可通往沿海一带的一级住宅区。一级住宅区虽多为一二层建筑,但庭院绿化好,绿树成荫,房舍掩映其间,犹如世外桃源。这里原为殖民者的住宅区,现已成为政府机关和外国使馆集中的地带。海滨地段为宜人的旅游区,此地有海滩公园多处。椰林婆娑,点缀着精致的花园别墅和现代化旅馆,草顶凉亭隐没于花丛林间,别具风味。海滩浴场沙软潮平,是游泳和日光浴的理想之地。沿摩洛哥路向西可通往第二、三级住宅区,这里临近中央商业区,为印度人聚居区,多为一二层独立式住宅。印度人聚居区的西北方是非洲人住宅区,大部分为简陋的平房。

达累斯萨拉姆市容整洁,清新雅致,花木终年不凋。独立广场位于独立大街西端,场地宽阔,是平时人们集会和休憩的场所。广场东北隅耸立着自由独立纪念牌,高约 20 米,碑顶是一支熊熊燃烧的模型火炬,底部用斯瓦希里文镌刻着"自由与独立"字样。独立大街东端十字路口竖立着英雄纪念碑,碑顶为一持枪战士青铜塑像,威武雄壮。在距市中心 2.4 千米处有一座中国烈士陵园,安葬着 52 位为坦赞铁路援建项目和其他援建项目献身的中国烈士。

图 1 达累斯萨拉姆港
(作者摄于 1982 年)

图 2 达累斯萨拉姆港市自由战士
雕像(作者摄于 1982 年)

英国殖民统治期间,达累斯萨拉姆的采矿区和农业有了一定的发展,在普古路一带形成了工业区。坦噶尼喀独立后,随着城市经济的发展,向北沿摩洛哥路一带的乌邦戈建了新的工业区。中国援建的"友谊纺织厂"就坐落在这里。经过多年的发展,该市已成为全国最重要的工业中心,尤其是纺织工业,以"友谊纺织厂"为龙头的纺织工业帮助该市成为了全国最大的纺织中心。1966年6月建成的年产68万吨的炼油厂成为了坦桑尼亚石油工业的重要支柱。

达累斯萨拉姆文化教育发达,设有达累斯萨拉姆大学。该校远离市区,一个以该校为中心的卫星城已经形成。此外,该市有技术学院、图书馆和研究所,还有著名的国家博物馆和热带植物园。

达累斯萨拉姆的内港是一个湖泊盆地,港址自然地理条件优越,水域较深,可供大多数船只停留。港区水域宽阔、安全、掩蔽良好,与外海连接的大喇叭口即进口,航道长约5千米,大片浅滩中形成了一条宽300~400米、两侧均为珊瑚礁的开阔水道。湾头的河流沉积少,有利于航道畅通。

早在19世纪60年代,阿拉伯人已在达累斯萨拉姆港有些势力。该港发展成为一个现代化港口发端于德国殖民统治时期,但并无任何重大工程建设。英国殖民统治时期,为了承运增长中的贸易量,1929年增建了一座驳运码头,还建造了一座客运码头,并扩建了库房。港口吞吐量从1923年的5.6万吨增加到1930—1931年的27.3万吨。第二次世界大战阻止了港口的进一步发展。战后港口才得到改善。港口吞吐量从1945年的近27万吨增加到1948年的50.4万吨。1953年,深水停泊地动工,1956年建成。1953—1956年港口吞吐量超过了97万吨。20世纪50年代末,一座丁字形的石油码头建成。这时的港口深水停泊地已能停留10艘大型远洋轮。港口的吞吐量从1956年的90.5万吨增加到1968年的212.8万吨以上。在乌邦戈还建有一座专放赞比亚商品的仓库。1967年开始,另外三个深水停泊地投入建设。

港区主要码头现有泊位11个,岸线长2016米,最大水深10米,大船锚地水深达15米。港域可同时停泊21艘万吨级海轮。装卸设备有各种岸吊、门吊、可移式吊、浮吊、集装箱吊、驳船、拖船及滚装设施等,其中浮吊最大起重能力达120吨。散装码头可停泊3万载重吨的散货船,油船突堤码头可停泊3.6万载重吨的油船。1992年集装箱吞吐量为8.7万标准箱,年货物吞吐量约400万吨。主要出口货物为剑麻、茶叶、棉花、豆饼、木材、咖啡、铜及油籽等。进口货物主要有钢铁、棉制品、食品、机械、石油及车辆等。

港口交通运输发达,港口有专用线与中央铁路和坦赞铁路相连。中央铁路横贯坦桑尼亚全境,东起达累斯萨拉姆,西行经莫罗戈罗、新首都多多马、塔波拉至坦噶尼喀湖东岸的湖港基戈马,该铁路从塔波拉向北延伸经希尼安加至维多利亚湖南岸湖港城市姆万扎。中国援建的坦赞铁路以达累斯萨拉姆为起点向西至赞比亚卡皮里姆波希，全长1860千米（坦桑尼亚境内977千米），不仅方便了两国的交通，也促进了坦桑尼亚内陆及边远地区的经济发展。达累斯萨拉姆港不仅是坦桑尼亚大部分出口货物集散地，也是东非国家重要国际贸易中转站。坦桑尼亚港口为地处内陆的赞比亚打开了一条通向港口的重要通道。

达累斯萨拉姆港距国际机场3.6千米，有定期航班飞往世界各地及国内主要城市。中国通过由埃塞俄比亚航空公司经营的航线，建立起达累斯萨拉姆与中国大城市交流的纽带，中国、坦桑尼亚之间的货运量与日俱增，中国—坦桑尼亚联合海运公司是两国政府间合营公司，于1967年6月22日成立，目前是东非地区唯一拥有远洋运输船舶的海运公司，现有1.5万吨级远洋船舶三艘，下设北京办事处。

坦桑尼亚航空公司总部设在达累斯萨拉姆，枢纽机场是尼雷尔国际机场。坦桑尼亚航空公司成立于1977年3月10日，自成立以来，一直是非洲航空公司成员。

图3　达累斯萨拉姆海滨公园一（1983年）

图4　达累斯萨拉姆海滨公园二（1982年）

昔日隔海相望的人间地狱
——巴加莫约囚奴堡

东非沿海有两大奴隶贸易市场遗迹：巴加莫约囚奴堡和桑给巴尔马鲁呼比奴隶洞。那是非洲历史上最恐怖、最凶残、最惨痛的时代的历史见证。

在坦桑尼亚达累斯萨拉姆大学进修的两年期间，我曾三次到访这令人心碎的地方。两次是我国驻坦桑尼亚大使馆在重大节日休假期间组织大使馆工作人员去游访，我也随行；另一次是跟随我国援建坦赞铁路专家组前去故地重游。每次参观，那令人深恶痛绝的充满血泪的昔日罪恶之地都给我留下了深刻印象。

从达累斯萨拉姆沿着海岸驱车北行约70千米，大约40分钟便可到达昔日东非海岸最大的奴隶贸易市场之一——巴加莫约。它是坐落在印度洋岸边的一座小镇，与其东北方向的桑给巴尔岛相距约40千米，隔海相望。

巴加莫约原为坦噶尼喀大陆印度洋岸边的一个小渔村，当时的农民和渔民在这里交换鱼虾、椰蓉、树胶和盐，逐步形成了农产品集散的小集市。在13世纪前后，阿拉伯半岛上的阿拉伯人和伊朗高原上的波斯人，及后来的印度人来此经商和定居，这里便成为了他们的经商之地。他们贩来东方的布匹、丝绸、珠宝、瓷器，交换东非当地产的象牙、犀角、香料和黄金。至今，在巴加莫约一处古迹之地，仍然残留着的土石柱上镶嵌着中国的瓷碗、盘等。此景令人感慨，我们的先辈曾远涉重洋来此，与当地的土著人友好往来，这些古迹就是永载史册的历史见证。其实，当年的贸易中心并非今日的巴加莫约的兴起之地，而是该镇以南约5千米处的一片废墟，那时名曰"卡奥来"。

可是，谁曾想到，这块昔日充满生机的阿拉伯人与非洲人的经商之地与两种文化交融之地，后来竟成为充满血泪的非洲奴隶贩卖之地。大约在18世纪末，大批的阿拉伯人又从阿曼蜂拥而至，经营象牙、树胶的同时，做起贩卖非洲奴隶的罪恶勾当，他们把非洲人作为特殊的商品进行交易，获得极高的利润。如今，作为昔日奴隶贸易史迹的许多罪证犹在，其中最吸引世界各地游客或学者注目的是一座囚奴堡。昔日的奴隶交易市场没有留下历史的痕迹，我们只是在当地导游的指认下知道有一个地方曾为奴隶交易市场。

奴隶贸易时期,殖民者曾以这一小镇为据点,将在内地掠夺的土著居民押送至此拍卖,并转手贩运到世界各地。我们主要的参观目标是亲眼看一看囚奴堡。如今这里仍然保留着囚奴堡、石墩和岗楼。它们记载了东非人在长达几百年的奴隶买卖中所遭受的凌辱和苦难。石墩有几十根,每根石墩高约1.5米,呈方柱形。石墩上嵌有大铁环,可同时锁上4个奴隶,顶端凿有一如盆的凹坑,盛水以供奴隶饮水。为监视奴隶,附近设有一高约5米的岗楼。摸摸这些沾满奴隶血泪的石墩,望望那座血骨堆砌的岗楼,一股悲愤之情油然而生。走向关押待运奴隶的最后一道关——囚奴堡,堡内残存当时奴隶栖身的地穴,低矮昏暗而潮湿。每个奴隶都被戴上镣铐以防逃跑。中央挖有一条小浅沟,供奴隶方便。地穴门上开一小小的四方窗口,用以从门外内窥监视奴隶的举动。海滩上建有岗楼,高约5米,有卫兵把守。在距囚奴堡不远的海边上,有一颗已经枯死的大树,据说,凡反抗的奴隶就被拉来吊死在树上。从囚奴堡地穴口挖有200米长的暗道,通向海边。贩奴船一到海岸,那些无辜的奴隶就是通过这条黑暗的地道被拖进无底的深渊——装船押运到其他地区或转运到桑给巴尔岛。从开始贩运奴隶到禁止贩卖奴隶,到1873年囚奴堡关闭的近百年间,经这里转运了多少奴隶无法计算。

据记载,在东非从事奴隶买卖的有葡萄牙人、英国人、阿曼人和印度人。他们多数依靠奴隶贩子到内陆去搜捕,自己间接从奴隶市场购买,然后再运往海外去卖。奴隶贩子往往采用两种手段获取奴隶。一是同自私和贪婪的当地酋长勾结起来,挑起部落战争掠夺其他部落的人作为战俘,再以少量的布匹、念珠、玻璃项链等从酋长手中换取奴隶。另一种是使用更加残酷的暴力手段直接深入内陆捕捉土著人。成群结队的奴隶贩子多在黄昏或夜间偷袭村庄。被捉到的奴隶常常是被一个挨一个地用铁链或绳子拴连起来,押往沿海。有的甚至把一根木头两头挖成洞,套在奴隶的脖子上。身强力壮的男奴还要打上脚镣。奴隶们顶着烈日在荷枪实弹的奴隶贩子的威逼下,走向鬼门关沿海奴隶贸易市场,途中受尽折磨,丧生者不计其数。奴隶一旦生病,便被遗弃路旁,或被一刀刺死抛入荒野。尤其是女奴,遭遇更加悲惨。请看如下记载:"我们绝不能将珍贵的象牙扔掉,为了让妇女能顶着象牙,我们只好一刀将孩子干掉,以留下象牙","一群儿童和妇女被铁环套着脖子锁在一起……一个不幸的妇女因为脱开了她的绳子,就被拉向一棵树干摔去,一只眼睛的眼球被摔出半个,脸上和胸部淌着鲜血……"。这样一次长途跋涉,能幸存下来的往往只有1/5的奴隶。英国著名探险家戴维·利文斯敦曾长期在东非高原开展地理考察,据他估计,每有1个奴隶被运到巴加莫约,就可能有10个因疾病或反抗死在路途上。奴隶们面对无际的海洋,怀念故乡,悲惨地喊叫"巴加莫约",在斯瓦希里语中意即"心被摔碎了"。这就是"巴加莫约"的由来。有一首奴隶之歌真实地反映了他们沦为奴隶的凄惨命运。1978年,坦桑尼亚政府将巴加莫约辟为文物保护区,历史遗迹和珍贵文物开始受到修复和保护。2002年9月,坦桑尼亚政府在巴加莫约举办"巴加莫约世界遗产研讨会",以促进巴加莫约被列入"世界文化遗产名录"。现在的巴加莫约已成为行政区的首府,正待振兴和繁荣。

驱车深入热带稀树草原野生动物园

凡是在电视里看过《动物世界》的观众，一定会为那千奇百怪的野生动物惊叹不已，可你知道这些令人惊心动魄、毛骨悚然或奇妙的场景，是在哪里拍摄的吗？只要你到过东非高原上的热带稀树草原，你一定会恍然大悟，那么丰富多彩的野生动物世界，大多数是在广布于东非热带草原上的野生动物保护区拍摄的。这儿有许多世界级的野生动物园，如塞伦盖蒂国家动物园、恩戈罗恩戈罗自然保护区、塞卢斯野生动物保护区、马赛马拉国家保护区、鲁文佐里国家公园等。难怪东非高原上的野生动物早已成为人们心目中的"明星"。作为长期从事非洲地理研究的一位老兵，我有幸多次有机会涉足野生动物保护区，身临其境地领略了动物世界的生存竞争和一些动物的彼此相安共处，也体验了人与动物之间妙不可言、有趣沟通的独特感受和刺激经历！

凡是到过热带非洲的人，不管你是什么身份还是怀着什么目的涉足野生动物世界，毫无疑问地会认识到，非洲的野生动物种类之多、数量之大、分布之广，都堪称世界之最，其中不乏世界稀有的珍禽异兽。在世代相传的生存竞争中，它们各自形成了独特的生存手段，有的善奔跑、喜跳跃，有的善飞翔、善攀高枝，有的善打洞、喜穴居，各怀绝技。不论哪种野生动物，在长期的生存竞争中都养成了群居的生活方式。每一种群都是一个有组织的集体，都有自己的"首领"，一遇敌情，统一指挥，统一行动，"男女老少"齐上阵，"摇旗呐喊"，共同迎敌，绝少单枪匹马、单打独斗，这是生存斗争的需要，否则会被来犯之敌各个击破，造成断子绝孙的悲剧。每当我踏入野生动物园，总可以看到一幕幕动人的景象，不同的动物种群如斑马、羚羊、长颈鹿、非洲象、猴类、鸟类等相聚一起，同享一片天，同享一片地，无拘无束，悠闲自得，和平共处，一派祥和。放眼远眺，往往会被另一番景象所震惊。时而可见威武的雄狮、凶残的猎豹在追逐，在厮杀。这就是热带草原孕育出来的野生动物世界。它们之所以能世代繁衍生存下来，就是因为它们都是草原生态平衡中不可缺少的角色。草原为这些以草为生的动物营造了良好的生存环境，而食草动物又为食肉动物提供了丰盛而充裕的食物来源。所有的这一切使非洲的热带草原形成了有趣而奇妙的野生动物世界。

东非热带草原不仅是观赏和游览动物世界的理想之地，也是研究动物生活习性及各种动物间相互依存关系等生态学的园地。这就是为什么前往东非高原观赏、考察、研究的人络绎不绝。我也有幸成为深入野生动物世界去探奇的一员。

我第一次深入野生动物世界，是参与我国驻坦桑尼亚大使馆组织的驱车游览米库米国家公园的活动，而那儿实际上是一处野生动物园。园门两边门柱用石块堆砌，其上用原木搭成门楼，结构简易，但颇具风格。买好门票入园后，我们驱车沿着游览专线慢行。对我这个初来乍到的远方来客来说，这里的一草一木都是新奇的。我恨不得多长几只眼睛，既能瞻前顾后，又能扫视八方，把我所能看到的一切尽收眼底，储存在脑海里。不多时，我们便在一片开阔的草原上停车小息。这时，我顾不得给我饥饿的肚子加水加饭，全神贯注地打开相机，从脚下延伸至四周，地毯式地搜索野生动物的行踪，扫描它们的灵性表演。左侧不远处，一群大象在稀树草丛中漫步；右前方，斑马群目不转睛地注视着我们，长颈鹿昂首漫步，傲视群芳，气质夺目；稍远处，可见牛羚群在游荡。再往远眺望，隐约可见凶猛的狮子和劣迹斑斑的猎豹，在草丛中时隐时现地狂奔追杀小动物。还没等我回过神来，草原中最擅长和人打交道的狒狒，已在我脚下跳来跳去，表演着它们的野性芭蕾舞，甚是抢眼，此时此刻，虽说是小息，却让我尽饱眼福。在大草原这个舞台上，各种动物群好似组成了各种独具风格的"戏班"，表演自己的传统节目，各有千秋，妙不可言。

非洲象是非洲稀树草原上最大的食草动物，平均体重可达1000公斤。据研究，地球上长鼻类动物的鼎盛时期早已过去，象类动物是5000万年前出现的。除澳大利亚之外，象类分布在地球上几乎所有的大陆，可现在只剩下亚洲象（或称印度象）和非洲象了。今天的非洲象也只有两个品种，即栖息在西非热带森林中的小圆耳森林象和生活在东部非洲热带草原上的大耳朵草原象。非洲象体格魁梧，身高3米以上，高者可达3.5～3.7米，喜群居，每群数十只。通常，它们迈着方步，不紧不忙，一边拍打着两扇又宽又大的耳朵，一边吃着草和树叶，喜早晚觅食，日食200～300斤枝叶，日间高温时喜欢戏水。

大象可能是草原上的高寿动物，可活60～70岁。它是草原上的庞然大物，很少有什么动物敢和它"叫板"，因为它有可踩死任何胆敢冒犯它的特大粗腿和长可及目标的长鼻子，这些可是它护身的武器。别看它那粗壮的长鼻子显得笨重，但其功力不可小视，具有"力拔山兮气盖世"的力气，可伸缩自如，既能不费吹灰之力连根拔起大树，又能将来犯之敌卷起扔出几米甚至几十米之遥，还能汲起轻如鸿毛之物，它借以维持生命的水草也全靠鼻子汲起和卷入嘴中。所以草原上的各种动物与它相逢时无不退避三舍。就连草原上"一声吼，大地抖三抖"的"兽中之王"狮子遇到它时也不敢轻举妄动，只有饥饿难耐，穷途末路时，才敢冒死进犯。它会绕到大象后面，乘其不备，用利爪去强攻大象的生殖器官，成功则大饱口福，一旦失手，往往难逃大象反攻。其实大象还是好相处的，只是"人不犯我，我不犯人，人若犯我,我必犯人"。大象在非洲草原上也许没有那么多敌手,往往能宽宏大量地对待其他动物,如野牛、羚羊、长颈鹿、斑马等,往往是相安无事,和平共处。大象也有随水草迁移的习性,干季时,水草缺乏,大象通常集体迁移,母象在前"鸣锣开道",公象收尾断后压后阵,向水源处集聚,一处水源地常可聚集百头之众。

据研究发现,大象有一套通过地震波将信息传递给远方同类的"地震交流系统",主要通过跺脚或用嘴发出隆隆的声音使地面产生振动的方式来传递信息。研究人员通过数学模型估计出大象发出的地震信号能在地下传播 16～32 千米。大象能通过这种震波感知同类发出的各种信息,如用脚发出的警告信号、用嘴发出的问候信号等,并且能做出相应的反应。目前的研究表明,大象发出的地震信号不但能表明它在何处,还能传递出它的情绪状态,远在他方的大象能够感受到它的情绪是恐惧还是愤怒。

大象由于自身具有的气质和表演才华,一直备受人们喜爱,尤其它那两颗终年成长的大象牙,更是人们喜爱的珍贵之物。每颗象牙重达 100 公斤以上,质地细密,一直是雕刻工艺品的珍贵材料,可雕刻成手镯、臂镯、项链、挂件等装饰品或供观赏的工艺品,象牙因此身价倍增。非洲牙雕早已名扬全球。在西方殖民者入侵和统治非洲的年代,象牙同黄金一样,一直是他们的贸易掠夺对象。从非洲出口到世界各地的象牙比比皆是。长期的掠夺性象牙贸易造成了大象资源大量减少。据 20 世纪 80 年代初对撒哈拉以南非洲 35 个国家的调查,当时还有大象 134 万只,为保护大象资源,非洲国家已建立了野生动物保护区,制定了相关保护措施,禁止偷猎大象和其他野生动物。1991 年大象被列入世界濒危动物名单,禁止猎杀和进行象牙贸易。1989 年肯尼亚总统莫伊在内罗毕国家公园亲自引火焚烧了 35 吨象牙。坦桑尼亚立法严禁猎杀大象,偷猎一颗象牙,监禁 7 年,其决心不可谓不大。

号称"百兽之王"的非洲狮是草原上最凶猛的食肉动物,肌肉发达,身体强壮,尤其是雄狮,头贯鬃毛,仪态威严,吼声震天,不可一世。犬齿长 5～6 厘米,上下交错,形似锋利的剪刀。钢牙利齿,一口可以咬断大如牛的牛羚的喉咙。舌上长着利刺,好似锉刀,舔到谁身上,谁就会鲜血淋淋。非洲狮的前掌大力无比,擅长捕劈,一掌下去可劈死斑马、羚羊、长颈鹿,所以草原上大大小小的野兽大都怕它。但非洲狮遇强手如大象和犀牛,往往不敢对阵,实在是草原上惧强凌弱的家伙。非洲狮善于三五成群,除围捕猎物外,常常埋伏在草丛之中,乘敌不备,突然袭击,惊恐万状的动物往往措手不及,在劫难逃。它还有一大绝技,爬树,常栖息在枝叶茂盛常青的金合欢树上,这远比其他地区的狮子技高一筹。

提到犀牛,人们往往会想到犀牛角是一味名贵的中药,价格昂贵。正因为长了两只特别珍贵的角,常招来杀身之祸。不法分子图财害命,对犀牛痛下毒手,致使其数量越来越少,面临绝种的危险。

犀牛品种有黑、白犀牛之分,它们既是世界上最古老的动物之一,又是十分珍贵而稀有的动物,在其他大洲已经绝迹,仅非洲还有,但数量已经很少,旅游者难得一见。白犀牛较黑犀牛大,肩部高达 2 米,体长 4.2 米,头长 1.2 米,重达 2000 公斤,头要比黑犀牛的头大 1/4。黑、白犀牛虽都是三趾,但白犀牛的足迹要比黑犀牛大一倍。犀牛的角不像牛角那样对称排列在头顶,而是一前一后竖立在鼻子和眼睛之间,一长一短直指前方,是刺向敌手强有力的作战武器。白犀牛的前角较长,平均长 80 厘米,已知最长的为 161 厘米,角重 6.5～9 公斤。犀牛看起来体形笨拙,但行动灵活,小跑时时速 30 千米,快跑时可达 50～60 千米。犀牛常三三两两地游荡在灌木草丛中,喜欢在泥塘里打滚,所以它们活动在河、湖、沼泽地区,以草和树枝为生。黑犀牛特别喜欢吃树枝,常用长着指状物的上唇揪掠树枝,而白犀牛上唇无指状物,喜食青草。犀牛夜间常在塘边嬉戏,互相追逐打闹,用鼻子不断发出呼哧呼哧的声音,很响地喷吐口沫。在食草动物中,黑犀牛脾气最坏,一不如意就大发雷霆,白犀牛则表现和善。在野生动物园里,游人有时可见白犀牛跟大象和睦地在树下"同床共枕"。犀牛的一大生理缺陷是视力不好,如果想接近它,就请小心不动声色。但犀牛有天赐的通风报信的"哨兵"犀牛鸟。这种鸟如同画眉大小,呈灰白色,嗅觉和听觉都很敏锐,习惯栖息在犀牛背上,喜啄食隐藏在犀牛身上皮肤皱褶里的寄生虫,所以彼此关系非同一般,十分融洽,一遇险情犀牛鸟就鸣叫不停,向犀牛传递警报,提醒犀牛有所防备。犀牛繁殖能力较差,如白犀牛妊娠期长达 540～550 天,一胎只生一只,每隔 3～5 年产崽一次。幼子出生后 24 小时便能随母亲行走,一周后开始吃草,但哺乳期长达 1～2 年。母犀三岁时发育成熟。

狒狒,在动物园里它是讨旅客喜欢的一种动物,善于与人打交道和交流感情。在东非高原,我曾两次巧遇它们,第一次是在游览米库米国家公园时,我们的车子一停下来,十几只大大小小的狒狒便涌来凑近乎,一个个眼巴巴地盯着我们。大家不约而同地拿出随身的食物和水果给它们,试图抓住一只,我也拿出香蕉作诱饵,吊吊狒狒的胃口,但总是"肉包子打狗",难拔它一根毫毛。第二次是我去乌干达北方的利拉地区考察,回首都的路上,非洲司机告诉我,等会儿你会看到狒狒沿路讨吃的。果不其然,不多时,我们便见到一只狒狒在路中央打坐,两眼直视我们的车子,好像在说,哪里去,留下买路钱。看到那阵势,我心里乐滋滋的,真是难得一遇。我开玩笑地哼了一声,难道拦路打劫不成。非洲司机扔去一根香蕉,只见狒狒熟练地接住了,我迅速按动相机快门,把它全身装入了我的相机。

狒狒喜栖于树木稀少的岗丘上,"占山为王",习性好"打架斗殴"。四肢粗壮,适于地面奔跑,习惯晨昏活动,往往是几十只甚至几百只集体行动,由"首领"统一指挥,列队有方,成年雄性狒狒打前锋,年长雄性狒狒和哺乳期狒狒居中,幼狒紧随其后,这种排列利于行军打仗,如遇敌手,"男女老幼"齐上阵,摇旗呐喊,打杀之声震破了天,给敌人以强有力的抵抗。狒狒以野果、昆虫、小爬虫类、鸟蛋为食,有时也成群结队去偷食农田里的瓜果。有趣的是,在游人小憩的地方,狒狒总是晃悠着脑袋,盘算着如何乘人不备,偷取游人的随身之物,虽是偷窃,但也多少折射出动物与人之间的一种交流方式。如果东西被小偷窃走,你会恨得咬牙切齿,狒狒干下这档子事,也许你会爱恨交加。

　　羚羊在世界各地一般都能看到,但论其种类、数量,非洲的羚羊都居世界之首。非洲热带稀树草原上羚羊有40多个品种,数百万只,其中大羚羊、牛羚、大曲角羚、黑羚和长颈羚最为著名。无论你踏入哪个野生动物园,都可以见到那多姿多彩的羚羊。有的品种亭亭玉立,耐人端详,有的体壮如牛。牛羚体型像公牛,全身呈灰黑色,从头到喉咙长着长长的胡须,尾长多似马尾,又称角马,喜性集群,一群多达数千只,生存随水、草移动。常可见上万只牛羚组成的阵容强大的迁移大军。坦桑尼亚塞伦盖蒂国家公园养育着庞大的牛羚群,该公园占地面积1.48万平方千米,是世界上举世无双、野生动物最密集的野生动物保护区,野生兽类有170余种、300多万头,其中有羚羊50多万只、斑马13万只、长颈鹿4000多只、非洲象2700多只,还有犀牛、河马以及这些食草动物的天敌狮、豹、鬣毛豹、狼、狗、鸟类1500余种。这儿最为壮观和最令游客赞叹的景象是,一年一度的牛羚、斑马、羚羊大迁移。每年5月末开始,草原进入干季,水源干涸,草木枯萎,牛羚开始迁移,浩浩荡荡,绵延十几千米,如同"百万雄师"过大江之势,吸引着世界各地的游客慕名前来观赏。它们排列有序,在"首领"的带领下有秩序地西迁维多利亚湖区和湖东的马腊草原,历时一个月,行程500千米。斑马、羚羊相伴而行,狮、豹、狼、狗尾随其后,伺机下手。这是世界绝无仅有的动物生存竞争,也是人们所能见到的最令人难忘的场景。到了11月份,马腊草原干季来临,羚羊长途跋涉,返回草地,12月份"安营扎寨",到了1月份,"生儿育女"繁殖后代,待到5月份干季一到,便又开始一年一度的西迁生活。

　　羚羊家族中有的品种身材瘦小,善奔跑,平时警惕性较高,靠灵敏的听觉来判别敌情,发现异常,撒腿就跑,速度快得惊人,汽车都难以追上。羚羊通常是几十只甚至上百只集体活动,但与其他动物不同的是,羚羊集群是雄雌有别的。在一群雌性羚羊中只有一只是雄性,成为王,雌性皆为王妃,真是名副其实的"妻妾成群"。王位是通过雄性羚羊决斗产生的,胜者为王,登上王位后绝不可高枕无忧,必须时刻准备着迎战新的挑战者。通常情况下,"光棍军团"幸会"女儿王国"时,个个跃跃欲试,单枪匹马挑战王,成功则继任王位,失败则自动出局为民,卧薪尝胆,伺机再战,这也许是动物优胜劣汰、优生优育生存繁衍的需要。

　　长颈鹿在动物园里都能看到,但野生长颈鹿只有到非洲热带草原才能看到。它是目前现存的动物中身材最高的,平均身高5米,有的可超过6米,体重500～

750公斤。别看它脖子长长的、身躯短短的,但十分相称。它有颗坚韧的心脏,像泵一样,可以把血液向上压到2米高的头部。长颈鹿吃起高高的树叶来,不像羚羊和山羊那样用两条后腿立着跳来跳去,长颈鹿总是四条腿稳稳当当地坚实地"粘"在地上站立着,高昂着头吃树上的嫩叶。长颈鹿要是渴了找水喝,那就要出"洋相"了,它往往叉开腿蹲下,姿态滑稽可爱。母长颈鹿怀孕14个月产崽,性情温顺,很少发脾气,但当幼长颈鹿受到侵犯时,它也会大发雷霆,保护小长颈鹿。

斑马是非洲热带草原上的特产,黑白相同的斑纹显得格外漂亮,气质高雅,在野生动物园,常可看到几十只甚至几百只斑马奔驰在水草丰富的草原上,十分壮观。斑马身上的斑纹图案据说各不相同,一马一斑,令人称奇。

沿中央铁路西行地理考察见闻

19世纪中叶,欧洲探险家深入坦桑尼亚大陆内地。19世纪80年代以前,德国在东非的利益大部分局限于对内地的掠夺和以桑给巴尔为基地的贸易活动。1895年,柏林会议将坦噶尼喀内陆划归德国势力范围,沿海16千米宽的地带仍隶属桑给巴尔。当时的贸易,除沿海港口之间的海运外,运货至内地的唯一方法是用人力头顶,货运量非常有限,远不能满足殖民扩张与掠夺资源的需要。因此,迫切需要改进至内陆运输的方式。1893年德国殖民者开始建筑第一条从沿海港口坦噶通往内陆的北方铁路,直到1911年才通到距坦噶尼喀406千米远的莫希,为进一步掠夺大量的土地资源、发展出口型种植园提供便利,并为德国本土的工业提供原料,从1904年开始加快修筑从海港达累斯萨拉姆西行至坦噶尼喀湖东岸的基戈马的中央铁路,耗时10年,于1914年建成通车,全长1260千米。两条铁路的建成通车,为西方殖民者掠夺坦桑尼亚的农业发展奠定了物资集散的条件。北方铁路的通车促进了梅鲁火山区的剑麻和咖啡产区的形成与发展。中央铁路的建成及其后向北通至维多利亚湖南岸的姆万扎的铁路支线的通车,为苏库马地区建成重要的产棉区提供了运输上的保证。坦桑尼亚独立后,将中央铁路与北方铁路连接起来,连通了东、西、北地区的重要出口作物产区,因此,在广大地区的铁路沿线出现了大面积的剑麻种植园,铁路促进了区际的物资交流,也加深了与邻国的交通联系,便利了出口作物的出口运输以及内陆所需物资的进口。

我在坦桑尼亚达累斯萨拉姆大学地理系访问研究期间,于1984年上半年拟订了坦桑尼亚全国具有代表性的考察路线和考察区域,对坦桑尼亚主要农业地域类型和城市建设进行了野外实地考察,遍及全境不同类型地区和一些区域中心城市,旨在认识坦桑尼亚热带高原农业的特点和地区差异,以及各中心城市在区域经济发展中的作用,揭示人与自然环境之间的相互作用和结合的内在运行规律、机理,为合理有效地开发利用不同类型区的人力和土地资源,因地制宜地布局农业生产提供科学依据。野外考察路线和考察区域共四条线路和八大区域。其中最重要的考察路线是沿中央铁路西行:达累斯萨拉姆—莫罗戈罗—多多马—塔波拉—席尼昂加。这条考察路线和考察区域之所以重要,是因为坦桑尼亚地形以高原、高地为主,其面积占国土面积的80%以上。沿海平原狭窄,其面积不足国土面积的15%。

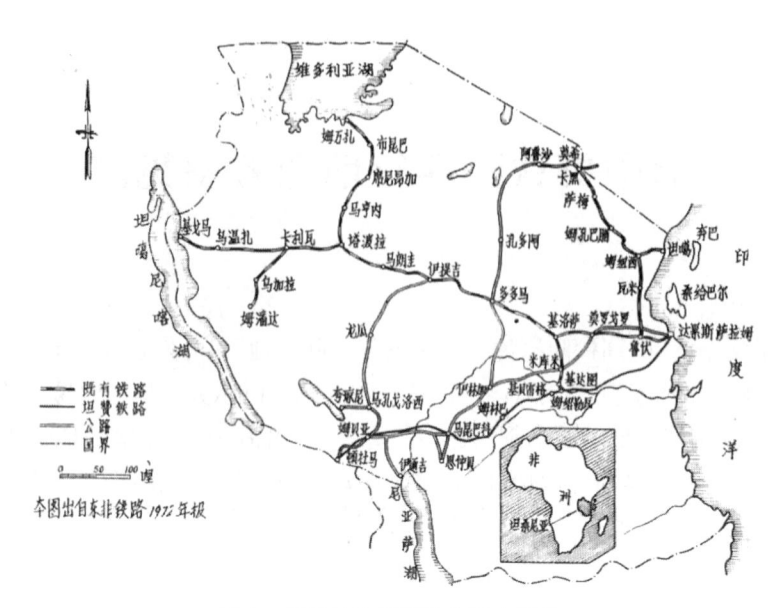

图 1　德国统治时期的主要交通线

资料来源：(英)莱恩·贝里.坦桑尼亚图志[M].北京：商务印书馆，1975：150.

高原由东部低高原和西部高高原组成,高原面起伏平缓而单调,维多利亚湖以南的苏库马地区年降雨量不足 1000 毫米,是典型的热带稀树草原地区,适宜种植棉花和饲养牛、羊。我此行主要到达了多多马、塔波拉和席尼昂加地区。

在坦桑尼亚达累斯萨拉姆大学,梦寐以求的是能有机会走出校园,远行草原大地。1984 年 6 月,我终于有了远行的机会。库汉加校长亲自给我写了野外考察乡村发展的介绍信,凭着这份"通行证",我能够以访问学者的身份到访全国各地。

6 月正处于干季,雨水较少,是出行的好时光。乘火车沿中央铁路西行,可说是一次艰难的旅程。20 世纪 80 年代初,坦桑尼亚的经济十分困难,物资匮乏,日用商品奇缺,如最常见的日用品牙刷、牙膏、香皂、肥皂、洗衣粉、电池等也难以买到,即使有货,价格也较贵,一般百姓也买不起。好在我们还有驻坦桑尼亚大使馆,我在大使馆小卖部买了些必备的日用品。1984 年 6 月,新华社驻坦桑尼亚记者站俞跃良同志开车来大学陪我去火车站购买了当月 26 日的卧铺票。26 日这天,俞跃良同志开车来大学接我,把我送到火车站。按列车时刻表正点开车应为 26 日晚上 8 点。这儿没有宽敞的候车室,乘客大都在候车办公室附近等候。我独自一人挤在候车办公室耐心等候。我在这次出行之前,对火车大都不能正点运行早有耳闻,果不其然。我向候车办公室的值班员询问列车什么时候能到站,他说车晚点,具体什么时候能进站他也说不准,因为晚点是常事。我有点心急,可当地人一点也不急,耐心地等候,他们已经习惯了。这时,我有点犹豫,是等下去,还是放弃此行。

我跟俞跃良同志通了个电话,他很耐心,鼓励我耐心等候,为了事业应坚持下去,这是难得的一次机会,言外之意是机不可失,时不再来。他说如想放弃,他马上就可去车站接我回大学。听了他的肺腑之言,我决定耐心等候。夜间车站灯光微弱,小便内急一下子找不到厕所。我也模仿当地人,找了个避人的地方方便。我随身带着照相机,这是身上最值钱的一件东西,也是我野外考察的实用"武器",因此格外小心保护。为避免打瞌睡,我自备了几包香烟,其实我是不抽香烟的,只是应酬和打瞌睡时抽一根提提神,每隔半小时,我就抽一根。一直等到次日(27日)1:45,火车才缓慢地进站,但什么钟点发车不得而知,候车值班员也说不准。我只好耐心等下去。27日早晨5:00,列车终于发车了。我凭票上车找到了我的车厢铺位。列车运行6个小时后于上午11:00抵达了莫罗戈罗。停车1个小时后于中午12:00继续西行,下午2:00钟列车抵达基洛萨,下午5:55抵达坦桑尼亚新首都多多马,停车40分钟后于下午6:35驶离多多马继续西行。大约经过10个小时的夜间行车,次日(6月28日)早晨4:40到达了我要进行短期野外考察的塔波拉。

一、西部高原上的交通枢纽——塔波拉

按行程计划,我将投宿我国援助坦桑尼亚医疗队驻地。这时天还没亮,我在车站候车办公室耐心等到天亮后再与医疗队电话联系。这天正值星期四,我要赶在医疗队同志吃过早饭上班前联系他们。大约早上7:00,我使用车站值班室的电话与医疗队联系。接电话的是一位大姐,听到大姐和蔼可亲的声音,我的心一下子落了地。大姐在电话中说,马上有车去车站接你。不多一会儿,英语翻译开车到车站来接我,安排我与医疗小队队长住在一个房间。在小住的几天里,医疗小队队长去省级医院上班,我独自一人步行至市中心,考察小城市建设和商业中心。医疗队周日休息时,便开车游览郊区,休闲度假,我也随同前往,这是我进行野外地理环境考察的最好机会。塔波拉市是塔波拉省首府和区域经济中心,中央铁路通车后,尤其是其后的塔波拉—姆万扎铁路支线通车后,塔波拉逐渐发展为西部高原地区重要的铁路运输中转站和交通枢纽。在历史上,塔波拉就是西部地区重要的贸易点和中转站,商人们的贸易活动范围将西部边境的坦噶尼喀湖,非洲的中部与东北部海岸线上的巴加莫约连接起来。19世纪,塔波拉成为西方殖民者和奴隶贸易贩子掠夺象牙和奴隶的贸易据点。奴隶贩子将奴隶用绳子拴连起来,像赶牛群似的向东赶往沿海地区的巴加莫约奴隶市场,奴隶们还要背上沉重的象牙。在欧洲人对尼罗河源头的早期探源期间,塔波拉成了探险人员的中转站,同时,这儿也成为了一个重要的基督教传教站。在德国殖民统治期间,塔波拉是当时整个东非地区人口

最稠密和经济发展最繁荣的地区之一。

塔波拉地区地处国境西部海拔 1000 米以上的高高原,地形平缓起伏,植被主要为旱区落叶疏树旷野林地,当地术语称其为"米奥博",意为东非旱区落叶疏树旷野林地。这一植被类型的树木较森林中的树木矮小,树冠郁闭程度较浅,放眼望去,给人以瘦骨伶仃的感觉,疏密程度,各地也有明显的差别。地面全覆盖着草类,例如鬚芒草属、膜桴草和画眉草属以及其他草本植物。林地以短盖豆属和伊苏豆属为主。林内常共生有坦桑尼亚的主要经济木材安哥拉紫檀。"米奥博"林地的区域分布基本上受气候条件的制约,主要分布在年降雨量 800～1200 毫米且有一个雨季的地区。

塔波拉地区平均年降雨量 800～1000 毫米,塔波拉测候站每年 11 月至次年 4 月为雨季,5—10 月为干季,每年有 99 个雨日,年降雨量为 892 毫米,年平均日照时数为 3142 小时,7 月和 8 月平均每天日照时数最高(平均每天 10 小时),1 月最低(平均每天 6.9 小时)。

1. 经历疏林地烧荒

提起烧荒,人们往往会联想到原始的耕作方法刀耕火种。这种落后粗放的耕作方式在现代社会已基本绝迹,但在广大的热带非洲仍屡见不鲜。尤其是在热带草原地带,烧荒仍然是一种世代流传下来的传统习惯。尽管大部分非洲国家早已宣布烧荒为非法行为,但由于这种根深蒂固的传统习惯的顽固性,至今难以实现令行禁止,只要在干季末,就时不时地可以看到烧荒景象,或是滚滚的烟柱直冲天空,或是一片片烧荒过后留下的灰色大地。

我在塔波拉小住的几天内,有机会到野外考察"林地萨王纳①"。有一天,我们一大早驱车去参观一座水库,途中巧遇林地烧荒大火,为了解和感受一下烧荒的真实场景,我们大胆地闯入了火区现场,车子围着火头绕行,当车子绕到下风向时,风助火势,火势向我们扑来,噼噼啪啪响声震天,令人顿感火势凶险。俗话说水火无情,为避免不测,我大喊一声,赶快离开现场,同时抢拍了这场草原烧荒照片。回忆起来,仍心有余悸。

在整个非洲热带草原地区,气候特点是一年内没有四季之分,只有明显的干季和雨季交替,因此,草原景观的突出特征便是它的季相变化以及相应的农牧民的经济活动。雨季高温多雨,是种庄稼的季节,植物生长繁茂,整个草原一片绿茵,人丁兴旺,牲畜膘肥体壮,一派生机勃勃的景象。然而干季一到,草木枯萎,河溪断流甚至干枯,草原一片枯黄单调的景象,死一般寂静,唯独高大的金合欢树不落叶,保持

---

① "萨王纳"(sawana)一词最初来自印第安语,指无树草原。

着青春常在的姿色。干季是收获的季节。干季一过,喜降甘露,雨水唤醒大地,草原起死回生,农民忙着耕种,牧民向水草丰满的新生牧场游牧,生机盎然。

图 2　塔波拉地区草原林地烧荒
（作者摄于 1984 年 6 月）

图 3　塔波拉地区热带稀树草原林地
（作者摄于 1984 年 6 月）

图 4　塔波拉地区热带稀树草原林地（作者摄于 1984 年 6 月）

烧荒是草原牧民世代沿袭下来的一种农牧业经营活动,除草原自然起火外,主要是草原儿女们怀着各自不同的目的放火烧荒,其中多数为牧民所为。据我调查,牧民烧荒的目的归纳起来主要有四个。第一,抑制灌丛过密生长,促进草类生长,以利于牧草新生和畜群随处移动觅食,同时还可以避免二三年后由于草丛过密引发野火之灾。第二,清除枯草,利于牧草新生,当地人说,干季时,草木枯萎,过厚的枯草妨碍新草萌生。牛和山羊喜食烧荒地上雨季来时长出的新草,鲜嫩可口。因此,为避免在烧荒地上牧畜过密集聚放牧,造成草场严重过牧从而导致草场退化,牧民总是尽量大面积地烧荒。第三,烧死人畜大患萃萃蝇和畜虱等病虫害,为人畜创造一个安全的放牧环境。第四,烧掉野兽出没的密生高草灌丛,捣毁野兽的藏身之地,以使人畜免受野兽的袭击。

草原上农民烧荒的规模远较牧民烧荒小得多,农民烧荒的目的首先是开荒辟田,增加种植面积。在广大的热带草原,农民主要实行粗放的自给、半自给农业,在锄头是基本农具,配以斧和砍刀的情况下,一切农活皆由人力完成,生产力非常低下,每亩粮食如玉米产量很少能超过 200 斤,为了养家糊口,农民只得沿袭着广种薄收的办法:第一,依赖不断垦荒和撂荒的办法来增加粮食生产;第二,在干季末,雨季来临时,烧荒清除杂草以便于耕作和播种;第三,粗放的农业主要建立在利用土地自然肥力的基础上,很少施肥或根本就不施肥,一旦土地被开垦,便处于掠夺式的利用之下,肥力很快降低,因此烧荒也成了土地获得灰肥的一种措施;第四,烧掉草木种子,防止出芽新生;第五,消灭田间病虫害。

除农牧民的草原烧荒外,还有猎人、野蜂蜜采集者等的烧荒。猎人有时为了追捕隐藏在密生灌丛高草内的野兽,采用这种烟熏火燎的办法捕获猎物。在"林地萨王纳"采集野蜂蜜是一种生计补充手段。采集人将原木中间挖空做成蜂箱放在树上,采蜜时用烟熏的办法驱散蜜蜂,以便于采蜜。还有一种烧荒现象,偷牛者为了掩盖足迹,沿途烧荒,不留下任何蛛丝马迹。

应该看到,烧荒所造成的不良后果往往是难以挽回的:第一,反复烧荒导致草原植被退化和演替,载畜能力大大下降,牲畜的放牧量是"王小二过年——一年不如一年";第二,助长耐火草本和木本植物的生长与蔓延,这类植物适口性一般较差,牲畜不爱吃,而适口性好的植物因反复烧荒渐渐减少甚至难逃"断子绝孙"的命运;第三,地表裸露,土地侵蚀加剧,加速了沙漠化进程,以致局部地区草场荡然无存;第四,土壤失去腐殖质来源,造成土地表层氮和有机质含量减少,肥力下降;第五,大量植被被烧毁,加速了土壤有机元素的矿化,硅含量减少。政府部门也在采取措施,加强宣传教育,逐步限制和禁止烧荒,但任重而道远。

2. 主要经济活动

塔波拉地区的主要经济活动为农业,耕地主要呈岛状分散在交通沿线和居民点周围。开垦率很低,农业生产方式落后,农民主要以家庭为单位从事生存型自给农业,几乎完全依靠锄头和砍刀从事粗放的种植业,玉米、小米、高粱、木薯、甘薯、豆类为主要自给型粮食作物。烟草、花生、棉花为主要经济作物。塔波拉地区是全国重要的烟草栽培地区之一。塔波拉市一直是全国最大的烟草贸易市场和谷物、棉花、花生的集散地。

采蜜是当地居民一项重要的经济活动。1984 年 7 月 4 日上午吃过早饭,医疗队翻译开车陪我去访问市区近郊的"塔波拉蜂蜜生产合作社"。它是 1962 年建立的蜂蜜加工厂。一进厂门就能闻到蜂蜜香甜的气味。厂主陪我们参观了蜂蜜加工车间,车间里只有一台蜂蜜加工装置在运转。厂的规模不大,只有 30 名工人和职员,主要产品为蜂蜜和蜂蜡。蜂蜜产品均为1千克听装,以内销为主,每年产量600吨。蜂蜡年产量100吨,主要供出口。蜂蜡是坦桑尼亚主要的出口货物之一,坦桑尼亚是非洲著名的蜂蜡出口国之一。

蜂蜡是工蜂腹部下四对蜡脉分泌的物质,主要成分有酸类、游离脂肪酸、游离脂肪醇和碳水化合物。蜂蜡在工农业生产中具有广泛的用途。在化妆品制造业中,许多美容用品中都含有蜂蜡,如口红、胭脂、沐浴用品等。食品工业中可用作食品的涂料、包装和外衣等。在农牧业中可用来制造果树接木蜡和害虫黏合剂。药用价值极高,具有补中益气、退热止渴、涩肠止痛、解毒止痢、生肌敛疮、安胎止血等功效。蜂蜡也有食用价值。

据厂长介绍,这儿用的蜂蜜均为本地区采集而来的野蜂蜜。每年6—9月的干季为采蜜季节。采蜜人每天穿行林地之中,采集野蜂蜜后送到这儿来,雨季时开始酿蜜装听。这儿的蜂蜜含蜜量为90%,不放糖,所以浓度很高。现已出现将养蜂作为副业的养蜂人,采野蜂蜜的人在减少。采野蜂蜜有较大的风险,主要是怕感染上热带痢疾。在我和翻译与厂长道别之时,厂长非常客气,送我们每人一听蜂蜜作为礼品。至今这听蜂蜜仍然珍藏在我家中,未曾打开,这也是小小的以礼待客的见证。我在往返塔波拉的火车上,沿途可以清清楚楚地看到吊在树上的蜂箱。这是采蜜人制作的简易蜂箱,挂在树上用来吸引野蜂以箱为家。蜂箱长30~50厘米,直径粗10~20厘米,用树干挖空而做成。

3. 游览市区农贸市场

一座城市的农贸中心市场,往往最能反映出城市经济以及其周围农业地区经济的发展水平。一天,我独自一人从医疗队驻地步行进城。进城的道路两旁,是高大而茂盛的芒果树。市中心的商贸中心市场基本上由两大片区组成,一片为日用百货、小商品、服装、鞋帽、布料市场,以排档式小门店一字排开。据在火车上与我同坐一间卧铺车厢的一位学生讲,他在坦噶尼喀一家商业技术学校上学,家里开了

图5 农贸市场(作者摄于1984年6月)

一间服装与日用百货小商铺,每月可赚6000先令,与当时的工薪阶层收入比较,高于大学教授的月薪,也高于政府官员的最高月薪。这类生意还算不错。农产品交易市场是露天摆摊,出售的农产品均是当地农民自己生产的谷类、豆类、块根类、蔬菜等基本生活必需品。主要有玉米粉、赤菜豆、红薯、木薯、土豆、洋葱、番茄等。这儿买东西不用称,谷物类用一只盛器如罐头盒子作秤要价,块根类和蔬菜则按"堆"要价,这种买卖方式是一种沿袭下来的传统交易方式,当地人已习以为常。

二、席尼昂加——拥抱热带稀树草原上的"哨兵"猴面包树

在我国驻塔波拉医疗队驻地小住几日后,我启程沿塔波拉—姆万扎铁路支线北上去席尼昂加省的省会席尼昂加。这儿是我国援坦桑尼亚军事专家组驻地,我计划投宿小住几日,随机出行郊外进行野外考察。

塔波拉—姆万扎为中央铁路主要线路,但为支线性质,全长236千米。该线路沿线经过席尼昂加,终点姆万扎为维多利亚湖南岸的湖港城市,该港有火车、轮渡与肯尼亚、乌干达铁路相连。

1984年6月30日上午,医疗队开车送我到塔波拉火车站,乘9:30开往姆万扎的火车。火车大约行进了5个小时,于7月1日2:35抵达席尼昂加火车站。当时天色还早,不宜孤身一人走出车站直奔军事专家组驻地,我只好在车站值班室耐心等候。大约7:00,天已大亮,我提着小型手提箱走出车站。路上已有行人,我人生地不熟,一时找不到北,便向一位当地人打听军事专家组驻地在哪儿。这位当地人十分热情,他说他知道军事专家组驻地在哪里,并陪我直奔驻地,一直送我到驻地。见到专家组同志,我一颗心总算落了地。来之前,新华社俞跃良同志已电话联系好他们。专家组的一位斯瓦希里语翻译直接安排好我的住处。吃过早饭后,我直接向专家组领导做了汇报,说明我这次来此考察的目的和计划。专家组非常支持并表示将给予必要的帮助。历史上,只有西方地理学者到非洲来进行过探险考察。我国很少派地理学工作者来非洲进行专门的地理考察,只有我国根据援助非洲工程项目的需要派遣过专业科技人员来。我十分珍惜这次终生难得的机会。这儿是坦克兵军事专家组重地,我又是带着相机进行野外实地考察,十分敏感。专家组不宜派车给我开展野外活动,主要是怕出意外,或者引起坦桑尼亚军方的疑虑。我将达累斯萨拉姆大学校长库汉加教授给我签署的赴坦桑尼亚各地考察的介绍信呈交专家组领导,作为我的合法通行证。领导拿着我的介绍信直接与坦桑尼亚坦克兵团长洽谈以获得他的批准与支持,并要求对方专门派一名士兵开专车陪我进行野外考察,团长欣然同意,并派了一名士兵开车配合我完成考察任务,专家组也

派了斯瓦希里语翻译陪我。我们三人组成临时考察小组，配合十分默契。对方团长之所以大力支持和提供帮助，我想主要有两个原因，一是大学校长在他们心目中有很高的威望；二是我国军事专家组在坦桑尼亚、乌干达两国坦克大战中大获全胜，打出了军威，在整个非洲都享有盛誉。

席尼昂加地区是西部高原的一部分，地形起伏平缓，平均海拔1000～1500米，局部地区有剥蚀残丘散布，主要居住着苏库马人，亦称苏库马地区。这一地区比塔波拉地区气候干燥，年降雨量500～900毫米，植物以草本为主，乔木覆盖率很低，不到10%，具有代表性的乔木是散生的稀树草原代表性植物波巴布树（亦称猴面包树）。

1. 拥抱稀树草原上的"哨兵"猴面包树

一天吃过早饭，一位士兵开着军车来军事专家组驻地接我去野外考察，斯瓦希里语翻译相陪。车开出市区，映入眼帘的是一望无际具有代表性的热带稀树草原地区，一眼望去可见那高大、魁伟、傲然屹立的巨树，气度非凡，它就是热带稀树草原上的一大植物奇观——波巴布树，因猴子喜欢吃其果，故而有猴面包树之称。它被植物学家看作"萨王纳"的指示植物，也可说是"萨王纳"的一绝。

"萨王纳"(sawana)一词最初来自印第安语，指无树草原，国内常翻译为"热带稀树草原"。它已被广泛地用来指非洲和其他散生着乔木和灌木的热带草地。事实上，"萨王纳"的类型是非常复杂的，除了长有稀稀拉拉的树之外，还有完全无树的"灌木萨王纳"或"草本萨王纳"，这完全取决于草原的环境条件，尤其是雨量条件。

世界上的"萨王纳"以非洲最为典型，分布范围也最为广泛，在北纬10°～17°和南纬15°～25°之间，赤道南北两侧形成东西向展布的热带草原地带，向东在东非高原上南北两侧连成一片。从非洲植被图上看整个"萨王纳"大致成马蹄形，把刚果盆地热带雨林包围起来，面积约占非洲大陆总面积的40%。非洲的"萨王纳"以西非最为典型，纬向分布变化规律十分明显。但东非高原的"萨王纳"，因地势高，打破了西非"萨王纳"那种纬向分布的规律，草原的变化因地形和降雨量而异，但其分布大致是："林地萨王纳"，主要分布在西部高原热带草原气候区，植被以林地为主，雨季时草可以长到3米以上；"稀树萨王纳"，主要分布于"林地萨王纳"以北的高原上，植被以草为主，雨季时，草高一般都在1米以上；"灌木萨王纳"，植被以刺灌木和草本为主，草高多为1米以下，灌木具有耐干旱的特点。

小车在草原上奔跑，我指向哪里，士兵就开向哪里，草原景观十分单调，7月份正值干季，草木枯萎，没有生机。当我看到不远处两棵高大的猴面包树时，我请战士加速直奔树前，我们下车向猴面包树走去。眼前的两棵猴面包树，如同一对孪生兄弟并肩屹立，令人叹为观止。拥抱它时，我才感到它那样的高大。猴面包树成树高达20～30米，也有40多米高的，树干粗壮，直径可达10多米，怪不得十几个人难以合围。我不失时机牢牢地把这"兄弟俩"装进我的相机里,回到国内再引荐给广大读者。猴面包树多单生,很少成群,在坦荡的草原上,孤傲挺立,气度非凡,好似草原上站岗放哨的"哨兵",故有热带稀树草原上的"哨兵"的美称,为"萨王纳"一大植物奇观。

图 6　席尼昂加地区热带稀树草原猴面包树(作者摄于 1984 年 6 月)

图 7　席尼昂加地区民居(作者摄于 1984 年 6 月)

图 8　席尼昂加地区农民排队等候取水
　　(作者摄于 1984 年 6 月)

图 9　席尼昂加地区高粱地
　　(作者摄于 1984 年 6 月)

猴面包树之所以能在非洲较干燥的草原上生存,是由于它具有耐干燥和抗火的能力。树干内由富含水分的大量软肉质纤维组成,树皮有惊人的抗火和再生能力。雨季时,树内海绵状多孔木质大量吸收并储存水分,干季时慢慢放出水分以维持自身生命需要。因此,干、雨两季时树干粗细相差很大。干季,树干放水而收缩变细;雨季,树干大量吸水而明显膨胀。惊人的抗火和再生能力在草原上路人皆知,不怕雷击火烧,终年傲然耸立。村民们每隔数年就剥下树皮,用以搓绳子,然而,过不了多久,树皮新生,完好如初。草原儿女们还习惯在树干上挖洞或利用树干上自然形成的洞穴盛水。一年中大部分时间处于此类状态,没有叶子,这是一种生理保护机能,这利于减少叶面蒸腾而保护体内水分。

长寿是猴面包树的一大特征。成树树干中空,没有年轮,但科学家根据它们的粗细,可推测出树龄的大小。据推测,有的猴面包树树龄已超过5000年,可谓树中的老寿星。猴面包树不仅高寿,而且种子萌发期也可延缓50~100年,如遇长期干旱,种子就一直不发芽,待到水分充足,条件适宜时才开始发芽。花粉气味异常,不讨人喜,但对有蹄类动物很有诱惑力。果实长长的形似纺锤,像一只只长面包吊在树枝上,猴子喜食。草原上的人们喜欢用果实作清凉饮料或加入牛奶中作调味品,还可把种子发酵或晒干,作食品或药用,有时也把树叶制成粉加入汤里,或将果壳制成日用杂品。

然而,这种草原上的特有巨树,正在受到大象的摧残,处于危机状态,尤其是遇上大旱年月,含水丰富的猴面包树便成了大象解渴的饮料。大象先用象牙捅破树皮,然后用鼻子扯光树皮啃食,有的树就这样被摧残而失去了生命。这已引起世界环境保护组织的极大关注,希望采取有效措施来保护猴面包树的生存、成长和繁衍。

2. 最重要的产棉区和重要的养牛区之一

苏库马地区的气候、植被和土壤条件利于植棉和养牛,该地占全国棉花产量的90%以上,粮食作物主要为玉米、小米、高粱、豆类、木薯、马铃薯等。苏库马人善于养牛,实施一种种植业与养牛业混合的农业,使这一地区成为全国的主要养牛区之一。因此,考察这一地区的农牧混合型农业是一项重点目标。苏库马地区海拔从维多利亚湖南岸湖滨的1140米到东南部的1650米,高原起伏。最高日温通常是27℃~33℃。年均降雨量约750毫米,但各地差异相当大。本地区的南部和东部比北部的湖泊附近地区和西部干旱,主要分布一种易碎的黑土,苏库马人称其为"伊布希"(ibushi),适宜种植棉花。苏库马人种植棉花是一种小农经济活动,每户农民所耕种的土地一般在2.4~3.6公顷,其中约一半用来种植棉花,其余种植粮食作物。由于棉花品种繁杂,以短绒棉为主,加之植棉技术不高,单产较低,籽棉的产量估计每公顷340~790千克,单产的高、低因当地的土壤、气候和栽培技术的不同而有所不同。我曾看到过一块已采过棉花的棉花地,棉株矮小。据了解,在苏库马北部,土地已植棉多年,农田较小,耕作主要靠手工。棉花种植在间距130～190厘米的田垄上,每垄栽两行,株距为50厘米。在苏库马的南部、东部和西部边区正在开发新的植棉区。

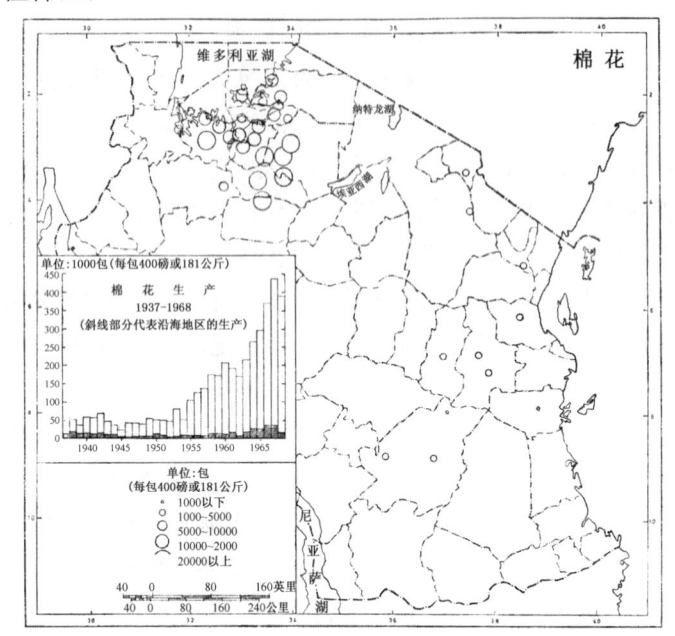

图 10 坦桑尼亚棉花分布图

资料来源:(英)莱恩·贝里.坦桑尼亚图志[M].北京:商务印书馆,1975:80.

图 11 坦桑尼亚牛分布图

资料来源:(英)莱恩·贝里.坦桑尼亚图志[M].北京:商务印书馆,1975:89.

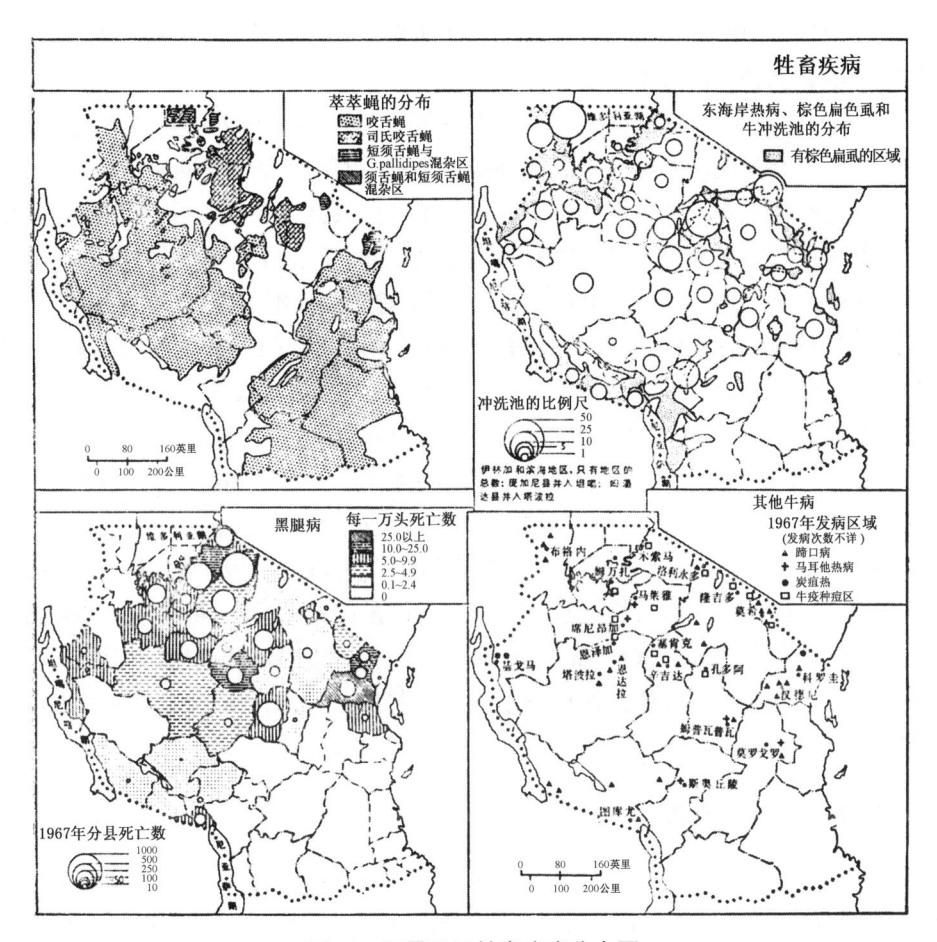

图 12　坦桑尼亚牲畜疾病分布图

资料来源:(英)莱恩·贝里.坦桑尼亚图志[M].北京:商务印书馆,1975:92.

棉区的基本农活间苗、除草、采摘棉花和收获后砍烧棉秆全靠手工。病虫害是直接威胁棉农的重大危害。农民在棉花收获后未能及时地砍烧棉秆,为某些病虫害提供了干季适生的场所。加之,清洁用水不足,阻碍了农民利用喷雾器来控制病虫害。同时,农民很少施用人造肥料或大量农家肥。农民虽然有饲养牛的传统,但苏库马人实施的是农牧分离的混合农业,农民没有利用牛粪施肥的传统习惯。政府已经采取措施鼓励农民施肥和喷药,期望棉花单产能达到每公顷1350千克以上,如能如愿,棉花生产潜力是巨大的。

养牛是苏库马人的传统生计之一。坦桑尼亚牛的地区分布受到萃萃蝇的限制,主要分布在无萃萃蝇的开阔的干草原或稀树草原。苏库马地区按降雨量属于种植业的边缘地带,既适宜养牛,也能种植耐旱作物如玉米、小米、高粱、薯类和豆类。坦桑尼亚除苏库马地区养牛外,还有伊林加、姆贝亚、多多马、北部高地、南部高地、滨海区等地区。苏库马人的农业经济主要以种植业为主,兼营养牛业,养牛是有组织的定居放牧,牧地由政府管理。

这儿的养牛业与南、北高地上的养牛业不同的是,这儿的养牛业是为生产牛肉和皮革,而不是为生产奶酪。在苏库马地区,养牛是财富和威望的象征,是一种自给性的牧业,而不是一种经济活动。养牛人家往往只追求牛的数量,不注重牛的质量,因此过度放牧而导致土壤侵蚀和牧草退化。水、草资源受干、雨两季的影响很大,雨季时水草丰盛、牛膘肥体壮,干季时,雨水稀少或滴雨不降,水草不足,牲畜营养不良,生长缓慢,严重影响畜产品的数量和质量。我曾问过一位苏库马妇女,新娘彩礼一般要送几头牛,她说一头、几头、十几头都可以,主要看各家的经济状况。我又问再婚妇女彩礼怎么送,她说跟新婚彩礼没有分别,一个样。

我在席尼昂加考察时,正处干季,很少下雨,天气比较干燥,大地草木枯萎,水源稀少,农畜饮用水是一大难题。我们曾驱车奔向一处水井,从井口下探,地下水位较深,在地下 10 米以下。从周围的作物秸秆上看,这儿是小米庄稼地,早已收割。在另一处村庄附近,我们远远看到当地村民排成长长的队,将取水用的塑料桶也一字排开,耐心地等待取水,此时此景让我感到干季时节农民吃水的困难。政府财力有限,没有足够的资金开发地下水来解决村民的用水问题。国际援助也是蜻蜓点水,杯水车薪,难解大渴。

3. 新首都多多马之行

1984 年 7 月 4 日,我完成在席尼昂加的野外考察任务,军事专家组派车送我到席尼昂加火车站。我准备乘从姆万扎开来的列车,该车于凌晨 2:00 抵达席尼昂加。我乘上车再次奔往塔波拉我国援坦桑尼亚医疗队驻地,小住两天之后,医疗队同志于 7 月 6 日送我到塔波拉火车站。从姆万扎开来的列车早上 8:30 到站,停车大约 3 个半小时,于 11:55 分开车奔向考察的最后一站多多马。事前,医疗站的同志已与我国驻多多马的一家援建工程队联系,到站时他们派车接我去小住几日。我们到达多多马时,正好赶上当地居民戈戈人在庆祝丰收节。7 月 7 日上午,工程队的英语翻译开车陪我进入市内观赏戈戈人的节日表

图 13 多多马农民庆祝丰收节
(作者摄于 1984 年 7 月)

演。进入闹市中心,只见戈戈人妇女穿着节日盛装在欢快地跳舞,一派喜气洋洋的景象。每年这个时节,戈戈人都要举行丰收节以示庆祝。

多多马位于中央高原上,是坦桑尼亚新首都和多多马区首府。这儿地理区位接近该国国土的几何中心,东距达累斯萨拉姆 400 千米,是全国交通枢纽,位于中央铁路和大北公路(非洲国际公路干线)的交会点,交通地位十分重要。多多马人口约 20 万,原为中央高原地区的农畜产品贸易中心。

达累斯萨拉姆曾是国家首都,早在 1974 年,坦桑尼亚议会就决议迁都多多马,当时有近半数的政府机构已迁驻多多马。1996 年 2 月,坦桑尼亚国民议会迁至多多马,大多数政府机关仍然留在达累斯萨拉姆。但由于多多马地理环境条件和交通运输都不如达累斯萨拉姆,所以历届总统都没有把多多马作为真正的政治中心。

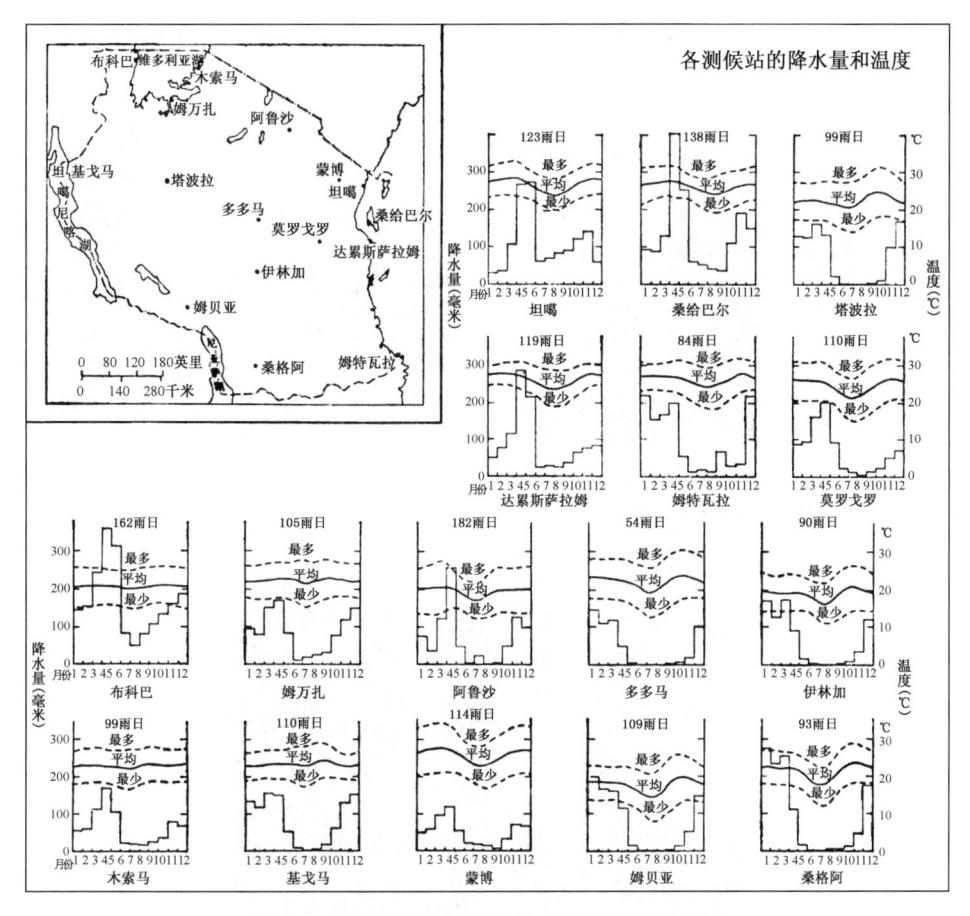

图 14 坦桑尼亚各测候站降水量与温度分布图

资料来源:(英)莱恩·贝里.坦桑尼亚图志[M].北京:商务印书馆,1975:55.

在历史上,多多马是从东部海岸通往内陆直至最西部的坦噶尼喀湖的商队路线上的重要中转站之一,是象牙和奴隶贸易路线上的重要停留休息站。20世纪早期,中央铁路建成通车后,多多马成为中央铁路线上的一个主要站点。周围地区的农畜产品在多多马集散,转运到沿海港口达累斯萨拉姆再转运出口。

多多马地区由于经济落后,城市建设较差。在我往返我国工程队驻地与市区之间的简易道路两侧,居民除分布在城市中心区外,还零散地呈"岛状"分布,其周围是农田,呈现出农村包围城市,城市镶嵌在乡村之中的景观。城市的道路、水、电、通信等基础设施不完善,也直接影响了政府机关迁此的步伐。进入21世纪,随着坦桑尼亚经济的较快发展,多多马城市基础设施建设也在完善。多多马—伊林加高速公路正在修建中,它是连接坦桑尼亚北方道路和中央通道的重要交通干线,建成后将大大加快东非共同体各国的区域一体化进程。多多马通往北方高地山城阿鲁沙的沥青公路也将建成。

图 15　热带干草原
（作者摄于 1984 年 6 月）

图 16　多多马地区热带干草原
（作者摄于 1984 年 6 月）

图 17　热带干草原（作者摄于 1984 年 6 月）

多多马地区正处中央高原干旱半干旱地带,气候干热,年平均气温 16 ℃～29 ℃,年降雨量 500～800 毫米,每年 12 月至次年 4 月为雨季,干季长达 7 个月。植被以灌丛草地为主,土壤多为红壤。宜旱作和养牛、羊,是全国主要的农牧交错地带和重要的养牛、羊地区之一。耕地分散在牧地内,距离农民住房不远,粮食作物以小米、高粱等耐旱作物为主,经济作物主要有烟草和花生。

由于气候干热,雨量少而不稳定,农牧业面临的问题较多,作物常因雨量不稳定而减产或失收。牛、羊常因周期性的干旱和海岸热病而遭受重大损失。人口迅速增加、牲畜大量增加以及土地资源和草地资源过度利用,导致土壤肥力下降,植被退化,养畜力下降。开发地下水是稳定农牧业的长远之计。选择适宜地区,开发地下水资源和加强水草资源管理,以建立商品养牛、羊基地是可行的。科学地开发利用城市郊区农业资源,向城市居民提供必需的农副产品,是一条可行的必由之路。

坦桑尼亚东北高地行

1984年5月30日,我国援坦桑尼亚工程公司的叶书记去阿鲁沙山城援助项目建筑工地视察工程建设,我趁机一同前往。司机是该公司雇用的一位戈戈人,他们习惯叫他"明子"。明子30多岁,已有妻小。这天吃过早饭,我们出达累斯萨拉姆沿公路北上,直奔东北高地的山城阿鲁沙。途经两大生态环境地带。达累斯萨拉姆至坦噶之间属于沿海丘陵地带,平均海拔在300米以下,由分割的丘陵组成,年降雨量较高,为1000~1200毫米,土壤主要为砂土、沙壤土和黏土,是出口型经济作物的产区。这一段沿途可见大面积的剑麻种植园。坦噶向西北经莫希至阿鲁沙公路右侧为东北高地乌萨姆巴拉山和帕雷山,公路左侧则为干燥的马赛干草原,生态景观由矮草和灌丛组成,是牧业为主的地区,主体居民为东非著名的游牧民族马赛人。

一、剑麻种植园的经济

20世纪30年代,当时的坦噶尼喀已成为世界上剑麻的主要生产国和出口国,被称为"剑麻之国"。1892年,德国东非公司的一位农学家从美国佛罗里达州引进剑麻并在坦噶尼喀试种成功。坦噶尼喀地区的气候、土壤条件适宜剑麻生长,但由于剑麻的纤维产出率低,约4%,因而剑麻的分布受到了运输条件的限制,栽培仅限于坦噶尼喀地区的潮汐河汊的附近,后来向南发展到姆特瓦拉地区。随着中央铁路的修建以及向北至阿鲁沙铁路支线的建成通车,剑麻向内陆深入发展到科罗圭以外较干燥地区,最后发展到阿鲁沙附近的基库莱特瓦平原。坦噶剑麻种植园几乎生产了坦桑尼亚2/3的剑麻,在这里宽几十米的沿海平原上,剑麻种植园延绵不断。随着中央铁路从达累斯萨拉姆向西伸延,达累斯萨拉姆、厄伦盖雷、莫罗戈罗和基曼巴—基洛萨已发展成为重要的剑麻栽培中心。

图 1　剑麻种植园分布图

资料来源：(英)莱恩·贝里.坦桑尼亚图志[M].北京：商务印书馆，1975：74.

图 2　剑麻种植园(作者摄于 1984 年 5 月)

剑麻可以通过芽枝或长在成树顶梢的鳞茎来繁殖。鳞茎通常在移植之前在苗圃里培植一年,然后移植到田块里,成单行或双行种植,种植密度为每公顷 2500 棵至 4000 棵,移栽两年后就可以砍割叶子,寿命 5～10 年不等。剑麻叶纤维含量只有 2.5%～5%,所以叶子运输量很大。种植园建有内部专用铁路或公路,将叶子及时运至加工厂。剑麻田间耕作使用机械,但种植和移栽以及其后的田间管理如中耕、除草和剪枝,仍然依靠手工。砍割叶子也需要大量的劳动力。

20 世纪 20 年代到 1967 年,剑麻成为坦桑尼亚最重要的出口货物。1951 年达到出口顶峰时剑麻占国家出口总值的 58%。坦桑尼亚独立前 99% 的剑麻生产控制在几百个外国资本经营的种植园手中,剑麻出口也为外国公司所垄断。坦桑尼亚独立后,政府采取一系列措施扶植本民族的剑麻种植业,取消了外国种植园的"永佃权"。1967 年坦桑尼亚宣布,针对 6 家外国公司所属的种植园实行国有化,建设上百处由农民集体经营的种植园,最终坦桑尼亚获得了剑麻业的最大控制权。

进入 20 世纪 70 年代,由于聚丙烯等合成纤维的竞争,剑麻纤维在国际市场上销售困难,价格猛跌。同时,坦桑尼亚剑麻生产还受到了来自外国的竞争压力。针对国际市场的冲击,坦桑尼亚政府采取措施对剑麻纤维开展综合利用,如在坦噶附近兴建一座纤维纸浆厂,同时扩充剑麻和麻线的生产设备以提高加工能力;另一方面,对没有发展前景的剑麻园进行改造,开展多种经营,种植玉米、水稻、茶叶,发展养牛业,以增加收入。

二、山城阿鲁沙

在我国工程公司驻阿鲁沙工地上小住几日的时间里,在公司的大力支持和帮助下,我有幸考察了阿鲁沙山城的城市建筑、城市景观和梅鲁火山,并西出山城直奔著名的旅游之地马尼亚拉湖国家公园。

在考察阿鲁沙城市景观时,我们首先去采访了市政府有关单位,主要关心的是城市总体规划与城市建设,以及梅鲁火山的山地土地的利用,尤其是山体南北坡和不同海拔高度山地利用的垂直差异。负责城市规划与建设的官员们对我们的来访非常热情,他们十分友好地将他们存档的"阿鲁沙城市总体规划"文本借给我阅读。我们开着小车在主要街道走马观花式地沿路观赏山城之美。最终,我们到达了具有纪念意义的"阿鲁沙宣言"纪念塔处,这是一座具有历史意义的纪念性建筑。驻足仰视这座气质非凡的纪念塔,难免联想到立塔的历史背景。

"阿鲁沙宣言"纪念塔是坦桑尼亚乌贾马①社会主义的象征,是非洲社会主义的一面旗帜,在非洲以及世界都有重要影响。

坦噶尼喀于1961年1月12日独立,桑给巴尔于1963年12月宣告独立。1964年4月坦桑两国合并,组成坦噶尼喀和桑给巴尔联合共和国,同年10月改国名为坦桑尼亚联合共和国。1962年,首任共和国总统尼雷尔发表《乌贾马:非洲社会主义的基础》,主张在坦噶尼喀及撒哈拉以南非洲建立社会主义,以求"早日摆脱贫穷落后面貌"。1967年1月26—29日,坦桑尼亚民族联盟(简称坦盟)全国执行委员会在阿鲁沙召开会议,最后通过了尼雷尔拟定的《坦桑尼亚社会和经济发展纲领》,即《阿鲁沙宣言》,提出了"社会主义"和"自力更生"的发展方针与口号。《阿鲁沙宣言》宣告,坦桑尼亚决定抛弃资本主义和封建主义,建立一个没有人剥削人、生产资料国有化、农业集体化和政治民主化的社会主义,进入了社会主义建设的新阶段。经过十几年的社会主义建设,坦桑尼亚取得了一定的成绩,但也经历了种种困难和挫折。阿鲁沙是坦桑尼亚一级行政区的首府,人口约8.8万(1978年)。

图3　阿鲁沙宣言纪念塔(作者摄于1984年5月)

阿鲁沙城建有纺织、轮胎、肉类、咖啡、面粉、乳品等工业,也是畜产品贸易中心和重要交通枢纽,铁路通坦噶和肯尼亚海港蒙巴萨,公路通新首都多多马和肯尼亚首都内罗毕,城东70千米是坦桑尼亚最大的机场乞力马扎罗国际机场。

登上梅鲁火山是我的一大愿望,这当然不是登峰式的登山活动。我登山的目的当然是考察不同海拔高度山地利用的特点和规律。我们选择南坡登山。梅鲁火山是东北高地带上的一座活火山,海拔4567米,火山口东壁被一次巨大的山崩和泥石流破坏。最后一次喷发发生在1910年,硫质喷气孔活动延续至今。有火山口

---

① "乌贾马"在斯瓦希里语中意指"非洲传统部落(或氏族)社会中共同生活,集体劳动和共享劳动成果的大家族关系"。

湖和冰川遗迹。山峰自然环境恶劣,攀爬难度大,因常年冰雪覆盖,山坡陡滑。因为突如其来的暴风雪以及山中变化莫测的天气,普通旅游者是难以登峰的,至今也未曾有人成功登上梅鲁峰,只能望峰兴叹。在海拔 1800 米以下的山坡上,可见零散的土地开发,主要种植咖啡、香蕉、玉米、豆类等作物。

图 4　阿鲁沙地区香蕉混作咖啡(作者摄于 1984 年 5 月)

　　阿鲁沙北临肯尼亚,西北为塞伦盖蒂高原,东南部是马赛干草原,中部为火山高原,分布有梅鲁火山、伦盖火山。西部有纳特龙湖、埃亚西湖和马尼亚拉等断层湖。旅游业发达,有阿鲁沙国家公园、马尼亚拉湖国家公园、塞伦盖蒂野生动物园、恩戈罗恩戈罗火山口等。阿鲁沙山城坐落在梅鲁火山南麓,海拔 1400 多米,受山地气候影响,山城气候凉爽宜人,是坦桑尼亚旅游中心,和西去塞伦盖蒂野生动物园的中转城市。由于山地雨量充沛、水系发育、土壤肥沃等条件有利于咖啡和香蕉的栽培,阿鲁沙地区形成了良好的咖啡—香蕉间作制,集约化和商品化程度高于其他农业地域类型地区,是全国主要的咖啡、茶、除虫菊的生产基地。城市郊区是坦桑尼亚重要的咖啡产区,有许多咖啡种植园。居民住宅的家庭果园主要是香蕉—咖啡混作。

　　坦桑尼亚的咖啡有两个品种,阿拉伯和强健种(亦称罗布斯塔种,Robusta)。阿拉伯种咖啡占坦桑尼亚咖啡产量的 2/3。两个品种生长的条件有所不同,因此分布于全国不同的地区。阿拉伯种耐寒力强,易遭锈病危害,所以种植在海拔 1500 米以下的凉爽山地,乞力马扎罗、阿鲁沙、坦噶和姆贝亚较凉爽的高地为主产区,而强健种需要较高的气温和较高的湿度,则种植在维多利亚湖区。阿拉伯种咖啡质优但产量不如强健种高,市场价格也高于后者。强健种质差,但产量高,且适宜加工成速溶咖啡。阿拉伯种咖啡主要在加工厂里加工,而强健种咖啡则常用日光晒干。由于东北高地交通较为便利,具有较好的加工设备和较高水平的商业活动,所以阿鲁沙地区一直是坦桑尼亚重要的阿拉伯种咖啡种植园区。

除咖啡外，东北高地之行还见到了除虫菊，生长在海拔高度 1700 米以上，在该海拔以下则生长不良，因此，除虫菊主要限于东北高地和南部高地栽培。除虫菊属菊种植物，花朵鲜艳，其花朵晒干成粉可制蚊香和植物性农药。坦桑尼亚是非洲最主要的除虫菊生产国。独立前，除虫菊生产为欧洲殖民者经营的农场所垄断，独立后，政府鼓励农民种植除虫菊，已成为小农的主要经济作物之一，阿鲁沙建有除虫菊加工厂。由于除虫菊是一种需要大量手工劳动力采摘花朵的作物，因此，必须每 2~3 周采集一次，但不需要特别的耕作技术，并可在零散的小块农田上种植。一年生长即可采摘，并可连续采收 4 年。坦桑尼亚的除虫菊主要用于出口。

我往返沿途观察东北高地上的土地利用状况，发现这些高地地区人口比其他地区稠密，农村居民点沿山地等高线较有规律地布局。由于人口压力较大，农业生产力低下，陡坡开垦景象普遍严重，例如，乞力马扎罗山耕作上限已达海拔 2800 米。实施水土整治规划，限制陡坡开垦，合理利用水土资源，巩固和发展咖啡、茶等出口作物生产基地，显得十分重要和迫切。

三、与斗狮能手游牧民族马赛人合影

拍摄马赛人不是件容易事，想与他们合影更是难上加难。凡是到东非高原的世界各地来客，往往都有拍摄马赛人的愿望，因为他们是热带非洲草原上最著名和最强悍的游牧民族。

为出游镶嵌在东非大裂谷带上的马尼亚拉湖国家公园，一大早我们便驱车西出著名山城阿鲁沙，出城不久便踏上了向往已久的马赛草原。实际上，它是大自然恩赐给游牧民生息繁衍的干草原。

小车在那原野坦荡、茫茫天际的草原上奔驰，好似一只小船在海上航行，显得那么渺小。沿着公路两侧远远望去，在草原与天际相连的地平线上，偶尔可以看到成群的牛羊在辽阔的草原上慢慢地游动，隐约可见马赛人低矮的泥抹的茅草房舍，还时不时地遇上三三两两的马赛人，他们手执长矛或木棍放牧着自己的牛群。

图 5　热带干草原马赛族游牧民
（作者摄于 1984 年 5 月）

图 6　马尼亚拉湖国家公园
（作者摄于 1984 年 5 月）

图 7　马赛羊群
（作者摄于 1984 年 5 月）

图 8　马尼亚拉湖
（作者摄于 1984 年 5 月）

图 9　马尼亚拉湖大裂谷断崖
（作者摄于 1984 年 5 月）

在行车的路上，我一直在想，只要能抓住机会就想办法与马赛人合影。在达累斯萨拉姆期间，我就听说马赛人拍照早已商业化了。在城里，有的马赛人把自己供别人拍照当作一种旅游职业了，男士穿戴上传统的民族服装，吸引游客拍照，每拍一张就收 200 先令（当时 1 美元可兑换 7 坦桑尼亚先令），要价不低。行车中巧遇上了两位正在放牧的马赛人，老年人身裹着紫红色土布，中年人披挂一块黑色土布，额头上抹了两道白粉。给我开车的是明子，我请他停车，渴望能与这两位马赛人合影。由于身上的现金有限，我拿出两瓶可乐递上，以示友好，盘算着能免费合个影。明子告诉我，他们要 200 先令。明子看到我面带难色，小声告诉我"你说下次再给他们带来，他们就会答应与你合影的"。没想到这句骗人的话倒也奏效，使我如愿以偿，留下了珍贵的照片。在行进的路上，我慢慢地回过味来，这种情况下，他们所需要的不是金钱，而是一种比金钱更值钱的承诺。我是没有兑现承诺，但我会永远铭记在心，这比兑现承诺更为宝贵。

尽管现代文明冲击着非洲大陆的每个角落,但世代以牧为生的马赛人却仍然保持着自己传统的生活习俗。男人身缠一块赭红色或黑色又长又宽的土布,喜欢把卷曲的头发染成赭红色,并编成许多小辫耷拉在脑后,手持长矛或木棍,腰挎短刀,显得粗犷威武。女子更注重装束,婚前剃光头,戴耳环,挂项圈。项圈是用彩色玻璃珠串成的,由小到大一层一层地套在脖子上,年龄越大项圈越多,多大年龄就有多少圈。她们还喜欢戴银制的手镯、臂镯和脚镯。

别看马赛人这么在意装饰,他们住房却很不讲究,十分简陋,这与他们的生存环境及其在长期的游牧过程中所形成的生活习惯是分不开的。

马赛人以游牧业为生,长年游牧在北起图尔卡纳湖、南至坦桑尼亚北部马赛草原的广阔地带,住无定所,逐水草而居,因而有人称他们是"东非的吉卜赛人"。每到干季(每年12—次年2月,7—9月)草木枯萎,水源干涸。为了追踪水源,寻找牧场,牧民们不得不赶着畜群向水源处集中,搭建临时茅舍。其外观形似半个蚕茧,一般长5~6米,宽4米左右,高约1.5米。先将木杆和树枝在地上插成椭圆形,然后将其顶端弯成拱形固定的横梁上,周围挂上草帘子,房顶铺上干草,抹上一层用鲜牛粪掺和的泥巴。舍内不设窗口,门口用带刺的树枝扎成的栅栏遮挡。茅舍外围用树枝围成篱笆作畜栏供牲畜过夜。舍内家什如床、桌椅、灶等多用石块垒成,并分前后两室,前室摆放石桌、石凳、石灶等,后室为卧室。宽大的床中间隔成长辈和小辈卧室。晚上盖的就是身上披的土布,墙上挂的是日常用的葫芦、牛皮袋子和器皿。转场时,他们便毫不留恋地告别茅舍,仅带上日常用具,赶着畜群另寻宜牧之地,重搭新舍。如果不转移而只是男子远去放牧,则夜间就地将牛群集中在篝火周围,羊群集中在牛群中间,人在羊群中过夜,蓝天作被绿草为床,安然自得,乐在其中。

然而,移牧生活是极为艰苦的,长年放牧,不事耕作,仅以打猎、捕鱼或种植少量的玉米、菜蔬等作为生计的补充。牛羊肉、牛奶、牛血是马赛人的主食,牛血是他们传统的早餐。每当旭日东升,他们就把牛牵到篝火旁,在牛脖子的静脉血管割一个小口,插入一根芦苇管子,血顺管子喷射而出流入牛皮袋,然后加上一倍的鲜奶,搅拌成血乳,用牛角杯痛饮。通常,一头牛五六周可以抽一次血,每次可供五六人饮用。牛是马赛人的生计之本,除用作主食外,还可用来交换货币、彩礼、祭品,也是财富的象征标志。牛皮用来制作盾套、箱子、盒子、遮羞布和家庭用具,牛角用来制作乐器、葫芦器皿的底座,牛蹄夹用作烟盒和油脂器皿等。马赛人把牛奉作神明,如你有机会应邀做客,切忌数主人的牛羊,因为他们认为那样做会使牲畜中邪死亡,给全家带来不幸。饭前,他们习惯用牛粪搓手而不是用水洗手。他们认为牛是神灵赋予他们的神圣之物,牛身上的一切都是最洁净的。春节是我国人民一年一度的传统节日,马赛人也有一年一度的传统节日,称狂欢节。届时,马赛人每一部落的男男女女欢聚一起,在雷鸣般的鼓声伴奏下狂欢共舞,那舞姿刚劲有力,粗犷奔放。舞后进行格斗,当获胜者用嘴对准刚刚宰杀的牛的血管猛吸几口时,狂欢达到高潮。

  马赛人游牧的地方,既有平坦的草原,也有荒山野岭,往往狮狼成群,威胁人畜。为了生存,他们练就了一身同猛兽搏斗的本领,个个都是出色的猎手。马赛人往往手持标枪,赤身战猛兽。例如,每当狮子袭击牛群时,马赛人便毫不犹豫地群起而攻之,与狮子展开殊死搏斗。每次都有一名勇士挺身而出,甘当"诱饵",冲上去死死地揪住狮子的尾巴,其他人用铁矛、短刀大砍大杀,直至狮子倒地而死。可以想象,这样的勇士要具备多么非凡的胆量和超人的臂力,往往是千里挑一。猎狮后举行庆祝活动,男女老少欢聚一起,载歌载舞,授予勇士"曼伦菩基"(伏狮大力士)称号,并用狮子额上的毛做成帽圈戴在勇士头上,从此他便是大家公认的最勇敢的人,在本族享有显赫的地位,受人尊重。青年男子以猎狮为莫大荣誉。马赛人英勇善战,威震东非,过去英国殖民者总是视他们为雄狮,闻风丧胆,如今,东非国家已为马赛人的发展做出了很大努力,如开辟水源、改善草场、开办学校、建立医疗卫生服务设施等,逐步引导他们走向现代文明。

四、稀树草原上的一大奇观——白蚁丘

  为了当天来回,我们必须中午赶到马尼亚拉湖国家公园。明子以时速120千米的速度前进。突然天不作美,下起小雨。我对明子说了句"加速",明子立马把时速加到了140千米,只见他紧紧地握住方向盘,手有点打战,小车如同脱缰的野马在草原上飞驰。谁知前面路面不平,车子颠簸得非常厉害,突然间车子大角度地左右摇晃,霎时间,我神经高度紧张起来,两手紧紧握住把手,难道我就要魂断草原了吗?当时最怕的是翻车造成油箱起火,导致车毁人亡。我看着明子,他非常沉着,紧紧控制方向盘以图尽快恢复平衡,突然车身冲出道路,幸运的是道路两侧没有路沟,冲出30多米便停下了。吓坏了!惊吓之余,令我喜出望外的是,脚下是一座大约2米高的大型蚂蚁丘。情绪稳定后,我迅速取出相机,按动快门,拍下这座对我来说有着特殊纪念意义的蚁丘。

  你曾见过蚂蚁堆成的土丘吗?凡是到过非洲"萨王纳"的人,都会为那草原上奇特的地表景观所惊叹。驱车驰骋草原,除被那醒目的猴面包树所吸引外,那就是令游人却步的蚂蚁丘了。有的形同土坟,有的像座金字塔,有的像粗矮的树干,有的像粗柄长剑拔地而起,表面壑沟纵横,如同人造土山,态势非凡。蚁丘底部直径一般1米,大者2~4米,高约3米,也有高达数十米的。蚁丘如同火山一样,也

有死、活之分,死蚁丘表面光滑,里面没有蚂蚁,活蚁丘表面粗糙,凹凸不平。不是亲眼所见,绝不会想到这些形态各异的大大小小蚁丘是小小白蚁的杰作。白蚁大都选择地势较高的地方或以树为靠山,营巢筑丘,为的是预防水灾和安居乐业,生息繁衍。

热带稀树草原是白蚁群居胜地,尤其是干、雨两季交替时节,在荒芜的草丛中或田野里,常常可见成群结队的白蚁,浩浩荡荡,好似阵容强大的地面部队在转移,一旦找到"风水宝地"便开始巢窝"驻防"。

蚁丘是白蚁中瘦小的工蚁将地下的泥土昼夜不停地衔到地面上堆积而成的。白蚁用体内分泌的黏液把土粒浸润而紧密粘连在一起,牢固得像座土堡。白蚁筑丘的能力是令人吃惊的,那小小白蚁的耐力和顽强的"拼搏"精神是令人啧啧赞叹的。一座蚁丘被平掉后,不出一个月便可在原地重建起来。雨季时,蚁丘往往被狂风暴雨冲刷掉一部分,但到干季便被修补一新。天气特别闷热时,白蚁就会大转移,不出一星期,便在新居地筑起一座新的蚁丘。奇特的蚁丘景观往往给游人以神秘感。

图 10　马赛干草原上的白蚁丘
(作者摄于 1984 年 6 月)

挖开蚁丘,便可发现蚁巢密布,通道光洁曲折,四通八达,出口都留在蚁丘的底部。中央有一个大的"王室",住着大腹便便的"女王"——雌蚁,并有一只雄蚁陪伴。"王室"周围有兵蚁守卫和工蚁当差。"王室"外壁坚硬,周围满布菌圃,与"王室"之间有通道相连,菌圃室有大量蚁卵以及工蚁、兵蚁和繁殖蚁。工蚁最为繁忙,整天爬行于通道之中运送食物和衔土筑巢。

白蚁对人类社会功过兼有。过处,它能吞吃树木,危害各种建筑和民房。白蚁善于营巢筑丘,破坏土体结构,常致使建筑毁于一旦。功者,它可作饲料和土著居民的美味,既可生吃,也可油炸,炸白蚁是非洲一大名菜。蚁蛋含有丰富的蛋白质,妇女们喜欢拣蚁蛋吃,边拣边吃,津津有味。人们还可以用测定白蚁和蚁丘的金属含量来找矿。

土著居民根据白蚁的生活习性,搜索出许多捕捉白蚁的办法。人们把蚁丘所有的出口都堵上,只留一个,盖上杂草或树叶,然后用一张浸湿的牛皮封顶,用泥巴把周围封严。夜晚,在留下的出口处点灯,白蚁就会成群结队地向灯光处涌来。这样一次就可捉到几公斤白蚁。最简便的捉蚁办法是"守骨待蚁",发现白蚁后,丢一根骨头,白蚁嗅肉腥味纷纷涌来,捉蚁人只需在一旁"守骨待蚁",不多大功夫便可捉上百克白蚁。

五、踏进东非大裂谷东支上的马尼亚拉湖

人们在没有到达过大裂谷之前,往往将裂谷想象成什么样子呢?可能是一条又长又狭、深不可测、阴森恐怖的断涧深渊。可当你来到它的身边,亲临其境,展现在你眼前的则是另一番景象。1984年6月的一天,我们一大早驱车西出坦桑尼亚东北高地上的山城阿鲁沙,以每小时120千米的高速奔向镶嵌在东支裂谷上的马尼亚拉湖,去看那令人称道的地理奇观。越过那广阔的马赛干草原,便进入裂谷东侧的崎岖不平的山区。当车从陡如斧削的山崖壁旁穿过后,便不知不觉地驶入了马尼亚拉湖野生动物园。这里水草丰美,林木葱茏。长颈鹿和斑马自得地在草原上漫游,长颈鹿身高5米,性情温和、端庄文静,而斑马气质高雅,黑白相间的斑纹显得格外漂亮。我透过车窗观望,只见它们相安无事,一派祥和,生机盎然。到了湖畔下车从脚下向北远望,只见左边那宽阔的湖清可见底,湖水波光粼粼,右侧裂谷断崖壁立,高耸入云,大裂谷宛如一条青色长龙,向天边起伏蜿蜒而去,山水辉映,景色独秀,不失为非洲一大自然奇观。我情不自禁地打开照相机,按动快门将这独特奇景猎入镜头。我向西远眺湖面,只见那形态臃肿、外貌简陋的河马泡在湖中,别看它其貌不扬,鼻短、眼小、嘴大,可它也是非洲热带稀树草原上的特有高级哺乳动物。河马喜白天泡在水中,夜间上岸休息。以水草和芦苇为食,食量很大,日食草100千克以上。我好奇地捡起石子,对着河马群连发投去,这下有点惊动了它们,有的仰起头,有的似乎要向我这边游来。我惊呼明子赶快上车,他麻利地踩上油门迅速打道回府。

六、我遇上了"会飞的死神"——萃萃蝇

我在达累斯萨拉姆大学期间,对非洲热带地区流行的传染病如疟疾、黄热病、霍乱、吸血虫病、艾滋病、睡眠病等常有耳闻。令我难以忘怀的是,我在大学期间打过一次摆子,在考察东非大裂谷马尼亚拉湖时遇上了令人恐怖的"会飞的死神"——萃萃蝇。那是1984年6月的一天,我去考察东非大裂谷东支上的马尼亚

拉湖国家公园。明子开车,在我们考察完裂谷断崖下的湖景后,准备原路返回。上车后,刚刚坐下,关上车窗,出人意料的是我突然发现了车内乱飞的苍蝇。我虽没见过劣迹斑斑的萃萃蝇,但早有耳闻。在车上眼见的苍蝇比普通苍蝇大,体色淡黄,当时我断定这就是难得一遇的萃萃蝇。明子肯定地说,这就是萃萃蝇。我顿时惊恐万状,霎时间好像头发竖起来了,此时我才真正体悟到"毛骨悚然"一词的含意。我惊叫着,打开车窗,脱下衣服,在车内来了个大扫荡,要把萃萃蝇统统"扫地出门",查无漏网之蝇后,才算松了一口气。我叫明子赶快开车,只见明子麻利地踏上油门,小车好似脱缰的野马狂奔而去。

萃萃蝇是非洲热带雨林和热带稀树草原林地中孳生的一种双翅有害昆虫,形似苍蝇,个头和牛虻一般大小,体色深褐或淡黄,头顶长有坚硬的吸针,用以吸吮人和其他动物的血液,不论雌雄,均以吸血为生,在吸血的过程中传播睡眠病。它喜欢栖生在河边的丛林内或散生于草原上的树丛中,昼出夜伏,白天出来袭击人。

萃萃蝇在非洲分布很广,种类也多,据报道,撒哈拉以南非洲已发现21种萃萃蝇。这种蝇的分布范围严重限制了牛的地区分布。坦桑尼亚主要有咬舌蝇、司氏咬舌蝇等。每种蝇对其生活环境有严格的选择,咬舌蝇的生活环境是旱区落叶稀树旷野(短盖豆属)林地,司氏咬舌蝇的分布为有刺的林地(金合欢属-没药属林地)。

萃萃蝇卵胎生繁殖,受精卵由母蝇体孵化后产出。萃萃蝇每隔10～12天胎生一崽。每只雌蝇一生可产8～10只幼虫。幼虫出生后蠕动前进,钻进粗沙土或垃圾堆里。大约1小时后,浅黄色蠕虫变成深棕色蛹,经4～6周,长成深褐色或淡黄色的蝇。睡眠疾病的病原体锥虫是一种单细胞原生动物,以萃萃蝇为寄主。当萃萃蝇吸吮了带有锥虫病的人、畜的血液后,锥虫先在萃萃蝇的内脏中繁殖,然后传入唾腺中,大约寄生3个月。当萃萃蝇再去叮吮健康的人、畜时,通过唾液将锥虫病传染给人、畜,在血液中潜伏2～3周后开始发病。

锥虫病由睡病虫所致,萃萃蝇是将睡病虫寄主带给未受感染牲畜的传染媒介。受感染的可能是家畜,也可能是多种野生动物之一。宜于萃萃蝇繁殖的是旱区落叶疏树旷野林地。

非洲锥虫病分为布氏冈比亚锥虫与布氏罗得西亚锥虫。冈比亚锥虫分布在西非和中非沿河流域或沿森林地带,罗得西亚锥虫分布在东非热带草原及湖岸的灌木和植丛地带。集中分布的国家和地区主要有几内亚、安哥拉、马里、贝宁、冈比亚、刚果(金)和苏丹等。

两种锥虫侵入人体以后的基本过程包括:初发反应期和血淋巴期,以及侵入中枢神经系统的脑膜炎期。初发反应期:患者被舌蝇叮咬后约1周,局部皮肤肿胀,中心出现一红点,即锥虫下疳。血淋巴期:锥虫进入血液和组织间淋巴液后,引起

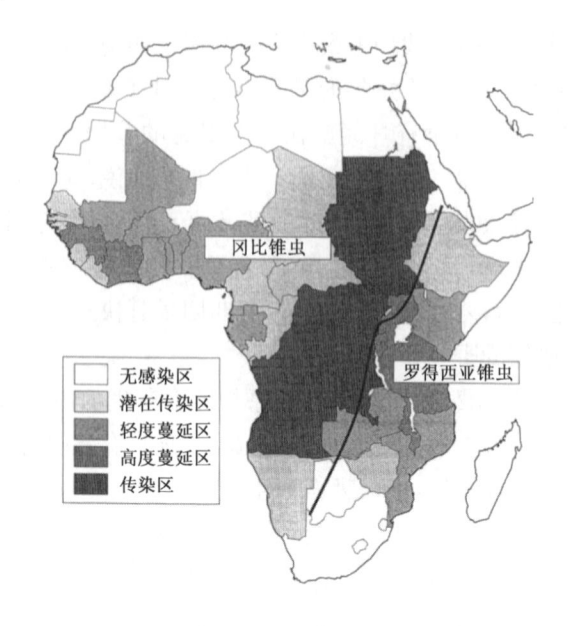

图 11　非洲锥虫病空间分布

资料来源：Roy Cole, Survey of Subsahiran, Africa, A Regional Geography, Oxford University Press，2007：158.

广泛淋巴结肿大。虫血症高峰可持续 2~3 天，伴有发热、头痛、关节痛、肢体痛等症状。此期可出现全身淋巴结肿大，尤以颈后、颌下、腹股沟等处明显。颈后三角部淋巴结肿大为冈比亚锥虫病的特征。脑膜炎期：常见病变为弥漫性软脑膜炎，脑皮质充血和水肿，神经元变性，胶质细胞增生。主要临床症状为个性改变、呈无欲状态。出现异常反射，如深部感觉过敏、共济失调、震颤、痉挛、嗜睡、昏睡等。冈比亚锥虫病呈慢性过程，病程可持续数月至数年，症状较轻，可出现中枢神经系统异常。罗得西亚锥虫病则呈急性过程，病程历时 3~9 个月。患者多表现显著消瘦、高热和衰竭。有些病人在中枢神经系统未受侵犯以前就已死亡。

20 世纪锥虫病在非洲大陆一度流行。在 1900 年到 1950 年的传染期后，20 世纪 60 年代，由于积极的宣传和治疗，锥虫病得到了有效控制。到 20 世纪 70 年代，锥虫病患者数量开始回升。2000 年，锥虫病感染人数大约为 50 万人，在过去的 5 年内，锥虫病感染严重的中部非洲地区增加了移动治疗站，结果有了很大的改进，根据世界卫生组织的报告（2006），非洲 2004 年仅有 17600 例患者[①]。2005 年，安哥拉、刚果（金）和苏丹暴发了几次大的昏睡病疫情。在最近的流行期间，刚果

---

① F. Courtin, V. Jamonneau, G. Duvallet, A. Garcia, B. Coulibaly, J. P. Doumenge, G. Cuny and P. So. Sleeping sickness in west Africa（1906—2006）：changes in spatial repartition and lessons from the past. Tropical Medicine and International Health, volume13, NO 3, pp 334 - 344, MARCH 2008.

（金）、安哥拉和南部苏丹几个村庄的患病率已达50%。在这些国家中，昏睡病被认为是造成死亡人数最多的传染病。

坦桑尼亚锥虫病的分布范围，经过多年的防治，日渐狭小。罗得西亚型昏睡病，主要分布在国境西北部，南界鲁夸湖，北界维多利亚湖，东界塔波拉，西界坦噶尼喀湖沿湖地带。此外，还有一些较小的传播区域。在传染区的有一些不受传染的"岛"。有人口稠密的地方，由于人口迁移和土地的开垦等农牧活动，人为地清除了萃萃蝇的孳生地。在人口较稀少的地区，局部地清除天然植被常是破坏萃萃蝇所需要的特殊的生境条件的有效手段。据记录，坦桑尼亚境内昏睡病已显著地减少，实际发病、蔓延已是很局部的现象。

长期以来，世界卫生组织派专家小组奔赴非洲实地考察，研究防病防蝇方法，深受昏睡病害困扰的热带非洲国家也采取了一系列措施防治锥虫病，如局部清除河边灌丛杂草以破坏萃萃蝇的孳生地；封锁病区；采用杀虫剂大面积灭杀；注射锥虫剂，治疗病畜；利用生物天敌灭蝇；选用抗锥虫病的畜种等。这些防治方法均已不同程度地见效。可以相信，随着科学技术的发展，"会飞的死神"总有一天会被彻底消灭。

南部高地行

坦桑尼亚南部高地是一个东北西南走向的高地,海拔一般超过1500米,在许多地区山峰达到2000米。高地地形比较低平,高地边缘则有陡坡。为了更好地观察沿途南方高地地理环境的变化与沿途土地资源的开发利用情况,我没有选择乘坦赞铁路火车出行,而是选择了公路之行。公路在坦桑尼亚交通中占有重要地位,全国主要干线公路有7条,其中以大北公路最为重要。大北公路是一条南北纵贯坦桑尼亚东部地区的国际性干线公路。北从肯尼亚入境经阿鲁沙、多多马、伊林加、姆贝亚到坦赞两国边境顿杜马入赞比亚境内,全线为柏油路面,路宽约20米。

我还是跟随我国工程公司的叶书记一同出行,明子开车,沿大北公路南行。我们驱车从达累斯萨拉姆出发,沿着大北公路西行,至莫罗戈罗折西向南,穿过米库米野生动物园,地势越来越高,穿过一座座巍峨的山峰后,下坡行进,进入东支大裂谷,谷底山丘起伏连绵不断,向远望去,陡耸的山峰一望无际,没有头尾。大约到了晚上11:00,我们才到达我国某公司驻马昆巴科建筑工程驻地。这里海拔高度在1600米以上。我计划跟随叶书记小住几日,实施我的野外考察计划:考察马拉维湖北岸地区、我国援建的姆巴巴利农场和恩仲贝县城。

图1 恩仲贝县城农贸市场一景
(作者摄于1984年)

图2 南部高地山区小镇
(作者摄于1984年)

图 3　南部高地牛群
（作者摄于 1984 年）

图 4　南部高地陡坡开垦
（作者摄于 1984 年）

图 5　南部高地茶园（作者摄于 1984 年）

图 6　马拉维湖北岸（作者摄于 1984 年）

我吃住在工地上，因一整天在小车上，有点疲劳，很早就睡了。明子到附近居民点找了个住处过夜。第二天一早明子来到驻地，由工地一名职工陪我一同前往马拉维湖考察。

一、南下马拉维湖

出马昆巴科沿大北公路向西南行，奔向大裂谷的第二大湖马拉维湖。过坦桑尼亚的西南重镇姆贝亚，向南进入龙格韦山区。龙格韦山是死火山，构成大裂谷的一部分。这里雨量丰沛，年降雨量最高达 2500 毫米以上，山区常年绿色遍野，物产丰富，也是重要的茶叶产地。

进入图库尤地区，我们便经过高地产茶区，只见当地居民在园内忙着采茶。我请明子停车后，径直走进茶园，感受在异国他乡与非洲妇女一道采茶的情趣。我笨手笨脚地采摘叶子，不太顺手，却乐在其中。茶业是一种劳动力密集型的产业，栽培、除草、剪枝和采茶全需手工作业，费时费工。在东非高原，成年茶树的采茶是连续不断的，因为每一棵茶树全年须每两周采摘一次。刚采下的青叶需在 24 小时之内运到制茶厂加工。坦桑尼亚茶叶生产大部分由种植园经营，因为开辟新的茶园需要相当大的资金投入。政府鼓励和资助发展小茶农种植。坦桑尼亚的茶叶主要供出口，由于茶树生长需要 1250 毫米以上的降雨量，而且年内雨量分配要求均匀，气温要求凉爽。因此，坦桑尼亚的茶叶生产限于地势较高，海拔在 1500～2000 米的地区，主要集中分布在东北高地和南部高地两大地区，前者主要栽培区是坦噶附近的乌萨姆巴腊山地，后者主要栽培区是伊林加、穆芬迪和姆贝亚地区。

在图库尤地区，有居民点分布的地区附近，比较低矮的平缓的山坡上可见严重的陡坡开垦现象，这可说明在南部高地山区可供开垦种植的土地资源十分有限，农民为养家糊口只得乱垦以获得有限的口粮。

在行车的路上，我怕明子打瞌睡，每隔半小时递给他一支香烟，帮他提提神，以便他能集中精力开好车，千万不能出意外事故。在接近马拉维湖的路上，沿途可见长势良好的稻田和香蕉园。当地居民沿袭着传统的耕作方式，依靠香蕉、稻谷、打鱼过着安居乐业的生活。大约中午时分，我们终于到达了梦寐以求的马拉维湖的北岸。这时，我深吸一口气，闻到湿热的空气中夹杂着泥土与青草的香味，几天来的疲劳全部消失了。忽然，有三位年轻的非洲妇女走过来，其中一位把掖在裙腰里的钱拿出来，要求我给他们照张相，我正求之不得，赶紧抓住这难得的机会，拍下了这三人的合影。站在马拉维湖岸边，从脚下放眼向南远望湖面，顿感心胸开阔。湖面上碧波荡漾，点点白帆好似悬浮于半空中摇荡。两侧山峰挺立，形似两道壁障，遥遥相对。青山绿水，景色壮丽。马拉维湖风光旖旎，湖滨地带有的地方高崖环绕，惊涛拍岸，有的地方却又风平浪静，形成优良的港湾。尤其是北部湖区，是中南非最壮丽的湖光山色，是非洲的旅游胜地。每年 3—5 月是这里的旅游旺季，吸引无数游客来此一游。但是，每年 5—8 月，湖区常出现"姆书拉"东南风。此时，气候恶劣，风高浪激，湖水排空，连飞鸟都难以栖息，更不要说旅游了。

马拉维湖旧称尼亚萨湖，源出班图语，意为大水成湖。"马拉维"一词是 16 世纪在湖畔建立的一个古老的小王国的名字，是以古代非洲人部落"马拉维"命名的，在尼昂加语中是火焰的意思。每当旭日东升，光芒映照在湖面上，金光闪耀，如同火焰一般，发现该湖的第一个西方人是葡萄牙人加·博卡罗，他曾于 1616 年来到湖畔，被优美的湖光山色迷住，感慨地说"如果风景可以出售，这儿会变成世界最美的地方"。到 18 世纪中叶，英国探险家戴维·利文斯敦进行地理考察时也发现了这个湖。此后他重访三次，并称其为"尼亚萨湖"。1964 年 7 月 6 日，尼亚萨兰独立时改国名为马拉维，湖名也随之恢复名称马拉维湖。

马拉维湖南北长 560 千米,东西宽 32～80 千米,面积 3.08 万平方千米,平均水深 273 米,最深处 700 米,是非洲第三大湖和第二大深水湖。东有利文斯敦山,西有尼卡高原和维皮亚山。有 14 条河流注入湖内,湖水南流经希雷河注入赞比西河。湖区是非洲有名的"鱼米之乡"。湖中鱼类 200 多种,80% 是稀有鱼种。捕鱼业发达,渔民以捕捞非洲鲫鱼为主。每日清晨,渔民驾着轻舟去捕鱼,中午时分渔船归来,渔民们沉浸在欢乐的丰收气氛之中。妇女们将鱼装篓,顶在头上到集市上去出售。湖泊周围盛产稻米、玉米、棉花、咖啡、烟草,此外,香蕉、菠萝、柑橘、芒果等热带水果也随处可见。湖上交通便利,有定期航班往来马拉维南北,与纵贯国境南半部的铁路和公路干线组成发达的运输网络,承担全国农产品和进出口货物的运输。湖中的科科马岛,风景清幽雅静,岛上有 1911 年建造的圣公会教堂,是教会的中心。

马拉维湖只是大裂谷发展过程中形成的一连串湖泊中的一个。大裂谷形成时的大规模地壳升降运动和火山喷发过程,造就了一系列断岩盆地,积水成湖。整个大裂谷地带形成了大大小小的湖泊 30 余个,它们均呈南北向狭长状,成串布于裂谷底部。湖底深陷,两岸多为陡崖峭壁。来到马拉维湖畔,不能不联想到另外两个著名的裂谷大湖,一个是镶嵌在西支裂谷上的坦噶尼喀湖,一个是坐落在东支裂谷上的图尔卡纳湖(L. Turkana)。

坦噶尼喀湖展布于坦桑尼亚、刚果(金)、赞比亚、布隆迪四国交界处,南北长 720 千米,东西宽只有 50～70 千米,是世界上最狭长的湖泊,面积 32900 平方千米,是大裂谷带上最大最长的湖泊,平均深度 700 米,最大深度达 1435 米,最低处在海平面以下 696 米,是仅次于贝加尔湖的世界第二大深水湖。沿湖两岸具有典型的断层特点,岩壁陡峻,直插湖水中,形成一道道深渊,有些地方瀑布顺坡飞入湖中,青山绿水的优美环境,成为多种水鸟的生息繁衍之地,有红鹤、鱼鹰、野鸭、鸬鹚、鸬鹚、野鹅等。湖滨地带还是观赏野生动物的理想之地,这儿有犀牛、非洲象、长颈鹿、斑马、狮、羚羊、河马和鳄鱼。湖中有鱼类 300 多种。渔民出湖打鱼时远远望去,湖面烟波浩淼,白帆浮动,风景这边独好。

肯尼亚北部是一片干旱荒凉的沙漠,人烟稀少,只生存着以游牧或半游牧为生的牧民。然而在这一派荒凉的大地中,却镶嵌着一颗巨大而明净的湖泊图尔卡纳湖,南北长 256 千米,宽 50～60 千米,面积 6405 平方千米。由于湖泊孤立于沙漠之中,水源不足,形成了一大碱水湖,但可饮用,水性清凉,鱼类多,个头大,大者可重达几百斤。湖四周有多座火山,山腰以下至湖滨地区草木茂盛。黄昏时分,羚羊、斑马、野鹿纷纷出来,在湖边饮水、嬉戏。白天这里一片宁静,但可观赏到水鸟和鳄鱼。独特的景区美景,吸引着无数游客来此一游。图尔卡纳湖之所以能名扬中外,还在于它是远古人类生息繁衍的场所之一。1975 年在图尔卡纳湖东岸库彼·弗拉沉积中发现了完整的直立人头骨(KNM-ER3733 号),脑容量约 850 毫升。1968 年,这一地区出土了 261 万年前的迄今所知最早的打制砾石器(属于早期猿人阶段)。

二、考察姆巴拉利农场与恩仲贝县城农贸市场小记

在我旅行考察南部高地小住我国某公司驻地马昆巴科期间,我主要的考察目标是南部高地的农牧业的空间分布规律以及考察东非大裂谷南端的裂谷湖马拉维湖。期间,我见缝插针地考察了南部高地的县城恩仲贝和我国援建的姆巴拉利农场。

20 世纪 60 年代我国先后援建坦桑尼亚两大农场——鲁伏农场和姆巴拉利农场。鲁伏农场于 1966 年开始建场,1974 年 6 月移交。该农场位于鲁伏河中游,场部距达累斯萨拉姆 80 千米,占地面积 40 平方千米。场地地形由岗地、坡地和谷地组成。场区发展农业所要求的土、水、热条件较好,年平均气温 26.7 ℃,绝对最低气温 12 ℃;年平均降雨量 1003 毫米,3—5 月为大雨季,11—12 月为小雨季。1—2 月和 6—10 月为干季,干季雨量稀少。土壤主要为砂质和壤质红壤。壤质灰色石灰土和草甸土土质肥沃,保水、保肥能力较强,适宜种植水稻。坦桑尼亚大米远不能自给,每年需要大量进口。所以,农场以种植水稻为主,农牧结合,多种经营。畜禽主要饲养猪、蛋鸡和奶牛,其他为蔬菜。在农场移交前,效益较好,对改善市场和农畜产品供应发挥了积极的作用,成为我国驻该国的机构所需农产品的重要供应地。我也常跟随他们到农场体验田园生活,印象最深的是,坦桑尼亚人不吃猪下水,每次到农场买猪肉时,都是现场活宰,猪肠、肝、肚、肺等下水都是扔到大铁锅煮熟作饲料。对中国人来说,这些下水是最好的下酒菜。每次中国公司到农场买猪肉时,都是把下水拿回去,又不需付钱。我印象深刻的另一点是,农场的鸡蛋煮熟吃,蛋黄富有弹性,吃起来像嚼皮蛋,据说这与母鸡饲养有关。

姆巴拉利农场是我国 1970 年初开始筹建,大约 1976 年建成的。该农场距首都较远,770 千米。坦赞铁路和大北公路经过农场附近。场区面积 32 平方千米,位于乌桑戈平原姆巴拉利河下游,海拔 1045 米。场区属热带高原气候,年平均气温 22.90 ℃,最高 29.3 ℃,最低 16.5 ℃,昼夜温差高达 10～14 ℃;年平均降雨量 700 毫米左右,95%以上集中在 11 月至次年 4 月;相对湿度低;全年日照时数 3200 小时,蒸发强度大,年平均蒸发量大多为年平均降雨量的 2 倍多。农场位于河流冲积平原,地势较平坦,土壤以黏性为主。农场的前身是联合国粮农组织 1956 年在坦噶尼喀所经营的农作物实验站,1961 年该国独立后接管并改为国营农场。到

1968年，农场拥有土地16平方千米，已有多年种植水稻的实践经验，干季直播等雨季出苗，产量低而不稳。中国援建该农场时，进行全面科学的规划设计，大修农田水利，完善灌溉渠系统工程，以满足水稻种植灌溉要求。农场生产以种植水稻为主，并试种绿肥等作物，逐步做到作物合理布局，以求用地养地相结合，实现稳产高产。水稻以旱直播为主，一年一熟。其他种植饲料作物有玉米、豆类、苜蓿等。畜禽业主要建有年加工5万只肉鸡的养鸡场，饲养100头的乳牛场，养鸡场实行自繁自养，就场宰杀加工。我随叶书记到访期间，在场部住了一夜，并参观了肉鸡加工车间，留下了很深的印象。肉鸡在坦桑尼亚是很受欢迎的，当地人喜食鸡肉。该农场生产的大米和肉鸡对改善坦桑尼亚城市粮食供应和禽肉供应起到了重要作用。

考察恩仲贝县城是我小住马昆巴科的另一个目标。一天早上吃过早饭，司机明子开车南行，直抵县城中心。坦桑尼亚县城规模一般比较小，尤其在山区，一般县城人口规模只有几千人，往往以农贸市场为核心形成县城商业中心，显示出农业地区小城镇的经济特点。抵达农贸市场时，明子先将小车停在一边，下车后，我打开相机，打算多拍几张照片。当我抓紧时间拍下第一张照片，寻找下一个镜头时，发现市场上的人大叫起来，有点慌乱地躲闪，接着我突然感到西红柿砸到我的左上身，有几个小伙子上来对着我吵起来，他们说的是斯瓦希里语，我听不懂，但从他们的情绪上我感受到了他们对我照相非常不满。明子跟他们交流，对他们不友好的情绪表示不满。我发现有几个小伙子嘴上嚷嚷着迅速跑开。我当时意识到，这位小伙子可能去县有关部门告状去了，这儿不能久留，我叫明子赶快开车离开。在回驻地的路上，我问明子，这是为什么？明子告诉我，他们怕你拍下照片，向外传播落后贫穷的景象。听后，我才意识到，拍照伤害了他们的民族自尊心，可以谅解。不管怎么说，这一遭遇给我留下了难忘的印象，但是并不能冲淡我与坦桑尼亚人民结下的友好情谊。

深入地球的伤疤——东非大裂谷

上大学时,我在世界地理课上知道了地球上有一道最长的伤疤——东非大裂谷,它南北伸延于东非高原上,从那时起,我就向往有朝一日亲临其境目睹这一世界奇观。

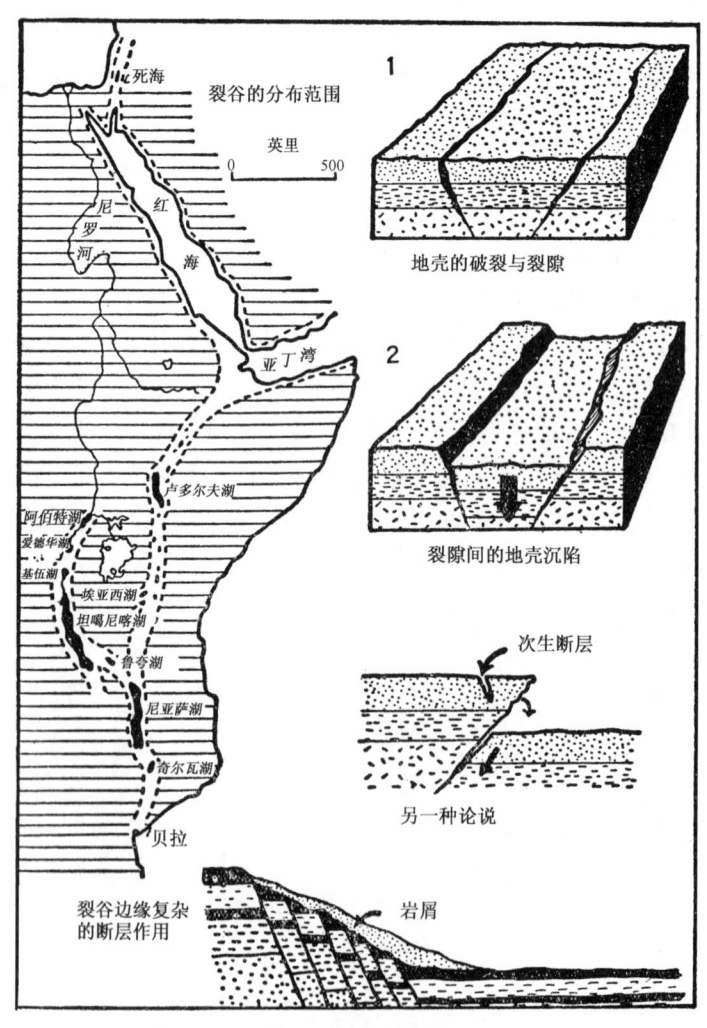

图1 东非大裂谷

资料来源:(英)普里查德.东非地理[M].南京:江苏人民出版社,1976:15.

1964年7月大学毕业后我就留校走上了非洲研究的岗位。改革开放后,高教部派我去坦桑尼亚达累斯萨拉姆大学进修并从事非洲地理研究工作。1998年我又被教育部派往东非坦桑尼亚、肯尼亚、乌干达和埃塞俄比亚四国进行实地考察研究,这使我有多次良机进入那渴望已久的神秘的东非大裂谷,从不同的裂谷地段觅胜探奇。

每次出行之前,我都习惯性地展开非洲地形图,用认真的目光扫描一下大裂谷那不平凡的身段。当我凝视着散布于大裂谷带上的一连串湖泊时,裂谷的磅礴之势立刻扑面而来,它宛如一条舞动的锦织缎带,又如一条巨龙贪恋地卧藏在高原上。古往今来,大裂谷不知吸引了多少人来此一游或从事各种研究。他们中不乏地质学家、地理学家、历史学家,还有旅行家和记者。我不远万里踏上了这块神奇的大地,当然不会错过每一次可能接近大裂谷的机会。

一、撩开东非大裂谷的神秘面纱

东非大裂谷是地球上最长的裂谷带,北起西亚的死海——约旦河谷地,向南经亚喀巴湾、红海,呈东北—西南向纵贯埃塞俄比亚中部,直抵阿巴亚湖,过湖后大裂谷明显分成东、西两支继续向南延伸。东支裂谷经图尔卡纳湖向南纵贯肯尼亚高地,经马尼亚拉湖向西南延伸至马拉维湖。西支裂谷经蒙博托湖、爱德华湖、基伍湖、鲁夸湖、坦噶尼喀湖,呈弧形至马拉维湖,与东支汇合,后连续向南延伸,经希雷河延伸至赞比西河河口入印度洋消失。大裂谷总长6400千米,超过地球周长的1/6,平均宽度48~65千米,最宽处达200千米以上,除狭长的裂谷断层湖外,谷底起伏坦荡,两侧谷壁犹如刀劈,好像"神斧"劈成,那么长那么深,怪不得有人称它为"地球的伤疤"。

这一自然奇观是怎样形成的呢?据地质学上板块构造学说分析,大裂谷是陆块分离的地方。地壳下呈高温熔融状态的地幔物质上涌,先使地壳隆起,继而变薄,然后断裂。据地质学家研究,大约在3000万年以前,由于强烈的地壳运动,亚洲和非洲两大陆之间和非洲东部地球表面产生断裂,巨大的张力推动断裂两侧的陆块逐渐向外扩张,北段形成红海,南段形成东非大裂谷。谷深达数百米至2000米。谷底分布有一连串的洼地、盆地和湖泊,集中了非洲大陆上大部分的湖泊。这些湖泊狭长深邃,两岸陡峭,犹如一串晶莹的水珠,顺着裂谷走势连成,构成东非高原上的一大美景。这类湖区水草丰美,土壤肥沃,植被繁茂,历来是东非高原上的鱼米之乡,也是野生动物群聚的"天堂"。

伴随着地表大幅度抬升和强烈的火山活动,东部非洲熔岩广布,火山林立,形成非洲大陆地势最高的地区,埃塞俄比亚高原和东非高原。早期的火山活动多为裂隙喷发型,岩浆沿裂隙溢出,形成从红海沿岸至马拉维湖广大的熔岩高原和台地,其中非洲最为雄伟的埃塞俄比亚高原就是因断裂、隆升和火山作用的熔岩堆积而成,平均海拔高度在 2500 米以上。近期的火山活动多为管状喷发型,熔岩堆积成高大的锥形火山群,主要分布在东支裂谷带,其中以非洲高峰乞力马扎罗山最为著名。在过去的 7000 万年间,东非一直有间歇性的火山活动,但现在是一个有很多火山休眠的平静时期。然而,火山喷发的可能依然存在。1960 年,乞力马扎罗山发出过预示有喷发危险的隆隆声。1967 年,在内罗毕已感到火山活动或断层作用引起的数次震动。有些火山仍在活动,如尼拉贡戈山和尼亚姆拉吉拉山均属活火山。此外,沿断层裂隙,分布有温泉和喷气孔,地震活动频繁,标志着东非大裂谷仍处于扩张演变之中。不过近 200 万年以来,扩张速度趋于缓慢,但每年仍有 2～4 厘米。

二、我看到了"赤道白雪公主"——乞力马扎罗山

1982 年 7 月初,我搭乘埃塞俄比亚航空公司的飞机,从亚的斯亚贝巴飞往达累斯萨拉姆,途中要在坦桑尼亚乞力马扎罗国际机场降落,停留半个小时。在此下飞机的大多是来登山和旅游观光的。当飞机进入乞力马扎罗山上空时,我从飞机舷窗俯视,被那闻名于世的赤道雪峰奇观所折服。只见山峰冰雪覆盖,好似一顶雪白的公主帽。乞力马扎罗山亭亭玉立在骄阳似火的赤道上。随着飞行高度的降低,那直径 2400 米、深达 200 米的巨大火山口清晰可辨,宛如一只巨大的玉盆,晶莹耀眼。底部有许多巨大的冰柱拔地而起,千姿百态,一派奇异的冰雪景观蔚为壮观。乞力马扎罗山是一座仍在活动的休眠火山,也是世界上最高的火山之一,但只有一处火山口偶尔隐约可见出冒出缕缕青烟,其余几处火山口基本上长年休眠。乞力马扎罗山由于雄踞于赤道与南纬 3 度之间的特殊地理位置且山体高大,以及山顶终年冰雪覆盖,云雾缭绕,平时难得一见它的真容,总是给人以变化多端、神秘莫测的感觉,当地人称之为"飘忽不定的难以抵达的仙山"。只有在日出雾散之时,才能见到它"昙花一现",尤其是黄昏时分,雪峰在夕阳余晖之下露出娇艳的容貌,绚丽灿烂。我虽几次从它身旁路过。但都无缘一睹它那实在难得一现的尊容,成为一大憾事。

目睹这一自然的杰作,不免要问上一句,在这"炎炎似火烧"的赤道地带,为什么这雪峰能"青春常在",甚至还珍藏着千奇百怪的冰川? 这种奇观往往引起观光者的极大兴趣。这个疑团并不难解开,这是因为赤道附近的雪线高度在 5000 米以上,乞力马扎罗山的海拔高度大大超过了这个界限。山地气温随海拔高度的升高

而降低,每升高100米气温就下降0.5 ℃～0.6 ℃,所以乞力马扎罗山山顶的气温常在-40 ℃～-30 ℃,大气降水也以雪的形式降下,从而形成千里冰封、银装素裹的景象。

乞力马扎罗山是一东西向伸延80千米的熄火山群,由3座主要火山组成,其中以基博峰和马温西峰最为著名,两峰间有11千米长的鞍状山脊相连,年轻的基博峰海拔5895米,为非洲最高峰,"基博"意即黑白相间,形象地表达了黑色基岩与峰顶皑皑白雪交错分布的姿态。马温西峰高5149米,侵蚀强烈,崎岖陡峭。乞力马扎罗山虽地处赤道附近,但由于山体高大,气候呈现出垂直分布的规律,自下而上明显呈热带—温带—寒带分布,植被也呈明显垂直分布的规律,自下而上,逐渐由热带植被演替为亚热带植被,向上渐变为温带植被,再往上渐变为寒带植被,生动展现了植被生长的垂直分布规律。海拔1000米以下为赤道雨林带,1000～2000米为亚热带绿阔叶林带,2000～3000米为温带森林带,3000～4000米为高山草甸带,4000～5200米为高山寒漠带,5200米以上为积雪冰川带。在海拔900～2000米的南坡山麓地带,气候温暖湿润,土地肥沃,是高山富饶之地,多少年来,滋润着千里原野,哺育着勤劳的人民。在此定居的查家族儿女,利用山上融化的雪水和林中泉水,挖沟凿渠,灌溉和栽培香蕉与咖啡,形成了香蕉—咖啡间作制。香蕉树高大挺拔,根深叶茂,宽大的肥叶丛绿成荫,咖啡树间作其间,婀娜多姿,两相得宜。查家族人用香蕉叶搭成的传统小屋"姆巴",掩映在香蕉园之中,成为一派田园风光。香蕉不仅是当地人的主食和水果,同时也提供了住宅的建筑材料。形似蒙古包的"姆巴",全身是用香蕉树上的材料搭成的,树干作柱,肥叶搭顶。查家族人常这样说:"乞力马扎罗山呀,给我们水,给我们香蕉,给我们阴凉。"高山脚下则气候炎热干燥,景色迥异,一派热带干草原风光;不宜耕作,但却成了野生动物的"天堂"和牧民的放牧之地。非洲象、斑马、犀牛、鸵鸟等热带动物成了这片草原的主角。野生动物成群结队,悠闲自得,热带作物漫山遍野,莽莽苍苍,一望无际。

坦桑尼亚人民把乞力马扎罗山看成国家的骄傲和自由的象征。过去许多人认为乞力马扎罗山是"上帝的宝座"而敬若神明。黄昏时分,山顶云雾偶尔散去,晶莹的冰山雪峰在夕阳余晖中显得格外娇艳。1961年12月9日凌晨,一名年轻的军官冒着刺骨的风雪严寒,克服种种困难,登上了乞力马扎罗山之巅,燃起象征独立的火炬,插上国旗,向全世界庄严宣告,坦噶尼喀独立自由了。尼雷尔总统宣布把原来德国人命名的"威廉皇帝峰"换上自己国家的名字"乌呼鲁",意为"自由"。坦桑尼亚政府为充分利用这一得天独厚的赤道奇观,积极发展旅游业,吸引世界各地的登山爱好者和游客纷纷前来攀登乞力马扎罗山。为更好地接待游客,山麓设有各种营地和设施。乞力马扎罗国际机场辟有14条国际航道,外国旅客可乘飞机直达山麓。人们可通过"旅游线路"和"登山线路"登上山峰。前者是旅客在导游和挑夫的协助下,用时3天登上顶峰;后者道路艰险,沿途悬崖峭壁,需具备顽强的毅力才能征服乞力马扎罗山。1987年,乞力马扎罗国家公园被联合国教科文组织列入《世界遗产名录》。

三、孕育古人类的摇篮

东非大裂谷是地壳运动塑造的一部巨作,进入裂谷一个地方只不过是掀开了这部巨作的一页,不能说看上几眼就说"看到了大裂谷",此话虽说不假,但只能说是管中窥豹。实际上,大裂谷所包容的一切比任何人所想象的都要丰富多彩。这儿不仅拥有许多世界上著名的野生动物园,也有广阔的天然牧场和田园,更有星罗棋布的大大小小的城镇和村庄。它是一块富有生机的土地,作为世界古人类最早的发源地之一而名扬四海。

据考古发现,大裂谷火山的熔岩中,还隐藏着大批古人类、古生物化石,为地质学家、考古学家、人类学家提供了宝贵的史迹。从20世纪20年代起,非洲大陆上发现了从猿进化到人各个阶段的化石。国外一些人类学家和历史学家认为,非洲是人类的摇篮。从目前掌握的资料来看,人类起源于非洲的看法是有一定说服力的。从20世纪50年代末到80年代初,在东非大裂谷地带坦桑尼亚的奥杜韦峡谷、肯尼亚的图尔卡纳湖东岸库彼·弗拉、埃塞俄比亚的哈达地区和阿瓦什河流域等地,陆续发现了南方古猿和数百件遗骨与石器工具,轰动世界。其中,由肯尼亚籍英国人类学家李基夫妇于1959年7月在奥杜韦峡谷发现的"东非人"头骨化石,尤其引起人类学家和历史学家的注目。奥杜韦峡谷位于恩戈罗恩戈罗火山口之南40千米。"东非人"生存于从猿进化到人这一漫长的过程中,他们创造了奥杜韦文化,距今已有175万年。该文化遗存范围广大,东西长约48千米,深91米,宽度不一,文化层从更新世谷底向上至新生代壁缘,上下共5层。这里发现了大量的石器和动物化石。石器多以熔岩砾石做成,其中一半以上是拳头大小的砍砸器。此外,还有盘状器、多面体石器、手斧、石球、大型刮削器、小型刮削器、雕刻器等,是至今所知世界上最早的旧石器文化之一。另外,这儿还发现了用石球堆成的圆圈的遗迹,研究者认为,这是一种类似窝棚的建筑地基遗址。

东非大裂谷地带考古发现的文物,都保存在坦桑尼亚、肯尼亚和埃塞俄比亚的国家博物馆里,成为非洲人的骄傲,供人参观和研究。每当我在这些博物馆内看到珍藏的出土化石时,心里总是禁不住想,那些把非洲人看作"劣等种族"的殖民主义者和种族主义者该如何面对这些史实?又作何解释?"东非人"头骨的发现,证明东非是人类最早的发源地之一。

中坦友谊的象征——坦赞铁路

坦赞铁路自坦桑尼亚首都达累斯萨拉姆起，至赞比亚的卡比里姆博希与赞比亚铁路接轨，全线长 1860.5 千米。坦桑尼亚境内，铁路自首都经基萨基、伊法卡蜡、姆林巴、马昆巴科、姆贝亚等主要城镇至坦赞两国交界处的顿杜马入赞比亚境内，线路长 976 千米。坦赞铁路位于赤道与南回归线之间的热带，但由于高原地势较高，加之邻近湖泊的调剂作用，除沿海和内陆低洼地区气候湿热外，线路大都经过气候较凉爽而干燥的地区。

20 世纪 60 年代中，坦桑尼亚开国总统尼雷尔向中国政府提出援建坦赞铁路的请求，我国政府表示"我们要给坦赞铁路最好的设备"，以帮助坦桑尼亚和赞比亚两国打破西方国家的封锁，发展民族经济，支持南部非洲民族解放运动。1968 年中国派出铁路建设专家组开始进行坦赞铁路的勘测设计，1970 年正式开工建设，我国上万名年轻的铁路建设者奔向陌生的热带大陆投入建设。热带蚊子的叮咬，热带黄蜂的滋扰，野兽的袭击，高温的天气，严重威胁着铁路建设者的生命安全。铁路建设者们不畏艰难险阻，逢山开路，遇水架桥，历时 6 年，1976 年坦赞铁路全部建成通车移交，是迄今中国最大的援外成套项目之一，也是一条横贯非洲热带稀树草原的大动脉，被非洲人民誉为"自由路""友谊之路"。坦赞铁路没有复线。坦赞两国每周只对开一列直通快车，需时 43 小时。此外，还有慢车运营。

坦赞铁路在坦桑尼亚境内共有车站 51 个。达累斯萨拉姆地区铁路总体布置由达累斯萨拉姆客运站、货场、杨博编组站、库拉西尼港站、机车车辆修理工厂、铁路材料厂和码头连接线等相应的专用线组成。

达累斯萨拉姆客运站位于市区边缘，紧靠普古路和城市规划的干道。站房位置设在普古路和城市规划干道直角分角线上。站房面对城市规划的广场，和城市的发展相协调，交通便利，便于旅客集散。坦赞铁路局和达累斯萨拉姆铁路分局办公楼分别建于站前广场两侧。东场 8 股道，其中 1、3 道为到发线，2 道为正线兼到发线。到发线有效长度为 330 米。车场内设有 0.74 米高的旅客站台 2 座，站台的全长范围内设有雨棚。东站主要承担去赞比亚首都卢萨卡的国际旅客列车和区段普通旅客列车的始发、终到、整备等作业。货场系综合性货场，距杨博编组站约 3 千米，位于客站西面，具有接近市区、交通方便、便于货物集散和搬运等优点。

我 1982 年 7 月入达累斯萨拉姆大学进修，期间当然向往能有机会去坦赞铁路总站一睹它的尊容。当我到达达累斯萨拉姆火车站广场时，被那恢宏气派的中国式建筑风格所吸引，一种无比亲切之感涌上心头，我赶紧爬上去，找个合适的位置拍照留念。站在开阔的站前广场上，放眼前望，可见耸立着的中国式设计风格的候车大楼，穹顶用英文写着达累斯萨拉姆站。候车大楼前华灯挺拔，绿树掩映，令人倍感亲切。

1999 年 10 月，我赴东非四国考察的最后一站便是坦桑尼亚。故地重游，难免勾起我对往日足迹的美好回忆。我在国内早有耳闻，坦赞铁路移交后，铁路运营状况不佳，令人担忧。借此机会，我一定要亲自去看一看，眼见为实。一日，我首先亲会我国铁路专家顾问组。据介绍，在我国铁路专家组的悉心指导下，铁路运营状况不错，坦桑尼亚人的铁路管理能力也在提高。接着我直奔车站，拜访了总站的总经理，他曾留学中国，在中国获得硕士学位，能说不太精通的汉语。在他的办公室，我们友好地交谈了一会儿。他对中国的帮助充满感激，对铁路运营充满信心。话别后，我又拜访了一位运营经理。接待的经理十分热情，他也是从中国留学归来的，我们用英语和汉语混杂着交谈。从他情绪上看，他对我的到访十分开心，对自己的工作也十分尽心和满意，不多会儿，我们怀着友好的情意话别。我走出车站时，回过头来仰望车站穹顶上的英文站名，深感欣慰，心里念叨着，这钱没白花，我们在国家经济并不宽裕的形势下勒紧裤腰带，慷慨解囊，援助这一宏伟项目，值得。我们用心换回来的千金难买的友谊一定会世代传下去。在欣慰之时，也许人们不曾想到，为修建这条"友谊之路"，我们付出了难以忘怀的生命代价。我曾于 1982 年在达累斯萨拉姆大学进修期间专程到过为中国援建坦赞铁路献出宝贵生命的先烈们的墓地"中国专家烈士陵园"。

中国专家烈士陵园位于达累斯萨拉姆郊外。我趁这次机会再一次拜祭了中国专家烈士。实际上，这一陵园是中国援建坦赞铁路时牺牲的中国专家的公墓所在地。该陵园坐落在达累斯萨拉姆西南 23 千米处，安葬着 51 名为建筑坦赞铁路牺牲的烈士，其中 47 名为铁路专家和工程技术人员，其他 4 名为坦赞铁路通车后在中坦铁路技术合作中牺牲的烈士。此外，该陵园中还安葬着 18 名在中坦合作项目中献出宝贵生命的工程技术人员。至 2013 年，该陵园内一共安葬了 69 名中国援助坦桑尼亚的历史功臣。

我第一次拜谒"中国专家烈士陵园"是 1984 年的一天。新华社驻坦桑尼亚记者俞跃良同志开车到达累斯萨拉姆大学接我一同前往该陵园拜谒。他们不远万里来到远隔重洋的坦桑尼亚，为坦桑尼亚人民的事业献出了宝贵的生命，值得我们敬仰。这种无私的国际主义献身精神值得我们学习和发扬。据介绍，大约 30％的铁路专家和工程技术人员牺牲在修建铁路的工地上。交通事故死亡人数较多，约占 40％，其他约 30％死于热带恶性疟疾。为修建这条铁路，坦桑尼亚也有 100 多人献出了生命。可以说，坦赞铁路凝聚了中国、坦桑尼亚和赞比亚三国人民的心血。

三上丁香岛——桑给巴尔岛

20 世纪 80 年代以来,我曾有机会三上印度洋的明珠桑给巴尔岛进行短期野外实地考察。两次上岛是在 1982 年 7 月至 1984 年 7 月,我在达累斯萨拉姆大学进修访问研究非洲地理期间。第三次是 1998 年 10 月至 1999 年 10 月我受教育部委派赴东非四国专访研究和调研期间。三次上岛,时间跨度 15 年以上,旧地重游,多少有些时过境迁之感,但风土人情依旧。岛上儿女建设美好的家园历尽艰辛,老城"石头城"景观韵味依然浓重,吸引着世界各地的游客慕名来访,给人留下了难以忘怀的美好记忆。

一、优美的地理环境与靓丽多姿的儿女

桑给巴尔地处南纬 4°52′,东经 6°28′,西临桑给巴尔海峡,与大陆坦噶尼喀隔海相望。桑给巴尔由主岛桑给巴尔岛和奔巴岛及其附近的 20 多个小岛组成。桑给巴尔岛面积最大,1658 平方千米,位于其北面的奔巴岛其次,面积 984 平方千米。桑给巴尔岛当地人称其为"思古贾"(意为"富饶的土地")。桑给巴尔市为桑给巴尔地区的首府。

桑给巴尔一词源于波斯语"黑人的土地"。在地质史上原为东非沿海低地的一部分,在晚近的第三纪上新世(奔巴岛)和第四纪(桑给巴尔岛)与大陆分离,形成以桑给巴尔岛和奔巴岛为两大主岛的小群岛。我三次上岛考察的便是桑给巴尔岛。该岛地形以丘陵和平原为主,中央地带自北向南断断续续地延伸着一系列不高的丘陵,平均海拔 60 米左右,最高点只有 119 米,被称为中部高地,由砂岩和石灰岩组成。高地两侧自然景观截然不同,西侧是起伏平缓的平原,宽约 10 千米,地表为砂质黏土和黏质砂土,大多已开垦,高地东侧是初露海面的珊瑚平原,地面上到处散布着巨大的石灰岩块和喀斯特落水洞,大都未开发。

岛上河流短小,最长河流一般 5~16 千米。流域面积只有 10~30 平方千米。有些小河雨时有水,平时干涸。地下水资源较丰富,水质一般良好。

桑给巴尔岛虽然临近赤道,但受四周印度洋的调节,减弱了严暑酷热,终年气

温在 25 ℃左右，温差较小，最热月和最凉月温度相差仅 4 ℃。年平均降雨量 1500～2000 毫米，降雨季节分配较均匀。全年无显著干季。植被在这种水热条件下，全年可茂盛生长。桑给巴尔岛属赤道季风地区，一年内有东北季风期和东南季风期之分，因此相应地有热季和凉季之分。每年 12 月至次年 3 月为东北季风期，盛行北风和东北风，炎热而潮湿，月平均气温 26 ℃～27 ℃，时为热季，当地人称"卡斯卡及"。6—10 月盛行东南风和南风，月平均气温 23 ℃～24 ℃，称其为凉季。在两季之间有季风转换期，为多雨季节，4—5 月降雨最多，雨量占全年雨量的 40%～50%，当地人称其为长雨季"玛西卡"，长雨季常连日下雨，每月雨日数多达 10～20 天或更多。11—12 月为短雨季，当地人称"摩利"，降雨量约占全年雨量的 20%。年降雨量变率较大，有时可相差三倍，这对农业生产的稳定性有一定影响。同时，降雨过于集中也是一大威胁，24 小时最大降雨量曾达 247.5 毫米，大雨有时会造成水灾。

多元文化是桑给巴尔一大地域特色。班图语系的使用者中斯瓦希里人占 75%，其余为阿拉伯人、印度人、巴基斯坦人等。

非洲东部印度洋沿岸地带早在公元前就与外界有着经济人文交往，桑给巴尔地处沿岸中间位置，早已成为重要的贸易中心。据记载，公元初，埃及、印度、阿拉伯半岛的商人乘印度洋季风一年一度来此经商。当时，桑给巴尔的居民是当地土著和来自非洲中部的班图语系部族。公元 701 年和 703 年，波斯人和阿曼人先后来到桑给巴尔，此后许多阿拉伯人为了躲避本国战乱大批移居此地。"桑给巴尔"这个名称来自"僧只"一词，在波斯语中意指"黑人的土地"，后来印度商人转音为桑给巴尔，并专指桑给巴尔岛。公元 10 世纪，波斯的一位王子征服了桑给巴尔南面的基尔瓦岛，并以此为中心创建了有名的僧只帝国，范围扩及东非广大地区，而桑给巴尔即为这个帝国的经济中心。

公元 1497 年，葡萄牙人达·伽马为了探索一条去东方香料产地的新航路，发现了一系列贸易兴旺的东非沿海城邦。1503 年，葡萄牙人用武力占领了桑给巴尔，之后近 200 年间，桑给巴尔处在葡萄牙殖民主义的统治之下。1698 年，阿曼军队驱走了葡萄牙人的势力，之后阿曼苏丹以桑给巴尔为基地统治沿海各个城邦。1699 年，阿曼军队最后把葡萄牙人赶出基尔瓦和奔巴，控制了东非沿海的全部城邦。18 世纪最后 25 年，桑给巴尔开始强大，贸易有较大发展，成为黄金、象牙和奴隶的转运地。1882 年，阿曼王国将首都迁至桑给巴尔，此后开始大量引种丁香。19 世纪，桑给巴尔成为沿海贸易中心。1860 年苏伊士运河通航以后，欧洲殖民者随之大举向东非侵略，英、德、意等国很快就瓜分了桑给巴尔苏丹国的领地，桑给巴尔本身于 1890 年沦为英国的"保护国"。

第二次世界大战后，桑给巴尔人民争取独立和解放的斗争，迫使英国同意桑给巴尔于1963年12月10日独立,接着桑给巴尔人民于1964年1月12日举行武装起义("一月革命"),推翻了苏丹的封建统治,建立了桑给巴尔人民共和国。1964年4月22日,坦噶尼喀与桑给巴尔签订协议,组成坦桑尼亚联合共和国。

由于历史和地理的原因,桑给巴尔人口的民族成分十分复杂,有"非洲的巴比伦"之称。桑给巴尔75%以上的居民是操斯瓦希里语的非洲人;其次为阿拉伯人,多为商人和职员;印度、巴基斯坦人主要经营商业;其他还有科罗摩人、马尔加什人、索马里人以及少数欧洲人,也有极少数华人。

由于民族成分复杂,宗教信仰也多种多样。大多数居民信奉伊斯兰教,但有散那派和西河派之分。其他宗教有印度教、天主教、基督教等。各教派都各有自己的寺院、教堂,仅桑给巴尔市就有教堂、寺院五六十处。

二、乘巡逻艇第一次登上桑给巴尔岛

我第一次登上桑给巴尔岛是在1982年,我国驻坦桑尼亚大使馆节日休假,组织大使馆工作人员赴桑给巴尔游览,当天来回,我也随行。一大早,我们乘上我国援助坦桑尼亚海军的巡逻艇横渡桑给巴尔海峡直奔桑给巴尔岛。该岛距坦噶尼喀大陆最近的距离只有36千米。该岛与其北面的奔巴岛以及两大主岛附近的20多个小岛构成了坦桑尼亚的桑给巴尔地区。

桑给巴尔一词源于波斯语"黑人的土地"。桑给巴尔地区的首府为桑给巴尔市。我们乘坐的巡逻艇直奔桑给巴尔市的桑给巴尔港。航程虽短,却是一次令我终生难忘的海上之行。航行中,我站在船头上,便于观海,突然间船起伏颠簸起来,我顿感不适。大家面面相觑,脸色显得有点苍白,我像反胃一样难受,恨不能在船上找一块平静的地方。我国海军的首长说,船过此海峡要经过一段风浪区,过去就平静了。船上有坦桑尼亚海军士兵,他们很平静,毕竟他们是受过专门训练的战士。据他们说,他们的海军司令就在这艘巡逻艇上。船到桑给巴尔港时,没有停靠在商船码头和民用船码头,而是在另一处停靠,我们是登天梯上岸的。我国驻桑给巴尔领事馆派车接我们进馆稍作休息,大家自由活动。我第一次上岛,人生地不熟,不敢随意走动,只是在老城区逛了一圈,走马观花半个小时后回馆等候乘巡逻艇返回。这次上岛,停留时间较短,但给我留下了美好印象。

三、再上丁香岛——桑给巴尔岛

我第二次登上桑给巴尔岛是在 1984 年 5 月，我独自一人乘轮船直抵桑给巴尔港。走出港口，我直奔我国驻桑给巴尔领事馆。领事十分热情，并给我必要的帮助，让我吃住在领事馆。这时领事馆设在老城区海边，出行较为方便，我有较充足的时间去访问我需要拜访的机关单位和学校。这次小住的几天里，我主要考察了丁香种植园、博物馆、奴隶洞、红树林、帕吉海滩、恩克鲁马中学等。

1. 丁香树

桑给巴尔盛产丁香，其产量占世界丁香产量的 80%，是名闻世界的"丁香之岛"和"世界丁香园"。据官方统计，桑给巴尔共有丁香树 450 万株，其中 80% 分布在奔巴岛，桑给巴尔岛只占 20%。当时，桑给巴尔每年丁香出口量高占世界的 80%，其出口收入占桑给巴尔外汇收入的 90% 以上，可见丁香多么重要，说丁香是桑给巴尔的"摇钱树"并不过分。

图 1　桑给巴尔岛丁香林
（作者摄于 1984 年 5 月）

图 2　桑给巴尔岛椰子林
（作者摄于 1984 年 5 月）

一天上午，侯领事驱车陪我直奔丁香园。我从未亲眼见过丁香树长什么样，趁这次机会一定要观赏丁香的美姿。丁香树是桃金娘科常绿乔木，高 6～10 米，花蕾是名贵香料和药材。花蕾与花柄可提炼丁香油，在医药工业、食品工业、烟草工业和化妆品工业用途广泛。丁香油香味浓郁，是食品、高级糖果、卷烟、酒和牙膏等的调料，也是香水等各种高级化妆品的配料。丁香入药，有温胃驱风的作用，主治呃逆、胸腹胀闷、疼痛等症，还是牙医不可缺少的防腐镇痛剂。除丁香花蕾外，丁香树的其他部分也都是上等的香料，可说丁香树全身是宝。岛上居民习惯用丁香制成"丁香球"，像樟脑丸一样放在衣柜里驱虫防蛀。有的居民用丁香制成玩具，如丁香娃娃、丁香布袋等作为装饰。

桑给巴尔的丁香树跟我国公园里的丁香大不一样。我国的丁香树属落叶灌木，花具观赏性。这里的丁香树高大挺拔，是一种常绿乔木，树冠呈金字塔形，树叶深绿，呈椭圆形，草质，对生，花为绛红色和白色。种植丁香树苗后，5～6年开始开花，每年两次雨季后各结花蕾一次，花蕾长3～4厘米，状如铁钉，故名丁香。雨季后，花蕾含苞待放，正是采摘花蕾的好时节。每年采摘两次，7～9月和11—1月各采摘一次，一般每棵丁香树可采摘六七十年。每到采花蕾时节，各地大量农民工从外地涌来，全靠手工采摘，为了保证花蕾的质量，农民工不得不抢采，挑灯夜战，通宵达旦。采下丁香花蕾后，把花蕾和花柄分开，花蕾铺在阳光下暴晒，5～6天后花蕾颜色由红变褐，晒干后的花蕾就是行销世界的"丁香"了。丁香树一般每株可年产约3千克丁香。有的直接包装出口，有的运往丁香油厂加工成丁香油。

丁香树适生于终年温暖湿润的气候条件下，性喜向阳、土壤肥沃和排水良好的土地。桑给巴尔岛的中西部和奔巴岛的大部分地区都有适宜种植丁香的自然条件。1818年丁香树自留尼旺岛和毛里求斯岛被引种至桑给巴尔，开始时是作为宫廷观赏植物种植，后来桑给巴尔苏丹规定，每种一颗椰子树必须同时种三株丁香树，否则以没收财产作为处罚。此后，丁香树种植面积迅速扩大，并很快发展成为种植园经济。英国殖民后，垄断了丁香的生产和贸易，更大力推广丁香生产，促使桑给巴尔成为世界最大的丁香生产供应地。

桑给巴尔的丁香生产除受其他丁香产区的竞争和国际市场价格波动的影响外，还受病虫害的威胁，主要有枯死病，这是由寄生菌引起的枝条枯死；第二种是突然死亡，发病后叶子发黄，一个月内全株死亡；第三种是慢性衰萎，叶子发黄，一年后全株死亡。除第一种病害有法可治外，其余两种尚无对策。

2. 椰子树

椰子对桑给巴尔的经济和人民的生活，跟丁香一样，有着重要的意义。椰子相较丁香对土壤的要求不那么严格。桑给巴尔岛上的椰子主要分布在岛的西部和西北部。椰子树的育苗大都在地上挖土坑培育，出苗生长2～3年后移栽。在近海地下水位较高的地方，椰子树龄4～5年时开始结果，在地势较高的地方，要生长10～12年才开始结果，生长到第70年左右达盛果期，此后逐年下降，生长到100岁后便不再结果了。每棵椰子树每年可结果30个左右。椰子大部分制成椰干和椰子油，或直接出口坚果，它是桑给巴尔仅次于丁香的出口物，只有少部分内销。

椰子油是当地居民重要的食用油。椰子皮纤维可制绳和地毯,椰子叶和杆可用作建筑材料。椰子汁含糖,可酿酒。

四、两次光顾人间地狱——马鲁呼比奴隶洞

与巴加莫约隔洋相望的另一"人间地狱"桑给巴尔马鲁呼比奴隶洞,建在距桑给巴尔城北约2千米的印度洋边上。

我第一次去马鲁呼比奴隶洞是随我国驻坦桑尼亚大使馆赴桑给巴尔参观游览,参观过马鲁呼比奴隶洞。第二次赴桑给巴尔岛是我专程进行地理考察,住进我国驻桑给巴尔领事馆,期间一日,陈领事陪我去参观马鲁呼比奴隶洞。第三次是1999年我再次赴桑给巴尔岛时又一次专程参观这里。每去一次我都有不同的感

图3 马鲁呼比奴隶洞(作者摄于1984年5月)

受,会联想起非洲人悲惨的经历,对奴隶贩子的深恶痛绝就增进一层。

一跨进古围墙的大门,首先映入眼帘的便是一座矩形的灰色石砌堡垒,高约5米,内壁上完好地保留着当年拴捆奴隶的铁环和铁链。目睹沾满鲜血的历史证物,当年非洲人被当作市场上的"人货"倒卖的悲惨场景就浮现眼前。按当时的习惯,奴隶市场每天下午4时前后开市。奴隶中有男有女,有老有少,甚至还有吃奶的婴儿。他们按价分成堆,任买主挑选。有的贩子像赶牲口一样,走街串巷叫卖。买主将奴隶的衣服扒光,查看他们的四肢、牙齿和眼睛。特别是女奴还要被打扮一下后赶到市场一边的小帐篷内,买主对她们做一次特别的检查。据记载,当时男奴可卖到11~14美元,女奴价可高出一倍。成交后奴隶被关押在这座奴隶洞内,准备装船外运。贩奴船一到岸奴隶们就被剥得精光,手脚打上铁镣,一个个被塞进船舱里像蚂蚁一样被困在一起,拖向深渊。

我内心难以平静地伫立在奴隶洞旁的印度洋岸边,从脚下放眼远望,仿佛看到了百万奴隶举起锁链,发出震天的怒吼,呐喊着我们要解放,我们要自由,让那些吃人不吐骨头的奴隶贩子们下地狱吧。眼前一切已经成为陈迹,但它已将践踏人类尊严的奴隶贩子和殖民制度永久地钉在了历史的耻辱柱上。

桑给巴尔独立后,政府把奴隶洞遗址辟为公园,增建了餐馆、露天影院和非洲

式草亭,供人参观、游憩,以重温当年囚禁、杀害和贩卖人货的罪恶历史。

五、桑给巴尔港

我曾有三次机会从达累斯萨拉姆港乘船抵桑给巴尔港登上桑给巴尔城,第三次是1999年10月。这一次乘船与15年前的1984年5月乘船情景大不相同,可说是时过境迁。1984年5月,大陆与主岛之间的交通工具是国有公司的大型轮渡,船上设备较差,乘客比较拥挤。这一次大不相同。头一天我去港口售票处打听票情,售票处前有不少年轻人在出售去桑给巴尔的船票,票价比窗口出售的票价便宜一些。当时,我未敢讨这个便宜,怕有假票。第二天一早,我赶到港口售票处排队买票,突然有位40多岁的男船主直接对我说,你买我的船票,花普通舱的票价,享受头等舱的待遇,你买好票直接跟我上船。我当时看他不像票贩子,从他的表情上看,他显得对中国人十分友好,我未犹豫便买了票跟他上了船。他的船是小型游轮,分上、下两层,上层为头等舱,我跟着他登上了头等舱,坐上了比较靠前的位置,便于向外观景。这条船比较新,船上也很干净,行船过程中还有免费的点心供应。

据他介绍,这条船是他私人的,刚买没几年。这时,我意识到,坦桑尼亚的民营企业也在与时俱进地发展。船行到接近恩古贾岛时,远远望去,岛上郁郁葱葱,岛上建筑掩映在椰林之中,给人世外桃源之感。抵达港口后,我直接上岸,出港口时我才知道,进出需凭护照,这次好在我随身携带着护照。此情此景跟我1984年5月进出港口时不需护照的情况完全

图4 桑给巴尔港(作者摄于1984年)

不同,什么原因不得而知,我也不需要去追问缘由。港口位于恩古贾岛老城区的西海岸,港口之南的海岸在历史上是小码头,现已开发成海岸休闲带,也是我小住时常去的游憩之地。

桑给巴尔港是一天然良港,位于东非海岸及桑给巴尔岛所构成的海峡内侧,远有海峡掩护,近有十几个大小不等的岛礁为屏障。港区朝西北,向桑给巴尔水道敞开,无天然的遮蔽和防波堤,但由于港外有珊瑚礁板,因此,港区水面没有涌水的侵袭。港区水域平稳,不受季节影响,船舶可在锚地和锚地前沿安全作业和停泊。因

该岛附近无大风浪,港内很少有影响装卸的波浪出现。码头前方港池水深,码头的中部和北端可以随时接纳驳船停泊。码头前大面积水域水深自南向北逐渐变深,－9.13米等深线在码头北端前15米。南北两处外锚地供外轮等待入港停泊用,其水深均在25米以上。内锚地有6个泊位,水深12.8～21.9米。两道南北航道供船只进出口用。北航道宽1600米,水深12米,南航道较之宽而深,导航设施齐全,船舶航行较为安全。

驳船码头是一座顺岸式的直立码头,长244.5米,宽16.9米,水深较浅,只能停靠5.5米以下的船。此外,港口还建有游艇码头(专供旅客上下船的码头)和帆船码头(木船码头)。

桑给巴尔港是一个国际港口,远洋水运可与世界各地主要国际性港口通商。近海则与大陆坦噶尼喀沿海各港坦噶、达累斯萨拉姆、姆特瓦拉、林迪、奔巴岛各港以及肯尼亚的蒙巴萨有定期航班通航。

桑给巴尔港年吞吐量超过10万吨,出口货物主要是丁香、椰油、椰干、树胶、兽皮、海带等,其中最主要的出口货物是丁香,是世界上最大的丁香输出港。进口货物主要是建筑材料、钢铁、酒精、烟草、食品等。

六、漫步石头城

桑给巴尔石头城,是东非地区斯瓦希里人建造的一座海滨商业城市的杰出范例。它位于桑给巴尔岛西岸中部的香加尼半岛上,曾经是桑给巴尔帝国的经济贸

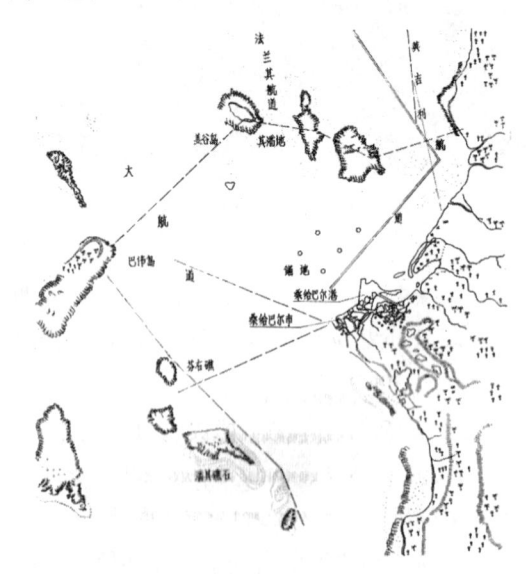

图5 桑给巴尔石头城　　　　　图6 石头城巷道(作者摄于1984年5月)

易中心,桑给巴尔城的老城区。中国古代典籍中称桑给巴尔为"层拨国",凡到桑给巴尔博物馆参观过历史展品的中国人,都能亲眼看到其中陈列着的中国清朝的瓷器。触景生情,感受到古代的中非交往那么久远,大有"相知无远近,万里尚为邻"的感受。

图7　达累斯萨拉姆大学海洋研究所
（作者摄于1999年10月）

图8　桑给巴尔石头城景
（作者摄于1984年5月）

如果有机会到访桑给巴尔,不能抽出时间徜徉于无数条狭窄的街道和小巷去领略古城独具阿拉伯风格建筑的风骚,枉来一回,将留下终生遗憾。在市区的西部临海一带,便是古老的石头城区,当年桑给巴尔帝国时期建造的石头城墙,塔形堡垒和原苏丹王宫至今犹存。这座王宫建于19世纪,面朝大海,是石头城内一座标志性建筑。整个石头城依海岸而建,城市布局呈三角形,面积大约10平方千米。进入老城区,漫步幽深而弯曲的狭窄巷道,好似误入了迷人的羊肠小道,尤其是走入阿拉伯式建筑的"一人巷",很容易被那琳琅满目的店铺所吸引。每户高大的木质大门上都布满了铜钉,精雕细刻的华丽图案林林总总,具有典型的阿拉伯风格。据说,这些手工雕刻图案花纹多达500余种,虽历经沧桑,但这种独具地理特色的建筑风韵犹存。

居住在石头城内的印度人、巴基斯坦人,大多在狭窄的街道两侧开店经商,如水果店、食品店、咖啡馆,还有服装店、珠宝首饰店、百货店等,多是楼下开店,楼上住人。楼上人

图9　桑给巴尔岛华侨住宅前加工海参
（作者摄于1984年5月）

可通过窗户或阳台跟路过的人交流或互递物品、握手,可见街道之狭窄。

石头城除阿拉伯式建筑外,由于受到多种外来文化的影响,还有印度、英国、葡萄牙等各式建筑,风格各异。宗教建筑除清真寺外,还有基督教堂、天主教堂、印度庙等。

据了解,桑给巴尔的珊瑚岩是当地优良的建筑材料,但不足之处是这类岩石易风化,所以石头城内的绝大部分建筑物都经过了大规模的整修,其中历史价值较高的建筑物得到了彻底的改造。

石头城也被人称作桑给巴尔的一部"活的历史"。桑给巴尔政府为保护石头城独特的文化遗产,宣布石头城为特别保护区,并成立了石头城保护和发展局。石头城已被联合国教科文组织列入世界 100 个最重要的城市的名单之中。

图 10　桑给巴尔岛华侨住宅(左为老式住宅,右为现代住宅,作者分别摄于 1984 年和 1999 年)

七、脚踏进桑给巴尔岛海岸红树林

桑给巴尔岛雨量充沛,终年湿热,地势低平,自然条件比较优越,热量资源、水资源和土地资源有利于农业发展,潜力较大。桑给巴尔岛大约一半的土地已被开垦,森林资源有限,因长期砍伐,现仅小片零星残存,大部分都成为次生植被或已被开垦。灌丛面积较大,尤其桑给巴尔岛东部珊瑚平原,几乎为灌丛覆盖。岛上仅存的天然森林主要为海岸红树林。桑给巴尔岛的红树林主要集中在中部和南部海湾浅滩。其他未被开垦的地方主要是宜牧地。因此,借第二次上岛的机会,我将考察红树林作为一项主要野外考察活动。

一天,我国驻桑给巴尔领事馆的曲先生亲自开车陪我去岛东岸的著名海滩帕吉游览。出城只见公路两侧处处椰林,一家一户的铁皮民居掩映在椰林下显得十分幽静。出城后我们的首要目标是去一处红树林考察,离公路不远,我们两人徒步走向红树林。

红树林指生长在热带、亚热带低能海岸潮间带上部,受周期性水浸淹,以红树植物为主体的常绿灌木或乔木组成的湖滩湿地木本生物群落,以藤木红树为主,生长于海陆交界地带的滩涂浅滩,是陆地向海洋过渡的特殊生态系统。在接近红树林时,需赤脚前行,我们脱掉鞋,卷起裤腿,脚踏泥沼艰难地深入林内。这里所见到的红树是乔木类,不像热带森林中高大挺拔的乔木,而是比较矮小、其貌不扬的小乔木,树干、枝不整,但可见到发达的根系生长在水中,从枝干上长出许多支持根扎入泥滩里,起到维持植株稳固的作用,同时从根部长出许多气生根露出海滩地面,在退湖时或湖水淹没时用以通气,故称其为呼吸根。因此,红树林在保护海岸方面有不俗的优异表现,红树林是减弱海浪袭击海岸的一道屏障,是构筑海岸防护林体系的首选防线。

桑给巴尔岛的红树林是桑给巴尔最大的森林资源,占岛上林地面积的83%,主要树种红茄苳和木榄占红树林蓄积量的54%。这两种树的树皮单宁含量高达23.4%,是桑给巴尔采伐红树提炼单宁的重要资源,每年有大量的红树皮出口。红树干也是岛上一种重要的建筑材料。

走出红树林,路过一处已经开发的农用地,主要生长着玉米,散生着木瓜树。我当时见到一位农民在摘木瓜。木瓜有许多品种,个头差别很大,大的像哈密瓜,小的像国内市场上出售的木瓜大小。坦桑尼亚市场上出售的木瓜一般比较大。我买了两个,准备带回领事馆。

八、出游著名的帕吉海滩

走出红树林,穿过庄稼地,我们继续上路东行。越过中央高地后,一路上只见公路两侧灌丛处处,高、矮、疏、密不一,村庄也很稀少。在接近印度洋海边的帕吉村之前,可见零星被开垦的土地,多种有玉米。村庄外围地带已见稀疏椰林,其间混种着木薯和香蕉。村庄不像我们想象的那样村民集聚一团,而是各家的民房散布在椰林中,掩映在椰子树、香蕉树之中,好似"世外桃源"。民房房顶均就地取材,用椰子叶搭顶。领事馆的曲先生经常到此游玩,对村中居民也很熟悉。他有时随身带点小商品赠送给熟悉的非洲朋友,非洲朋友也回赠些海滩上的贝壳、珊瑚等特产。寒暄一会儿后,我们驱车直奔帕吉沙滩。停车后,我们径直走向沙滩。一到沙滩,我脱掉鞋子,卷上裤腿,赤脚走上沙滩,我举起右手指向印度洋一望无际的大海,顿感心胸开阔。没有其他游客,只有我们两人到访,沙滩岸边是茂密的椰林带,从脚下延伸,看不到尽头,宁静优美。脚下踩着如同白面粉般的细软沙滩,柔美之感涌入心头。这儿虽地处热带,因海洋气候的调剂,全岛终年温热,无四季之分,一年内只有凉季和热季之分,5—10月为凉季。我们到此,正处凉季,无干热之感。

在沙滩上逗留不长时间,我们便驱车往回赶路。在离出村口不远处,只见一大片已开垦的土地上,稀稀拉拉的玉米已长到半米多高,土壤为呈灰白色的珊瑚土,大量的贝壳露出田面,整个地面上残留着烧荒垦田的痕迹,仍可见到没有烧绝的树桩。玉米地三面仍是茂密的椰林。我们下车驻足的目的,主要是实地考察一下土地开发利用的问题。出人意料的是,曲先生准备上车时,发现车胎有点瘪,以为是爆胎了,不敢发动。这时,他跟我说,你在这等着,我拦便车回领事馆求援。不多时,正好有一辆车开往市内,他便搭车而去,我只好独自一人等候救援。当时已是下午,我希望曲先生能在天黑之前赶来。其实当时我最害怕的只有两点,一是我拿着相机,怕遇上坏人打劫,如遇上我无力应对;二是怕野兽出没,在森林和灌丛中,野生动物种类繁多,有麝香灵猫、猎鼬鼠、猿猴、狐猴、桑给巴尔豹和森林羚羊等。沼泽草丛中有野猪。如遇野兽袭击,我无处躲藏,难逃一命。这儿前不靠村,后不靠店,如遇不测,真是叫天天不应,叫地地不灵。我只好耐心而又提心吊胆地等候。路上行人很少,偶有骑凤凰牌自行车的非洲人路过,我也不敢搭讪。大约等了两个小时,曲先生和领事馆的司机开着车到来。司机检查后说了一句,车胎没爆,只是气有点不足,开回去没问题。当时,我们什么话也没说,两辆车便顺顺当当地开回了领事馆,我一颗悬着的心总算落了地。

图 11　桑给巴尔岛帕吉地区玉米地
（作者摄于 1984 年 5 月）

图 12　桑给巴尔岛帕吉地区椰林带
（作者摄于 1984 年 5 月）

专题研究

坦桑尼亚农业地域差异的经济地理分析[①]

坦桑尼亚地处赤道南侧热带地区,全境属于东非高原的南半部分,起伏的地形使水热条件垂直差异明显打破了生物气候水平地带性的分布规律。境内热量资源丰富(全年各月平均温度在16 ℃以上)、雨量较多(全国80%的地区年平均降雨量在600毫米以上)、植物种质资源多达3000~3500种。但地广人稀且分布极不均衡,在国土边缘分布相对集中,而广大内陆则人烟稀少;部族众多、分布集中,各自保持着传统的社会结构、文化和土地利用方式。殖民统治时期,大批欧洲移民强占境内的良田沃土,发展了高度商品化的出口农业。坦桑尼亚农业地域差异就是在这种复杂的地理背景下形成的。

我1984年曾对坦桑尼亚主要农业地域类型进行了实地考察,遍及全境不同类型地区,旨在认识非洲热带高原农业的特点和地区差异、人和自然环境相互作用的状况,探讨如何合理有效地开发利用不同类型的人力和土地资源,因地制宜地布局农业生产。

一、坦桑尼亚农业地域差异的自然基础

在热带高原山区,水热的地理差异,是农业地域分异,特别是垂直分异的主导因素。

降水对坦桑尼亚农业地域分异的影响表现在降雨量的多寡、保证率和季节分配上。它不仅影响农业习惯,而且在一定程度上是土地利用方向的制约因素。

坦桑尼亚全国80%的地区年降雨量在1000毫米以下,仅在少数地区如桑给巴尔、维多利亚湖西岸的布科巴地区、东北高地和南部高地超过1400毫米。中央地带年降雨量则在600毫米以下。

坦桑尼亚适宜于农牧业的年降雨量限线,是750毫米和500毫米,年降雨

[①] 本文是作者1982年至1984年在达累斯萨拉姆大学地理系进修期间对坦桑尼亚全境进行野外地理考察的基础上写成的,本次摘要收入回忆录中。

量在500毫米以下的地区约占国土的16%,分布于中央地带,不宜种植,基本上为牧业带。年降雨量在750毫米以上的地区占国土的50%以上,主要分布在国土的东西两部,适宜栽培热带作物咖啡、茶和香蕉,是坦桑尼亚的主要种植业区。年降雨量在500~750毫米的地区约占国土的1/3,主要分布于中央地带,是农牧业的过渡地带,种植业具有典型的自给性,牧业是重要的辅助。

坦桑尼亚农业深受降雨量季节分配的制约。月降雨量随季节变化而使南北有所不同,形成明显的旱季和雨季。北部靠近赤道,有两个雨季,利于多年生作物如咖啡、香蕉和茶树等生长。向南部过渡为单雨季。从南纬3°向沿海伸至南纬7°的广大地区,每年经受6个月以上的旱季,除高地外,只宜种植耐旱的一年生粮食作物(玉米、小米、高粱)和块根作物(木薯、甘薯等)。

海拔高度与地貌类型是水热再分配和地域差异的主要自然因素,因而也是农业地域分异的关键因素。

坦桑尼亚全年温度变化不大,大部分地区年平均气温在21℃~25℃,年较差一般不超过6℃,日最低平均气温不低于10℃。就热量而言,全年都可以从事农业活动。因此,只要降雨量能满足需要,大部分地区可以一年两熟,但是,海拔高度强烈地影响着气温的变化,从而对作物生长的地域范围和分布上限产生重要的影响。气温随海拔高度的增加而降低,大致在海拔2500米以上的地区,有时出现地面霜冻,4200米以上冰雪覆盖。在可能出现霜冻的高地,热带作物的生长受到严格限制,但可以栽培某些温带作物如小麦、除虫菊等。

与气温的垂直递减规律形成鲜明对照的是,降雨量随海拔高度的升高而增加,达到一定的临界高度后,则反之。例如,乞力马扎罗山的南坡,到达1524米时,年降雨量达2500毫米,再向高处,降雨量则随海拔高度增加而递减,达到4300米以上时,年降雨量减少至250毫米以下。实际上,水热条件随海拔高度的变化,因地而有所不同。这种水热条件的垂直差异限制了作物生长的海拔高度,因而成为作物分布垂直差异的自然基础。

水热条件的结合对作物选择和组合有着重要的现实意义。从全国来看,水热结合最好的地区是沿海地带、维多利亚湖区和高地带。高地年平均气温虽低(10℃~16℃),但降雨量丰沛(年降雨量多在1200毫米以上),可以满足某些喜暖作物的生长,也可以栽培少数温带作物。例如,咖啡和除虫菊既不耐高温也不耐霜冻,所以这儿就成了理想的栽培之地。

坦桑尼亚地形以高原、高地为主体,高原、高地面积占国土面积的80%以上。沿海平原狭窄,不足国土的15%。沿海平原土壤多为黏土和沙砾,气候温热,可以满足腰果、椰子、丁香、柑橘、芒果的生长需要。高原由东部低高原和西部高高原组成,高原面起伏平缓而单调,维多利亚湖区由于主导风向的影响,在布科巴年降雨

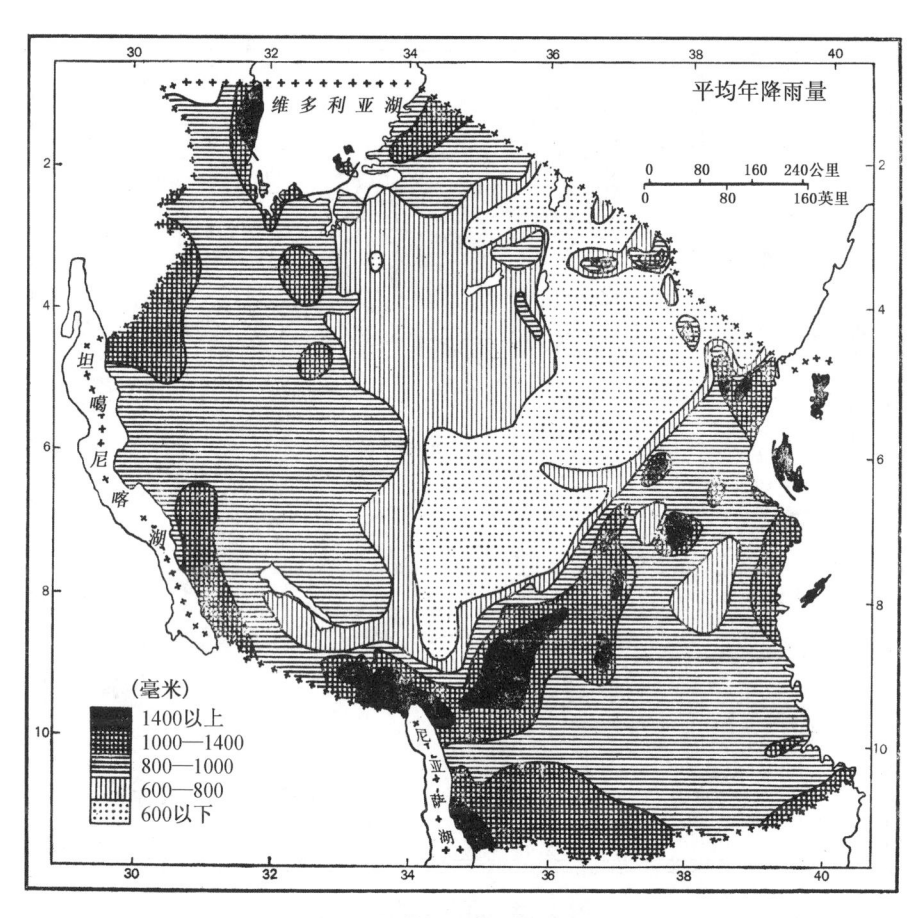

图 1　坦桑尼亚年平均降雨量

资料来源:(英)莱恩·贝里.坦桑尼亚图志[M].北京:商务印书馆,1975:49.

量高达 2000 毫米,发展了罗布斯塔种咖啡和大蕉,湖南的苏库马地区年降雨量不足 1000 毫米,适宜种植棉花。高地由东北带、南带、西带和中央带组成,海拔在 1500 米以上,复杂的高地地形使气候、植被、土壤有着明显的差异。总的来说,高地气候宜人,降雨丰足,土壤较为肥沃,且无萃萃蝇肆扰,为发展多种农业提供了良好的条件,特别适宜栽培阿拉伯种咖啡、茶、除虫菊、小麦、香蕉等。有些地区早已发展了大型种植园农业。

在高原地区,坡向、坡位和坡度直接影响水热条件的空间分配,从而影响土地利用的形式和作物布局。同一海拔高度的气候因坡向和盛行风向的不同而有别。例如,乞力马扎罗山南坡向风,降雨量丰沛,年降雨量在 1100 毫米以上,适宜阿拉伯种咖啡和香蕉的栽培,形成了良好的香蕉—咖啡混作制,而北坡降雨少,其至在海拔 2000 米以上的地方年降雨量也不足 750 毫米,几乎没有开发利用。从坡位利

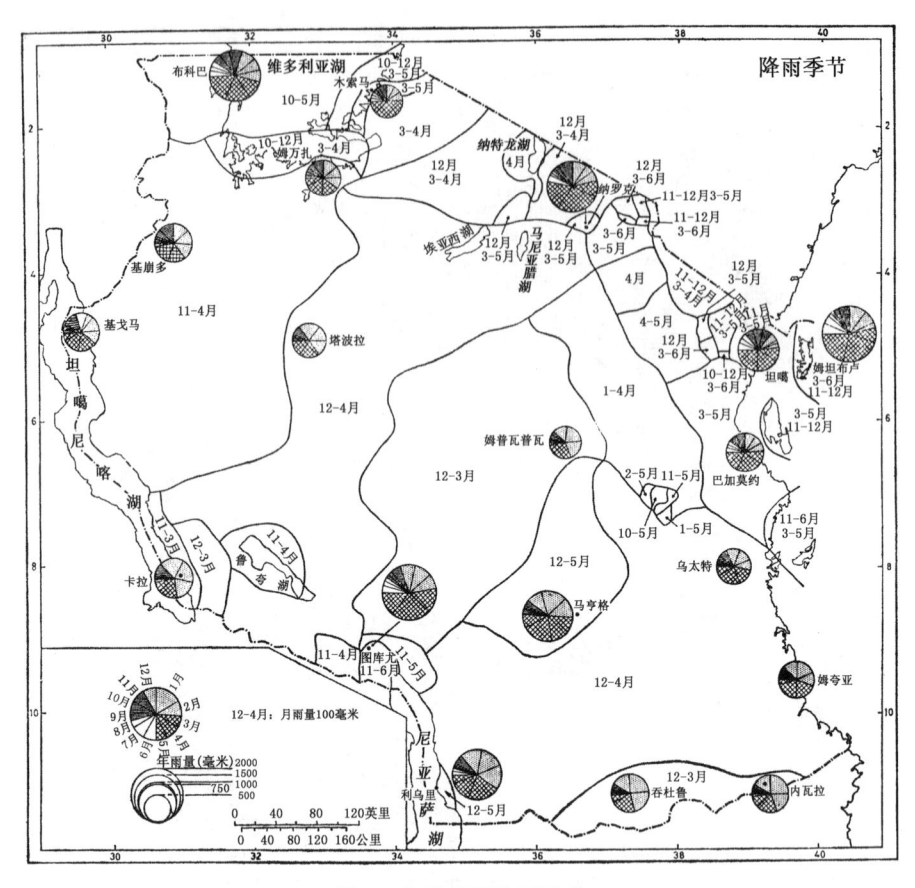

图 2 坦桑尼亚降雨季节

资料来源:(英)莱恩·贝里.坦桑尼亚图志[M].北京:商务印书馆,1975:48.

用来看,上坡干冷,山顶有冰雪覆盖;坡中温暖湿润,宜于农作,已开发为出口作物带;下坡和山麓地带干热,为耐旱谷物牧业带。坡度不仅影响耕作而且影响放牧。在水热结合较好的山区,人口稠密,土地压力较大,陡坡开垦较为普遍,往往在45°以上,仅较少地方有简易的梯田。

表 1 坦桑尼亚主要作物生长的海拔高度和主要产区

作物 \ 项目	分布上限高度(米)	最适生长高度(米)	气温要求(℃)	年降雨量要求(毫米)	土壤要求	主要产区
高粱	2400	900~1500		300~380（生长期）	肥沃	干旱半干旱地区
指状小米	2400	<900		900~1000		较干旱地区

(续表)

作物＼项目	分布上限高度(米)	最适生长高度(米)	气温要求(℃)	年降雨量要求(毫米)	土壤要求	主要产区
玉米	2900	沿海至2400	8～26	400～500	肥沃（排水好）	广泛分布
香蕉	2400	＞1500	温和	1200	湿润	沿海、高地带、布科巴地区
木薯		沿海至2100	温和	＜750	轻质土	较干旱地区
甘薯	2400	＜1800		＜750	轻质土	广泛分布
马铃薯	2900	1200～2900	较冷		肥沃	南部高地
小麦			20℃左右	750～1400	肥沃壤土	高地带
咖啡(阿拉伯种)	2100	1200～1800	＞25	800～1000	深厚、微酸	东北高地带
咖啡(罗布斯塔种)	1700	1100～1400		900～2000		布科巴地区
棉花	1400	900～1300	＜18	500（生长期）	砂质壤土、黑土	苏库马地区
剑麻	1800	＜900		＜1000	红壤	坦噶地区
腰果	1200	沿海至750	高温	750～900	砂质土	姆特瓦拉地区
丁香		沿海	持续高温	＜1500	肥沃	桑给巴尔
茶	2400	1200～2200	温暖湿润	1250～1750	酸性（排水好）	高地多雨区
椰子		沿海至1100	湿热	1250	砂质土	沿海、桑给巴尔
除虫菊		1700～2800	＜15	875～1250	肥沃壤土	高地带

注：本表主要根据 J. D. 阿克兰的《东非的作物》和 L. H. 布朗的《东非农业气候学研究》编制。

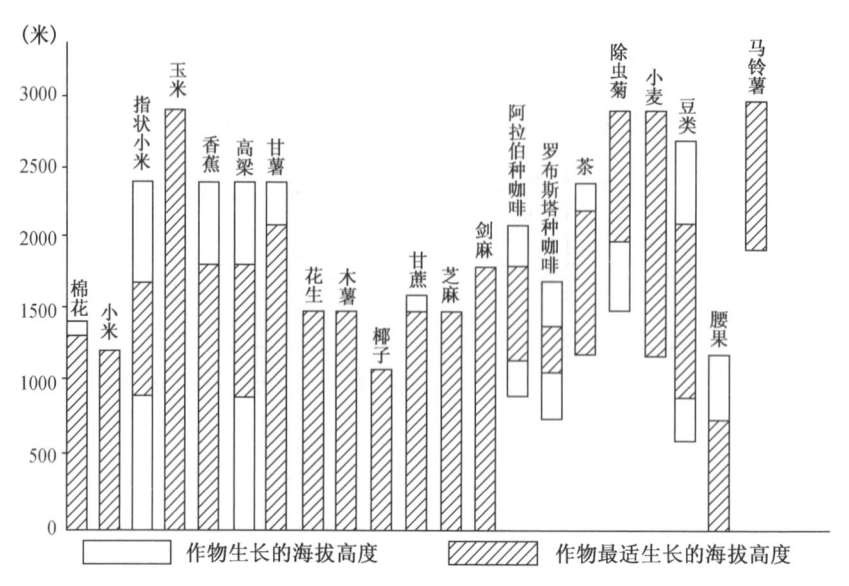

图3 坦桑尼亚作物生长的海拔高度

资料来源：Margan, W. T. W. East Africa[M]. London: Longman Group Limited, 1973.

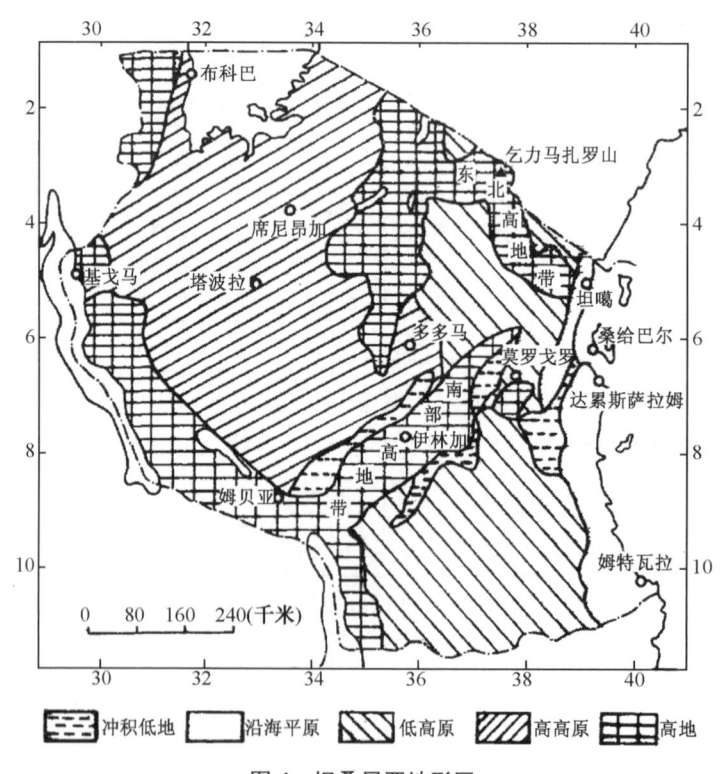

图4 坦桑尼亚地形区

资料来源：(英)莱恩·贝里. 坦桑尼亚图志[M]. 北京：商务印书馆，1975：34.

图 5　坦桑尼亚植物群落

资料来源:(英)莱恩·贝里.坦桑尼亚图志[M].北京:商务印书馆,1975:41.

植物生态环境是水热条件的直接反映,并制约着人类对土地资源开发利用的方式。

坦桑尼亚地处赤道南侧的热带,但因高原地形的影响,热带稀树草原景观取代了热带雨林,植被更为复杂,植物资源异常丰富,既有资源量大的牧草,又有多种可供食用的植物以及优质木材。热带稀树草原面积占国土面积的95%以上。按生态特征大致又可区分为疏林地、稀树草原和灌丛草原三类。同热带非洲其他地区的草原一样,天然牧草的营养价值较低,缺乏豆科草类,草地的载畜量也很低。牧业因主要依靠天然植物,很少补饲人工饲料,因此牲畜质量较低。

疏林地面积约占国土面积的1/2,主要分布在西部高高原和南部低高原。其植被类型的树木细小、树冠郁密度低,地面覆盖草类。在广大的地区属旱区落叶疏林地,常共生有坦桑尼亚的主要经济木材安哥拉紫檀。土壤多砂质淋溶土,自然肥力较低。旱季时,林地缺乏地表水。萃萃蝇是林地内人类经济活动的大敌,至今仍严格限制着土地资源的开发和牲畜(尤其是牛)的饲养,其开垦指数至今不超过3%,大量的宜耕宜牧地尚未开发利用。

稀树草原面积约占国土面积的25%,主要分布于维多利亚湖区和沿海地带,植被以草本为主,也有一些矮树或灌木呈密集或分散分布,树冠覆盖率不到50%。最常见的树木是抗火的风车子属和金合欢属,散生有高大的猴面包树。共生草类有苞茅、狗尾草属和菅属。雨季,草高多在1~2米,为牲畜提供了良好的牧场,是全国人口最集中的地区之一和重要的养牛区。

灌丛草原面积约占国土面积的14%,主要分布于高原的干燥地区,年降雨量多在650毫米以下,不宜耕种,是坦桑尼亚主要的游牧半游牧区。

除上述热带稀树草原外,还有面积狭小的森林和高山植物。森林多属低地和高地的干性常绿林,主要见于高地上。具有开发价值的主要经济树木有罗汉松属、乌森绿心木、非洲黑木、大绿柄桑和安哥拉紫檀。

值得重视的是中央干旱半干旱地区的荒漠化。在坦桑尼亚,年降雨量不足800毫米的地区易引荒漠化,其面积约占国土面积的1/3。严重的荒漠化主要发生在新开垦的农业区。这类土地主要见于维多利亚湖以南、乞力马扎罗以北和多多马的局部地区。许多草场因严重超载和过牧,导致植物退化,甚至变成了不毛之地。

二、坦桑尼亚农业地域差异的基本特征

农业地域差异的形成是自然、社会经济和技术诸多条件相互作用的结果,它反映任何自然环境之间错综复杂的相互作用。坦桑尼亚部族众多,各部族在自然资源的开发利用过程中,形成了各具特色的传统农牧业。大量欧洲移民在沿海地带和高地大规模地发展高度商品化的现代农业,给坦桑尼亚农业地域差异增添了新的特征。

1. 农业经济形态的多样性和地域差异性明显

坦桑尼亚农业具有如下几种农业经济形态:原始的采集、渔猎;迁移农业;粗放的自给半给型牲畜饲养业;粗放的自给型种植业;集约的小商品性种植业;种植园农业;大型牧场畜牧业。

上述农业经济形态代表着坦桑尼亚农业发展的不同历史阶段和生产发展水平。它们在地域上的分布以分散性和相互交错为特征。其总的分布态势是:粗放的传统农牧业主要分散在交通不便的偏远地区,如干旱、半干旱地区和半开发的疏林地区;集约农牧业主要集中在交通沿线、沿海平原和高地。随着生产力水平的提高和资本主义因素的增长,其发展趋势是从粗放向集约、从自给型生产向商品化经济过渡,从而深化农业地域分异的演变,导致新的农业地域类型的形成。

上述七种农业经济形态中,原始的采集、渔猎和迁移农业已处于消失之中,采集和渔猎仅作为某些农牧民生计的补充手段而存在。现代化的商品性种植园和牧场多由国家经营,在农业中虽具重要地位,但不具广泛意义。最普遍的农业经济形态是粗放的自给型牲畜饲养,粗放的自给型种植业和集约的小商品性种植业。

粗放的游牧、半游牧是坦桑尼亚主要的农业经济形态之一,广泛分布于中央干旱半干旱地区,主要的牧民有马赛人、戈戈人等。采用这种牲畜饲养方式的牧民有着与之相适应的社会结构。牲畜归私人所有,游牧的方向、距离和范围,通常取决于水草的自然状况和季节性变化。奶、血、肉作为主食,狩猎、捕鱼和种植少量的玉米作为生计的补充。靠近山区的牧民,通常按照水草的垂直变化情况,进行有规律的上山和下山的季节性游牧。

粗放的种植业和集约的小商品性种植业,是坦桑尼亚分布最为广泛的农业经济形态,主要见于班图语系各族分布地区。班图人大部分是农民而不是牧民,生活来源的大部或全部依赖种植粮食作物或商品作物。分布在疏林地的班图人主要从事粗放的种植业,而分布于高地的班图人则以种植商品作物如咖啡、茶、除虫菊等作为其主要经济活动。但有的班图人则不同,如分布在维多利亚湖南苏库马地区的苏库马人有大量养牛的传统,进行养牛与种植出口作物棉花和粮食作物相结合的混合农业,旱季时在水源附近的草地、休闲地和作物茬地上放牧牲畜。

2. 出口作物的种植主要集中在自然条件优越、人口集中、交通便利的地区

1890年殖民者入侵之前,坦桑尼亚全国以自给性的粮食生产和粗放的游牧为主,经济作物如咖啡、烟草、棉花等生产规模很小,仅供自给和就地出售。随着殖民统治的建立,以生产几种出口作物为主的单一经济逐步形成。殖民统治的前半期是铁路修筑和商品作物剑麻、咖啡、棉花、丁香的大发展时期。1928年之前,乌桑巴拉铁路(坦噶—莫希—阿鲁沙)和中央铁路(达累斯萨拉姆—塔波拉—基戈马和姆万扎)建成通车,为沿海地带的剑麻、东北高地的咖啡、维多利亚湖南苏库马地区的棉花大规模生产提供了可靠的运输条件。1893年引进剑麻,在坦噶试种成功,逐步发展成为种植园经济。20世纪20年代初期成为最重要的出口作物,形成坦噶—科罗圭和基洛萨—莫罗戈罗两大剑麻产区。它们分别集中分布在乌桑巴拉铁路和中央铁路沿线一带。咖啡于19世纪末引种于高地和布科巴,逐步形成高地、湖区咖啡产区。棉花于20世纪初从乌干达引种至苏库马地区,到60年代发展成为出口棉产区。茶树是独立后迅速而稳定发展成为重要的出口作物的,主要种植在高地上的多雨地区,如乌桑巴拉山区、南部高地上的图库尤、穆芬迪等地。第二次世界大战前腰果生产规模很小,战后沿海地带尤其是南部的姆特瓦拉地区已发展成为最重要的产区。出口作物种植的这种分布状况,是殖民政权推行单一出口作物经济政策的结果。

3. 作物的布局与组合具有明显的垂直差异

不同海拔高度的水热状况不同,因而作物分布的上、下限和最适分布高度与海拔高度有对应关系。在热带高原山区,在生物气候的水平地带性和垂直地带性的错综交互作用下,自然条件的地区分异十分复杂,这就造成作物布局和地域组合的多样性。不同海拔高度作物组合固然不同,但同一海拔高度也往往因局部地理条件的差异而有所不同。

坦桑尼亚作物垂直分布的大势是,海拔愈高,需求热量少而水分多的作物愈占优势。具体说来,作物组合的垂直变化规律是:

(1) 沿海地带(海拔 300 米以下)以剑麻、腰果、丁香、椰子、柑橘占优势,粮食作物以玉米、木薯为主。

(2) 低高原(海拔 300～1000 米)以种植业为主,玉米、高粱、木薯和棉花为主要作物。

(3) 高高原(海拔 1000～1500 米)水热条件结合较好的温润地区以香蕉、罗布斯塔种咖啡、玉米、豆类、甘薯为主;在干旱地区,以玉米、小米、高粱、木薯、棉花为主要作物。

(4) 高地(海拔 1500 米以上)为出口作物生产基地,多分布大型现代化种植园。作物组合中除供出口的阿拉伯种咖啡、茶和除虫菊外,香蕉、小麦、玉米和豆类是主要粮食作物。

4. 轮作、间作、混种和休闲普遍而各地不尽相同

轮作的方式主要取决于土壤的类型、特性、肥力以及人们的生产经验和传统习惯。间作和混种仍然被广泛实行。休闲是当地居民用以恢复地力的主要手段。至今仍普遍实行着林地休闲、草地休闲和灌丛休闲。休闲期的长短与土地资源和人口密度有着密切的关系,一般 3～10 年不等。

5. 已垦土地面积狭小,且主要集中在沿海平原、湖区、高地和交通线沿线

坦桑尼亚平均垦殖指数不到 8%,只有沿海地带的坦噶尼喀区、维多利亚湖区、乞力马扎罗山区超过 10%,疏林地的塔波拉地区仅有 2%。广大的内陆已垦地尚未充分利用。种植业以手工劳动为主,锄头和砍刀是主要的农具,不可能进行大规模的开垦,刀耕火种、很少进行田间管理和施肥,作物产量很低。例如,玉米产量每公顷平均只有 1.2 吨,最低的还不到半吨。

三、坦桑尼亚农业地域类型概述

1. 沿海热带出口作物类型

本类型包括沿海平原和桑给巴尔。沿海平原狭窄，缺少发育良好的河口三角洲。年平均温度 21 ℃～27 ℃，年降雨量 1000～1200 毫米。土壤为沙土、沙壤土和黏土。人口密度大，劳动力充足，经济发达，交通便利，对外经济联系密切，桑给巴尔年降雨量高达 1500～2000 毫米，利于丁香、椰子生长。

沿海是剑麻、腰果、椰子、芒果、柑橘、香蕉等主产区，剑麻高度集中在坦噶地区和中央铁路沿线。腰果生产集中在南部的姆特瓦拉地区。果木之间多混种玉米、木薯、香蕉等。桑给巴尔形成了丁香-椰子型农业，椰林中主要混种香蕉和木薯。

本区严重依赖出口作物，深受世界市场价格波动的冲击。剑麻、腰果、丁香生产衰退、植株老化、产量下降，同时面临新产区的竞争，急待恢复和发展。从长远利益考虑，在进一步发挥资源优势的基础上，应逐步调整经济结构和作物布局，继续恢复和发展优势出口作物，开发海洋资源，优先发展海洋渔业，争取海产品出口。

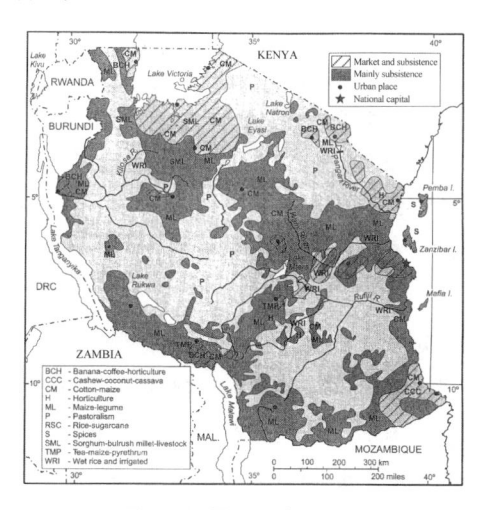

图 6　坦桑尼亚农业区图

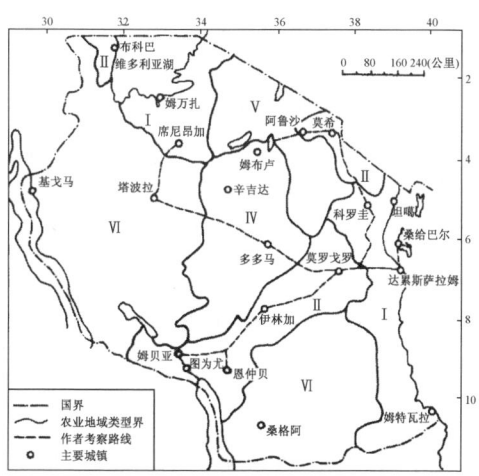

图 7　坦桑尼亚地域类型与作者考察路线图（1984 年）

2. 维多利亚湖区棉花、谷物、养牛类型

分布于湖南的苏库马地区,地形起伏平缓,年降雨量 500~900 毫米,多肥沃黑土,植被为稀树草原,利于植棉和养牛,是全国最重要的产棉区和主要的养牛区。粮食作物主要为玉米、小米、高粱、豆类、木薯、马铃薯等。

本区人畜密度大、分布集中,水土资源压力大。长期的烧荒和过度放牧导致土壤肥力下降和草场退化。棉花品种杂、病虫害严重、管理粗放、产量很低,需改进棉花栽培管理技术、选用良种和施肥以提高单产。从长远利益考虑,应进一步发挥养牛业的优势,改善草场供水和管理,选择良好的地方建立商品性养牛基地。

3. 高地集约商品性农业类型

本类型分布于人口集中、经济发达、交通便利的高地带和维多利亚湖西的布科巴地区。高地带雨量丰沛、水系发育、土壤肥沃。年平均温度 10 ℃~16 ℃,年降雨量 1200 毫米以上,布科巴年降雨量高达 2000 毫米。自然条件有利于咖啡和大蕉的栽培,形成了良好的咖啡—大蕉间作制。集约化和商品化程度远高于其他类型地区,是全国主要出口作物咖啡、茶、除虫菊的生产基地。

东北高地带人口压力大,陡坡开垦普遍而严重,乞力马扎罗山耕作上限已达海拔 2800 米。南部高地大量土地资源尚未开发。应实施水土整治规划,限制陡坡开垦,充分发挥水土资源优势,巩固和发展出口作物咖啡和茶的生产基地。

4. 中央高原干旱半干旱地带农牧业类型

本类型广布多多马、辛吉达和姆布卢地区,气候干热,年平均温度 16 ℃~29 ℃,年降雨量可达 800 毫米,12—4 月为雨季,旱季长达 7 个月,植被以灌丛草地为主,土壤多为红壤。宜旱作和养牛,是全国主要的农牧交错和重要的养牛区之一。耕地分散在牧地内,距离住房不远,小米和高粱为主要粮食作物,花生和烟草为经济作物。

农牧业主要的问题:作物常因降雨量不稳定而减产或失收;牲畜常因周期性干旱和东海岸热病遭受重大损失;人畜大量增加和过度利用,导致土壤肥力下降、植被退化和贫瘠、载畜力下降。开发地下水是稳定农牧业长远之计。选择适宜地区,加强水草管理和开发地下水以建立商品性养牛基地是可行的。

5. 马赛灌丛草原游牧半游牧类型

分布于中北部广大的灌丛草原地区,年降雨量 500~700 毫米,旱季长达半年以上,宜牧。居民主要为游牧民族马赛人,善于养牛和狩猎,以奶、血、肉为主食,采

集、渔猎和种植少量玉米仅为生计的补充手段。水草条件的季节性变化,使得牧民不得不实行逐水草而居的游牧生活。

水草不足,加之反复烧荒和过牧,使植被和草地遭到破坏,载畜能力下降。每年6—11月旱季为牲畜饥饿期,往往造成牲畜严重掉膘和死亡。开辟水源、加强牧草管理、适当限制烧荒和逐步引导牧民定居,是保护水草资源和改善生态环境的良好对策。

6. 高原半开发种植业类型

本类型包括西部高高原和南部低高原。地形单调而平缓,年降雨量750～1250毫米,11—4月为雨季。植被主要为疏林地。土壤多为淋积强氧化物土壤。人口稀少、交通不便、经济落后、土地资源潜力大。

耕地主要呈岛状分散在交通沿线和居民点周围。农民几乎完全依靠锄头和砍刀从事粗放的种植业,玉米、小米、高粱、木薯、甘薯、豆类为主要自给型粮食作物。烟草、花生和棉花为经济作物。采蜜是少数居民一项重要的经济活动。

土地开垦率低(2%),刀耕火种,耕作粗放,生产力水平低下,萃萃蝇仍是水土资源开发主要自然障碍。

为发挥土地资源优势,应有计划地清除萃萃蝇,改善交通并实施移民计划,以逐步开发水土资源。例如,西南边区的乌菲帕高原可开发为商品性养牛基地。在已垦地区推广先进耕作技术,提高作物单产。

四、几点认识

(1) 坦桑尼亚具有巨大的自然资源开发潜力,应组织力量进行全国性的以水、土、热、生物为主的农业自然资源调查,编制全国性农业资源类型区划,确定各类型区的优势农业资源作为土地开发利用的基础。

(2) 坦桑尼亚适宜种植和放牧的土地潜力较大。在全国92%的未垦土地中,约1/2主要用作放牧地,约40%的土地因萃萃蝇为害尚未开发利用。应系统地查明宜垦宜牧地的数量、分布、质量、开发条件,选择适宜的地区建立大型商品性农牧场,为国家提供更多的农畜产品,并考虑选择条件优惠的地区实施移民计划。

(3) 对全国8%已垦土地利用方式进行全面调查和综合评价,提出土地利用的合理方案、建立合理的土地利用结构。本着农村发展紧密联系自身社会和整个社会成员物质和精神成熟程度的原则,突出"乌贾马村"的调整意见。村址的选择和规模的确定,应与当地自然资源条件和环境的承受力相适应。

(4) 改进耕作技术、逐步取代刀耕火种;推广施肥、逐步取代休闲和烧荒;选育良种、调高单位面积产量。尽量做到作物"适地而作"、牲畜"适地而养",达到社会、经济、生态三大效益的协调。

(5)查清现已利用的草场类型、分布、供水点的分布及其供水能力;畜群组成、放牧形式及其活动范围和规律等。在此基础上,确定草场的合理载畜量、合理畜群结构、合理经营方式。采取有效措施逐步引导牧民定居;改变单纯追求牲畜数量而忽视质量的传统观念,提高牲畜的产品率和商品率;开发水源和加强牧草管理,逐步恢复和提高草场的生产力与载畜力。

参考文献

[1] Morgan. WTW. East Africa[M]. London:Longman Group Limited,1973.

[2] O'connor A. M.,Buchanan R. O. An Economic Geography of East Africa[J]. Erdkunde,1967.

[3] Maro,P. S. Land:Our Basic Resource for Socio-Economic Development[J]. Tanzania Notes and Records,No. 83,1980:31 - 38.

[4] Berry I. Tanzania in Maps[M]. London:University of London Press Ltd.,1971.

[5] Darkoh M. B. K. Desertification in Tanzania[J]. Geography (67):320 - 331.

[6] Acland J D. East African Crops[M]. London:Longman Group Limited,1973.

[7] Brown,J. H.,Cocheme J. A Study of the Agroclimatology of the Highlands of Eastern Africa[S]. Secretariat of the Word Meteorological Organization.

[8] Mackenzie. W. The Livestock Economy of Tanzania—A Study of Beef Industry[J]. East African Literature Bueeau,Dares Salaam,1977.

肯尼亚
——野生动物的天堂

内罗毕大学访问研究活动札记

一、肯尼亚最高学府内罗毕大学

  1998年10月,我受教育部委派,以高级访问学者的身份赴肯尼亚内罗毕大学进行为期半年的访问研究。这次行程是教育部国际合作司亚非处安排的。我和其他访问学者乘瑞士航空公司的飞机从北京首都国际机场起飞,途经瑞士苏黎世转机,抵达苏黎世时已是晚上12:00多。迎宾客栈派车接我们住进了一家航空客栈,第二天晚上再乘这家航空公司的航班直飞肯尼亚首都内罗毕。此间正值白天,时间比较充足,我乘地铁到市中心走马观花式地领略了城市风貌。大街小巷甚为整洁,但行人不多,小孩也难得一见,所能见到的大多是老头老太。这时我才意识到,这就是老年社会的一个缩影,没有多少朝气。

  当飞机抵达肯尼亚内罗毕国际机场时,我国驻肯尼亚大使馆的一位秘书小冯和内罗毕大学地理系的系主任蒙盖先生一同前来接机。根据两国的交换学者交流计划,我们在内罗毕大学的费用是由该大学承担的。入校注册、住处等的安排需要几天时间,所以冯秘书首先把我们接到我国驻肯尼亚经商处客房住下,待与内罗毕大学联系安排好,再接我们搬到新的住处。

  1998年11月2日下午2:30,冯秘书来接我们去内罗毕大学拜访研究院院长尼亚加先生。他十分热情而客气,请我们稍坐片刻并填写来访者登记册,寒暄之后,他陪我们去地理系。系主任蒙盖先生已安排小型欢迎会,让我们与5~6位教师见见面,互相介绍。系主任致简短的欢迎词,冯秘书致谢,接着我也表达了来学习和做好研究课题的愿望,并希望今后双方保持联系和合作研究。最后,与会几位教师也表示了欢迎。尼亚加院长表示希望我们先安顿下来,然后开始实施我们的研究计划。整个欢迎仪式持续了一个多小时。

  欢迎会结束后,冯秘书和蒙盖先生陪我们一道去落实我们的住处。一开始找了一家离大学较远的普通旅馆,冯秘书进去看看,觉得居住条件较差,要求另选一家。最后在距离大学很近的一家宾馆选中一标准间,实际上是一套间,卧室有两张床,连接卫生间,外室为一宽敞的大客厅,连着厨房。我将床搬进大客厅,客厅内有写字台、长沙发、茶几,十分敞亮,活动空间也比较大。每天有男服务员负责打扫和整理床铺。这家宾馆环境十分优美,一楼有一间图书室,对客人开放,有专职管理员。宾馆前是一开敞空间,由花园和露天健身场组成,可以在广场上举行舞会或婚礼。这里距内罗毕大学本部不远,大约步行10分钟可达。

肯尼亚全国共有5所公立大学,时任总统莫伊兼任5所大学的校长。内罗毕大学为全国最高学府,也是东非最有名的高等学府。内罗毕大学始建于1956年,是英国伦敦大学东非学院本部设在乌干达首都坎帕拉的分校,1963年成为东非联邦大学的大学院。1970年英国伦敦大学东非学院一分为三,肯尼亚内罗毕大学正式独立,成为与乌干达的麦克雷雷大学、坦桑尼亚的达累斯萨拉姆大学齐名的三所知名大学之一。内罗毕大学学科结构设置分为大学院、学院和系。内罗毕大学在东非大学中学科设置是最齐全的,设6大学院:农业和兽医科学院、建筑与工程学院、生物与物理学院、教育与校外学习学院、卫生科学学院、人文和社会科学学院。此外,还设有7个研究所:干旱地区研究所、原子能科学研究所、住房与建筑研究所、发展问题研究所、非洲问题研究所、外交与国际问题研究所、人口研究所。当时在校本科生1.5万人,研究生1500人,教学研究人员1500多人,行政职员4000多人,可授予学士、硕士和博士学位。

图1 内罗毕大学本部校门前留影
(1998年10月)

图2 内罗毕大学本部校园内留影
(1998年10月)

我国驻肯尼亚大使馆在帮助我们安排好在内罗毕大学开展研究课题所需要的一切相关手续后,为表示对内罗毕大学的感谢,特在内罗毕一家中餐馆"江苏大酒家"举行了一次招待餐会,邀请了肯尼亚教育部委员原教育部外事司司长、内罗毕大学副校长、研究院院长、地理系主任,中方出席的是安永玉大使、魏参赞、冯秘书,我与庄老师作陪。我们在酒家等到下午1:00,肯尼亚方只来了研究生院院长尼亚加先生和地理系主任蒙盖先生,其他要员未到,可能是找不到这家酒家所在的地方。尼亚加先生说，中餐与肯尼亚食物很不一样。服务员端上了一道大龙虾放在桌上，转动了一下转盘请就餐客人看一下，大龙虾在国内属高档菜，一般是吃不起的，但在肯尼亚十分便宜，因为当地人不吃。蒙盖先生不敢吃，我说你可以尝一尝，这道菜在中国是招待贵宾才上的一道菜，味道鲜美，但价格昂贵。蒙盖先生品尝了一下，感觉味道不错。北京烤鸭是道名菜，但他们从未吃过，其他小吃他们也几乎没吃。我看他们也不太喜欢吃油炸食品，只捡了一些简单的菜，这么丰盛的一桌高档大餐，他们没有真正尝到中国的美食，我为此多少感到有点遗憾。这就是两国不同民族饮食文化的巨大差别的反映，在交往中要注意对方的饮食文化和饮食习惯。

图 3　内罗毕大学校本部教学楼前留影（1998 年 10 月）

图 4　与内罗毕大学地理系助教合影（1998 年 12 月）

11 月 5 日上午，大使馆雇用的汽车司机约翰开车到经商处接我们住进住处。地理系派助教莫龙格陪我们到附近超市买些食品和餐具，餐具由大学提供经费购买，研究生院院长尼亚加先生曾表示帮我们买些餐具。我们为了尽量为大学节省费用，选了几件最便宜的餐具，总共花了 1568 先令，钱我们自己支付了，没有请他们报销。我们买了面包、果酱、牛奶、炸土豆片、饮料、香蕉等。当时正是午饭时间，我们请莫龙格一块儿吃了顿简餐。下午，有人为我们抬来了一台 21 寸的日产彩电，以及一张方桌和两把椅子。

11 月 6 日上午 9：00 多，司机约翰开车来接我们去联合国人居署与环境署总部参观。大使馆冯秘书已请我国驻联合国人员中的一对夫妻帮我们买了 5 袋大米（每袋 5 千克）和 7 袋面粉（每袋 2 千克）。他们吃的米、面都是从澳大利亚和阿联酋进口的。我们参观了这处联合国分支机构的工作环境和生活环境。这对夫妻是我国外交部派驻的常驻联合国工作人员，一直干到退休。

在约翰开车返回的路上，我们专门来到一郊外农贸市场。该市场占地面积很大，有点像中国的大型农贸市场，大棚封顶，长形排档式农产品分类排列，个体摊位自主经营，主要销售瓜果和蔬菜，任顾客挑选，也可讨价还价。这儿出售的农产品比市内超市要便宜而且也较新鲜,所以很多外国人常开车到这里选购果蔬,尤其是周六,来此选购果蔬的外国人特别多。

晚上,地理系主任蒙盖来访。大约6:00,我听到门铃响了一声便去开门,但不见人影,我叫了一声哪位按门铃,这时蒙盖先生从楼下上来了,我才知道是系主任来访。后来我打听到,肯尼亚人访客都是这一习惯,敲门或按门铃后,不像我们在门口等候主人开门,这就是不同民族的传统习惯。

二、我成了"家庭妇男"

1982年7月—1984年7月,我在坦桑尼亚达累斯萨拉姆大学的两年进修生涯,全在学生食堂饭来张口,入乡随俗,学生吃什么,我就吃什么,自己从不做饭,也没有条件做饭。这一次,在东非四国为期一年的高级访问研究生活没有免费吃饭的地方了,一切全靠自己"自食其力"。好在1991年12月至1992年6月,我在美国伊利诺伊大学的高访研究生活中,"自食其力"学做饭菜,当了一回"家庭妇男",多少练了一点自做自销的饭菜,摸索到了一点养口活命的本领。在内罗毕大学的半年,柴米油盐全靠自己当家做主。要想填饱肚子或者调剂一下胃口,除了练点厨艺,还得善于跑菜市场和食品超市。在内罗毕,我主要去离住处不远的乌丘米超市和稍远点的城市农贸市场采购。俗话说"民以食为天""巧妇难做无米之炊",所以住进住处后乍一安顿下来,我便迫不及待地去附近打听超市和菜场。在当地人的指引下,我很快找到了距住处步行10来分钟的一家超市"乌丘米"。超市的内部商品布局跟国内超市布局模式大同小异。我出生在沛县,喜食面食,主要采购切片面包、牛奶、果酱、鸡蛋等当作每日早餐。另外,我采购了麦粉和玉米粉,自己制作烙饼作为中、晚餐主食。我还喜食木瓜、芒果、柑橘。水果的价格比国内便宜,但蔬菜比国内贵,我主要买些洋葱、西红柿、包菜、土豆。非洲人不吃大蒜,也不会种,这家超市内出售从中国进口的大蒜,但价格昂贵,当时的标价合人民币每千克48元。这家超市是不设肉类和水产品专柜的。我只好另找菜市场。在距这家超市10多分钟步程处,有一家大型的城市农贸市场,内分两大市场,一为肉类和水产品市场,一为果蔬市场。在果蔬市场所需果、蔬都可以买到。摊位布局跟中国相似,小摊一个挨着一个,排档式,整整齐齐,任顾客挑选,也可还价。只要是当地人日常吃的水果和蔬菜,价位一般不高,平常人家都吃得起。我到这家农贸市场从不采购水果和蔬菜。我主要是采购牛肉和鱼。我知道当地人是不吃牛、羊、猪下水的,所以在肉类商店里是看不到肝、肚、心、肠、蹄等类产品上柜的。在肉类中,我喜食牛肉;水产中,我喜食鲫鱼。每周我都到这家市场采购牛肉和鲫鱼。这里牛肉中的腱子肉是廉价出售的,比牛其他部位的价格便宜一半,这一点跟中国大不相同,国内牛腱子肉比牛腩肉要贵。所以每次去买肉,我都抢先去找腱子肉,买上几斤,这相当于国内的买一送一了,何乐而不为？这是为什么？经打听和分析,这可能与当地人招待客人吃饭的习惯有关。因为腱子肉含有牛筋,牛臂部的肉比较均一,这可能是非洲人的待客之道吧,纯心相待。鱼市只有两种鱼,非洲鲫鱼和尼罗河鲈鱼,每条鱼都重1千克以上,两种鱼价格一样,任由选购。我喜欢吃鲫鱼,所以每次都买上两条,价格不算贵,但这儿没有活鱼出售,不过都比较新鲜。

图5　内罗毕郊区农贸市场(作者摄于1998年11月)

在内罗毕的半年,我主要依赖乌丘米超市和这家城市农贸市场。但有时我也去露天农贸市场,那里主要是小摊贩经营,各类蔬菜和水果都可以买到。这儿购物不用称,论"个"或"堆"要价,一般不还价。看好了,就按照他的要价去买。肯尼亚属热带地区,一年到头不缺水果,水果流动摊位很多,也比较便宜。尤其是芒果上市的季节,随处可见流动摊贩。内罗毕地区的芒果品种多,个头大,不论大小,论个一个价任由挑选。熟透的芒果味道香甜,营养价值很高,富含维生素A和C,还含有蛋白质、钙、磷、铁等营养成分。中医学认为,芒果具有清热生津、解渴利尿、养胃止咳等功效。因此,芒果除食用外,还可入药,果皮、果肉、果核和树叶均可入药。

亲历内罗毕大学挑头闹学潮

对"学潮"一词,大家并不陌生,通常指学生对政府或教育部门所制定的一些政策有所不满而掀起的风潮。在内罗毕,闹学潮并不鲜见。我在内罗毕大学访问研究期间,亲历了 1999 年 1 月 30—2 月 1 日连续 3 天的学潮,不仅实拍了照片,而且把耳闻目睹的学生游行和警察镇压的实况也记录了下来。

一、1999 年 1 月 30 日日记

今天上午 9:00 多,我正在宾馆撰写研究课题论文,突然听到外边有尖叫声,我所住的客房西间正靠一条马路,我走出西间站在凉台上,打开窗户,看到约 200 名学生,有的手里拿着青树枝领头,从大学学生宿舍区沿着马路向东南行进。我随即下到一楼宾馆图书室,问图书管理员学生游行是为什么。他回答说可能是因为"Karura Forest",这事已闹了好几个月了。但我没注意这件事,只是从 KTN 电视报道和报纸上看到有关报道,没有详细了解。今天上午,我就没出去看看学生如何游行。中午 KTN 午间新闻报道了内罗毕大学校本部学生暴乱,用"暴乱"一词,使我感到了问题的严重性。

下午 2:30 左右,学生又从宿舍区出动,沿马路向东南游行,向大学路上的一处十字路口中心周围会聚。十字路口中心转盘半径大约 30 米,是市内交通枢纽,十字路口东北侧便是内罗毕大学校本部。大学南门穿过大学路就是加油站。这时我也走出宾馆,走向十字路口亲眼看个究竟。动乱的场面触目惊心,能砸的就砸,能烧的就烧。我看到有些学生将水泥块摔成碎块作为工具,砸向过往的车辆。我亲眼看见两辆小轿车从南向北开,刚到北段路口,一名学生手拿水泥块对准司机砸去,玻璃镜被砸碎,幸好司机在右侧驾驶,否则难逃被砸伤或砸死的命运,大转盘中心树立的钟和各类指示标牌全被砸坏。路边的一棵行道棕榈树被点火烧着了。这种棕榈树高大挺拔,但树冠不大,上层叶青,下层叶老枯死,很容易着火,大约烧了 20 多分钟。持续 1 个多小时的动乱后,我突然看到学生惊慌地往后跑,越跑越快,我顿时感到可能警察出动了,便也跟着学生往回跑,听到警车声时,我已跑回到宾

馆的入口处,看到一辆水枪车开路,两股水喷出 30 多米,驱赶学生,随后紧跟一辆吉普车(指挥车),后跟三辆警车,两辆车上为穿蓝色警服的警察,一辆车上为穿迷彩服的警察,沿着我窗下的马路向北追赶学生。突然,从宾馆出入口东侧的围墙外侧,扔来两颗催泪弹,霎时浓烟滚滚,我第一次感受到了这种浓烈的刺鼻气味,眼泪不住地流,强烈的刺激几乎使我喘不过气来,难以忍受,我急切地跑入宾馆,同时听到警察向空中打枪。我以为这下子学生不会再闹了,谁知过了大约半个小时,学生又从宿舍区集结出动,沿路向东南前进,走到与尼雷尔路交会处,学生与警察对峙,学生用石块、水泥块向警察扔去,警察也用石块还击。水车喷水开道,防暴警察下车,手持警棍与防弹盾或钢盾,戴头盔,跟在水车后一齐向学生进攻,可见不少摄影记者扛着摄像机紧跟现场拍摄,有的用相机拍照,其中有一名白人女士扛着摄像机,紧跟学生拉锯战式地进进退退。大约持续到下午 4:00,又开来了一辆水车(一种装甲车),这次喷出的是绿色液体,可以伤人。这时我抢拍了 6 张彩照。双方相持到大约下午 6:30,学生收兵打道回宿舍区。在宾馆附近,学生与警察的拉锯战中,学生用路边石块、木棒、路边树干枝、水泥大缸等设路障,拦劫警车。我亲眼看到这一场面,只见警察在追赶学生时,有一位穿红色衣服的学生没有逃掉,几个警察用警棍追打他,学生摔倒又爬起来沿尼雷尔路向西南方向逃跑,结果还是被警察抓住了。

此外,从电视上看到,一群大学生拦截大客车,把乘客赶下车。学生挤满了车,车顶上也挤满了学生,在那里与警察发生了严重冲突,有的学生被打伤了,一位女生头部受重伤。

二、1999 年 1 月 31 日

韩梅(中国国际广播电台斯瓦希里语组播音员)在内罗毕大学进修斯瓦希里语一年,即将回国。我们原计划今天 12:30 请小韩来住处聚餐,为她饯行。上午 9:30 左右,学生又从宿舍区出动了,但声势不如昨天那样大。我们大约 11:00 到小韩住处为她饯行,11:30 返回,经过一路口处,看到学生在教堂集会,有人在演讲,我们没有去听,警察虽没有放催泪弹,但气氛仍很紧张。回到住处后,我赶紧去城市农贸市场买条鱼回来。为了安全,我只能绕道去城市农贸市场,从地道穿行至大学本部,走出学校正门向右拐直奔城市农贸市场。穿过马路便是警察局,只见一辆警车上装满了穿迷彩服的军人在车上待命。我赶紧到城市农贸市场买了一条非洲鲫鱼往回跑。刚到警察局时,看到院内有两辆防暴警车,一辆正从大门开出,我估计双方又要开战了。

图1 内罗毕大学校外马路
（作者摄于1998年10月—1999年4月）

下午不到3:00，学生又从宿舍区出动了，还是沿着原路线行进。我又出去看了看动静，再一次走到了大学路，只看到大转盘周围能砸的全砸光了，路灯都被拔起当作路障。这时也有汽车来往，只见学生已不再砸车，光大声起哄。下午6:00多，我到地道处看学生的动态，只见50多位学生坐在地道上起哄，几辆车向北开，学生拦住车，一名学生趴在司机窗口，后边是一名学生手拿着一张纸币扬扬手，还有一对年轻男女向南走去，几名学生跑过去献上一束红花，大家跟着起哄，我因距离太远，听不见他们在说什么，也不知道他们在做什么，也可能是与那些打、砸、烧的学生持不同的意见。大约下午7:00，我与几位同学交谈，问他们对学潮的态度，他们说也是来围观的，也不支持砸东西，学校是不支持的。据说，市民一般也不支持学潮。在城市农贸市场买菜时，我问一位卖鱼的女士，她说不怎么支持学潮。据说，学潮背后可能有反对党支持。

三、1999年2月1日日记

今天上午近10:00，我去地理系，路上碰见一位高中男教师，我问他是否支持学生，他说支持，说今天上午肯雅塔大学在斗争，下午2:00内罗毕大学本部学生开始斗争。我到地理系后，系主任表示不支持学生闹，在做学生的工作，要学生不要出来。我问系主任，学校是否会被政府下令关闭，他说还没有接到通知。谈完话后，我赶快离开学校，到附近乌丘米超市买些食品，以防学生天天闹学潮出行不方便。12:30多，我赶回住处，走到大转盘时发现大钟已重新安装好，学生已开始向大转盘集中，我当时估计，学潮斗争规模更大。下午1:00左右，警察已在一处路口处守卫。1:20我听见警笛声。2:45我沿着大教堂墙边观望，只见学生主要在内罗毕大学南门与警察对峙。3:00,警察追过来,我退到所住宾馆外观望。警察与学生来回拉锯战,警车没有出动。5:00以后,道路上渐渐安静下来。6:00多,我站在所住西间凉台上向楼下马路观望,发现有3位学生手提着旅行包向东南去,这时我马上意识到学校可能被下令关闭了。我下楼到图书室,图书管理员告诉我说现在学校就关闭了,我以为从明天开始关闭学校。我从下午7:00晚间新闻的新闻报道中得知学校已关闭,我立即跑到大街上看看动静,发现大街上已基本没有学生了,车辆通行已恢复正常,有学生已背着行李回老家了。学校从晚上6:00开始放假。晚上9:00晚间新闻,莫伊总统在群众大会上用斯瓦希里语针对学生动乱问题发表讲话。我不懂斯瓦希里语,不了解总统发表讲话的内容,只知道什么时候学校复课要等待另行通知。

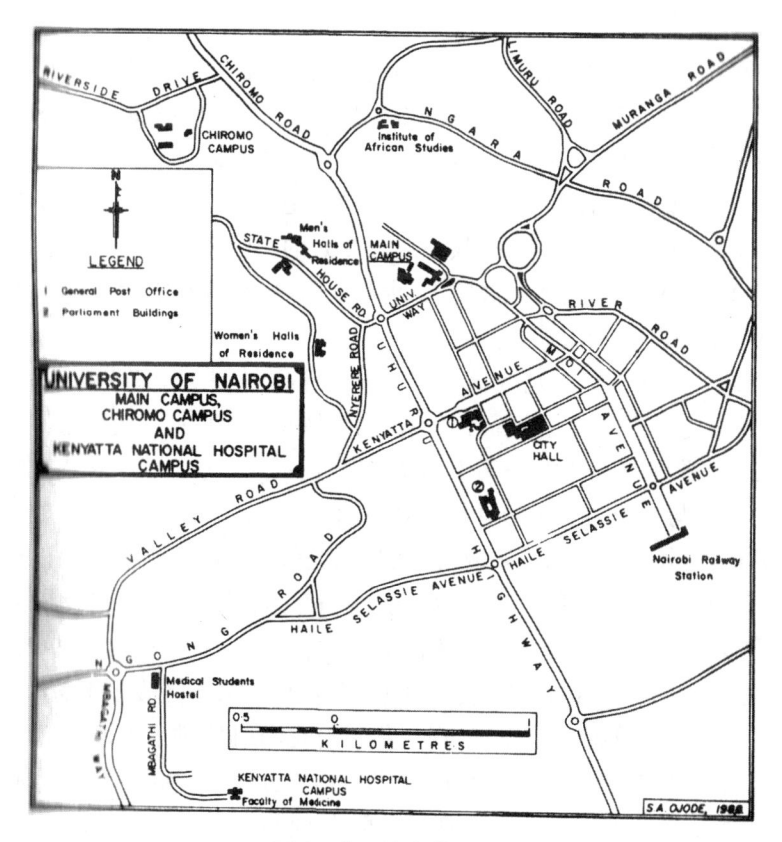

图2 内罗毕大学区位图

东非高原上的凉爽之地——内罗毕

一、非洲小巴黎——内罗毕

内罗毕是肯尼亚首都和全国第一大城市,坐落在国境西南部的肯尼亚高地上的内罗毕河河岸。虽地处赤道附近(北距赤道 45 千米),但由于地势海拔较高(1662 米),气候凉爽宜人,年平均气温只有 20 ℃,很少超过 27 ℃,年降雨量可达 1000 毫米,每当夜幕降临,凉风送爽,令人倍感舒适,夜间需盖上毛巾被。

据记载,内罗毕地区是早年游牧民族马赛人的游牧地区。马赛人在此地放牧时,发现这里的一条小河河水凉爽宜人,水草丰盛,便称其为"内罗毕",马赛语意为"冷水之地",内罗毕因而得名。

1891 年,英帝国东非公司为掠夺东非内地资源,在此设立营地。1895 年 6 月英国政府宣布乌干达以东的英国势力范围为英属东非保护地。英国殖民当局为掠夺东非内地资源,修筑蒙巴萨—乌干达铁路时,选择内罗毕为联络和集散物资的要站,承担蒙巴萨与乌干达之间的补给。1901 年 12 月,从蒙巴萨至基苏木的"乌干达铁路"建成,全长 870 千米。1907 年,英东非保护地政府将首府蒙巴萨迁至内罗毕。随着殖民统治中心的转移,大批的欧洲移民涌入,英国的殖民统治不断强化,城市人口迅速增加,内罗毕逐渐发展成为东非的一座重要城市。1963 年 12 月 12 日,肯尼亚独立后,内罗毕被定为国家首都,从而进入新的发展时期,城市建设日新月异,各项基础设施日趋完善,现代化建筑也与时俱进地不断出现。每逢周末,我常步行观赏城市风光,城市干道布局有致,十分通畅。整个市区绿树成荫,街头绿地很有特色,花团锦簇,无论走到哪个角落,都可观赏到茂盛生长的热带植物,或遮天蔽日,或丛丛簇簇。繁花茂枝,芬芳吐艳,呈现出一派奇花异草争奇斗艳的热带风光,把整个城市装扮得宛如世外桃源,难怪内罗毕享有"阳光下的绿城"之美称,拥有"东非小巴黎"的美誉。现有城市人口已超过 200 万人,成为了一座现代化的国际大都市。

图 1　内罗毕自由广场(作者摄于 1998 年 12 月)

市内的自由广场占地面积较大,这是我常去休闲的地方。每到该广场,我都习惯性地远眺市内的肯雅塔国际会议中心,大厦为城市标志性建筑群。该中心大厦位于哈朗比大街,1973 年建成,耗资 3050 万美元,我曾有机会亲至。大厦为一塔形建筑,共 31 层,高 110.4 米,整个建筑包括大会堂、宴会厅、行政大厦三部分。最顶层为旋转式餐厅,每 48 分钟旋转一周,登此就餐,鸟瞰全城,城市美景尽收眼底。大会堂建筑具有非洲特色,外形似蘑菇,内部为圆形结构,可同时容纳千人集会,配有多种语言的同声传译装置,世界级和地区级的国际会议常在这里举行。会议中心门前广场中央耸立着高 5 米的肯尼亚首位总统肯雅塔的铜像。中心大厦显得雄伟、庄重、美观,已成为内罗毕的城市象征。

内罗毕是世界著名的旅游胜地之一,它以奇特的赤道城市风光和非洲文化景观吸引着世界各地的游客。市郊 8 千米处的内罗毕国家公园是游人向往之地,占地面积不大,只有 120 平方千米,是肯尼亚最小也是最古老的一处天然野生动物园,可观赏到多种珍禽异兽,有狮子、猎豹、狒狒、犀牛、斑马、羚羊、野牛、长颈鹿、鸵鸟等。

内罗毕虽深处内陆,但交通便利,是全国的交通枢纽,铁路、公路均较发达,公路网连接全国主要城镇。国际机场已与世界 30 多个国家开通有定期航班。

二、参观东非最著名的博物馆——肯尼亚国家博物馆

一天,大使馆冯秘书开车来接我们,陪我们去参观肯尼亚国家博物馆。该馆坐落在内罗毕西北角,诺弗尔饭店以北约 1.5 千米的小山丘上,始建于 1910 年,1930 年重建。该馆以其丰富的历史文物收藏、科学的分类以及多种学术活动而成为东非生物考古的科研机构和科普活动中心。

这些出土实物为"非洲是人类的起源地"这一考古学观点提供了有力的证据。此外,引人注目的是考古厅内有 200 万年前的巨象化石。在石窟壁画展室中有一幅壁画,从这幅壁画中可以看到距今约 2.9 万年前的远古人类的生活场景,还可以看到成群的羚羊,狂奔的野马,已经完全直立的人在森林中与野兽群搏斗。在禽鸟馆的数十排玻璃柜内藏有 900 多种鸟类标本,其中还有鸵鸟。此外,该馆还展出了从肯尼亚滨海省出土的数十件中国明、清时期的文物,其中有青花瓷盘、瓷碗、茶具、瓷瓶等,有的已经破碎,但依然可见"大明嘉靖年制""大清""长命富贵"等字样。另外,我们还看到了肯尼亚各民族的武器、装饰品和首饰的展品。

三、巡游非洲艺术奇葩——乌木雕刻手工艺品市场

凡是有机会到过非洲的外国人,大都要趁机寻找非洲手工艺品市场,选购一些独具民族特色的雕刻工艺品,有木雕、牙雕、石雕、牛角雕、铜雕等,带回国自己珍藏,或者送给亲朋好友,否则难免会留下一点遗憾。20 世纪 80 年代初,我在坦桑尼亚达累斯萨拉姆大学两年进修研究期间,常去乌木雕刻市场,回国时选购了不少乌木雕刻艺术品赠送给亲朋好友和非洲研究所的同志们,作为最好的纪念礼物。这次我在内罗毕大学访问研究半年,绝不会放过巡游肯尼亚人的传统手工艺品市场的机会,一来欣赏肯尼亚人雕刻艺术品的艺术魅力,二来进一步领悟民族传统文化的精髓。在非洲,自古就有"男人从雕"的习俗,木雕已有几千年的历史。雕刻艺术在某种意义上起着不断对后代进行传统教育,以保护自己部落文化遗产的作用。在部落内,擅长雕刻艺术的长者除了向年轻人讲述部落历史、文化知识、神话和部落风俗习惯外,还传授独家的雕刻技艺。这种代代相传的土著艺术,以其原始、质朴的技艺手法给人以无限的遐想的同时,也形成了一种独特的审美风格,甚至对非洲的绘画风格产生了一定的影响。非洲部落众多,各部落的木雕也各具特色。例如,坦桑尼亚著名的马孔德族木雕艺术名扬东非。在肯尼亚从事木雕行业的多为坎巴族,他们心灵手巧,以前善制武器和毒箭,随着时代的进步,他们将雕刻技艺融于木雕艺术品制作之中,利用当地产硬木雕刻出人头像和野生动物像,如大象、长颈鹿、犀牛、羚羊、狮、豹等的雕像。据说,肯尼亚从事木雕制作与销货的有 10 万多人,该行业已成为肯尼亚最兴隆的一种传统手工艺行业。

与坦桑尼亚达累斯萨拉姆作坊式经营木雕工艺品不同的是,肯尼亚内罗毕主要是通过露天式固定的跳蚤市场出售雕刻工艺品。这儿的雕刻工艺品价格比较便宜,外国人大都到这种市场挑选工艺品。此外,内罗毕的街头巷尾也有一些木雕作

坊,但均是独门独户,零敲碎打,价格也稍贵一些,生意不如露天市场红火。还有就是在大饭店、宾馆、旅游景点几乎都有雕刻品出售,量少质高,价格相对昂贵,一般人望而却步,只是看看而已。

我了解到肯尼亚木雕艺术的中心是首都内罗毕、海港城市蒙巴萨和东南部的马查科斯地区。在内罗毕主要有两个露天手工艺术品市场——星期二市场和星期五市场,出售的手工艺品很多,但以乌木雕刻品为主,论价位,星期二市场价格比星期五市场低廉,因为前者不交摊位租金,而后者要交租金,前者工艺品价位虽低,但也不乏上乘之作。我曾去过星期五工艺品市场,说是位于城市西区的"乡村市场",但实际上是富人区的一个商业中心,全天开市营业,这儿的木雕价位高于我心里的价位,所以一样木雕也没买,但却饱了眼福,这也是一种精神享受,我感受到了非洲手工艺术品的独特魅力。为了能买到一些价廉物美的手工艺品,我主要是想走访星期二工艺品市场。为达到目的,首先我要找到这处市场的区位。

1998年11月4日(星期六),上午吃过早饭,我便步行去寻找星期二工艺品市场,在这处市场附近,我碰上一位年轻的小伙,他很热情地领我到了露天市场。因为当天不开市,没有什么人。整个市场是一处坡地,地面上用土堆起了一个个摊位。据他介绍,每周二全天开市,工艺品很多,这一天有很多西方人、东方人到此选购手工艺品。我顺便问了他的家庭与工作情况,他说还是单身,在一家国内机场当搬运杂工,每月工资4000先令,自己租了一小套住房,附设有厨房和卫生间,月租金2000先令,吃饭1000先令。这点工资,想娶媳妇养家糊口有点难。但在内罗毕有份工作已经很幸运了,失业的人很多,周围国家流入的难民也不少。在我返回的路上,一位年轻人上来与我搭话,希望我能帮助他,他说一家五口人,有三个孩子(两男一女),妻子没有工作,他是某家公司的临时工,每月收入只有3000先令,房租1000先令,养家糊口很难。他说,乡村地区更贫困,城乡差别十分大,这是很大的社会问题,他只有高中文化,很难找到个好工作,如果大学毕业就好多了。他说他已40多岁了,读不了大学了。最后,我给了他20先令,说是给他孩子的。分别后,我刚穿过马路,又有一位男人跟上来,说他是从卢旺达来的难民,他的家乡每天都要死好多人,生活十分艰难,希望我能帮他一下。当时,我下意识地感觉到,他看到了我刚才给那位年轻人钱,所以他开口向我要20先令。我说对不起,我没有带足够的钱,他十分不满意地离开了,他穿过马路后,我看到他用很不满意的眼光看了我一眼。在那种气氛下,我多少有点纠结。像这种情况,我已碰过多次,我也心里清楚,给点小钱是没有底的。在大街上或在公共场所,我经常碰到青年人或中年人,手里拿着一张纸和一支圆珠笔,上前来要求我捐款,口头上说是为教会募捐。后来,我打听到这种募捐形式到处可见,实际上是一种要钱的方式。因为我每次碰到这种情况时无法判断他们是在为教会募捐还是在为自己要钱,所以我一次也没出手赞助。

1998年12月1日正好是星期二,天气晴朗,吃过早饭后大约上午10:00,我沿着大学路向东步行去星期二工艺品市场,大约走了20分钟便到了恩加拉路与公园路交会的转盘一侧的一片土坡上,这就是空旷的露天工艺品市场,也称木雕市场。当时,整个坡地上已挤满了人。由于不需交税和租金,所以手工艺人都愿拿自己的手工艺品到这儿来出售,各类工艺品都有,价格低廉,质量良莠不齐,这要看买主识不识货。识货的行家能以低廉的价格买到理想的上乘工艺品。我非行家能手,但由于我在坦桑尼亚达累斯萨拉姆大学期间常逛乌木雕刻市场,对雕刻产品的质量多少有点识别能力。我到这处市场,并不急于选购工艺品,而是走马观花似的走遍整个市场上的每个摊位。该市场按工艺产品类别分成六大区块:乌木雕与石雕;布画;皮包;剑麻包和草包;服饰、牛角镯、玻璃项链、金属镯、皮带(镶嵌彩色珠)等;小皮鼓、皮坐垫等。各类工艺品中以木雕和石雕为主。每到一类摊位,我都会问价,但要价均与传说的低廉对不上,比我的心理价位要高得多,所以我没买一样工艺品,成了只看不买的过客。后来我走到一家石雕摊位上,这个摊位上的石雕艺品比较丰富多彩。这是一对小夫妻经营的石雕摊位,小夫妻俩看上去比较和谐,给我一种恩爱夫妻的感觉,我们便攀谈起来,女主人很开明,也很随和,她告诉我家中已有一个女儿,打算再生一个男孩,以后就不再生了。我接着问她,你们这儿不是都愿意多生孩子吗?她说,多生孩子养不起,两个够了。她还说,雕刻的手艺是从祖父那儿传下来的。这对小夫妻的谈吐给我留下了美好印象,我借机给他们拍了照片,男主人写了他的联系电话,希望以后能联系。这个石雕摊位旁边的一位中年男子,专卖布画和镜框,我想拍一张照片,被他拒绝了,他说给100美元随你照。我看到了两幅镜框内画的是马赛男人。我知道拍马赛人是要钱的,给200先令才让拍照,我放弃了。他告诉我,他的母亲是基库尤人,父亲是马赛人,如果母亲是马赛人,父亲是基库尤人就好了。我想这可能与两个民族的传统文化与价值观有关。马赛人

图2 内罗毕露天工艺品市场(作者摄于1998年12月)

是东非高原上最大的游牧民族,以游牧为生,居无定所,随水草而居,盛行一夫多妻制,以肉、乳为食,喜饮鲜牛血。已有少部分马赛人走上半游牧或定居放牧,进入城市谋生的马赛人也在增多。基库尤人是肯尼亚第一大民族,在政治、经济生活中起着重要作用,社会地位高于其他民族。我也了解到,到此购买工艺品的以外国人为主,肯尼亚人一般不买,生意不太好。

四、1999 年元旦小河路上遭劫记

1999 年元旦这一天,是我难忘的一天。这一天,我想出去走走,看看肯尼亚人是如何过元旦欢庆新年的。10:00 之前,宾馆一位老职工敲门来收垃圾,并向我要点小费,我给了他 10 多先令。10:00 多,我准备到大街上走走,穿上新衬衫,把零用的先令纸币全部拿上,一张 500 先令的、一张 200 先令的、一张 100 先令的、一张 50 先令的、2 张 20 先令的、共计 890 先令,约合 15 美元。我把 100 先令的纸币放在外层叠好,放进新衬衫口袋里。以往我外出,很少带上这么多现金,通常不超过 200 先令。今天我大意的是,穿的是细黑条白底新衬衫,有点透明,钱放在口袋内很明显。我先到我常去的乌丘米超市,然后顺着上海人开的银光饭店门口向市区走去,街上冷冷清清,很少有人出来活动,各家商店都关着门。我便向东区走去,到了小河路,发现人很多,各家商店都开门营业。我沿着小河路右侧人行道向北走,当走到一条向右拐去的小巷路口时,突然听到口袋的撕裂声,这时我才发现自己的衬衫口袋连钱一块儿被抢走了,只见两个十五六岁的男孩顺右手向里延伸的小巷逃跑,我没有追赶,只能眼巴巴地看着他们逃跑。就在这时,有几位中年妇女上来跟我讲,我早看到两个男孩盯上你了,她们问我被抢去了多少钱,我说不多,大约 900 先令。另外两个男青年跟我说,您不能把钱放在这里,有时抢钱的还拿着刀子对着你的脖子。好多目击者都看到了这一抢钱事件,但都流露出无可奈何的表情。一位男青年说,无人去过问这种事,警察什么事也做不了。

在我回住处的路上,我到常去买鱼、肉的城市菜场买了些牛肉。一位我比较熟悉的鱼贩见我来买鱼,过来问候说新年好,我说 No Happy,他问我发生了什么事,我说被两个男孩抢去 900 先令,他问在哪里,我说在小河路,他呵了一声说,小河路问题最严重、最糟糕,那里被称作"阿里巴巴"。他问我你知道"阿里巴巴"吗,我说知道。他说甚至很小的男孩也去干这种事。没有人能做什么,甚至警察也无能为力。你不应该把钱放在衬衫口袋里,应放在衣服里边或腹部下。今天我是粗心了,不少人曾提醒过我,出去要留心。地理系主任蒙盖也曾告诉我,出去一定要特别小心,特别是晚上,多留心外国人和生人。

海滨明珠蒙巴萨和马林迪散记

在内罗毕大学地理系高访研究期间,抽身东行考察镶嵌在印度洋海岸上的两颗明珠,是我一定要实现的愿望。在我计划去蒙巴萨考察的时机时,首先要拿主意的是,选择乘飞机还是乘火车或汽车前行,经多方考虑,我最后决定乘火车,虽比飞机耗时多,但乘火车对我来说更有意义,我可趁机沿途观察自然生态景观和自然资源开发利用的实景,而且火车从内罗毕发车,途经肯尼亚最大的野生动物公园察沃国家公园的时间正巧是早晨天已放亮的时候,可以透过车窗远眺观察野生动物。我是1998年10月抵达内罗毕大学的。犹豫是否选择乘火车是因为有两大心理阴影,一是1998年8月7日东非大爆炸的阴影,给人们造成的心理伤害还没有完全消除;二是1999年3月24日,肯尼亚又发生了一起从蒙巴萨开往内罗毕的载客列车出轨的事故,12节车厢倾覆断裂,造成32名乘客死亡,10多人受伤。当然,放弃乘火车,还可以选择乘长途汽车,但当时十分不利的影响因素是,1997年至1998年初的厄尔尼诺现象在东非高原造成的水灾使内罗毕至蒙巴萨的公路遭到严重破坏,路况极差,严重交通事故频发,很多旅游者考虑到人身安全放弃乘长途汽车,改乘火车前往蒙巴萨。为出行安全起见,我在考察何种出行方式为好的时候,专门去了火车站咨询。一位售票的女士很诚恳地告诉我,车祸早已妥善处理,现在火车很安全,处于运行强势,不必担心。我信了她的话,最终决定购卧铺前往,票价是包含途中餐饮的。在火车行进路中,就餐之前,列车员前来请你点餐,你可选择你喜欢的菜肴,我选了烤羊排和其他菜。当列车行进到已过车祸的地点时,天已破晓,我透过车厢向外观望,已可清楚地看到十几节车厢横七竖八地翻侧在铁路的一旁。这次翻车事故死伤多人,事发地点十分偏僻,距离城镇又远,加之公路也因暴雨成灾,几乎中断,可想而知车祸所造成的惨状。据了解,列车出轨时,中国路桥集团就在距出事地点的不远处路段负责路段修复工程。该公司的员工全力以赴,在救援现场辛苦了十几个小时,发扬了不怕牺牲的精神,光大了中国人的形象,他们用实际行动谱写了中肯友谊的厚重篇章,增进了中肯人民之间的友谊。

察沃国家公园不仅是肯尼亚最大,也是非洲著名的野生动物园,占地2.08万平方千米,地形复杂,有平原、丘陵、高山等,海拔230~2000米。气候干燥,自然景观呈现出干草原、戈壁荒原和丛林景象。公园为了便于行政管理,以A109国道公路和内罗毕—蒙巴萨铁路一分为二:西察沃和东察沃。前者是火山丘与山脉,后者为开放的原野。公园内野生动物种类丰富,有曲角羚羊、野牛、长颈鹿、大象、狮子、猎豹等。这儿是世界上最大的野象栖息地,大约有大象 7500 只。到肯尼亚旅游,为观赏野生动物,一般选择内罗毕和蒙巴萨之间的公路或铁路作为路线,因为察沃国家公园是必经之路。

当列车进入察沃国家公园深处时,我不失时机地抓住机会,透过车窗往远处眺望,目不转睛地极力扫描频繁出没的大型野生动物。我看到了成群高大的大象悠闲自得地在掠食,狮子在草丛中时隐时现,气场显得格外强。

与我在同一卧铺车厢的是一位肯尼亚电力系统部门的官员。他说他去蒙巴萨出公差,到站时有人来接车。交谈中,我向他打听马林迪的相关情况。他说每天下午 1:00 之前,蒙巴萨有长途汽车开往马林迪,可乘这班车去。车到蒙巴萨时大约 12:00,下车赶往长途汽车站来得及。我顺便问他下车后赶往长途汽车站如何能尽快赶到。他非常友好地说,到站下车后,你跟我走,顺便带你一程。听后,我悬着的一颗心落了地。来接他的车行不多会儿便停下来,他说我送你到这里,下车后走几分钟便可到汽车站。谢别之后,我便急匆匆地赶往汽车站,果不其然,很快我赶到了,不需事先买票,直接上车买票。

长途汽车出蒙巴萨沿着沿海公路向东北行,大约 104 千米,不到 2 个小时,便抵达我向往已久的这座历史名镇,也是肯尼亚的渔港、海滨疗养和旅游胜地。我刚一下车,一位小伙热情地前来搭讪,他说你想到哪里,我带你去。我便说我先找个宾馆。他便引路向海边方向走去,10 来分钟便到了一处宾馆,宾馆的门正对着印度洋,视野开阔。我便住了下来,顺便给小伙 200 先令作为小费。

中非关系源远流长,至今已有 2000 多年的历史。出土文物证明最晚至战国末期,中非已经有了某种形式的物资往来。随着贸易往来,从唐代开始,中国与非洲之间也开始了使节往来,逐步建立了官方关系。公元 3 世纪以来,中国与东非之间便开始了贸易往来,东非的香料、象牙、犀角和宝石就输入中国了。唐代加强了中非贸易关系。中国到非洲的线路主要分为海陆两条,海上航线利用了印度洋上的季风到达了东非沿岸的桑给巴尔地区。中国船只的抵达实现了中非直接交往。唐代兴盛的中非贸易有了飞速发展,中非使节往来有所加强。肯尼亚地区自宋代开始与中国有了官方往来,曾有马林迪地区的使者出使中国。在元代,肯尼亚沿海被称为"黑暗回回"。1286 年印度洋十国来华时,出使人员中就包括来自这个国家的马兰丹使者。宋、元时期,中国出口到非洲的物品主要是丝绸和瓷器,进口的物品主要是香料、象牙、犀角、绿宝石、珊瑚等。宋代的铜钱是当时的重要货币。

明代郑和下西洋将中非古代交往推向了高潮。第四次下西洋期间,船队再度访问东非摩加迪沙等,进而南下或北上。由于季风是船队远航的主要动力,桑给巴尔岛以南的东非沿海季风较弱,主船队到达布拉瓦后即开始返航,只有分遣队的部分船只到达蒙巴萨。据记载,马林迪国王于 1414 年遣使向明朝皇帝进献长颈鹿等珍稀动物。1416 年,马林迪、摩加迪沙、布拉瓦和印度洋其他国家的使者一同到中国朝觐,并进献香料、象牙等特产。16 世纪后,随着新航路的开辟,西方殖民者控制了传统印度洋商路的沿海地区,而中国明朝后期开始实行海禁,中非之间交往逐渐淡漠,直接交往基本中断。在马林迪地区,考古工作者发现了许多 13 世纪和 14 世纪的丝绸、陶瓷等。据考证,这些古董就是 15 世纪郑和下西洋时所留下的珍贵物品。

自 14 世纪起,马林迪就成了斯瓦希里人的拓居地。随着欧洲殖民者的早期殖民活动的展开,西班牙人和葡萄牙人根据新的地理学理论开始了新航路的探索,由此也拉开了入侵非洲的序幕。从 1487 年迪亚士船队到达非洲南端好望角到 1497 年达·伽马船队经非洲东海岸上的马林迪,在阿拉伯人领航员的引导下,于 1498 年到达印度西南部的卡利卡特,葡萄牙人终于打通了从大西洋非洲海岸通往印度的航线,船队所到地区进行了大量的殖民活动。1498 年,达·伽马在探索去印度新航路的旅程中,曾到达蒙巴萨,但因遭受当地人的抵制无法立足。一周后,被迫离开蒙巴萨向北到达马林迪王国,水手们以廉价的物品换取丰裕的黄金,大发横财。1499 年,葡萄牙人在马林迪正式建立贸易商站,成为欧洲至印度航线的中途站。马林迪因此便成为欧洲人在东非建立的第一个殖民地,兴建教堂和城堡。马林迪附近有 15 世纪的盖地文化遗址,其宫殿式建筑、街道和清真寺等仍依稀可辨。到 19 世纪末,马林迪逐渐发展成为旅游城市,至今仍然是肯尼亚重要的游览地、滨海疗养地。

图 1　马林迪海滨(作者摄于 1999 年 4 月)　　图 2　马林迪清真寺(作者摄于 1999 年 4 月)

我在小住两天的时间里,重点游览滨海大道自然环境与人文景观的和谐共生和古镇的历史痕迹。出宾馆门口,站在海边向前远眺,白色的航海灯塔清晰可见,这是为纪念达·伽马而建立的小型纪念馆,我因时间紧迫未能前往,当地人介绍说塔内展列着达·伽马到此的纪念物。目睹灯塔,心中不是滋味,难掩感慨之情。要知道,郑和船队到达这里要比达·伽马早80多年。但十分令人遗憾的是,郑和下西洋的伟大航海壮举,竟然一点历史陈迹也未留下,中国人应享有的历史地位在当地非洲人心目中为零。这使我深感悲哀和不平,也是中华民族的历史性悲哀,面对这一历史,人们难免会问这是为什么。这和郑和与达·伽马各自所处的社会背景有着直接的关系。郑和是明代封建王朝的宦官,明成祖掌权后,开始主动开展对外官方贸易,郑和下西洋就是其中标志性的事件。郑和船队出访东非,除增强了中非之间的贸易往来,同时也增进了中非之间的相互了解。随船人员回国后写下了关于索马里、肯尼亚等地的航程、风土、特产和制度、文化的专著,成为研究当时东非沿海政治、经济、文化等方面的重要资料。史实证明,郑和船队出访非洲的重要目的是扩大中非贸易,为友好而来,别无他求,压根儿就无扩张领土的思想意识。明朝后期,中国开始实行海禁,没有继续郑和的"下西洋"事业,国势日渐衰微,闭关锁国,严重阻碍了中国的正常发展,最终沦为西方列强的半殖民地。达·伽马等航海家所处的时代正值西班牙和葡萄牙两个强大的中央集权国家形成之时,开始向外扩张。达·伽马代表了新兴资产阶级的利益开始了新航路的探索和开辟新的市场,由此拉开了入侵非洲的序幕,所到之处进行了大量的殖民活动。16世纪初葡萄牙殖民者逐一武力征服了东非沿海城邦,控制了自摩加迪沙直到索法拉(Sofala,莫桑比克境内)的东非沿岸的重要城市和港口,建立起了对东非沿岸的殖民统治。

在马林迪小住两天后,我乘坐从马林迪开往蒙巴萨的长途大巴赶回,上午10:00之前便到了蒙巴萨,下车直奔蒙巴萨火车站,购买了下午1:00开往内罗毕的火车票。当时距开车时间还有3个小时,我抓紧时间步行到港口,以便沿街浏览街景。我到达客运码头时正值客轮到港,旅客纷纷出港。一条宽阔的大街直通码头出口。街的两侧是排列整齐、百货杂陈的一个个摊位。我之所以在有限的时间内去考察港口,主要是因为蒙巴萨自古就是东非大港,早在3000多年以前,这里就是重要的通商口岸。老港由阿拉伯人于公元11世纪修建。阿拉伯人多来此进行贸易。中国明代郑和船队也曾到过该港。至今仍然是肯尼亚最大的渔港,每天都有外轮进出。蒙巴萨又是19世纪末修建的肯尼亚—乌干达铁路的东端终点站,它是非洲最古老和最著名的铁路之一。蒙巴萨的兴起之地就在蒙巴萨岛上,面积只有14平方千米,该岛与陆地通过一座铁路桥和一条堤道相连,老港就位于老城东岸,它曾是东非最大的港口和贸易货栈。城市就是依托港口经济而兴旺发达起来的。19世纪以前,每年有大批来自阿拉伯、波斯、印度和欧洲的帆船队来此经商。15世纪末,葡萄牙人来到蒙巴萨并在此建立了他们向东殖民的海外基地。在之后的两个世纪里,阿拉伯人不断与葡萄牙人争夺东非沿海霸权,蒙巴萨也几经易手。直到1720年,葡萄牙人在印度洋败于其他欧洲海上强国才撤出蒙巴萨。1822年蒙巴萨成为英国的保护地,1895—1903年,蒙巴萨为英国殖民地首府。

  随着进出口贸易量的大增和城市经济的发展,老港已不能满足进出货物的吞吐需求,在岛西南侧的基林迪尼建成现代化深水港,水深9.1~10.1米,码头长2.4千米,有10多个泊位,可停靠13艘巨轮。6.5万吨的油轮可直接停靠油码头装卸货物,此外,还建有煤码头。港口装卸设备先进,有大面积货棚以及冷库。港口处理集装箱、干散货、杂货和液体散货。港口设计年吞吐量为2000万吨。有5个集装箱码头,存储量为7272标准箱,与市区有铁路相连接。主要输出本国以及其他东非国家如坦桑尼亚、乌干达、卢旺达、布隆迪、南苏丹的部分货物,输出产品主要有咖啡、茶叶、棉花、剑麻、皮革、椰子、除虫菊、木材等,进口石油、粮食、食品、建材、机械、车辆和其他工业品。

西行肯尼亚中央高地

一、考察埃格顿大学纪要

埃格顿大学是肯尼亚5所高等院校之一,位于肯尼亚第三大城市纳库鲁以南25千米处的恩乔罗镇,从首都内罗毕到纳库鲁近200千米。埃格顿大学前身为1939年成立的农学院。该学院在1986年为内罗毕大学的一个学院,1987年独立成为一所农业大学。埃格顿大学占地1125公顷,有学生近8000人,可授予学士学位,下设人文和社会学院、农学院、教育和人力资源学院、理学院等4个学院。埃格顿大学是肯尼亚规模最大的农业技术研究推广中心。1995年6月27日,根据中国、肯尼亚两国的教育交流合作协议,由南京农业大学与埃格顿大学进行教学、科研合作交流。我国派出了以南京农业大学园艺系吴琴生教授为首的专家组,并赠送了一批实验设备,很快在校园内建起了肯尼亚第一流的生物技术实验室,开展了园艺作物组织培养、食用菌栽培、花卉果树快速繁殖等应用技术推广工作,取得了良好的效果。肯尼亚总统莫伊到此视察时,大力赞扬了中国专家取得的丰硕成果,在看到试验示范田里硕果累累的西红柿时说:"如果向当地农民传授你们种植西红柿的知识,他们一定能提高生活水平,并且越来越富裕。"我们背负着为非洲国家培养人才的使命,有必要亲身赴该大学考察和调研。

1999年2月23日早上5:00多我们起床,烤了4片面包,带上水和面包,在6:20天还未大亮时急促步行奔赴长途汽车站,争取赶上7:30的班车。因是步行,我们按大致方向前行,如果选择走肯雅塔大道,路比较熟,但我们想走捷径按心中想象的方向直奔,结果怎么也找不到长途汽车站,只得问路。一位男士指了一个车站,我们赶到后,发现有很多车拥挤在那里,有到纳库鲁的中巴车,票价150先令。我们觉得这不是我们想要找的那个车站,我们不想乘中巴,想乘大巴。我们又去问路,小车主们不耐烦地说你们到周围去找吧。我们多方打听,正巧碰上一位中年妇女要到长途汽车站一带去,让我们跟她走,不多时我们就到了我们心目中的那个车站,我们道谢后,便直奔售票处买票。售票员说不要买票,让我们直接上车,并指给我们看车停在哪儿。我们问是几号车,他又说车正开过来,我们看到一辆大巴正开过来,赶紧上前问这车是否是去纳库鲁的车,售票员说是,我们便赶紧上车,也来不及上厕所。我们上车后,车就启动了。我们要慢一分钟就赶不上这趟车了。发车时间正好是 7:00。车上没有几个人,我坐在最前排,与售票员坐在一起。每张车票 140 先令,我给了他 300 先令,他没找零,我也未好意思要。长途车到纳库鲁要经过纵穿肯尼亚中西部的东非大裂谷带东支,这一带纵向裂谷湖泊众多,从肯尼亚北端的图尔卡纳湖向南至肯尼亚南端的马加迪湖之间镶嵌有一连串明珠般的裂谷湖,其中最璀璨耀眼的便是奈瓦沙湖,海拔最高,达 1910 米,为微咸的淡水湖,盛产尼罗河鲈鱼和非洲鲫鱼,鸟类繁多。沿湖生长着大量的黄皮兰、桉树,湖北缘及其周围的沼泽,纸莎草遍地,生活着河马、野牛、长颈鹿、羚羊、斑马等。沿湖南岸修建了柏油路,建有多处宾馆和度假营地。从内罗毕经 A104 国道向北行 85 千米便可达奈瓦沙镇,该镇是肯尼亚—乌干达铁路线上的大站,肯尼亚小麦、牛和乳品的集散地,也是鲜花出口的贸易中心。这儿距内罗毕最近,风景优美,成为首都上层社会人士周末度假的好去处。当长途大巴路经奈瓦沙湖时,我从车窗向外远眺,看到了斑马、羚羊、狒狒和火烈鸟。

过奈瓦沙湖向西北车行约 70 千米,大约 9:45 我们便到了纳库鲁长途汽车站。车站人车杂乱,十分拥挤,卖各类杂货的小贩拥塞车站,令人无插足之地,给人以脏、乱、差的感觉,环境十分恶劣,也无人管理,场面十分混乱,也许当地人已习惯了身处这种混乱的场面。我无心观赏和选购我想要的土特产工艺品,心里只是想着赶紧走出去,去寻找开往埃格顿大学的中巴车。

我们在附近找到了一处加油站,那儿有去埃格顿大学的中巴车,当地人称其为"马塔拖",它是私人经营的一种出租车,有点像小中巴,在肯尼亚城市公交线路上都有这种"马塔拖"拉客。为了抢生意,司机敢于冒险,不仅车速快,敢于强行超车,也敢于逆行开车,能挤就挤,能钻就钻,正常车行也要让其三分,但这种车因招手上车,随时下车,车票与国有公交和长途车价基本相同,所以以灵活取胜,许多人喜欢乘坐"马塔拖"。不容忽视的问题是,"马塔拖"发生的恶性交通事故远远多过其他车辆。当时,多辆"马塔拖"都在忙于拉客,要价 40 先令,我们心中有数,他们只要看到外国人总会多要点,实际上票价是 30 先令,准备上车之时,我有些内急,但又找不到厕

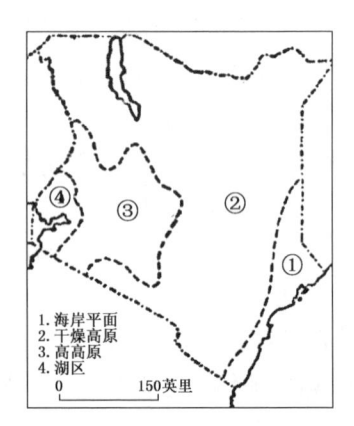

图 1 肯尼亚地理区

1. 海岸平面
2. 干燥高原
3. 高高原
4. 湖区

资料来源:(英)普里查德. 东非地理[M]. 南京:江苏人民出版社,1976:49.

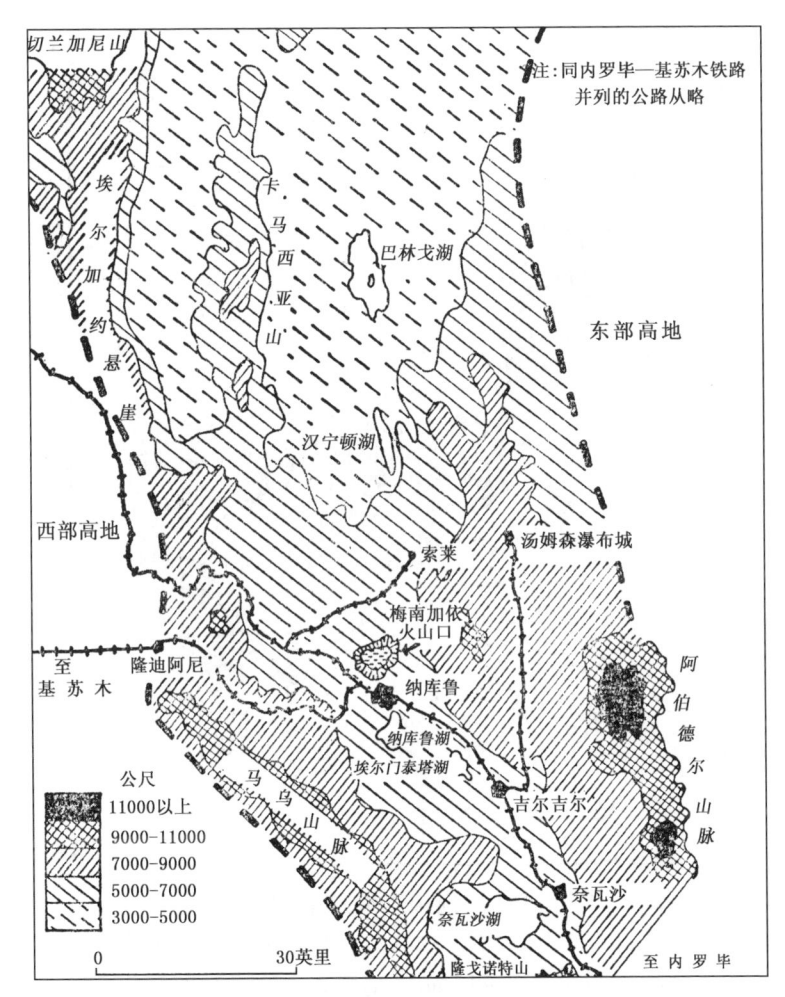

图 2　肯尼亚中央各地裂谷地区

资料来源:(英)普里查德.东非地理[M].南京:江苏人民出版社,1976:63.

所,只好憋着,为乘车安全,我们不还价,但要保证坐在最前排。我上车后,还有与司机简单交流的机会,他说一个月可赚 5 万先令。这种收入在肯尼亚工薪阶层中是最高的收入了。在行车途中,我看到前行的"马塔拖"严重超员,车后拖带着很多人,十分危险。这种现象在肯尼亚随处可见。车行 30 多分钟后,我们就到了埃格顿大学校门口。

下车后,我们正准备向校内走去,发现有一小孩跟着我们,进了校门之后,小孩还是跟着。我便问小孩为什么,他回答说,是中国人让他在校门口等我们。这时,我们才明白是南京农业大学派来的专家组安排他在校门口等候迎接我们的。小孩把我们带到园艺中心,我们见到了吴琴生教授。吴老师给了这位小孩一点小费。

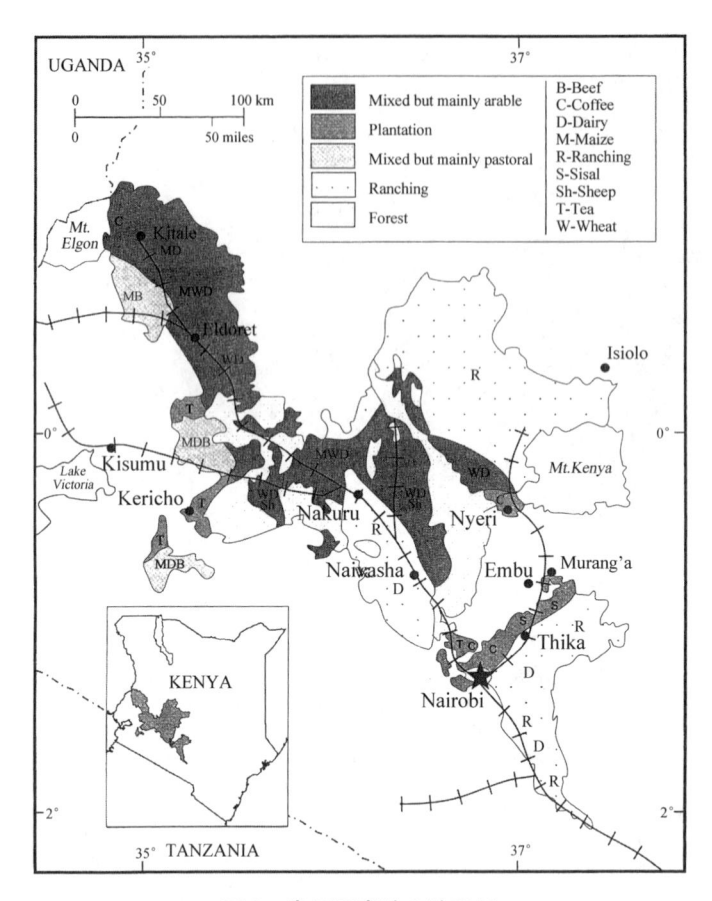

图 3　肯尼亚高地土地利用

资料来源：Roy Cole, H. J. de Blij. Survey of Sub-Saharan Africa: A Regional Geography[M]. Oxford: Oxford University Press, 2007: 480.

我也顺手给了他 5 先令。吴老师安排我们俩住在一个标准间，每天房费 1600 先令，含早餐，午餐、晚餐每份 300 先令。早餐很丰盛，有面包、黄油、西红柿酱，配有麦麸片和玉米片的牛奶，煎鸡蛋 2 个，水果（香蕉、木瓜、菠萝），饮料（咖啡、可可汁、果汁）。午餐（中午 1:00）有米饭或炸土豆片，荤菜牛排、鸡块（腿）、鱼块，以及蔬菜色拉等，还有饮料。晚餐（晚上 7:30）食谱同午餐类似，只是多一道甜食，通常是甜糕或甜饼。午餐、晚餐任你选，就餐前先上一片面包、一盘汤，然后上饭菜。刀、叉、勺、盘的摆放完全是英式风格，很讲究。

在小住两天的实际考察中，吴教授安排了三项活动：一是参观我国援建的生物技术实验室；二是参观园艺技术合作中心试验示范田；三是参观校外一家印度人开办的玫瑰种植园。

图 4　埃格顿大学园艺中心
（作者摄于 1999 年 2 月）

图 5　玫瑰种植园
（作者摄于 1999 年 2 月）

生物技术实验室是用中国政府的赠款和援助的仪器建立起来的,是埃格顿大学最好的实验室。校方曾安排过来自英、美、德、日和非洲其他国家的学者参观过实验室。据该校协助管理实验室的两位助教介绍,中国的仪器设备质量很好,技术先进,为学校各系提供了一个良好的实验环境。吴教授等充分利用这间实验室开设了微生物学、食用菌栽培学、植物组织培养与园艺作物栽培技术等课程,受教学生超过 800 人,同时还培养了 5 名硕士生,协助校方开办了园艺作物组织培养和食用菌栽培技术培训班,建立了科研、生产和推广体系。

试验示范田在距实验室不远的一片荒坡地上,杂草丛生,是吴教授等带领当地工人开垦出来的,占地 12 亩,建成塑料大棚和蘑菇栽培铁皮房。建水池、埋水管、安装滴灌设备等均是吴教授等亲自动手的。我们参观了示范园,目睹了他们辛勤劳动的成果,倍感欣慰。据介绍,学校所在的裂谷省是肯尼亚的蔬菜产区,当地农民重视蔬菜生产,但不懂现代化农业技术,基本上还是粗放经营、靠天吃饭。他们非常喜欢我国的地膜覆盖和滴灌节水技术。值得称赞的是,大棚内栽培的西红柿每公顷产量可达 100 吨,比当地最高单产 15 吨高出 5 倍多。农民纷纷前来参观和咨询,报纸、电台也多次报道。地方政府希望中国专家能向当地农业部门和农民推广中国的实用技术。肯尼亚全国农业技术推广中心曾组织各省区的 40 多名农业技术人员前来参加培训班,由中国专家授课。同时,学生们到此进行现场观摩教学,边学边实践。据参加培训的学生反映,中国的农业设备及技术很适合肯尼亚的农业生产,而且成本低,增产效果明显,农民、中心农场主容易接受和应用。

在参观调研的过程中,我们与吴教授就相关问题交换了意见。我首先肯定了生物技术实验室和试验示范田的成功经验,以该中心为依托形成中肯联合培养人才运行机制,是切实可行而又行之有效的"智力援非"形式之一。但也看到"中心"所面临的困难:推广速度缓慢,处于无序扩散状态,推广体系难以形成。因为在肯尼亚落后、分散、粗放的农户中建立起推广机制和管理体制尚不具备条件。该中心的科技成果难以转化为生产力形成产业。值得思考的问题是，中心的职能和层次定位。定位在"示范"职能上，则宜精不宜大，重点在教学、科研、示范和无序扩散上，但科研成果难以转化为生产力。定位在"科学园"模式上，可考虑与中国企业合作，该中心负责完成研究，企业负责将成果转化为生产力，形成产业。同时，还应考虑该中心周围农村地区的乡村发展问题，使中心逐步成为区域现代化农业的增长点，带动周围地区传统农业逐渐向现代农业转型。

2月24日下午，另一位教授刘高京陪我们到离校区不远的印度人经营的玫瑰种植园参观。园主热情地接待了我们并陪我们参观了几个玫瑰栽培大棚。园主雇用非洲妇女劳工，采用滴灌技术。玫瑰直接出口至欧洲国家，每支15先令，生产成本每支5先令。我们参观时，玫瑰盛开，但遗憾的是，因有虫害，玫瑰不能出口，损失较大。刘教授是这方面的农艺专家，经常给予技术上的指导。

2月25日，我们计划返回内罗毕，在校门口准备乘"马塔拖"到纳库鲁，然后乘长途大巴回内罗毕。大约10:00，一位穿红色外衣的50来岁的妇女开着小车正准备去纳库鲁，吴教授与她很熟，请她带我们一程，送我们去乘坐开往内罗毕的大巴。就这样，我们很幸运地坐上了她的小车。在车上，我问了一些家常琐事。她告诉我，她丈夫在这所大学任教，家有3个女儿。我问有男孩吗，她说没男孩，在他们这里没有重男轻女思想，男女都一样，他们家过得很幸福。这里过去实行一夫多妻制，娶多少个老婆都行，没有限制，有的人娶了10个老婆。我问这么多老婆，如何养活，她说靠家庭果菜园。当小车行到纳库鲁至内罗毕的公路干道十字路口时，正好有一位女交警在那里查过往车辆。开车带我们的这位妇女委托这位女交警，让我们在那里等候去内罗毕的大巴。女交警问我们是否有钱买车票。我当时估计，如说没有钱，她会跟司机打个招呼让我们免费上车，我回答说我们有钱，谢谢了她的善意。大巴到时，在她打招呼后我们便上了大巴。车上尚未满员，我们买了车票，安定地坐下。沿途我认真仔细地观察了生态环境的变化以及乡村周围土地开发利用的状况。

二、中央高地的出口型种植业

肯尼亚是东非高原重要的组成部分，但区域差异十分明显，每个区域各有独特的地势、气候和植物等，值得注意的是每个区域之间虽可以标示出区域界线，但彼此之间的变化是逐渐过渡的。肯尼亚全境自东部沿海向西至维多利亚湖大致可划分成四大地理区：沿海平原、干燥和半干燥高原、高高原（高地）和湖区。我们东出内罗毕沿蒙巴萨—内罗毕铁路考察途中经过干燥和半干燥高原、沿海平原，西出内罗毕沿公路向西北至纳库鲁地区，重点沿途考察中央高地（高高原）的出口型种植业。

农业是肯尼亚的主要产业，其中种植业和养殖业最为重要，主要作物生产尤其是出口作物高度集中于中央高地。中央高地面积虽然仅占全国总面积的20%，却是人口和经济活动最集中的地区，养活了全国大部分人口，可说是全国经济的枢纽地带。自然特征上，高地区内也存在着明显的区域差异，自东向西大致可分为三个部分：东部高地、裂谷、西部高地。但总体来看，中央高地是肯尼亚熔岩高原的一部分，海拔1000～3400米。高原中央由南北向的裂谷（东非大裂谷的组成部分）把中央高原分为东、西两半，在裂谷以西从海拔3000米逐渐下降到维多利亚湖沿岸的1000米。裂谷以东海拔在2500～3000米。一般来说，中央高原地形破碎而崎岖，可以垦殖的面积并不太广，但由于多山间平原或盆地，且被熔岩所覆盖，因而许多地方具有发展农林牧的沃土。中央高地气候一般是温和而湿润的，属于热带高地型。各月的平均气温都在14℃～19℃。年降雨量750～1250毫米，降雨相当稳定，各地的可靠率都在85%以上。一年中的两个雨季是长雨季和短雨季，各地出现雨季的月份和持续的时间有些不同，但总的说，干季没有不下雨的月份。这种高原气候特征有利于许多温带和亚热带作物的生长。在广阔的中央高原上，受地形和气候的影响，分布着典型的热带草原景观，土壤主要为半湿润红棕壤，自然肥力较高。上述中央高原优越的自然条件，为发展种植园经济提供了得天独厚的自然优势，为英国殖民统治时期大量的欧洲移民提供了发展大型种植园农业的有利条件。例如欧洲人的大农场，种植各种种植园作物和商品作物，如咖啡、茶叶、除虫菊，饲养良种奶牛、肉用牛和绵羊。在肯尼亚独立前，欧洲人生产的农作物占中央高地农作物的80%以上。

出口型种植业在肯尼亚农业经济中仍然占有非常重要的地位，园艺、咖啡、茶叶和旅游业被认为是肯尼亚的四大支柱产业，为肯尼亚创造了巨大的外汇。园艺作物、咖啡和茶叶的生产均得益于中央高原优越的农业自然条件，尤其是气候和土壤的优势条件，使得出口作物在产量、产品质量和生产成本上具有很强的国际市场竞争力，尤其是园艺产业中的花卉种植园经济发展迅速。大部分花卉农场规模用地不大，但一次性投入高。大部分花卉市场主人是欧洲人或欧洲裔，也有部分肯尼亚富人，其中有不少印度裔肯尼亚人转向花卉种植业。由于园艺产业是一项劳动密集型产业，可提供数以百万计的就业机会，所以肯尼亚政府非常重视和支持。花卉出口值在园艺产品出口总值中占一半以上。肯尼亚的花卉农场主要分布在蒙巴萨向西通往乌干达、卢旺达两国的国际高速公路沿线，交通便利的他方，这样便于花卉生产资料和花卉的运输，产品主要销往西欧或通过西欧再转到亚洲等地，已形成一整套通往欧洲的花卉产品经销体系。肯尼亚已成仅次于荷兰和哥伦比亚的世界第三大花卉生产国。

专题研究

The Formation and Classification of the Regional Types of Agriculture in Kenya[①]

Introduction

Kenya occupied the north-east part of the East African plateau astride the Equater with an area of 58700 km². The influence of altitude disturbs the latitudinal bonding, and so it does not experience typically equaterical conditions. Its physical and ecological environment is more complex than that of West African on the same altitude. The complex physical conditions offer advantageous opportunities for the diversification of agriculture.

So far, agriculture remains still the principal basis of economic activities in Kenya. About 80% of the population is engaged in agricultural production. Agriculture contributes about 24.7% of GDP (Central Bank of Kenya,1998) and more than 65% of the export resources. (D. A. obara, 1990) Owing to the geographical condition differentiations, the distribution of agriculture has the striking regional differences from place to place.

The scientifically exploit and utilize the available natural and human resources, it is very important to recognize and classify the regional differences of agriculture in Kenya. From the point, the objectives of the paper are as follows:

(1) To examine the main geographical factors affecting the formations of regional types of agriculture in Kenya.

(2) Toprobe the formation, evolution and dispersed regularity of the regional types of agriculture in Kenya.

(3) To classify the regional types of agriculture in Kenya, and to comment

---

① Author greatly appreciates the valuable contribution of professor Obera, D. A. who went over a max script.

on the rational land and problems of intercombination between human and environment in order to give full play to superiority of the different types.

1. The leading geographical factors affecting the regional types of agriculture in Kenya

In the plateaus, the features of geographical conditions here resulted from the interaction and intercombination between the latitudinal zonal factors and non-latitudinal zonal factors. The natural conditions affect directly or indirectly patterns of agriculture on both a broad and a local scale. Thus, in consideration of comprehensive influence of the diversified natural factors on agriculture, full attention must be paid to the leading factors affecting the regional differences of agriculture. It is undoubted that relief and climates of Kenya would be regarded on the leading natural factors, because a regional physical division of Kenya would largely depend on above two factors. But it should be pointed out that although the differences in national conditions are the essentialprerequisite for the regional differentiation of agriculture, the socio-economicconditions are the decisive factors for the formation and evolution of the regional differences of agriculture.

The regional type of agriculture implies the spatial synthetical entity of interaction and intercombination of nations, socio-economic and production techniques in a certain area. And regional type of agriculture would comprehensively reflect the patterns and characteristics of intercombination between human and environment in varying degrees.

1.1 Physical geographical factors

1.1.1 Altitudinal variations in heat and water conditions

Because of its equatorial position, temperature in Kenya, in general, rarely becomes the limiting factor to cultivation and livestock keeping, most of the region does enjoy the possibility of croping each year wherever rainfall permits. But landform and altitude exact intensively influence on temperature and rainfall in Kenya, thus they impose important influence upon choice of crops and livestock keeping.

The relationship between height and temperature is so close that some crops are limited to a certain altitude. The Kenya Highlands are the areas with low temperatures. Extreme temperature limits the variety of crops grown, and also their distribution. Ground frost frequently occurs above 2400 m. Only, the altitude of which frost occasionally occurs which place critical limitation for many tropical crops.

By contract, rainfall increases with altitude up to a critical point with slope and then begins to decrease again. Rainfall of Nakuru District, for example, is strongly influenced by altitude. Average annual rainfall between 760~1270 mm, covering areas at altitude of 1800~2400 m, is suitable for cultivation of maize, vegetables and rearing of dairy cattle and sheep. The Rift valley floor between 1500~1890 m above sea level receive rainfall of less than 760 mm, beef cattle ranching maize and wheat are grown as the agricultural and livestock activities. (Nakuru District Development Plan, Page 6).

Altitudinal variations in heat and water, in fact, are different to local conditions. From an agricultural point of view, some regional differences of heat and water at the same altitude are of more important significance for the choice of crops. The best example is the local difference between the eastern and western Rift valleys, the growing of tea of the latter is better than those of the former for its ideal local conditions. Tea needs 1250~2000 mm of well-distributed rainfall at altitudes between 1500~2300 m. (Odingo, 1971, Page 117,132).

1.1.2 Types of landform and the characteristics

The main types, in general, of landform in Kenya may be divided to plain, plateaus and highland. The feature and distribution of each type effect directly or indirectly the differences in heat and water from place to place. Such diversified physical environments must afford considerable scope for the choice of agricultural development.

In the highlands and plateaus, the direction, level and gradient of the slope, all these directly or indirectly affect water and heat conditions, thus influencing the landuse pattern and the distribution of crops. The climate at the same altitude varies on different parts of a mountain in accordance with the aspect of the slope and the prevailing winds. On Mt. Kenya, for example, the eastern and north-eastern slopes are wet, Meru receives 1320 mm a year, but the western side is relatively dry, Nyeni only 737 mm (F. F. Ojany & R. B. Ogendo, 1988, Page 67). There is a direct relationship between the rainfall regime and agricultural activities. In Nandi-District, for example, the southern and central areas with a minimum of 1500 m rainfall are cultivated as the tea production belt. While the relatively dries areas to the east and northeast, with 1200 mm rainfall are suitable for maize and sunflower growing (Nandi District Development Plan, Page 5).

Cultivation is more often found where slopes are gentle. Most steep mountain sides are wet, suitable for agriculture because of the thin soils and liability to erosion. There some zones, however, in which steep slopes are used with the aid of terraces.

1.1.3 Rainfall reliability and rainfall regime

In Kenya, the rain influence on the regional differentiation of agriculture is largely reflected in rainfall, reliability and regime. The rainfall reliability in particular, is, to a certain extent, a decisive basic limiting factor to the type of landuse.

The principal limit to arable forming and pastoral economy is the reliable rainfall of 762 mm and 508 mm a year respectively. The lands receiving annual rainfall below 508mm cover about 72% of Kenya (W. T. W. Morgan, 1972, Page 109). The regions are the essentially pastoral zones, in which the climatic condition preclude economically viable arable agriculture and dictate a pastoral economy. There is, to some extent, some correlation between precipitation and the composition of herds. In the areas obtaining less than 254 mm, desert and semi-desert in the northern parts of Kenya, only camels and goats are found. Cattle are generally kept only in the areas where rainfall approaches 500 mm.

By contract, the areas receiving an annual rainfall above 762 mm cover only 15% of Kenya, including the Kenya Highlands, the coast belt and the Victoria Basin. These areas permit profitable cultivation and livestock keeping to be regarded as an important agricultural activity.

The 13% of Kenya obtaining rainfall of between 508～762 mm may be considered as the margined or intermediate zones between cultivation and pastoral landuse. The cultivation is typically for subsistence, livestock keeping is also of very great importance.

In the classification of the land potentials, 80% of land surface is classified as arid and semi-arid lands (ASALS). Much of the ASALSare suitable for extensive ranching and pastoralism (NEAP, 1994, Page 64).

Agriculture is conditioned not only by rainfall reliability, but also by the seasonal distribution of rainfall. The rainfall pattern not only displays a strong seasonal variation, but also great difference from place to place.

Kenya clearly enjoys three main types of rainfall patterns (F. F. Ojany, 1988, Page 55). In west Kenya (The western Highlands and Lake Vitoria Basin) is the wetter region with no dry month. This rain condition greatly sustains banana, tea, coffee cultivation. Central Kenya basically is dry region with double rainy seasons separated by 2~5 dry months from June to October. The coast belt is the wetter zone with single maxima in May, providing excellent conditions for the tropical fruits.

It is worthwhile to mention the drought, desertification and hailstorm. The rarity and unreliability of the rain worsens the drought in environment and causes crop failure and widespread famine, even starvation. In the northern Kenya, rainfall is so reduced that desert conditions are experienced. The drought and desertification serenely threatens the development of agricultural and pastoral economic activities.

In western Kenya, hailstorms are an important form of rain between about 1500~2750 m above sea level, and cause serious damage to crops (F. F. Ojany, 1988, Page 64).

1.1.4 Vegetation conditions

The vegetation types of Kenya may be highly simplified into forest and mountain communities, grassland communities, and semi-desert and desert communities.

The areas of forest is small, about 7% of Kenya (W. T. W. Morgan, 1973, Page 48 and 64) and largely covers certain parts over 1500 m of the Highlands, and coastal zone. Semi-desert and desert communities over only found in the most arid areas of the northern Kenya, in which the rainfall diminishes to less than 250 mm. The thornbush and thicket degenerate into scattered small bushes of Commiphora-Acacia, and desert scrub and grass. These communities cover 27% of Kenya. Only the semi-desert is used by nomadic pastoralists to graze camels, goats and sheep.

Grassland communities are the most important vegetation type covering 65% of Kenya, including low-tree high grass, grouped-trees, scattered-tree grassland and open (F. F. Ojany, 1988, Page 73 - 83). The former two types may be known as wooded-grassland, the latter as bush land and thicket. Wooded grassland largely occupy the Kenya Highlands, the Victoria Basin and along the coast. This grassland are the concentration of population and livestock of Kenya as a whole. The Kenya Highlands provide a valuable pastoral regional, is which some of the best ranching have been developed. Bush lands occupy great areas of lowland Kenya below 1000 m, where the environment is drier in areas of annual rainfall of 250～650 mm. With low and unreliable rainfall, any agriculture is bound to poor and uncertain. The peoples in the zone, consequently, largely practice nomadic or semi-nomadic pastoralism.

1.2 Socio-economic factors

1.2.1 Composition of race and tribe

The peoples of Kenya mainly belong to four ethnic groups, namely Bantu, Nilotic, Nilo-Hamites and Hamitic. Africans distinguish 42 different tribes, of which 8 tribes comprise more than one million populations respectively. They are Kikuyu, Luhya, Luo, Kamba, Kalenjin, Kissi, Meru and Mijikenda. The smallest tribes only contain a few hundred people. Owing to different modes of production and life, and gained different experiences in the utilization of resource and improvement of natural conditions. The arid regions can only support a low density of more or less mobile pastoralists. A mixed farming has been put into practice virtually everywhere, with cultivation being predominant in more favourable and also the more heavily populated areas, and animal husbandary being more important in the poorer environment.

The Bantu-speaking peoples are the most important tribes of Kenya, with three main geographical groups: western group (lacustrine) central group and coastal group. The peoples comprised about 65% of the total African population, mainly concentrating in the southern half of Kenya. Of which Kikuyu, Kamba, Meru and Mijikenda are the biggest tribes of Kenya. Their social structures and landuses systems have diverged in response to the variety of the natural environment and the social evolution. Most of them are agriculturalists depending on cultivation for all or most of their livelihood, but keeping some livestock.

The Nilo-Hamitic peoples account about 16% of the total African population. They stretch a belt from the north-west Kenya southward, through the west-control Highlands including the Riff valley (comprising Turkama, Suk, Itso, Nandi, Kipsiqis, Elgeyo, Markwet, Sabaot, Masai, Samburu, Tugen, Nderobo, Njemps). Those who occupy the more arid northern and southern sections and still predominantly pastorals and scorn agriculture.

The Nilotic peoples in the Eastern Victoria Margins represented 14% of the total African population. They have turned even further to cultivation and most donot own many cattle, the Luo, for example, practice a mixed forming with agriculture predominantly.

The Hamitic peoples comprised 4.5% of the total African population, occupying a belt of count stretching from the north-eastern Kenya southwards into the coastal belt in semi-arid and arid zones. They consist of the Remdille-Galla group and speaking group, and keep cattle-camel-shoats, living a pastoral life, seldom engaging in cultivation (J. M. Prlchard, 1971, Page 48; Morgan, 1973, Page 34; A. Feldens, 1998, Page 162 - 163).

It is worth noting that the territory of a single tribe takes in different node of economic livelihood interview in each. Pastoralism is more dominant in the move arid areas, while agriculture dominates in the more favourable areas. This duality in economic activities can be seen in the different parts occupied by Lukya, Kanba and Suk. These results are the complexity of regional types in landuse (Morgan, 1972, Page 37).

1.2.2 Historical course of agro-resources exploitation and Government policy

The existing regional types of agriculture are an outcome of a certain historical period, having formed in the process of evolution of agriculture, and evolve constantly and relevantly from the old to a new type with the development and evolution of different factors, especially socio-economic conditions and the technological innovation. The government policy plays an important directive role in the land resource exploitation.

Before the advent of the colonialists, subsistence economy was mainly farming and pastoral activity. Commercial agricultural production was generally restricted and mostly was in foodstuff. With the coming of colonial rule, drastic an changes took place in the agricultural sector. British suzerain carried out a series of the economic policies of colonialism and hauled the economy of Kenya into the economic track of suzerain as an economical appendage largely, so as to meet the needs of colonialist. During the early colonial period, the British colonial powers encouraged her citizens to settle in the Kenya Highlands so as to bring arable land and cheaper labour into use for large forming and the production of export crops such as coffee, tea and sisal. Since post-war Ⅱ, the commercial agriculture has expended rapidly. The main areas of coffee are Kimbu, ThiKa, Embu and Meru in the Eastern Highlands, while tea is largely grown in the Highlands above 1500 m in which Kericho is largest growing centre. The modern commercial farming for dairy, beef and other animal production is found in the Kenya Highlands.

Since gaining independence, Kenya government has taken up African participation and ownership of land in the former "White Highlands". But from the view of point of the regional types of agriculture in Kenya as a whole, essential changes have not yet taken place. The existing regional types of agriculture, generally speaking, took shape during the British colonial rule.

1.2.3 Transport and communication factors

Transport facilities are indispensable in all forms of commercial production. They affect not only the pace and rate of utilization of land resources, but also the degree of commercialization of agriculture. Railway especially is considered to be the most important mode shaping the regional differences of agriculture in Kenya. The adoption of commercial agriculture and the decline in subsistence agricultural occurred mostly in areas served by the railway. In the early colonial period the railway was considered to be one of the most important means of exploiting the national and economic resources in land. The first half of colonial rule, therefore, was considered to be the main period of railway as well as the rapid expansion of commercial agriculture such as coffee, sisal and large farms. Spatial distribution of Uqanda Railway and export farming shows us the close relationship between them (Ndulu, 1980; Morgan, 1972, Page 344).

2. Objective Basis of classification of the regional types of agriculture in Kenya

The conditions of nature, socio-economy and technique have a great influence on the regional differences of agriculture, which is different from place to place. Thus, patterns of landuse, sectoral structure of agriculture, and composition of crops and herds, show obviously regionalization.

2.1 Similarity and difference of conditions for agricultural production

The natural conditions are one of essential condition of agricultural production. The regional difference in natural conditions is one of essential factors influencing the regional differentiations of distribution of agriculture. But it should be recognized that the diversities in natural conditions only creates the possibility of the regional differentiation of agriculture. The decisive factors which transform this possibility into an objective reality are the socio-economic factors and techniques. Thus in considering the classification of the regional types of agriculture, the similarity and differentiation is the conditions for agriculture, as well as the characteristics of their regional combination should be taken into account.

2.2 Composition and distribution of the population component

Agriculture in Kenya is deeply affected by the different characteristics of various people such as social structures and organization, traditional customs and means of livelihood, traditional techniques and even religious beliefs. Thus, racial or tribal differences have an important influence on the general nature and pattern of agriculture. In the course of many centuries each tribe has built up their own pattern of agriculture by developing for their own use plants and animals, and by introducing or adopting crops and animals from elsewhere. The minorities, mom-African peoples, European, indo-Pakistan, Arwb, had and continue to exert a profound influence on the pattern of landuse, especially large commercial farming.

2.3 Similarity and difference in structure of agricultural sectors

The types of agriculture have a complicated structure of sectors. Broadly speaking, the agricultural sectors consist of farming, animal husbandary, forestry and fishery. The patterns of their composition are different from place to place, being obviously localized. As concerns the sectors themselves, there are intra-sectoral structural differences such as between food and cash crops, pastoral and livestock ranching, economic and timber forestry, marine and freshwater fisheries. The composition of the sub-sectors has notable regional differences. Thus in classification of the regional types of agriculture the particular attention must be paid to the representative sector and sub-sector within a certain area and the characteristics of the distribution. The representative sector or sub-sector such as dominant crop or livestock reflects to some extent the optimum combination between man and environment. In the classification of regional types, the types could be classified by structure of agricultural sectors, while the sub-types by the combination of crops or the herd of livestock.

2.4 Orientation of specialization and the degree of intensification of crop and livestock production, and the commercial degree of farm and animal products.

The specialization and commercialization of agricultural has formed and developed under a higher level of the productive force and developed commodity production. It is one of the important forms of the regional differentiation of agricultural sectors, the modes of livestock rearing, irrigation and water conservation, rotation and interplanting, fertilization and mechanization in agriculture. The specialization and commercialization of agriculture in Kenya is not parted from the plunder development of the land resources by British colonial power. The specialization is mainly restricted to the principle export crops and livestock on large farms. The agricultural landscape presents a striking contract between large farms and small farms for subsistence economy.

3. Criteria and delimitation of classification of the regional types of agriculture in Kenya

3.1 Criteria of classification regional types

Any type of agriculture is, in fact, a regional entity of agriculture, and each is different from another. In classification of the types, the qualitative differences of the types may be distinguished by the analysis of geographical factors, while the quantitative differences by a definite criteria. One of the chief difficulties encountered in classification of the types is how to adopt a satisfactory relevant criterion. As concerns the grades of agricultural types of Kenya, the first grade may be divided according to the structure of agricultural sectors, where as the second grade sub-types by the composition of crops and the component of herd.

The criteria of the first grade type—the sectoral structure of agriculture may be indicated by the structure of landuse and output values by the sectoral farming, animal husbandry, forestry and fishery, the proportions of the agricultural and pastoral population, and the numbers of cattle per head of population.

The criteria of the second grade sub-types—the superior crop may be indicated by the percentage of the components of a herd of livestock; by the fresh water fishery or the sea fishery; by the ecological forest or limber forest.

As a first attempt, the regional types of agriculture in Kenya have been classified tentatively on the basis of the rainfall reliability, vegeto-ecological distribution, tribal distribution and the statistical data of agricultural production by districts.

3.2 Delimitation of regional types

One of the difficulties encountered in the map-making of the regional types of agriculture is the satisfactory drawing of their boundaries. Any type of agriculture covers a certain space, and a "boundary" which separates one type from another. But each such typical region objectively has a transitional area merging gradually and without any marked break into the next one. In other word, there is an intermediate zone with a transitional habitat between the two types. In some cases, "boundary" is clear-cut along a prominent natural feature such as a mountain or river, or along cultural boundary such as the realm of the tribes. It should be noted that the activities of human economy have been carried out within given administrative units, and some statistics data has usually been compiled along administrative units. In considering delimitative, therefore, the administrative boundaries should primarily be regarded as the basis of delimitation of the regional types. But objectively the boundaries of the regional types do not normally correspond to existing boundaries of administrative, so the delimitation should be readjusted appropriately referring to natural or cultural boundaries. In this case, field-work is usually regarded as an important way. There is no doubt that the delimitation is to some extent arbitrary and therefore regarded as tentative.

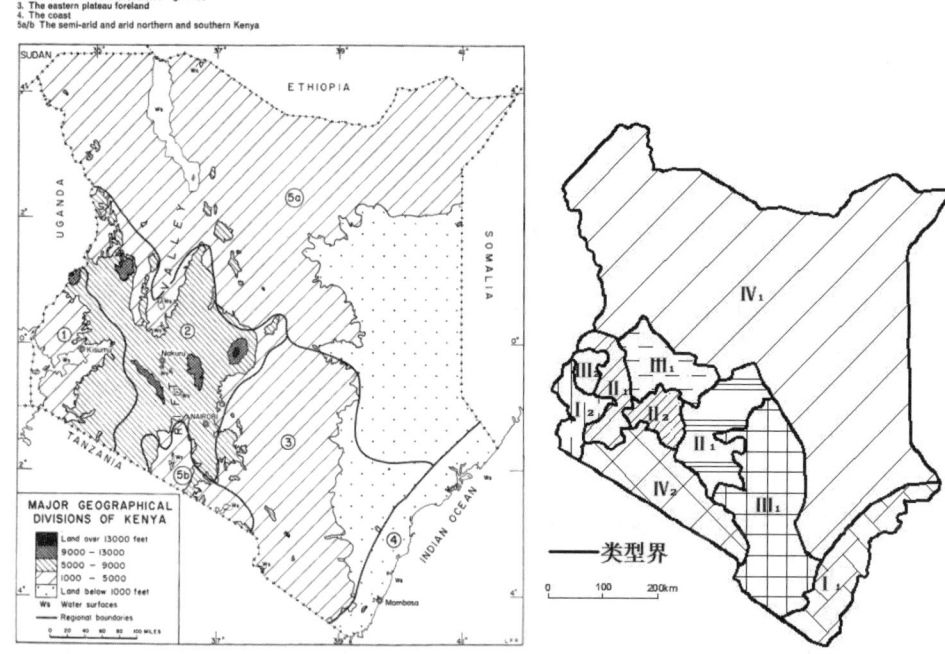

Fig. 1 Major geographical Uisions of Kenya
Adated from: Ominde S H. Land and population movement in Kenya. HEINEMANN NAIROBI, 1969: 17.

Fig. 2 Reference map showing the distribution of the regional types of agricultural in Kenya

The delimitation of the regional types of agriculture in Kenya is limited on the district boundaries of Kenya. Four first grade types and eight sub-types would be classified as follows:

Ⅰ. The farming-fishery in Coastal Belt and Lake Victoria

Ⅰ$_1$ The mixed farming-tropical fruit crops-sea fishery in the Coast Belt (Kwale, Kilifi, Lamu)

Ⅰ$_2$ The mixed farming-fresh water fishery in the Eastern Victoria Margins (Busia, Siaya, Kisumu, Rachuonyo, Homa Bay, Suba, Migori)

Ⅱ. The commercial farming-forestry in the Highlands

Ⅱ$_1$ The intensive cereal (maize, wheat)—export crops (tea, coffee)—commercial livestock (dairy and beef cattle)—softwood in the Eastern and Western Highland. (Nyambane, Meru, Tharaka Nithi, Embu, Kirinyaqa, Nyeri, Muranga, Kiambu, Thika, Machakc, Nairobi, Traus Nzoia, Uasinaishu, Kencho, Kisii, Nyamina, Bomet)

Ⅱ$_2$ The commercial mixed farming (maize, wheat, pyrethrum—dairy and beef cattle) in the Rift Valley Zone. (Nakuru, Nyandarua)

Ⅲ. The mixed agricultural and pastoral economy in the plateaus

185

III₁ The subsistence mixed farming (maize, songhum, millet, beans—cattle, shoagts) in the semi-arid plateaus

(Marakewt, Keiyo, Baringo, Koibatek, Laikipia, Mwingi, Mbere, Kitui, Makueni, Taita Taveta)

III₂ The mixed farming (maize, beans, sugarcame—cattle, shoagts) in the western plateaus (Teso, Bungoma, KaKamega, Vihiga)

IV. The extensive momadic pastoralism in the semi-arid and arid zones

IV₁ The cattle-camel-shoagts momadic pastoralism in the northern and northern eastern in the semi-arid and arid plateaus (Turkuna, Weet pokot, Marsabit, Samburu, Moyale, Mandera, Wajer, Garissa, Tana, River)

IV₂ The cattle-shoagts momadic pastoralism in the Massailand (Kajiado, Narok, Trams Mara, Kuria)

4. Conclusions and recommendations

The crux of the matter of whether the classification of types has practical value, essentially depends on the level of understanding of the geographical factors affecting the regional types of agriculture.

Although the results of this exploratory research are preliminary attempts rather than conclusion, it is author's hope that the paper could provide suggestion for further research into the regional types of agriculture in Kenya.

It should been phasized that the diversified regional types of agriculture have been formed through the course of long history. Therefore, the types are of a relative stable trait. But they are not immutable. The dynamic trend is that the traditional type would be transformed into the modern type, lower type into higher type, in pace with technical program and deep exploitation of resources. Thus, practically and scientifically it is of important significance to recognize the regional types of agriculture for probing how to do further the exploitation and utilization available of the nature and human resources.

In author's humble opinion, strategies for an effective tapping of agricultural resources potentials of each type and for giving full play to the different strength in it may derive much benefit from further research on the following topics:

(1) On the basis of a comprehensive appraisal of the physical environment, agricultural resources and population in each type, formulate development

strategies for the comprehensive exploitation and utilization of the different superiorities of agricultural resources and decide on a long-range development orientation and size of the exploitation of the superior natural resources. In other words, the resource industrial system in the light of local condition would be set up, so that the resources superiority could be changed into the economic superiority. The sustainable development strategy to carry out in each type is inexorable selection, in order to the coordinated growth among population, resource, environment and economic development. From the view of ecology and environmental conservation, it is important way-step that the man-land coordinated development would be realized by the development of eco-agriculture and high-grade scientific and technical agriculture. The ultimate aim is the realization of the quality to form comprehensive development eco-agricultural areas and form industrialization basis as well as to adopt synthetic harnessing measures to raise land production capacity and population carrying capacity of land resources, and to promote the economic growth and to raise the living standard of the people.

(2) The inevitable course of agricultural modernization—the farming industrialization management strategy.

Small holdings of Kenya account for about 75% of total agricultural output. They basically practice the extensive traditional farming. About 93% of all livestock is kept by small holders and pastoralists. Small holder farming is facing a whole host of ecological and socio-economic challenges to resolve (Obara, 1990; Neap, 1994). In the sustainable agricultural strategy it is a crucial what the counter-measures and ways would be carried to transform from a traditional small holding farming into an advanced modern agriculture.

a) The means of traditional livestock and the way for agricultural modernization

The means of livelihood is one of the economic and cultural model contexts concerning man-land interaction, which contains farmer's and pastoralist's demand structure, utilized techniques of resources and social structure mode. Especially in a national of small holder agriculture, change and adjustment of the means of livelihood will affect sustainable development mode and the way for agricultural modernization. It is worth noting that on one hand, different tribes use the other hand, in certain cases, territory of a single tribe takes in two rather different physical environments and then there is a correspondingly different mode of economic livelihood in each. One section of a tribe is more pastoral and another sector more agricultural in economic activities. So that, in making up the development strategy in each type, the differences of livelihood behavior should be laid stress on. It should go into seriously the conifer-measures and way steps conducting the rational and effective combination of traditional techniques and advanced techniques.

b) The farming industrialization strategy

The farming industrialization area, i. e. territorial specialization of agricultural production, based on the exploitation of the superior resources, would play an examplary role in agricultural modernization. It contributes to increase yields and improve qualities of farm and administrations, integrated farming-farm product processing-marketing system would be set up. According to the regionalization distribution of production force, the leading farming industry would be given energetic development. The farming industrialization would rely on the leading farming industry and its products as its subsistence and development base. To advise this goal, the integration of research and application and dissemination would be repaired, so that the achievements in scientific research could be transformed into productive forces as soon as possible. The rural industry would be given aid and encouraged by government. The farm products processing industries would be set up and financed by various forms of collecting money, e. g. pool capital and monopoly capital. Marketing system includes the integrated market is an engine of the integrated farming-processing-organized through farmer spontaneous co-operation. In the course of the farming industrialization, the part of labour forces engaged in farming would inevitable shift into manufacturing and services. It is an inevitable trend of labour force market development in the transition period of agricultural modernization.

c) Varied agriculture techniques could be adopted to raise the yield per hectare.

Water scarcity is leading constraint for farming in Kenya. The yield could be increased through the green house tunnel, drip irrigation system and ground plastic film-shelter. The drip irrigation system with a water storage. Tanks uses very little water compared to sprinkling irrigation. The yield of crop could be reached large increase of crop through the ground plastic-film shelter. The maize in China, for example, could gain growth rate of 50% through the method to raise 9 tonnes hectare from 6 tonnes.

(3) interdependent relationship between the small towns and the rural sustainable development—the integration of urban and rural areas.

References

[1] Obara, D. A. Constraints on smallholder horticulture production: A case study of Mwea Division, southern Kirinyaga District, Kenya[S]. Institute of Geography of the University of Derne, Switzerland, May 1990.

[2] Odingo, R. S. The Kenya Highlands—Landuse and Agriculture Development[M]. East African Publishing House, 1971.

[3] Ojany, F. F. & Oqendo, R. B. Kenya—A Study in Physical and Human Geographical[M]. Longman Kenya Limited, Nairobi, 1988.

[4] Morgan, W. T. N. East Africa: It peoples and resources[M]. Oxford University Press, London, 1972.

[5] Morgan, W. T. N. East Africa[M]. Longman Group Ltd, London, 1973.

[6] Ominde, S. H. Land & Population Movements in Kenya[M]. Educational Books Ltd, London, 1970.

[7] Pritchard, J. M. A Geography of East Africa[M]. J. M. Dent&Sons Ltd, 1971.

[8] Fedders, A. Peoples and Culture of Kenya[M]. Transafrica, Nairob, 1988.

[9] Ndulu, B. J. The Role of Transportation in Agricultural Production Decisions: Theory and Empirical Evidence in the case of Tanzia[S]. Economic Research Bureau of University of Dar Salaam, E. R. B. Poper, 1980.

[10] Ministry of Environment and Natural Resources. The Kenya National Environment Action Plan[R] Nairooi, Kenya, 1994.

[11] Office of the Vice-President and Ministry of Planning and National Development: District Development Plan, 1997—2001.

[12] Republic of Kenya: National Development Plan, 1997—2001.

乌干达

——东非高原水乡

乌干达首都坎帕拉——羚羊山

坎帕拉是乌干达首都和最大城市，位于国境中南部地区，坐落在维多利亚湖北岸，城区距湖岸仅 11 千米。全城建在 40 多个山丘上，其中大山丘 7 个。坎帕拉因位处北纬 0°19′，东经 32°35′，为赤道线上的高原城市，只因地势较高，平均海拔 1190 米，又濒临非洲最大的淡水湖，气候并不炎热，终年温暖湿润。城市建筑主要分布在 7 座山丘上，错落有致。街道依地势起伏而建，街道宽阔，树木葱郁，花朵争艳，绿草成茵，景色秀丽，宛如一座山丘花园。维多利亚湖碧波荡漾，湖岸棕榈摇曳，令人向往，可称其为赤道上的"明珠"。坎帕拉是非洲的著名旅游城市。每年到这里旅游、观光、度假、避暑的外国游客很多。

坎帕拉是非洲一座历史悠久的古老城市，从公元 10 世纪末到 19 世纪中叶，是乌干达历史上统一而强盛的布干达王国的都城。

据传，布干达王国的居民曾在此放牧羊群，坎帕拉在当地语言中意为"羚羊之山"。早期，那里有羚羊出没。布干达王国是班图人建立的经济和政治制度最为发达的国家。相传 16 世纪时，班图人从今乌干达东部来到南部地区定居，到 18 世纪时开始强盛起来，征服了邻近国家，称霸于维多利亚湖周围的广阔地区，农业和渔业都很发达。班图人的织布、串珠、项圈、腰带等手工艺品细巧精美。班图人不但能开采铁矿，还能制造铁器生产工具。

图 1　乌干达赤道线标志
(作者摄于 1999 年 8 月)

布干达王国的王家陵墓建在西郊的卡苏比山上。王陵所在地原为国王穆特萨一世(1856—1884 年)的王宫，建于 1882 年。穆特萨死后葬于宫内，王宫遂改为王陵。王陵建筑别具民族特色。王陵周围以大象草扎的篱笆为墙。大象草全部斜置倒插以示院内主人不在人世。王陵高约 10 米，底面直径 15 米，房顶为圆锥形草顶，内设王国最后四位国王的墓地。布干达人视此王陵为圣地。草房正中高悬一幅屏幕似的褐色树皮布帐,将房间分为前后两厅。前厅为祭祀厅,布帐下设一平台,其中摆放四座象征性的国王坟墓,坟前挂着他们的画像,陈列着他们生前用过的长矛、大刀和盾牌。后厅为四位国王墓地。王陵院内两侧有四座茅屋,原为王后和妃嫔的宫室。大门左侧是鼓室,保存有二三十只形状各异的大小兽皮鼓。大门右内侧,原有一张方形火炉。国王在此时,鼓声不绝,炉火不熄,以示国王健在,王国兴旺。国王去世,灭火熄鼓,俟新王登基,再重新鸣鼓燃火。1967 年 9 月封建王国和国王被废除,乌干达共和国建立,遗鼓和火炉便成为王国文物。

1890—1905 年坎帕拉开始建城,为英帝国东非公司总部所在地,后为英国在乌干达殖民统治的首府。1931 年,肯尼亚—乌干达铁路通车,促进城市经济与城市建设的飞速发展。1949 年坎帕拉建市。1959 年城市人口增至 4.7 万人。1962 年乌干达独立。1964 年乌干达首都从恩德培迁至此地后,坎帕拉迅速发展为全国政治、经济、文化和交通中心。工业主要有农产品加工、纺织、水泥、机修、日用化工、制糖等,全国大公司的总部大都设在这里。

纳卡塞罗山上坐落着宏伟壮观的议会大楼、国际会议中心和政府各机关办公大楼,错落有致。山丘中以克洛洛山头为全市最高点,登高远望,可俯瞰全城各山头风貌。山脚下建有珍藏历史文物的乌干达国家博物馆、独立广场、独立纪念碑。市政府公园入口处耸立着 10 米高的独立纪念塑像,造型别致,如一母双手云擎婴儿,婴儿象征着新生的共和国。麦克雷雷山头上建有驰名东非的麦克雷雷大学。市郊各山有文化、宗教场所和名胜古迹。1913 年建于纳米伦贝山上的圣保罗大教堂为基督新教教堂,是一座红色穹顶的建筑。1925 年建于卢巴戈山上的卢巴戈教堂为罗马天主教徒的祈祷场所,是一双钟楼绿色建筑。市东郊维多利亚湖滨山坡上有一系列小巧舒适的非洲别墅,原为前总统阿明的私人别墅,现开辟为展览馆。山脚有草坪、高尔夫球场,湖中可划船游泳,且风景优美。此外,卡苏比山上的卡苏比陵墓、恩萨姆比亚教堂和一些印度人的寺庙,使坎帕拉在现代化气息中保持着古朴的风格。

坎帕拉深处东非高原内陆,东通肯尼亚港市蒙巴萨的铁路,是乌干达对外联系的重要通道。城东 10 千米有外港贝尔港,经维多利亚湖航线,可通坦桑尼亚的滨湖港口。坎帕拉的恩德培国际航空港开发有联系世界的国际航线。公路辐射全国各城镇。

坎帕拉城市生态环境值得称道的是,大街小巷处处是绿色芭蕉树,种类繁多,姿态各异,茎粗叶阔,浓荫如盖,可说是姿态婀娜,亭亭玉立,人见人爱。婀娜多姿的芭蕉树同高大的棕榈树、茂密高大的芒果树以及处处草坪交织在一起,将这座热带城市装扮成空气清新、风景秀丽的世外桃源。

乌干达人的主食——"马托基"与大蕉

民以食为天,一个人出门在外,生活在一个陌生的地方,尤其是走出国门,首先解决的问题是吃什么。这是一个既简单又复杂的问题。当地人吃什么,喝什么,其实质是个食物结构问题。一般来说,食物结构指的是膳食结构、食物营养结构、食物品种结构。因民族不同、生存环境不同,食物来源也有所不同,由此形成的传统饮食习惯也因地而异。在热带非洲广大的农村地区,以家庭为单位的生存型农业仍占主导地位,地产什么,农民就以什么为主食来解决吃饱肚子的问题,食物结构简单。联合国粮农组织和世界卫生组织的专家建议非洲人民尽可能地保持传统的饮食习惯。我所考察过的热带非洲国家人民的主食就不大相同,刚果盆地上的刚果(金)、刚果(布)和加蓬三国,是以木薯为主食的。东非高原上的坦桑尼亚、肯尼亚、乌干达三国各不相同,坦桑尼亚和肯尼亚的主食"乌咖喱"以玉米为原料,乌干达的主食"马托基"则以芭蕉为原料。埃塞俄比亚人则以高原上盛产的台麸为原料制成的"英吉拉"为主食。这些不同的主食习惯与所在生存环境所生产的主导作物有着直接的关系。

在乌干达访问研究的两个月里,我以自己做饭为主,有时外出活动就餐,均以"马托基"为餐。我多次出国养成的生活习惯是,凡到一个新的地方,当地人以什么为主食,我就以什么为主食,入乡随俗。当地人的传统饮食习惯是一种生存型饮食文化,是天人合一的完美结构。乌干达人的主食"马托基"就是天人合一在饮食上的表现。在乌干达,并不是全国人民都以"马托基"为主食,以其为主食的人大约占全国人口的 2/3 以上。

"马托基"不仅是乌干达人民的主食,而且是一道美食,就是在国宴上也是要上桌的一道主菜。"马托基"的制作是以大蕉为原料,先将每根大蕉削去皮,用大蕉叶包扎起来,上锅蒸一个小时,然后将蒸熟的大蕉捣成蕉泥状。餐馆出售的"马托基"为套餐,单吃无味,必须有浇头,就像我们的盖浇饭和西北地区的臊子面。浇头有荤有素,任你选配,荤的有咖喱牛肉、烧鸡块等,素的主要用红豆、南瓜、胡萝卜、洋葱等配菜,或仅是单一的红豆汁、花生酱等,每个餐桌上都有西红柿酱,就像中国餐馆餐桌上有酱油和醋,免费供应给客人。我点"马托基"配餐时,喜食咖喱牛肉,吃时浇上西红柿酱,口感风味独特,营养丰富。如果你喜欢饮料,最好点上香蕉酒。这种酒乌干达人家家会做,也是他们常饮的一种土制传统饮料,用当地生产的香蕉或用香蕉与高粱面混合发酵酿制，三五天即成土酒，看起来酒质浑浊，但泡沫多，度数很低，喝起来口味香甜醇厚，清凉解渴。

大蕉，亦称芭蕉，多年生草本植物，生物特征跟香蕉类似。大蕉无味，不能作水果食用，全部用作农村居民的主食。非洲是世界最大的大蕉产地，其大蕉产量占世界总产量的 80％以上，产区广泛分布于热带森林和热带草原地带。乌干达、加纳、喀麦隆、卢旺达、尼日利亚等国是非洲主要大蕉生产国，其中乌干达是非洲最大的大蕉生产国，其产量独占非洲的 35％。

农业是乌干达的支柱产业，不仅为乌干达人民提供生计，还是全国 60％以上人口的就业来源。农产品出口占出口总收入的 70％以上。农业占国内生产总值的比重从 1985 年的 64.0％降至 20 世纪初的 41.0％。全国约有 300 万的农民从事自给自足的农业生产，人均耕地面积约 2.5 公顷。农业部门主要以生产粮食作物为主，辅以经济作物、畜牧、渔业和林业。2000 年，乌干达粮食作物生产值占农业生产总值的 65.0％。乌干达的粮食作物不同于其他热带非洲国家的粮食作物，大蕉是主要粮食作物，其种植面积占耕地总面积的近 30％。其次是谷物、块根作物、豆类和油籽。粮食生产基本上可以满足国内粮食需求，但小麦和大米需从国外进口以满足城市居民的需求。咖啡是乌干达的主要出口作物。

大蕉株高 2.5～4 米，叶大而宽，长圆形，长 2.3 米，宽 25～30 厘米，尖端钝，基部圆形或不对称，叶面鲜绿色，有光泽；叶柄粗壮，长达 30 厘米。性喜温暖，不耐寒，茎分生能力强，耐半阴，适应性强，生长较快，在山高林密、土地肥沃的地方十分适宜栽培。大蕉最适宜在疏松、肥沃、透气性良好的土壤中生长，适宜的遮光有利于植株生长，更利于提高大蕉的品质。大蕉科包括 3 属 60 余个品种，分株繁殖，生长很快，只需稍稍加以管理，全年可以收获。大蕉全身是宝，果实比香蕉短、粗，两端较细，中间略粗，一面略平，一面略弯，呈"圆缺状"，果皮只有 3 个棱。大蕉不能生吃，主要作主食"马托基"的原料。此外，大蕉可以晒干后磨成粉，制成甜糕、蜂糕、蒸糕或点心等。大蕉纤维为蕉布（称蕉葛）的原料，也是造纸的原料，纤维可用来编织盘子、帽子、凉鞋等，甚至下大雨时，许多人以大蕉叶做伞遮风挡雨，安然行路。

大蕉的药用价值很高，其功效与作用不可小视。大蕉含有大量的糖基和其他营养物质，除作主食补充营养和能量外，还可药用。

大蕉叶可预防瘟疫，是一种广谱抗菌、抗病毒的药物，对多种病毒和细菌都有抑制与杀伤作用，对呼吸系统疾病有一定的防治作用。大蕉根有清热、止渴、利尿、解毒的作用，可治感冒、胃病与腹痛，还可治热病、水肿、脚气、血淋、疥疮、丹毒等。大蕉含有大量碳水化合物、膳食纤维等，可以防癌抗病。大蕉还有缓和胃酸的刺激、保护胃黏膜的作用，清肠热，润肠通便。大蕉的花干燥后煎服可治脑溢血。大蕉的根和生姜、甘草一起煎服可治淋病及消渴症。

耳闻令人深恶痛绝的原始成人礼陋习——少女割阴

成年礼亦称成丁礼或冠礼,它是非洲各族人民一种古老习俗的传承,在非洲人的一生中具有重要意义。随着社会的进步,过去那种残酷的成年礼虽已淡化但仍未杜绝。我于20世纪80年代在坦桑尼亚达累斯萨拉姆大学以及90年代在东非四国访问研究期间,对少女割阴常有耳闻,其残酷性令人听闻后不敢相信,但它却是现实。在不少非洲国家,判定少年男女是否成年,不是根据其年龄,而是看其是否举行过成年礼,也就是割礼。长到一定年龄,男孩必须割除阴茎的包皮,而女孩必须部分或全部割除阴核(蒂)和小阴唇,甚至将阴道口部分缝合,有的还要摘除一两颗门牙。

据世界卫生组织估计,21世纪初至少有36个非洲国家中的1.2亿妇女被割去了阴唇。联合国儿童基金会指出:大多女孩在4~10岁进行这种仪式。在不少非洲国家,割阴被认为是一条神圣庄重而让人超脱和净化的必经之路,未被割阴的女人不值得娶。另据世界卫生组织2000年公布的一项报告,每年约有200万女孩面临割礼,其中大多居住在28个非洲国家。肯尼亚的割礼率为38%,农村地区这一比例更高。接受过割礼的妇女往往会遭受并发症的折磨。

在肯尼亚,不少人认为女子割礼前"性野",割礼后经过长辈调教和"净心养心"才能学会为妇之道,因此认为割礼是对女子婚前教育的好机会。据肯尼亚的瓦吉尔地区统计,手术后发生破伤风、闭尿症、阴道溃烂者约占30%,阴户缝合手术易引起上述疾病,往往还导致难产,造成母婴双亡。

在乌干达,少女割礼手术都是私下进行的,只有少数人到医院。大多数人的割礼由民间巫医、助产妇或亲友操持。传统的割礼工具是铁刀或小刀片,缝合使用的是一般针线,有的地方甚至使用荆棘,手术时不用麻药,而且常用的止血剂是树胶或草灰。

乌干达东、西边缘地带山区的某些部落,至今仍沿袭着男孩割礼的习俗。如东部艾尔贡山区的巴尔萨世部落,传统的割礼习俗"伊姆巴"意思是给当地的男孩割礼。按部落的传统习俗,年满16岁的男孩要在公共场所接受由当地传统"医生"进行的割礼手术,不用麻药,这被认为代表着有勇气面对今后生活的各种困难。他们一直为这项割礼传统自豪。

在坦桑尼亚,在举行割礼前,父母要对子女进行割礼意义的教育,好让他们有忍受痛苦的精神准备。长到年龄的全村女孩要集中到行割礼的地方。受礼这天,女孩们要净身,一大早由家长和亲属陪同。全村的人也都穿上节日盛装赶来参加割礼仪式,以示祝贺。行割礼时,到场的乡亲们齐声欢跳,根本不顾孩子们的惨叫。手术完后,家长和村里人向受过割礼的孩子们表示祝贺,杀牛宰羊,载歌载舞,通宵达旦。男孩受礼比女孩简单,分开进行。行过割礼的青少年便被公认为成年人,从此获得娶嫁资格。割礼对少年男女的身心健康造成严重的危害,早已引起非洲各国政府和国际社会广泛而高度的关注和重视,要求废止这种惨无人道的丑恶习俗。

随着社会经济文化的发展,许多青少年男女极力逃避这种残酷的割礼风俗。据报道,2003年12月的一个晚上,肯尼亚西部一个人口1200人的小山村中,12~16岁的23名少女集体逃跑,在多蛇的山中奔走了6个小时,不管这次逃跑最终成功与否,但反映出一个现实,社会在进步,再也不能容忍这种割礼继续存在下去了。当然,这是一种新旧势力的对抗,不会一帆风顺,维护这一丑习的人,在非洲各国仍大有人在,他们认为,女子割礼"始于祖先的一种神圣传统"。当然,持这种观念的人,大多是部族首领和宗教头人。但是,人类社会已进入21世纪,整个社会在迅速前进,非洲也不例外,少女割礼给妇女造成的身心伤害,被越来越多的人所认识。从1979年开始,非洲妇女组织在世界卫生组织的帮助下,先后在苏丹首都喀土穆、赞比亚首都卢萨卡等地召开专门会议,通过了从最盛行割礼的东非和北非开始,逐步在整个非洲废止这一陋习的决议。肯尼亚、索马里等国的议会,通过了废止割礼的法令。当然,这一沿袭千百年的社会丑习,不可能一朝一日就令行禁止。东非一位著名社会学家指出,女子割礼的禁行,从根本上说,需要努力提高广大妇女的政治、经济和社会地位,大力普及科学知识,积极发展医疗事业。只有这样,才能把禁令变成妇女的自觉行动。可以相信这种陋习总有彻底被杜绝的一天。据报道,现实非洲社会,绝大多数地区女子行割礼的现象已不多见了,但在边远落后的农村,割礼现象仍未绝迹。

文　身

　　文身是一种文化习俗,指在人体上用尖利器具刺刻图案,使用颜料渗入皮肤内,留下伴随终生不退的花纹。文身部位视地区、民族和时代而异,一般在脸、胸、臂、背、腿等部位刺刻,有染色与不染色之分。文身是一种古老的习俗,具有世界性意义,是一种普遍的文化现象,具有多种社会功能:宗教意义,是一种图腾崇拜的方式;社会意义,表示文身者的社会地位;装饰意义,美化身体;婚姻制度意义,有效防止血亲通婚;青少年进入成年的标志。

　　非洲文身习俗已有1000多年的历史。据考古发现,公元前的古埃及便有文身习俗。文身图案奇特,设计复杂,制作残酷。过去,不少民族采用文身来维护本族的团结,体现本民族的光荣,显示本民族的悠久历史。很多民族用"秃鹰""雄狮""白蛇"等作为自己的标记。开始仅限于面部,后来渐渐发展到手臂、胳膊、胸部、背部等,图案十分醒目。历史上,文身被当作宗教的标记,认为这样做可以避邪。例如,一对夫妇连续夭折几个孩子,父母便在新生孩子的脸上刻上花纹,改变孩子面孔,以求能逃脱死神的盘查,平安地活下来。

　　文身几乎遍及非洲,尤其撒哈拉以南非洲地区更为流行,有的民族男女老幼无一例外,而已婚妇女则在自己上臂、胸部、脐部、背部刻着带有某种含义的条纹。这些条纹的深浅、宽窄、长短、数目都是有严格规定的,不能随意刻画。脸上和手上的花纹,往往表示出社会地位、经济状况、婚否、子女多少等。对非洲人来说,文身是勇敢的象征和美的标志。男孩文身较早,一般从四五岁时开始,习惯在面部划上五角星,或几个三角,或几道波纹线条,以显示自己的英姿。女孩相对晚些,通常在十一二岁来第一次月经后进行,喜欢划上几条又宽又长的平行条纹,并点上几个蓝点,但各族各有特色。女孩文身不是一次完成,每年在嘴唇周围、手腕、胸前等地方依次刺上花纹,直至出嫁才全部完成文身任务。

　　东非各族经济社会文化水平差别很大,面部美容五花八门,异彩纷呈。有的民族喜欢在脸上抹红泥巴,有的民族在黝黑的脸上抹"增白露"。

　　除脸上涂脂抹粉外,常见的是纹面,即在脸上刻上各种图案。纹面是文身习俗的一种,非洲人大都讲究纹面艺术,认为脸上刺花纹是勇敢的象征,又是美的标志。有的民族不分男女老少,都有纹面习俗,一些已婚妇女除了纹面之外,甚至在胳膊、胸部、脚部、背部都刻有数条富有某种意义的条纹。

东部非洲的妇女主要是在脸上刻花纹,大多数妇女在自己的脸上纹着数条明快的痕迹,有的还在一边加上一些辅助线条,并在两颊纹上两颗又大又显眼的蓝点。分布在坦桑尼亚和莫桑比克的马孔德人长期以来一直保持着纹面和文身的习俗,不仅喜欢在脸部刺花纹,而且喜欢在胸、腰、背及躯体其他部位刺花纹,一般喜欢动物图案如蛇、蜜蜂、蝎子、狮子等,还有壶、盂、盘、碟等器皿图案。

乌干达的兰戈族人,在额头上烫成横向三排圆点,阿里乔人在两边太阳穴位置上各纹三道竖向条纹。肯尼亚的卢奥人习惯从额头到脸颊纹上九条短纹,图尔卡纳牧民从鼻子上方纹竖纹扇面。坦桑尼亚的恩登盖莱科人在脸颊两侧纹纵向"Ⅱ"型纹路。

此外,东非人的嘴、鼻、耳上的各种装饰也是一种纹面艺术。如马孔德妇女在上嘴唇上刺孔,萨穆布卢人下唇穿孔,基库尤人上、下唇刺孔。有的民族如波克特人、萨穆布卢人、卡姆巴人喜欢在鼻隔上穿孔。除嘴唇和鼻子上的装饰外,最有特色的是耳朵上的装饰。女孩出生后就开始扎耳洞,主要扎耳垂和耳轮,佩戴上各式耳坠,以增强美感。最为奇特的是马赛人,男女普遍把耳轮向下拉张,孔洞越大、越长就越美,可拉长至两耳垂肩、垂胸。

文身是一种残酷的习俗,施纹者,首先要用木炭在脸部或身上烫印标记,然后用烙铁或用刀片刮,让伤口溃烂形成疤痕。非洲人认为文身是勇敢的举动,凡是文过身的人都被视为有出息的人,尤其是经过文身的少女,则备受人们敬慕和青年男子的追求。例如,马孔德人先在人体上勾出花纹图案,然后按图案纹刺,用刀在人身上刺、扎、割,然后在伤痕上涂上一层粉末状的锅底烟垢,止血,伤口愈合后显示出黑色疤纹。女子把纹刺看成美的标志,使自己在男子面前显得更俏丽。

随着社会的进步和文化水平的提高,文身已不再是部族印记或宗教标志了,但仍作为文化遗产和美的修饰而保留下来,成为非洲人的一种特殊习俗,被视为民族文化的瑰宝,仍保持着旺盛的生命力。

远嫁非洲的中国靓妹

说及涉外婚姻，人们首先想到的是某某嫁给了老外，老外这个称呼往往指的是欧美发达国家的白人，很少有人会想到谁嫁给了非洲人。随着中国经济实力、国际地位的提升和人民生活水平的提高，人们的婚姻价值观和配偶的选择，也随之发生了深刻的变化。昔日的"老夫少妻"现象已渐渐远离了人们的视线，洋媳妇不断亮相于全国各地。洋靓妹越来越喜欢中国的帅小伙了，嫁给老外的中国姑娘也在减少。还有个不可忽视的变化，远嫁非洲的中国姑娘已不在少数。这从一个侧面折射出开放的中国已冲破了过去"闭关锁国"的围城，融入全球。情感无国界，嫁娶满全球，是社会的进步，也是历史发展的必然。

据了解，2000年之前，中国涉外婚姻，外嫁较多的地区是欧美国家和日本、韩国，但21世纪以来，跨国婚姻情况发生了变化，外嫁地区几乎遍及全球。据江苏涉外婚姻统计，截至2010年12月31日，仅江苏省涉外婚姻已涉及全世界61个国家和地区，其中，第一次与江苏省婚配的国家中，就有3个非洲国家，它们是中非、马达加斯加和塞舌尔。昔日的跨国婚姻中，不可否认，部分婚姻中多少夹杂着功利，甚至有些人把与外国人结婚作为改变自身生存状况的跳板或手段。几十年的跨国婚姻使人们渐渐地学会了把握自己婚姻命运的走向，联姻的渠道也已多元化。现在的跨国婚姻大多是通过商务活动、学习、社交活动等相识相恋的，年龄大致般配，这说明跨国婚姻已走上了健康理性的阶段。

因非洲研究工作的需要，我曾于20世纪80年代、90年代、2010年、2011年四次登上非洲大陆东半部的三大高原埃塞俄比亚高原、东非高原和南非高原，以及西半部非洲的赤道雨林中的刚果（金）、刚果（布）、加蓬三国和深处西非内陆撒哈拉沙漠南缘的马里。在我广泛的社会交往中，时不时地听到中国姑娘嫁给非洲留华学生的闲情轶事。我在乌干达考察研究期间，得知嫁给乌干达留华生的中国姑娘就有11位。乍听来，不了解情况的人会误解，中国姑娘怎么嫁给了非洲人，是学历不高，还是有其他什么追求。我打算抓住机会探个究竟。我有心接近那些跨国婚姻家庭。我接触过4位，2位开中餐馆，1位开药店，1位在政府部门任职，其中3位中国姑娘均是大学本科毕业生。

1999年9月的一天，我去乌干达最高学府麦克雷雷大学访问，巧得很，一位非洲学生告诉我,有一位中国女孩的丈夫是校图书馆计算机培训中心的负责人埃利先生。我喜出望外,一心想见见这位中国女婿。埃利先生1991年至1994年在武汉理工大学计算机专业读硕士,学习期间与该校经济管理专业本科生小袁相识相爱,于1993年结婚,已有子女。埃利先生硕士毕业回国后就职于麦克雷雷大学计算机培训中心,担任负责人,利用从中国带去的软件作教材,对全校教职工进行计算机培训。小袁在乌干达规划与经济发展部工作。在我与埃利先生的交谈中,他不太乐意谈及家事,我想见见他的夫人,也被拒绝了。这令我大失所望。按我的想象,我是远道来的娘家人,应该受到热情款待。他的少言寡语,多少让我有些尴尬。据说嫁给非洲人的中国女孩大多不愿见娘家人,也许其中有些难言之隐,或多多少少有隐藏着的种族歧视的思想观念在作怪。

图 1　与麦克雷雷化学系主任合影
（作者摄于 1999 年 7 月）

图 2　麦克雷雷大学校园一景
（作者摄于 1999 年 7 月）

我从麦克雷雷大学返回宾馆时,出学校大门顺缓坡下行,被不远处一块高悬醒目的招牌所吸引,上面写着"Afro-Chinese Restaurant",并排用汉字写着"粤海餐厅"。当时,我想这可能是广东人开的小餐馆,想见见这位小老板。餐馆门面不大,大约60平方米,进厅后,只见一位年轻的中国女孩在打菜单,看上去年龄不大,30岁左右,身材高挑,干净利索。她见到我这个"不速之客"很是高兴,招呼我坐了一会儿,这让我多少感到一丝宽慰。她芳名余美凤,广东人,已来乌干达一年多了,这间餐厅开张只有两个月,生意还好,兼营中餐和乌干达餐。她的丈夫是一家医院的医生。开始我以为她丈夫是中国人,便问了一句"你丈夫是应聘来的?"她说是,但我还是不能理解,因为以私人身份应聘来非洲医院行医的不多,都是开私人诊所。过了一会儿走进来一位非洲小伙,用十分流利的汉语跟我打招呼、握手,小余向我介绍说这是她的先生,这时我才明白她嫁给了非洲小伙。她丈夫名叫沙英杰,别看他个子瘦小,却一脸精明,这给我留下了很深的印象。20年代90年代初,沙英杰先生在广东中山医科大学本科毕业后,又进修了两年,在中国待了8年,期间与夫人余小姐相爱成婚。沙英杰先生说，先开这家"粤海餐厅"过渡一下，经营三年挣点钱，再独立挂牌开个私人诊所。他话语中表现出了很强的信心。他说，"去中国留学，我是经过考试被选中的，50个人中就录取我一个"。此话我完全相信。大约下午5：00，他们的女儿来了，4岁多，皮肤是黄棕色的，长相甜美，讨人喜欢，遗传了父母双方的优点。看得出这是一个幸福的小家庭。吃饭时，我问小余，女儿喜欢吃什么，她说还是比较喜欢吃乌干达餐。女儿叫了一声要吃"马托基"。

一天，我去坎帕拉市中心考察城市建设和市中心环境。那儿是乌干达政府的行政中心和全国最大的商业金融中心。核心地段是一地下露天广场，道路网由此向四周辐射，在露天地下广场的一侧，有一地下道贯通地下广场，人们可以穿行地下道避开拥挤的车辆。当我走近地道口时，只见高高竖起的一块标示牌上写着"Chinese Restaurant & bar"。我下了地道，走过20来米长的通道，进入了广阔的露天广场。一侧是中餐馆和酒吧，上搭有天棚，占地大约300平方米，摆有20多张长方形餐桌。酒吧对面便是大型露天舞台，高出酒吧1米多，占地400平方米左右。节假日时，这里时常举行舞会或喜庆婚礼。

经营这个中餐馆的是我多次接触的中国女孩季爱华。第一次见面，她老远就主动向我打招呼，令我感到十分亲切。她是一位开朗、热情、厚道的女孩，每次去那儿拜访她，她都十分高兴、热情款待，分文不取。第一次见面时她请我吃了一盘干切牛肉、一盘炒鸡块、一盘油炸花生米、一瓶当地产啤酒。这在国内不算什么，但在异地他乡，能吃上这几道菜，太珍贵了。比较熟悉后，我带着很多问题与她畅谈。小季的丈夫布汉加20世纪90年代在上海工业大学电机工程专业攻读硕士学位。她本人在上海长大，在该校读本科，两人相爱多年后喜结连理。我问小季当时恋爱期间最大的阻力是什么，又如何克服。她说最大的阻力是家庭不赞成，社会不理解，但自己坚持下去，最终父母让步，说我自己不后悔就行。开这个餐馆后父亲和弟弟来过一次，对她的生活和事业还算满意，但感觉餐馆不够豪华。我的第二个问题是婚后生活、感情磨合、生活习惯、个性、传统观念碰撞和整合等。我心里明白，与非洲人在一起，最大的心理障碍是感观、气味和多多少少的种族歧视。只有相处一段时间，受到非洲人待人接物的忠诚厚道品质感染后，这些不利的东西才会随之淡化，被真诚的友谊淹没，这是我4次前往非洲待了3年多与非洲学生朝夕相处的真实感受。遗憾的是我没有见到小季的丈夫，据说，布汉加先生1.8米以上的个头，人长得帅气。她告诉我，俩人斗气、吵架是免不了的。她说吵架时她就大骂一顿，骂过就算了，她也消气了，反正他也听不懂。

我的第三个问题是，到乌干达后碰到的最大的生存困难是什么，如衣、食、住、行、社会交际等，如何适应和调整自己，采用什么对策求生存和发展。她说，到乌干达后，国内带去的钱三个月就花完了，也没找到工作，处于最艰难的时期，当时想的是就这样回国不好,思想负担太重。当时她丈夫在麦克雷雷大学工作,后在国家电力局任职,晚上仍在大学兼职,养活他们俩不成问题,但这不是她所要的,她想自己一定要独立,有自己的事业才能站住脚。开始时,为了生存,她在一家中国人开的餐厅打工,但这只能解决吃饭问题,不是长久之计。于是,她就下定决心,自己单干。不打工,她就自己探路子,开始通过关系倒卖啤酒,赚个地区差价,这样有了点积蓄后,接着开始谋划做生意。这个地下通道过去一直无人利用,她考察了好几个月,决定开发这块闲置的宝地,办一家中餐馆兼酒吧,主要是赚乌干达人的钱。开张那天,乌干达5位正、副部长和一些市议员出席,地方政府官员出席并剪彩,气氛热烈而

图3 季爱华女士餐馆
(作者摄于1999年6月)

隆重。他们夸赞她为乌干达人民办了一件值得祝贺的事。国家主要报纸做了大力宣传。政府官员们认为她把这块废弃地变成了宝地,这儿成了穿行地道的过往行人驻足的餐馆。餐馆生意不错,常有政府官员光顾。令她欣慰的是这家不起眼的中餐馆兼酒吧成了联络中乌人民友好情感的纽带和传播中国文化的平台。

我的第四个问题是今后打算如何发展。她打算改变餐馆内的布置,偏重中国传统文化。第二件想办的事是在国内聘请两位夫妻档的武术大师来此传授中华武术,可招乌干达青少年习武,如能如愿,报名习武的乌干达青少年一定不少。遗憾的是,我回国后没有帮她请到一对合适的武术大师。至今每当我想起这段往事,多少有点愧疚。我还要提及的是,小季有个5岁的儿子,无论是长相还是身材,都透露着帅气,是中乌两国人民两种完全不同肤色人种的完美结合。

在我离开乌干达之前,有一次与乌干达留华生聚会的难得机会,那是中国驻乌干达大使馆举办的欢送来华留学新生的晚会,邀请了乌干达教育部的官员和全部留华的新老学生,我也有幸参与,欢聚一堂。他们大都能说流利的汉语,交流时无语言障碍,以汉语为主,有时夹杂着英语。有位留华生举起酒杯对我说:"来,干一杯,感情深一口闷,感情浅舔一舔。"一句话逗得大家欢笑起来,这是不同文化的融合,是情感的交流。

乌干达"乌中友好协会"副主席苏马先生致答谢词时说,他感到很幸福。他是清华大学机电系毕业生,回国后在乌干达民航局任高级工程师,夫人王丽红自己开了一间药店,已有一双儿女,生活得很好。他说起话来满怀激情,令人感动,无不流

露出中乌人民的友好感情。

  在非洲与同胞们谈论跨国婚姻时，总离不开离婚的话题。但我只是耳闻，没有接触到离婚的。据说，比较早期嫁给非洲留华学生的，因种种原因离婚的不在少数。婚姻维系的质量跟双方恋爱的基础有着密切的关系。恋爱双方在文化背景、语言、风俗习惯、宗教信仰、道德观念、价值观念上存在较大的差异，在恋爱过程中传统文化的碰撞和融合是要有个磨合过程，成熟了，感情根基就深厚了，就能经得起风浪，否则，一旦双方不能很好地沟通和理解，就会成为维系婚姻关系的障碍，解脱的最好办法就是劳燕分飞了。但对跨国婚姻的离婚不必指手画脚。结婚和离婚都是人们追求个人幸福自主选择的明智之举，是一种社会文化的进步。我在乌干达所接触的几位都是有着美好的家庭，她们选择的伴侣均是来华留学生，有着良好的文化教育背景，都是他们国家的人才和精英。非洲小伙子在留华期间，各自展现出自己的才华，赢得中国靓妹的芳心不在话下。人们会问，有没有非洲姑娘嫁给中国小伙的呢？我可以肯定地答"有"，我认识的一位年轻教授在远赴肯尼亚埃根顿农业大学执行教育援非任务期间，与在读的一位女学生相识相爱。刘教授的爱情观发生了潜移默化的变化，也许是他对爱情有了新的认识，和非洲女学生喜结良缘，成了倒插门女婿，已有三个孩子，生活美满幸福，三个孩子个个聪明伶俐。他为中国的帅小伙勇敢地走进非洲大陆，迎娶非洲新娘树立了榜样。可以断定，他们都是中非传统文化交流和文化传播的使者，历史将给他们记上光彩的一页。

赴金贾尼罗河源头探访记

美国影片《尼罗河惨案》给人们打开了神游世界第一长河的门窗,不如你也登上游船,逆水行舟,来一次尼罗河漫游。但作为一位地理工作者,我最向往的是我的双脚能踏上尼罗河的发源地。众所周知,来自世界各地的游客,大都选择漫游尼罗河上的名胜古迹。登上游船,游船鸣笛启航,别离金字塔驶向卡纳克神庙。游客们涌上甲板,一睹世界河流之最的丰姿,赞赏之际,难免要联想到这条天赐巨川的源头在哪里。它的源流卡格拉河发源于东非高原布隆迪境内的高地上,其水系穿越林海,过峡谷,浩浩荡荡奔腾北上,流经布隆迪、卢旺达、坦桑尼亚、肯尼亚、刚果(金)、乌干达、南苏丹、苏丹、埃塞俄比亚、埃及等10国,在埃及注入地中海,是世界上流经国家最多的国际性河流之一,蜿蜒奔流6671千米。难怪非洲谚语生动形象地描绘尼罗河是一条源远流长的巨川——"尼罗,尼罗,长比天河"。如果把尼罗河水系描绘在地图上,看起来它酷似一颗倒生的枯树,头枕高山,身卧沙漠,脚踏大海。流域面积达2875万平方千米,占非洲大陆面积的近10%,入海年径流量约725亿立方米。

尼罗河由两条主要的支流白尼罗河与青尼罗河在喀土穆汇聚而成。白尼罗河是她最长的支流,长约2900千米。青尼罗河上游又称阿特巴拉河,源出埃塞俄比亚高原海拔1830米的塔纳湖,出湖后河谷幽深,水流湍急,入苏丹境内后,流经平原地区,水量较大,是尼罗河干流水量的主要供给者。青、白尼罗河好似两条巨龙从喀土穆市两侧慢慢流过,汇合成尼罗河主流,北流入埃及。开罗以下的河口段,河流分7条支流注入地中海。经长期人工疏导,主要由罗塞塔分流和杜姆亚特分流入海,形成面积广达2.4万平方千米的河口三角洲。这里地势平坦,土层深厚肥沃,灌渠密布,分布着埃及90%以上的人口和60%的耕地。这里既是古埃及的文化摇篮,也是当今埃及最富饶的地区。

伟大的尼罗河以她得天独厚的自然资源,悠久的历史文化和绚丽的景色享誉全球。

这条世界第一长河尼罗河,早在5000年前就孕育了古埃及文明,可埃及人却不知道养育他们的尼罗河水是从那里来的。古埃及的法老们曾不止一次派遣远征队,溯尼罗河而上,也曾远达上游地区。直至公元前12世纪后,古埃及因出现了长期的衰退,溯河而上的探险活动才不得不中断。后来到东非海岸探险的是古希腊人。大约在公元前 430 年,古希腊著名地理学家希罗多德曾跟随两河流域的亚述人来到尼罗河口,上行约 1600 千米,到达库施王国都城麦罗埃。公元前 2 世纪,古希腊伟大的地理学家托勒密认为尼罗河发源于东边的一个湖,白尼罗河发源于月亮山[即坐落在乌干达西境与刚果(布)交界处的鲁文佐山里]山泉流注的一些大湖。他们虽然没有揭开尼罗河的水来自何处,但却给后人去探寻尼罗河源头以正确的启示。公元前 1 世纪中期,罗马帝国派遣了一支由禁卫军组成的 200 人的武装部队,从埃及出发,沿河上行寻找尼罗河的源头。他们到达苏丹南部白尼罗河"苏德"沼泽地后,因人、船受沼泽阻塞无法通行,只好前功尽弃,无功而返。

　　18 世纪后,欧洲探险家大批地踏上非洲大陆,主要目的是亲自解开非洲大陆上众多的非洲地理之谜。当年,参加探险活动的人士大都是一些有才能的军官、教师、医生、记者等。在欧洲人早期的非洲探险活动中较为著名的有前不列颠王国驻阿尔及利亚的外交官詹姆斯·布鲁斯,他在 1770—1772 年对青尼罗河的探险中发现了埃塞俄比亚高原上的塔纳湖是青尼罗河的发源地。但尼罗河的干流白尼罗河的河水究竟是从哪里流来的,仍然是个难解的谜,蒙着一层神秘的面纱。

　　凡是到过乌干达的人,几乎无人错过游览尼罗河源头的机会。它地处维多利亚湖北岸上的金贾。在坎帕拉市中心长途汽车站,每天都有大巴和中巴开往金贾,路程约 80 千米,行车一个多小时,如不小住金贾,可当天返程。一天,我起早急匆匆去赶乘开往金贾的中巴车。沿湖岸东行,可见公路两侧蕉林处处,郁郁葱葱,一派生机。从金贾到河源约 4 千米,要么步行,要么坐上单人摩托,因这段路是无公交车的。这儿早已被乌干达政府辟为旅游胜地,专供慕名而来的国内外游客光顾。它虽然不是尼罗河的真正源头,前人发现它却那么不容易,可说是历程艰辛,苦难多多。

　　英国上尉理弗·伯顿出身于一个传统军人家庭,从小跟随英军,在流动中成长,性格冲动,敢冒险,桀骜不驯,独立性很强。1855 年,他组织了探险队赴尼罗河上游活动,在返回红海沿岸时遭到土著部落骑兵的袭击,面颊和面额被箭头穿透,险些丧命,随行的陆军中尉约翰·斯皮克伤势更重,返回英国养伤。1856 年,英国皇家地理学会决定,派遣一支考察队,从东非海岸进入大陆腹地去寻找假想的"内海"和尼罗河发源地,他们两人在获得皇家地理学会的财政资助后一起来到桑给巴尔,采购物资,装备行装,蓄势待发。1857 年 6 月 16 日,伯顿率领一支庞大的由 130 个挑夫和雇工、30 头驴以及大量的商品组成的商队,从桑给巴尔出发。年龄不到 30 岁的斯皮克中尉随行。他们沿着从前贩运奴隶的路线西行,预计到达阿拉伯商人称之为乌季季(指坦噶尼喀湖)的地方。不幸的是,他们途中遇上了河水泛滥,在沼泽地带,驮货的驴子相继死亡,雇工逃之夭夭,伯顿和斯皮克又患上了热带痢疾,真是祸不单行。好在这时已经有疟疾和痢疾的克星奎宁,救了他们一命。1857年8月,天气湿热,两人又患了严重的化脓性中耳炎,险些成了聋子。为了减轻负担,不得不扔掉好多物品。经过艰难跋涉,他们于1857年11月7日到达坦桑尼亚中部商业中心塔波拉,从当地人那里打听到所要寻找的"内海",实际上是三个大湖,即维多利亚湖、坦噶尼喀湖和马拉维湖。他们没有忘记自己的使命,所以在塔波拉没过多久便西行直奔坦噶尼喀湖。由于疾病的困扰,大队人马一日不如一日,伯顿病情加重,身体出现局部麻痹,左腿几乎废了,走路不便。斯皮克眼病加重,几乎成了瞎子。他们虽然疲惫不堪,但坚持西行,骑着驴子艰难地行进在西部草原上。1858年2月13日,他们终于踏上了坦噶尼喀湖岸,因此,伯顿和斯皮克是最先到达这个湖岸的欧洲人。他俩打听到湖的北岸有一条向北流出的称为鲁济济的河流,伯顿想如果属实,那条河应该是尼罗河的一部分,说不定它就是尼罗河真正的河源。伯顿和斯皮克不顾疾病缠身,从当地人手中搞到2艘用树干凿成的独木舟,雇用55名船工。病重不能行走的伯顿被抬上了船。经过艰难的200千米的水上航行,他们终于于1858年4月底到达湖北端的乌拉码头。他们以为已发现尼罗河源头了。可不幸的是,当地酋长的儿子告诉他们,他们所要查的那条河不是从湖里流出来的。两人的满腔希望破灭了。考察队物资消耗殆尽,雄心勃勃的探险家之梦被严酷的现实砸得粉碎,贫病交加难以言状。伯顿舌头上长出了一个肿瘤,说话困难,已无能力指挥探险活动。斯皮克亦是疾病缠身,难以支撑下去,只好中断考察,打道回府,于1858年6月29日回到塔波拉。伯顿身体已处于半身不遂状态,斯皮克中耳炎、头痛交加,但两人仍没有放弃继续寻找尼罗河源头的念头。

在塔波拉休息期间,伯顿和斯皮克听阿拉伯人说在塔波拉的北方还有另外一个大湖,当地称尼扬扎湖。当时,伯顿的身体尚未康复,不能出行,只好派斯皮克前去探查。1858年7月斯皮克率领一个小分队从塔波拉出发向尼扬扎湖前进。7月30日他们到达了一个峡长的河口湾,这是一个湖湾,过后见了湖泊。斯皮克为表示对英国维多利亚女王的尊敬,将这个湖命名为维多利亚湖。这个湖名一直沿用至今。斯皮克认为白尼罗河正是发源于此地。他在8月3日的日记里写道:"我丝毫不怀疑,正是我脚下这个湖,孕育了那条引人入胜的河(尼罗河)。"可是,伯顿并不认为斯皮克所发现的这个湖就是尼罗河发源地。1859年3月4日,他们返回到桑给巴尔,受到英国总领事和商人的热烈欢迎。

1859年5月,斯皮克乘军舰回到英国,他很快在英国皇家地理学会做了一个有考察成果的初步报告,首先是关于维多利亚湖的发现,这个报告引起了轰动,斯皮克立即成了英国的名人,不少著名学者在报刊上发表评论,他们并不怀疑斯皮克发现了维多利亚湖,但有什么能证明它和尼罗河有关系呢?为了证明自己的推测,斯皮克开始准备再度组织探险队去维多利亚湖考察,助手是詹姆斯·奥古斯塔斯·格兰特,一位驻印度军团的上尉军官,灵活而骁勇,两人于1860年8月到达桑给巴尔。这次探险活动计划是沿着斯皮克所熟悉的道路到塔波拉,然后循着商队小径向北进发。斯皮克试图从西边绕过维多利亚湖西岸达到湖北岸,找到从湖中流出的尼罗河的"源头",并打算随着这条源头的水流进入苏丹、埃及,最后抵达地中海。

1860年10月2日,斯皮克率领由220名雇工和驴子、马车组成的探险队伍,从坦桑尼亚沿海重镇、昔日的奴隶贸易中心巴加莫约出发,期望这次探险马到成功。到达塔波拉之前,途中大约有130名雇工偷了一半的货物逃跑。后来他们又遇上了部落王国内战,斯皮克和格兰特都染上了重病。最后两人只好分手组队寻找安全路线继续前进。格兰特的小分队尤其不幸,遭到武装士兵的袭击,人货损失过半。他不得不返回原地边看病边等待战火平息,斯皮克为了躲避贝拉内战只好绕远路,开始时,仅100千米就走了75天,1861年11月25日,斯皮克领着探险队总算到达了维多利亚湖西边的一个部落王国卡拉古威。这儿距维多利亚湖还有一段距离,要经过位于湖北岸的布干达王国才能看到湖。根据斯皮克的估计,尼罗河的发源地就在这儿。在奔向湖北岸的途中,他们发现了一条西边流入湖中的大河卡格腊河。但由于一心认定尼罗河的河源在湖北岸的某一个点,他们便渡河继续北上。遗憾的是,他们踏上了尼罗河地段,却轻易地错过了这千载难逢的良机。

图1　金贾尼罗河源头纪念碑
（作者摄于1999年7月）

图2　金贾尼罗河源头
（作者摄于1999年7月）

斯皮克到达布干达时，为了搞好与国王的关系，将几支最新式的英国步枪赠给对方。斯皮克失去了人身自由，在布干达等了5个月也未能如愿去考察尼罗河发源地。不久，随行所带的粮草耗尽，有人被迫在当地偷窃，结果被王国卫兵抓去，当着斯皮克的面被处死。最终，国王允许探险队离开。斯皮克从布干达那里了解到从湖内的确流出一条大河。1862年7月21日接近了这条河，他们沿河左岸上行于28日来到了离布干达王宫东北方向约80千米一处多岩的瀑布旁。奇妙的是河中巨石内外两重天，巨石内侧，湖水安谧平静，波光粼粼，平滑如镜，而巨石外侧急湍如箭，一泻千里。斯皮克认定这就是他们要找的尼罗河源了，河中的巨石就是标志，于是命名为维多利亚尼罗河，把瀑布命名为"列奔瀑布"。然而，斯皮克所发现的这条河并不是尼罗河源，后人称它为"假尼罗河源"。尽管如此，斯皮克在地理探险上还是有贡献的。为了纪念他，人们在他所认为的"河源"处立了一块石碑，上刻着：约翰·汉宁·斯皮克于1862年7月28日，第一个在对岸用尖方碑标志出来的地点发现了尼罗河的源头。乌干达政府十分重视对"假尼罗河源头"的建设与保护，将附近山坡辟为一个环境优美的旅游胜地，供人游览观光。

图3 尼罗河源头留影（作者摄于1999年7月）

那么尼罗河的探险到此完结了吗？不，后人终于完成了这一业绩，找到了尼罗河的真正源头。现在一般把西入维多利亚湖的卡格腊河作为尼罗河源头。该河长达792千米，上源分为两支，一支发源于卢旺达西部高地、海拔2000米的卢卡拉拉河，为最上源头；另一支是发源于布隆迪中西部高地海拔2120米的卢维伦扎河，1938年在卢维伦扎河源头建立了纪念碑，东面镶嵌着一块碑文，用几种文字说明此处的水流到维多利亚湖，是尼罗河发源地。尼罗河总长度就是从这里算起的，其水系在东非高原上穿林海，过峡谷，浩浩荡荡奔腾向北而下，在苏丹首都喀土穆与青尼罗河汇合成尼罗河主流，经埃及入地中海，成为世界上流经国家最多和流程最长的河流。

亲临东非高原上的鱼米之乡——维多利亚湖

  览游维多利亚湖是我的一个心愿。1984年我在坦桑尼亚西行考察曾到达维多利亚湖以南的希尼安加，距离湖港姆万扎不远。镶嵌在东非高原中部的维多利亚湖位于坦桑尼亚、乌干达和肯尼亚三国的交界处，三国分别拥有湖面的49％、45％和6％。湖区南北最长为400千米，东西最宽处240千米。面积广达6.9万平方千米，是仅次于美洲苏必利尔湖的世界第二大淡水湖，非洲最大的湖泊和世界第三大湖。平均水深40米，最大深度80米，湖泊流域面积23.89万平方千米。湖域呈不规则四边形，湖岸曲折，且多沼泽，湖岸线长约3200千米。湖面海拔1134米，湖滨地势起伏不大，以丘陵、平原为主，湖西岸地势陡峻，其他三面低平，湖岸曲折，多湖湾和岛屿。湖中岛屿星罗棋布，岛上风景优美。湖周围有卡盖拉河、马拉河、卡通加河、格鲁梅蒂河等大小十多条河流入，其中以卡格腊河最为重要，大约每年提供7％的蓄水量。得天独厚的淡水湖环境，为水生动植物集聚提供了生养生息的优越条件，成为非洲人口最稠密的地区之一。

  在坎帕拉的两个月内，我多次接触和拜访的中国女士季爱华，她给我提供了游览维多利亚湖的机会。一天，季爱华带上五六岁的儿子和给她帮工的韩先生，与我一同前往，一部小车，四人同行，途经恩德培抵达一处维多利亚湖滨公园。这处公园可说是一处沿湖岸走势而建的亲水公园，占地面积宽广，游客可沿湖边道路漫步。这天正是晴朗天气，风和日丽，远眺湖水，风平浪静，碧水清波，说句一平如镜，绝非夸张之词。广阔的湖面如同大海，一望无际，烟波浩渺。眺眼远视，云影闪烁，千帆竞渡，飞鸟翱翔，这时的维多利亚湖给我留下了寥廓而妩媚的印象。脚下望湖，湖面平静，水清见底，滨水的青山清晰地倒影湖中，与朵朵白云融为晶莹的一体，似人间仙境，令人兴致盎然，情趣顿发，流连忘返。据说，如果是阴雨天气，维多利亚湖则是另一番面孔。风雨袭来，狂风阵阵，雷雨交加，浪飞涛卷，湖面上怒涛排空，雾障烟迷，只能望"湖"兴叹。所以游湖之人一定要选好黄道吉日，否则是有兴而来，败兴而归。

图 1　维多利亚湖滨公园热带植物
（作者摄于 1999 年 8 月）

图 2　维多利亚湖滨地带一景
（作者摄于 1999 年 8 月）

我作为一名地理学者，亲临非洲这一最大的湖泊，难免会想到维多利亚湖的形成和湖区资源的开发利用。人们对自然界缺乏科学认知之前，对这处大湖的形成有不同的认识，在很长的时期只能凭各自的想象加以解释，编织了无数的神话。随着社会的发展和现代科学的形成，人们对自然现象的认识有了质的飞跃。维多利亚湖，意为"大湖"。1858 年 7 月，英国探险家约翰·斯皮克为探寻尼罗河源头，曾到达了一个狭长的河口湾（今乌干达金贾市附近），遂以英国女王的名字命名维多利亚湖。斯皮克是第一个看到大湖的欧洲人，他认为白尼罗河正是发源于此地，为尊敬女王的命名一直沿用至今。但当时，他没有揭开这一大湖的成因。

站在维多利亚湖一岸观水，不能不联想到其南北两个方向坐落着三大裂谷湖。东非大裂谷纵贯非洲东部，以东非高原上的裂谷段最为壮观，北起图尔卡纳湖南至马拉维湖，大裂谷分为东、西两支，东支裂谷为主裂谷，纵贯肯尼亚和坦桑尼亚，自北而南纵列有巴林戈湖、纳库鲁湖、奈瓦沙湖、纳特龙湖、马尼亚拉湖、埃亚西湖等；西支裂谷带上主要有蒙博托湖（艾伯特湖）、阿明湖（爱德华湖）、基伍湖、坦噶尼喀湖等。东西两支裂谷带上的湖泊均呈南北向条带状，断续成串珠，湖底深陷，湖岸多为陡崖峭壁。东非大裂谷的形成过程不仅引起大规模的地壳升降运动和火山喷发，而且造就了一系列断陷盆地，这些凹地积聚了大量的雨水成湖，可说是地层断陷积水成湖。而维多利亚湖的成因则不同于东、西两侧一系列断层湖，属于构造湖，是因地壳运动使地面逐渐下沉而形成浅的集水盆地，久而久之，集水成湖，其水深远不能跟裂谷断层湖相比,如坦噶尼喀湖平均水深700米,最大深度1435米,而维多利亚湖平均水深只有40米,最大深度也不过82米。尽管如此,维多利亚湖仍然是世界上最大的淡水鱼产地之一,养育着以打鱼为生的渔民,众多的渔村沿湖分布,捕鱼的木舟、帆船和机动船穿梭湖上,坎帕拉和金贾既是舟船往返的湖港,又是乌干达繁忙的渔业中心。

维多利亚湖水温度经常保持在23 ℃～28 ℃,水草丛生,鱼类繁多,据说,湖中鱼类多达300多种。湖中最丰富的是一种五六厘米长的小鱼,占湖中鱼类资源总量的3/4,可供食用,味道鲜美,也可加工成畜禽喜食的精饲料。非洲鲫鱼个体能长到3千克重。肉味鲜嫩,当地人喜食,为餐桌佳品。尼罗河鲈鱼体重可高达250千克,肉质肥嫩。最逗人的是众多的河马,有时一次可见到数十只乃至上百只。河马是一种高级哺乳动物,身宽体胖,皮厚无毛,皮色黑褐,嘴巴奇特,又宽又大,但性情温顺,喜群居,善游水。河马大部分时间在水中度过,仰起头,眼睛、鼻子、耳朵露出水面,在水中一待就是几个小时,潜水时间一般不超过5分钟,连续潜水时,两次潜水间要将鼻子露出水面,做一次深呼吸,好似喷泉般高高地喷出形同雾状的水珠。

赤道横贯湖区北面,为赤道多雨区。根据东非的气候区划,维多利亚湖区属于赤道湖泊气候区,湖泊周围的宽广地带具有赤道气候条件,但由于海拔高度的影响而稍有改变,巨大的湖泊水体对气候起着明显的调节作用,雨量丰沛,终年多雨且多雷雨,但各地区差异较大。湖西岸的布科巴是东非著名的多雨区。全年雨量分配相当均匀,以每年的4月和5月雨量最多。湖区没有真正的干季,湿度通常在70%左右。因此,湖泊水位无季节变化。在湖区较湿润的地方,森林茂密,生长有桃花心木等贵重木材。在游览的这处公园内,我们专门去了一块生长茂密的林地。森林中林下攀缘植物稠密,展现出热带雨林的特征。在其他地方则为热带草原,或矮灌木与草本,或高草与成丛的森林。

湖周围地区,土地肥沃,水源充足,是东非农业最发达的地区,农作物终年生长,尤其是湖西北岸,早在1000多年前就出现相当先进的农业生产,成为东非最古老的布干达王国的发祥地。19世纪末,湖区成为英、德的殖民地,大批的欧洲人涌入,掠夺性地种植出口作物咖啡、茶、甘蔗、烟草、棉花等,为其国内的工业提供廉价原料。湖周围三国独立后,这些出口作物得以科学地发展,使之成为重要的出口作物生产基地,咖啡、茶叶和棉花成为重要的出口换汇来源。此外,湖区的芭蕉树比比皆是。芭蕉树是一种多年生植物,全年可以收获,是乌干达人民的主食。

湖上交通便利,三国之间通过湖上航线开展联运业务。乌干达的坎帕拉、恩德培、金贾,坦桑尼亚的布科巴、姆万扎和木索马,肯尼亚的基苏木,是维多利亚湖岸上的主要湖港和城镇,为旅游胜地。

坎帕拉市中心区遭偷记

我们开始住在我国北方公司驻地,这儿偏郊区,有公交车通往市中心,步行需一个半小时。1999年8月11日上午8:30,我们在公司吃过早饭,打算到市中心逛街,了解城市经济状况和城市建筑景观,顺便光顾一下小蔡和小邵夫妻俩在市中心开的一间小商铺。小蔡告诉我,在市中心一栋5层大楼内,有从国内来做小生意的人租了几间小门店。小邵告诉我们如何找到他们的门店,她说5层大楼内门口有两条大鱼雕塑的门店便是。我们走出驻地,沿着金贾大道向市中心步行,我们之所以步行,主要是便于沿途观察山丘上的城市建筑景观。整个城市主要分布在7座小山丘上,道路系统依地势而起伏延伸。沿途所经过的几处小山坳大都为城市的商贸活动中心。当我们走到市中心区域时,经打听,得知我们要找的商业大楼就在附近。我们就沿路人所指的一条路向右拐,看到人很多,川流不息,来去匆匆,我估计快到闹市中心了。正当我们在拥挤的街上前行时,有一位30多岁的男子面对我,两臂伸开好似要跟我贴身正面拥抱的样子,但他对我说了声"对不起"便擦肩而过,当时我感到他好像要堵住我的路,觉得他有点精神病,没有理会他。他当时那种嬉皮笑脸的样子却让我记忆犹新,但我对他没有什么警觉。我向前走了四五十步时,这个男人又向我走来,故技重演,这时我才回过神来,有点警觉时,他已走远了。我突然感到不妙,两手摸了一下裤子后面两个口袋(敞口的),发现美元已被偷走了。出门时我自作聪明把1美元一张的纸币共6张分装在两个口袋内,自以为小偷不可能一次把两个口袋的美元偷走。事实说明,这个男子是个偷扒老手。他个子比我高很多,两手好似拥抱的样子同时伸向我的两个口袋,麻利地把钱拿走了。这时我往四周观望,发现他已在马路的对面目不转睛地注视着我。我断定这事是他干的,但又无可奈何,马路上很拥挤,行动不便。在我旁边的几位非洲朋友只是神情稍异,好像他们已发现我的钱被偷了。我哭笑不得地摇摇头。这是我在肯尼亚内罗毕小河路上被劫后再次遇劫。

我们继续前行去寻找商业大楼。快到时,我看到了两条大鱼的雕塑。进大楼第一层后,我们便找到小蔡夫妻俩开的一间小门店。小蔡和小邵夫妻俩非常高兴,小蔡买了冷饮招待我们。门店不大,约10平方米,出售的商品主要是塑料凉鞋和汗衫,还有书包、玩具等。小邵告诉我,塑料凉鞋最好卖,当地人经常穿凉鞋,穷人打赤脚的也不少。到他们这儿买凉鞋的大多数是小贩,买几双也要求给个批发价。小邵说他雇了三个人,如果不雇人自己忙不过来,这儿小偷猖獗,稍不留神,就被偷了。在小邵雇用的三个人中,我看到有一位中国女青年。小邵向我介绍说,这位女孩姓唐,国内大学毕业,在国内上学时与乌干达在华留学的小伙恋爱,但还未成婚。这位留学生在华毕业回乌干达时,小唐便跟这位男朋友来乌干达了,现在还没有正式职业,给小邵打工只是暂时的。小唐的男朋友当时在麦克雷雷大学成人教育部担任辅导教育课程教师。我们专门去拜访过他,因为他们还没结婚,也没同居,我们也不好多谈什么。

小邵和小蔡夫妻俩从中国进货,所进货物都能卖掉。据别的同志介绍,小蔡是福建人,初中文化,在国内时做服装生意,小邵是甘肃人,高中毕业,在国内时做服装生意。两人是做服装生意时认识的,日久生情,结为夫妻,婚后一同来乌干达打拼,继续做服装生意,生意还不错。我鼓励他们一定要坚持下去,生意会越来越好、越来越大,不愁发不了财(那个时代出去的就是想发财)。我多年从事非洲研究,多少知道非洲国家的工业落后而薄弱,很多日用品生产不能满足内需,需求进口,这就是机遇。

在这座商业大楼的地下商场,我还见到了两家杭州人在此经营的店铺,一家专卖布匹,另一家专卖服装,都是从中国进货。他们反映,服装不太好销,主要是当地消费水平不高,购买力低,但生意还能维持下去。

深入内陆利拉地区

在乌干达访问期间,除重点考察维多利亚湖坎帕拉—金贾一线的湖周地带的经济、社会、文化等之外,我的最大意愿是能向北深入乌干达内地。在我国驻乌干达大使馆的帮助下,我联系上了我国驻乌干达的一家建筑工程公司,该公司正好在乌干达内陆的利拉地区有一个学校教室在建项目。该公司有一批建筑器材需自行开货车送到工地,我可跟车前往。坎帕拉—古卢公路是乌干达南北纵贯中央的一条干线公路,出坎帕拉北上行至古卢以南的博比,再折向东南可达里拉。早上出车,非洲司机开车,我们坐在驾驶室内,车上装满了建筑用的器材。车行出首都沿着通往北部古卢的公路北上。向北进入基奥加湖地区与维多利亚尼罗河地区,公路两边纸莎草与漂浮植物生长十分茂密,好似厚厚的绿草被严严实实地覆盖在沼泽地上,看不清沼泽地地面的真实面貌。越过基奥加湖区向北至内陆,农业地域类型已表现出明显的区别,这与乌干达各地农业资源条件的地区差异有着直接的相关性,尤其是优越的地形、气候、植被与土壤条件,十分有利于农业。地形上,乌干达大部分为海拔 1000 米以上的高原,南部维多利亚湖周围地形呈波状平缓起伏,基奥加湖地区则河网交织、沼泽密布,广大的中部相当平坦,仅国境东西边缘为山脉和高原,整个乌干达的地形好似一只浅平的大盘子。75%以上的地区属赤道气候,比较温和,年平均温度 22 ℃左右,不同地区的最高日温平均在 25 ℃～32 ℃。由于高原地形和维多利亚湖与基奥加湖的调节,全国大部分地区年平均降雨量 1000～1500 mm,水热条件有利于发展农业。乌干达不像坦桑尼亚和肯尼亚那样有明显的干雨两季,且各地的干季长短亦有很大的差别,干季较短,仅持续 1—2 个月,还常有小阵雨。气候的季节变化全国南北地区有所不同,南部地区每年有两个雨季,一个在 3—5 月,另一个在 9—11 月,干季也时有雷雨,年平均降雨量在 1050～1500 毫米。北部两次降雨高峰,合成一次 4—10 月的长降雨季,比南部的两次干季长。全国大部分地区气候湿润,长年有绿色植物生长,年平均降雨量为 1000～2000 毫米,仅西北部和东北部较为干旱。乌干达的土壤肥沃,由于降雨丰沛,植物覆盖丰富,土壤的腐殖质丰富,全国 70%的土地适宜农业生产,40%以上的土地属于可耕地。维多利亚湖地区、基奥加湖地区土壤较为肥沃。从全国来看,乌干达的农业仍是国民经济的基础,农民从事自给自足的农业生产。农业部门主要以生产粮食作物为主,辅以经济作物、畜牧、渔业和林业。乌干达的主要粮食作物是大蕉和木薯，其次为红薯、玉米、小米和高粱，经济作物主要为咖啡、棉花、茶叶和烟草，咖啡为主要出口作物。但小麦和大米要靠进口，主要为满足城市居民的需求。在作物分布上，从我们北上利拉地区的沿途考察中可以发现，南、北部地区有着极为明显的地区差异。南部地区主要种植长年生长的作物，大蕉广布，成为居民的主食，其次为咖啡。在基奥加湖以北的内陆地区，玉米成为主导粮食作物，其次为木薯。养牛较为普遍。

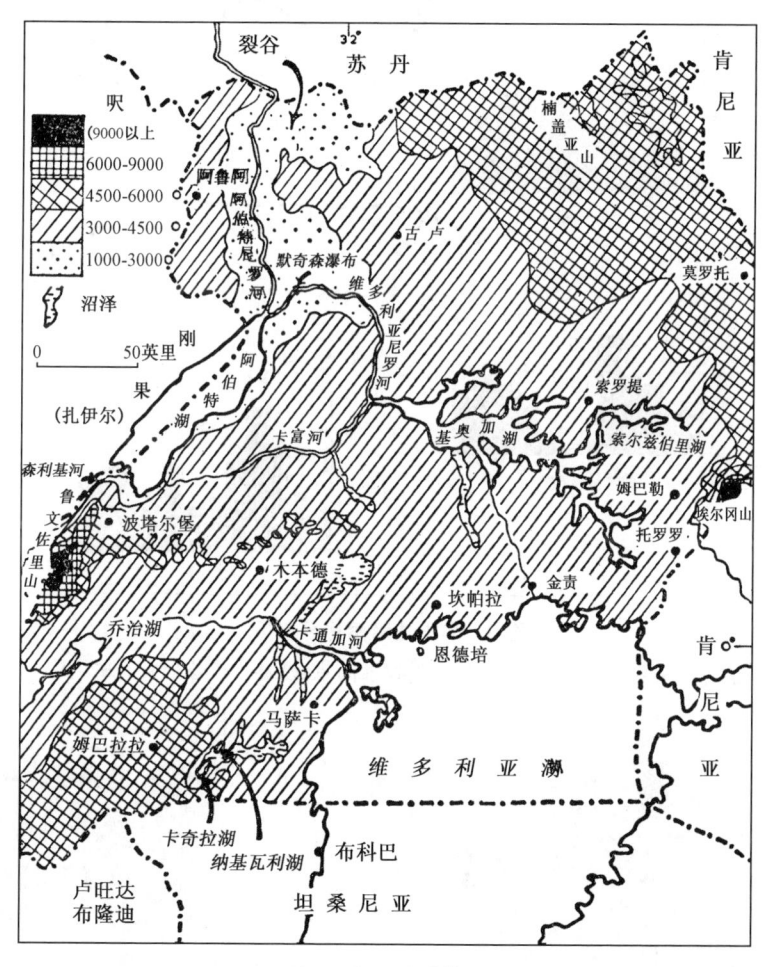

图1　乌干达地势图

资料来源：(英)普里查德. 东非地理[M]. 南京：江苏人民出版社，1976：86.

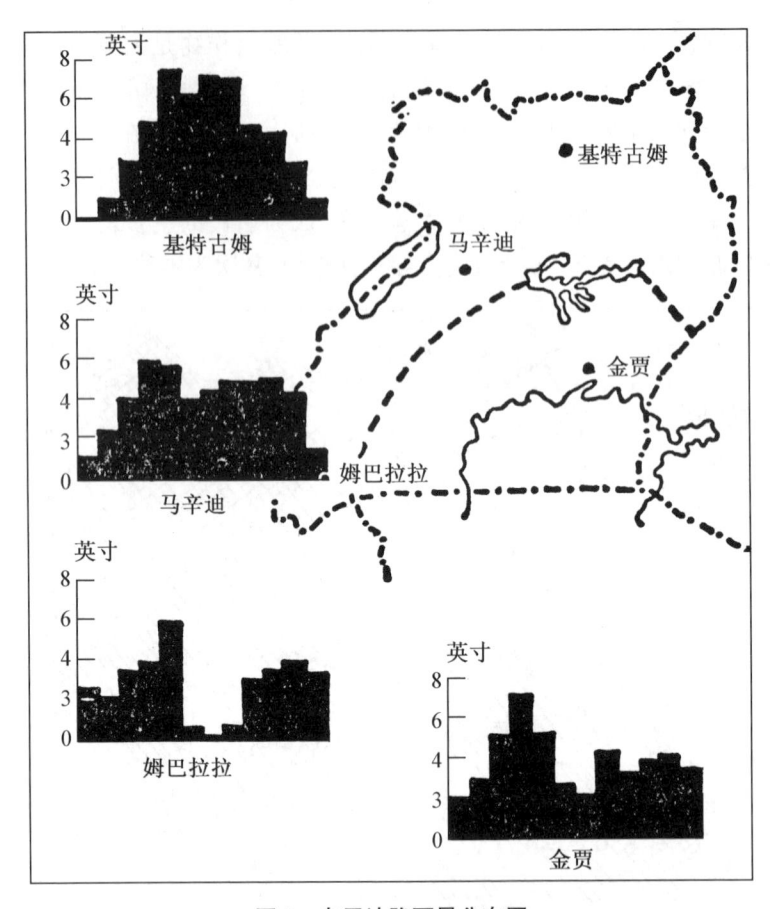

图 2　乌干达降雨量分布图

资料来源：(英)普里查德. 东非地理[M]. 南京：江苏人民出版社，1976：89.

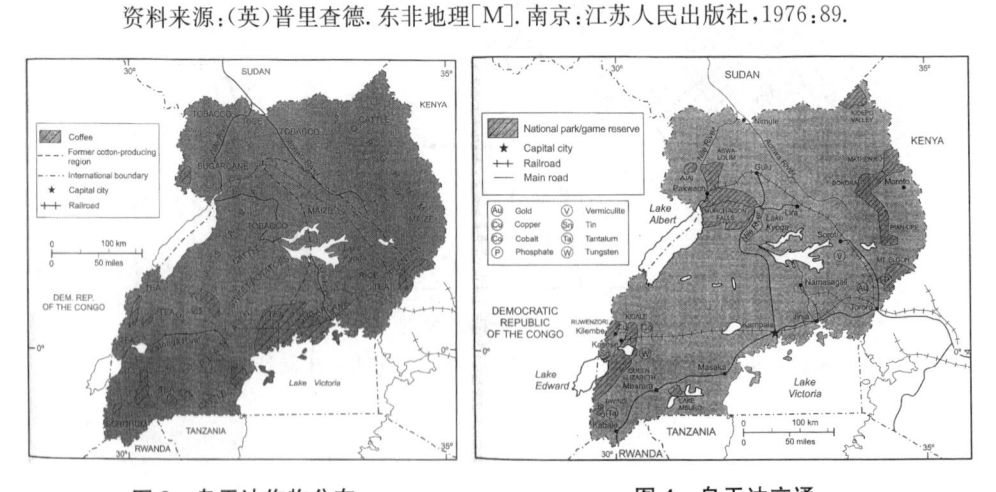

图 3　乌干达作物分布　　　　　　图 4　乌干达交通

资料来源：Rov Cole. Survey of Subsaharan, Africa-A Regional Geography[M]. Oxford：Oxford University Press，2007：503.

在北上利拉的途中,时可见小型中巴车上拥挤着很多乘客,他们不担心交通安全与否,这种乘车现象在非洲国家并不鲜见,目睹现实,我多少有点为他们的生命安全担心。还有一件事值得提及,沿途中我们的货车曾遭遇两次罚款。罚款理由均是货车超载。交通管理人员拦住货车检查车上的建筑器材,看看车胎,对着开车的非洲司机说,这车严重超载,需罚款,如你不愿交罚款,请你把车原路开回去。当然,我们只能认罚,没有讨价还价的余地。我们到达利拉工程工地,就住在正在建造的房子内。小住两日期间,我到市内农贸市场上看了看。农贸市场内整齐的大排档并排着,各种农副产品分类摆摊,没有搭棚,全是露天的。

图 5　博比公路中转服务中心
（作者摄于 1999 内 8 月）

图 6　乌干达乡村路边摊点
（作者摄于 1999 内 8 月）

图 7　乌干达乡村中巴车
（作者摄于 1999 年 8 月）

图 8　行车中狒狒拦路
（作者摄于 1999 年 8 月）

图 9 基奥加湖西出尼罗河段
（作者摄于 1999 年 8 月）

在小住两日后,我们空车原路返回首都。出利拉向西北行至博比时,我们停车大约半个小时。博比是博比—利拉公路与坎帕拉—古卢干线公路交会点,形成了一处丁字路口,在西侧有一个小型的综合服务中心。我们下车后在服务中心到处走动,领略当地风情。这儿的商店布局给我留下了深刻的印象。所有的商店均建在丁字路口的西侧,少有路边摊点。门店虽简陋,但布局颇有条理。来往车辆大都在此稍作停留,有的加油,有的修车,有的转运,这里就好似一个重要的中转站。在这儿,我第一次见到了帝王蕉,卖价比其他香蕉稍贵些,我买了一把尝尝,口味比其他香蕉好。这是我在非洲国家第一次吃到这种香蕉。稍作休息后,我们继续南下返程。当我们行至基奥加湖以北不远处,非洲司机告诉了我们从未听说的事,他说,这一带有吃活人肉的部落。他告诉我们,当地的一个部落如果逮住其他部落的人,就活剥分食,吃生的,不需烧烤。这听起来令人毛骨悚然。事实上,吃人的食人族部落在撒哈拉以南非洲国家确实存在。乌干达的前总统阿明是非洲三大暴君之一,竟然食人肉。国际社会将阿明与中非皇帝博萨卡、前扎伊尔[今刚果(金)]总统蒙博托称为"非洲现代史上最残忍的三大暴君"。阿明在国际上被称为"非洲第一魔王"。阿明和同样也爱吃人的中非皇帝双双获得了"吃人魔王"的恐怖绰号。有媒体披露,阿明曾残忍地将自己的一位妻子杀害并分尸。还有一次,他发现自己的情人有男朋友之后,将其当场杀害,将其尸体煮熟后吃掉。阿明有 13 个妻子,有名的儿子有 36 个,女儿 14 个,私生子女更多。他把自己认为"不听话"的妻子处死后,碎尸数段放入一个口袋中,命人把妻子的尸体摆在桌子上,目的是让自己的孩子看到,知道不听话的后果是什么。

据报道,除乌干达食人部落外,在其他撒哈拉以南非洲国家,仍有食人部落。现存的食人习俗,主要源于对被食者一种畸形的感情,一些被食者的残骨被保存起来作为永久的纪念。当本族人生病和老死后,本族人为让他们永远地留下来,记住他们,因而不将死者葬于地下,更不抛于荒野,而是本族人吃了死者,让死者成为自己身体的一部分,并留下一些残骨保存起来作为永久的纪念。

当车西出基奥加湖地区行至维多利亚尼罗河大桥前时,司机跟我说要准备点小费,以备过桥时被守桥部队士兵盘查,给点小费打点一下获得放行。我便拿出2000先令交给司机以备用。当车行至大桥上时,我举起相机拍下了远处的湖景。只见一位士兵挎着步枪赶来,我没有下车,头伸出驾驶室车窗,他用当地话跟司机说话,我听不懂,但从士兵的表情上看,他是问我们做什么的。这时,我心里非常紧张,生怕他要求我曝光相机胶卷,如这样,我的损失就大了。相机内存着我在当地考察的实景照片,这可是我的第一手资料啊,是花钱也买不到的,十分珍贵。我小声对士兵用英语说了几句"这是我第一次路过",心想请他谅解放行。司机马上用手捅了我一下,小声说,你不要说英语,假装不懂英语,听不懂士兵说的话,这样士兵就不会盘问什么了。听司机说士兵要求我们去见他的上司,我更紧张了。司机熟知如何和他们打交道。司机和士兵说,这是来自中国的友好朋友,帮我们搞建设工程项目,并随手给了士兵一点小费,士兵这才放行,我悬着的一颗心总算落了地。过桥之后,我们迅速赶路,在傍晚时刻总算安全返回到公司驻地。

埃塞俄比亚
——非洲屋脊上的高原国家

我登上了非洲屋脊

第二次的"非洲之行"对我来说，用"珍贵"这两个字来形容当时的心情再确切不过了。我有为期一年的时间周游东非高原四国进行实地考察。当飞机再次把我带入享有"非洲屋脊"之称的埃塞俄比亚高原上空时，凭窗俯视，一幅美丽真实的图画又一次展现在眼前。只见那辽阔的高原上，群山耸立，直插云天，气势磅礴，顿感江山多娇，风景这边独好。雄伟广阔的高原不仅孕育出世界最长的河流尼罗河的主要支流青尼罗河的源头塔纳湖和世界自然奇观东非大裂谷，而且哺育出了美女辈出的高原民族和有着3000年文明史的大国。高原儿女创造了璀璨的历史文化。20世纪以来，在大裂谷带的阿瓦什河谷和奥莫河谷已经先后发现了地球上最早的人类骨骼化石和最早的石器文化遗迹，揭示了这儿是人类最早的起源地之一，迄今已有7处遗迹被列入"世界遗产名录"。在我落脚高原海拔2450米的山城亚的斯亚贝巴期间，我有许多机会走出山城，去熟悉、去理解高原上的山山水水和高原儿女的优良传统文化和品德，它们给我留下了终生难以忘怀的美好记忆！

1999年底，为完成埃塞俄比亚出访任务，飞机抵达亚的斯亚贝巴时，我国驻埃塞俄比亚大使馆文化参赞专门赴国际机场接机，把我们接到亚的斯亚贝巴大学。该大学前身为1950年在埃塞俄比亚首都建立的学院，这标志着该国高等教育的开始。1961年该学院与当时存在的四所学院合并，成立了亚的斯亚贝巴大学，为全国最高学府，可授予学士、硕士和博士学位。大学下设15个大学学院，包括阿瓦萨农学院（计划分离为独立大学）、巴赫达师范学院、教育学院、医学院、技术学院、兽医学院、贡德尔学院、图书科学系、社会学院、理学院、语言学院、法学院、人口培训和研究中心、非洲信息科学学院等。我们访问的地理系设在社会学院。该校有关部门的领导非常重视，专门举行了欢迎式座谈会，我国驻埃塞俄比亚大使馆文化参赞专门陪同。埃塞俄比亚人待客之道非常讲究，以咖啡专门招待，不是现冲，而是现煮，煮好后呈给客人，有白糖，客人自取，同时还有特制的点心，比较丰盛，边谈边品咖啡也是一种礼遇享受。座谈会上，我简要地对校方的热情接待表示了衷心的感谢，并表明来意，介绍了南京大学非洲研究所的创业史、学术成就和研究方向，并表示希望两校能建立友好合作学术交流关系。因为我时任中国非洲问题研究会副会长兼秘书长，有责任借此机会简要介绍研究会的宗旨和研究领域。学校专门为我们安排了一套大型房间,十分宽敞,同时在地理系安排了一间临时供我们专用的学术研究办公室。亚的斯亚贝巴大学专门给我们办理了可享受学校优惠待遇的访问学者身份证件。凭借身份证件,我们乘飞机飞往青尼罗河源头塔纳湖岸历史文化名城巴赫达尔时就享受了优惠的飞机票价。

图1 亚的斯亚贝巴大学校门(作者摄于1999年5月)

谁建造了"非洲屋脊"

1999年4月底,我乘飞机从东非高原上的凉爽之地内罗毕向北飞向"非洲屋脊"埃塞俄比亚高原上的亚的斯亚贝巴。两地都是东非裂谷高原的组成部分。东非高原是东非大裂谷带中段地势最为雄伟的地区,高原轮廓略呈椭圆形,周围被东西两支裂谷带的湖群环抱,中间为辽阔而平坦的高原面,偏北分布着非洲最大的淡水湖维多利亚湖。坦桑尼亚高原是一个高大的熔岩高地,中部最高,向四周渐渐降低,大裂谷呈东北—西南向斜贯中央。将高原分割为两块广阔的高地,其平均海拔高度在2300米以上。较之东非高原,埃塞俄比亚高原格外显得高峻而挺拔,享有"非洲屋脊"之称。

埃塞俄比亚高原在地质构造上是非洲古地块的东北部分,基底岩系由古老的前玄武系结晶岩组成,形成坚硬的结晶岩地块,从形成到古生代末期一直没有受到显著的造山运动影响。第三纪时,大裂谷高原地区处于地壳大变动时期,在巨大抬升作用下,地壳发生了大断裂,巨量的玄武岩熔岩通过裂隙和火山不断涌出地面。熔岩喷发作用波及范围广大,从这儿一直向南延伸到马拉维。由于抬升运动不断,地壳的断裂和熔岩的喷出源源不断,玄武岩流大面积地覆盖在中生界沉积岩之上,高度达几百米至几千米,熔岩高原就这样形成了。高原上孤立的火山则形成许多较高的山峰,而断裂下陷地带则构成了著名的东非大裂谷带。至今,东非大裂谷带仍然是地球上的不稳定地带,火山、地震以及地壳本身都在继续活动。在高原的边缘和大裂谷内,沉积了大面积的第四纪地层,形成了一些洼地和平原地形,地处大裂谷北部的达纳基勒洼地便是高原最低的地区,地面下降到海平面以下116米,成为一片沙海。

现在展现在我们面前的高原面积是在长期的外营力作用下形成的。长期的风化、剥蚀和均夷,使高原地壳破碎,高差悬殊,面孔已今非昔比,整个高原大致西高东低,北部广平,南部崎岖。大裂谷以西是整个高原的主体部分,称中央高原,其东边为巨大的悬崖,高差达2000~3000米。地势一般向西倾斜,河流随地势西流,成为尼罗河水系的组成部分,由于高原降雨丰富,河流侵蚀作用强烈,平坦的玄武岩高原面被切割成许多深数十米至数百米的峡谷,把高原分割成一系列大小不等的地块。这些地块顶部平坦,边缘陡峭。在特克泽河和阿巴伊河(青尼罗河中上游)

之间是整个高原海拔最高的地区，有许多深谷和高峰，河谷下切深达数千米以上，阿巴伊河下切高原面以下近 2000 米。高达 4000 米的山峰有 39 余座，达尚峰海拔 4623 米，是整个高原的最高峰，高原上的最大湖泊塔纳湖也分布在这里。它是第四纪火山爆发喷出的岩浆阻塞了阿巴伊河道形成的，因此，它也成了河流的源头。

大裂谷以东的东部高原结构同西部高原相似，但地势相反，它的西边是断层陡崖，地势向东南逐渐降低，河流随地势向东南流，注入印度洋。沿断岩的高原面表现为西南—东北向狭长的玄武岩高地地形，上面分布有一些 350 米以上的高峰，最高峰超过 4000 米。最东部海拔在 1000 米以下，进入奥加登平原，平均海拔 500 米。实际上是一个低高原，地表起伏最小，粗细砂砾覆盖，景色单调，因干燥少雨，有些河流成为间歇性河流。

裂谷两侧的地垒部分排列着高原所有的主要地层，自上而下叠压着白垩纪、第三纪厚层的基性玄武岩和中性粗面岩—白垩纪、侏罗纪、三叠纪石灰岩和砂岩—前玄武纪已变质的花岗岩、片麻岩、片岩、砂岩、石英岩等为主的基底杂岩。

从查莫湖向东北至阿瓦什河中游，是大裂谷带的主要部分，是标准的断陷谷地，谷底平均宽 40~60 千米，两侧平行的断层崖平均 1500 米以上，谷底被分成一系列的小盆地，形成一些无出口的湖泊，沿裂谷带成串展布。自北向南依次为兹怀湖、兰加诺湖、阿巴塔湖、沙拉湖、阿瓦沙湖、阿巴亚湖、查莫湖、乔巴哈尔湖、乔乌湖。尤其是呈三角形排列的兰加诺湖，已成为埃塞俄比亚著名的三湖旅游胜地。

感受非洲屋脊上的山城——亚的斯亚贝巴

亚的斯亚贝巴山城坐落在这群山环抱的高原中央,宛如皇冠上的一颗宝石。它是非洲大陆海拔位置最高(2450米)的山城,现有人口150多万。它原为菲尔沃哈温泉所在地,只有一片牧民帐篷。国王曼涅里克二世的妻子泰图在温泉旁建了一座房子,此后又允许贵族在所在地拥有土地。1887年的一天,曼涅里克二世出宫来到皇宫附近的安多多山上,见到绿树丛中遍野色彩缤纷的野花,便将皇宫命名为"亚的斯亚贝巴",阿姆哈拉语意为"新鲜的花朵"。1891年正式迁都于此。山城虽地处热带,但高原的气候却凉爽宜人,鲜花终年盛开,景色秀丽。城郊峰峦起伏,登高远眺,郁郁葱葱,使人心旷神怡。

亚的斯亚贝巴的城市街道随山势起伏,两旁奇花烂漫。玫瑰、兰花、紫丁香、美人蕉,争奇斗艳,桉树挺拔玉立,四季常青,郁郁苍苍,构成山城特有的景色。高大的现代化建筑、传统民族风格的建筑与多姿多彩的田园相间分布,构成典型的非洲城市风光,拥有"乡村包围城市,城市就镶嵌在乡村之中的美感"。曼涅里克宫、大教堂、非洲大厦等著名建筑,吸引着世界各地游客。市中心的革命广场,街道宽敞整齐,附近高层建筑鳞次栉比。离广场不远便是曼涅里克宫,是1889年国王曼涅里克二世循其王后之意,在此建都后修建了这座皇宫。宫殿为红色石木结构,周边围以高大石墙,形制威严。宫殿东部是具有传统建筑风格的吉达内·梅里特教堂。其内墙壁上绘有皇室家族的肖像,以及曼涅里克二世执政时期的一些重大事件的场面。皇宫以东的一座山上,建有曼涅里克二世陵墓(1911年建成),墓顶装有一金质皇冠,四角各有一小圆顶,每个角都有两只石狮守卫。陵墓本身也是一座教堂,从第二大厅沿梯下去除曼涅里克二世和其他王室成员的墓外,还有若干历史文物。在市中心曼涅里克二世广场上,屹立着曼涅里克二世身跨战马的高大铜像。他是最早统一埃塞俄比亚的国王。1896年他曾率领军民奋起抵抗意大利2万侵略军的进犯,在著名的阿杜瓦战役中,歼敌6000人,俘虏4000人。意大利在惨败之后,被迫同意签订合约,承认埃塞俄比亚的独立和主权。该广场和雕像就是为纪念他的丰功伟绩而修建的。

非洲大厦坐落在曼涅里克二世大街上,是一座宏伟的圆形建筑。1960年建成,供非洲国家和组织共商政治、经济大事使用。大厦前厅有用彩色玻璃拼成的壁画,面积达 150 平方米,具有非洲传统绘画特色。联合国非洲经济委员会设在这里。大厦迎面还有一幅反映非洲人民团结反帝的大型壁画以及绘有各国首脑肖像的油画。非洲大厦的对面便是人民宫,原称"欢乐宫"或"夏宫",1955 年为纪念海尔·塞拉西一世执政 25 周年而建。宫院内林木苍翠,饲养有各种动物如狮、羚羊、猴、亚洲小豹和来自世界各地的名犬,此外还有花园和温泉。

我在亚的斯亚贝巴 5—7 月这三个月的山城生活,使我有了不同于内罗毕生存环境的感受。亚的斯亚贝巴坐落在埃塞俄比亚高原的群山环抱之中。据传,初来乍到的外乡人,因地势海拔高,会有气喘心跳、呼吸困难的高原反应,可我一切如常,很快我便融入了高原之地的氛围之中。

埃塞俄比亚高原位于北纬 35°~北纬 18°的热带地区,但由于高原幅员辽阔,宏伟高大的高原地势打破了自然地带的纬向分布规律,高差造成各地气候和植被复杂多样,呈现出垂直变化的规律,与非洲大陆同纬度地区相比,这儿自然环境得天独厚,显得格外温凉湿润。尤其是亚的斯亚贝巴处于高原自然环境最优越的亚热带高地气候带,是高原人口分布最为稠密和农牧业经济最为发达的地带。亚的斯亚贝巴气候温和,风光绮丽,年平均气温 15.4 ℃,年较差仅有 3.4 ℃,但日较差较大,白天最高气温可达 22.1 ℃,晚间最低气温可降到 8.8 ℃,温差达 13 ℃,最热月(4—5 月)气温在 10 ℃~30 ℃,最冷月(12 月)气温 5 ℃~23 ℃。年平均降雨量 1245 毫米,6—7 月降雨量占全年的 73%。8 月的平均降雨量可达近 300 毫米,而最干燥月份 12 月降雨量可低至只有 6 毫米。气候的季节变化主要决定于雨量。全年无四季之分,只有干、雨两个季节,通常每年 10—2 月为干季,天空晴朗无云,滴雨不降,气温相对较高,空气干燥,这时亚的斯亚贝巴的月平均气温在 14 ℃~16 ℃,降雨量只有几十毫米。我在亚的斯亚贝巴的三个月(5—7 月)正值雨季,太阳直射点位于北半球,南印度洋吹来的东南信风掠过赤道后转为西南风,同西非几内亚湾登陆的湿热气流汇流成为强大的西南季风,带来了连续的阴雨天气,特别是 7—8 月几乎天天下雨,有时雷雨交加,雨过天晴。说也奇怪,我们这儿每逢"雷雨"出门,总要带上雨具,可埃塞俄比亚人不怕雨淋,即使下起大雨,人们照样淋着雨走街串巷,建筑工人照样在工地上忙忙碌碌,农民照样在田间劳作,其对高原环境的适应能力由此可见一斑。

美女辈出的民族

凡到过埃塞俄比亚的人,往往会不约而同地赞美高原出美女。有一次我同一位埃塞俄比亚朋友闲聊,称赞高原女孩漂亮,他非常巧妙地回答我说,因为你是男的,看她们都漂亮。事实上,埃塞俄比亚出美女,绝非出自我一人之口,凡是到访过该国的来客,对这儿的美女均赞不绝口。

埃塞俄比亚族源复杂,其中绝大多数属闪、含两大种族长期血缘混杂而成的一种过渡型人种,现有6400万居民分属近80个民族,各有自己的传统文化。完全一体的埃塞俄比亚人尚在形成之中。据非洲人类学家考察,高原上最早的土著居民是操含米特语的含族黑人,他们大约在公元前1万年从南部非洲沿东非大裂谷向北迁移和扩散到埃塞俄比亚高原,成为高原上最早的土著居民,约占全国人口40%以上的奥罗莫人就是他们的后裔,广泛分布于中南部高原较低的地区。大约公元10世纪,操闪米特语的闪族白人从南阿拉伯半岛也门地区迁移到北部高原埃塞俄比亚定居,与含族人通婚繁衍,形成了人数众多的混血后裔,如分别占全国人口30%和10%的阿姆哈拉人和提格雷人,就是最具代表性的黑、白人种混血型的过渡型人种,此外还有东部低高原的阿法尔人、哈拉尔人和阿岱利人。他们的肤色绝大部分呈棕红色,男女身材修长,体格健美,很少有大肚便便者,可谓俊男美女。在城市,进入当代社会各阶层的女性标致俊美者很多,身材高挑匀称而丰满,皮肤呈棕红色,头发乌黑细软飘柔,大眼睛熠熠生光,在正式场合,尤其是节日庆典时,穿上富有特色的传统服装"凯米斯",外披"沙玛",显得格外端庄典雅,尤其是受过高等教育的女性,言谈举止端庄大方,没有阿拉伯妇女的那种保守和矜持。

凯米斯是妇女的主要服装,是用白色棉纱布制成的,类似中国的长袖连衣裙,颈部、中间对襟、裙边、衣袖口边镶有美丽的花纹,花纹的图案常常为十字架。较简单的"凯米斯"是一种无腰身的直筒裙,腰部束一根带子。较讲究的凯米斯做工精细、考究,做成裙子,腰部收紧,妇女穿上后身材显得很好。高原地区的居民一般在凯米斯外套上一件沙玛。

沙玛实际上是缠裹在人身上的一块长方形的用白棉布做的大披风,如单人床单大小,两处绣有花边,对折后裹在肩上或头上。现在,沙玛也与其他现代西式服装如裙子、裤子等一起穿,套在这些现代服装的外面。分布在高原上的阿姆哈拉人和提格雷人,无论男女身上都普遍披裹沙玛。披上沙玛不仅庄重,还能抵挡高原上的风寒和风雨,晚上还可当铺盖。其他各族人民做客或参加喜庆活动时也都披裹沙玛。男式的沙玛是狭长的,上面印一些图案。女式的沙玛肥大宽敞,两个边上印有图案,可以裹住全身。穿着沙玛走起路来,底边随微风飘起,好似白衣仙女翩翩起舞,十分动人。记得有一次,我乘埃塞俄比亚的航空公司飞机去非洲多国考察,在飞行过程中,我拿起照相机试图抓住机会拍一张披着沙玛的空姐的玉照,十分遗憾,空姐笑嘻嘻地善意躲避,我错失了良机。

与高原地区居民的服装风格有所不同的是东部低地地区的阿法尔族、东南部的哈拉尔族和索马里族人的服装,因受阿拉伯半岛也门一带穆斯林习俗的影响,同时,也受高原地区居民服饰的影响,服饰显得丰富。妇女一般戴面纱,穿丝绒、丝绸和棉布裤子,上身穿一件色彩鲜艳的外罩。衣服饰以各种图案,喜欢佩戴各种精美的金、银首饰。

受3000年传统文化的熏陶,埃塞俄比亚各族儿女保持着重礼仪、讲贞操的传统美德。生活在他们中间,无时无地不感受到重礼仪的习俗。埃塞俄比亚人相见时,除互致问候外,最别具一格的见面礼,就是紧相拥抱,相互扒着肩头,行左、右、左、右来回四贴脸的贴面礼,男女无别,一男一女也是行此大礼。若两人情感密切,就用嘴唇轮轮相吻四次。我在埃塞俄比亚三个月期间,从未见过他们相互骂街或打架斗殴。从历史上看,高原儿女具有和睦相处、团结互助、各族间可自由通婚的良好习惯,各族之间没有发生过大规模的相互残杀和民族争斗。1995年,埃塞俄比亚开始实行联邦制,以民族分布地域为基础,全国划分9个州和2个直辖市。各州建立民族自治政府,有自己的工作语言、州旗、州徽和州歌。联邦内各族一律平等,享有民族自决权和分离权。当今社会相对稳定,没有出现民族分裂主义和大民族纠纷事件,这与撒哈拉以南非洲地区民族纠纷和民族战争频繁的局势大不相同,这大概是高原儿女们优良传统文化根深蒂固结出的长生果吧。

高原儿女的宗教信仰
——埃塞俄比亚东正教与伊斯兰教

埃塞俄比亚不仅是个多民族的国家,而且各民族都有自己的传统文化。完全融为一体的埃塞俄比亚人尚在形成之中,其民族的宗教信仰呈现多元化的特点,因此,各种宗教遗存丰富多彩,有大量的挂毯艺术、绘画艺术和宗教建筑,各教派及其组织的宗教文化活动多种多样,在埃塞俄比亚的社会文化生活、教育和节庆日活动中,仍然发挥着重要的作用。据统计,全国约45%的人信奉埃塞俄比亚东正教,40%的人信奉伊斯兰教,大约10%的人仍然信奉原始宗教,约4%的人信奉基督教新教,其余的少数人信奉天主教、犹太教。分布于北部和南部高原上的阿姆哈拉人、提格雷人和部分奥罗莫人信奉埃塞俄比亚东正教。东部和东南部低地区的索马里人、阿法尔人和部分奥罗莫人信奉伊斯兰教。

一、东正教

埃塞俄比亚东正教源于西亚。公元4世纪初,基督教传入埃塞俄比亚北部的阿克苏姆王国。公元330年基督教被立为阿克苏姆王国的国教。接着在阿克苏姆古城修建了埃塞俄比亚历史上第一座基督教堂——圣玛利亚教堂。公元332年,亚历山大科普特宗主教区的大主教,委任弗罗门修为阿克苏姆第一位都主教,从而创立了埃塞俄比亚东正教教会,并一直接受埃及亚历山大教区的管辖,都主教均由埃及的科普特人担任。公元6世纪,亚历山大教区派出9名圣徒来到阿克苏姆,加速了东正教的传播,分布在埃塞俄比亚北部的绝大部分提格雷人皈依了东正教,修建了许多修道院。从中世纪至现代的埃塞俄比亚帝国时期,东正教几乎一直在国家宗教信仰中占统治地位。直到1959年,经过时任国王海尔塞拉西的努力,埃塞俄比亚东正教摆脱了同亚历山大教区的辖属关系,其都主教改由埃塞俄比亚人担任。东正教在埃塞俄比亚始终保持着国教的地位,成为帝国时期政治统治的重要支柱。直至20世纪80年代前,埃塞俄比亚东正教会管辖13个主教区,其都主教

（阿卜纳）教廷设在首都亚的斯亚贝巴。目前，埃塞俄比亚东正教系全非基督教会联合会和世界基督教联合会的成员，也是世界上现存的最大科普特教派基督教会组织。

埃塞俄比亚东正教会既是全国最大的基督教教派组织，又是世界上最大的一种科普特派教会，目前，全国约有45％的人为东正教教徒。

在门格斯图军政府执政时期，东正教会受到打击，但东正教教徒的宗教信仰并没有削弱。直至今日，东正教的势力和影响仍在国家社会的生活中的各个领域都有较大的影响，占据主导地位，是国家的第一大宗教。埃塞俄比亚的亚的斯亚贝巴广播电台每天都给东正教30分钟时间宣传宗教。

埃塞俄比亚东正教经文的依据为《旧约》，因而在基督教传统和文化中保留着犹太教的影响，在教堂中有犹太教崇拜的摩西法版及其约柜"阿克"放置的圣地。

埃塞俄比亚的宗教节日很多，其中较大的宗教节日为坎纳节（1月7日的圣诞节）、蒂姆卡特节（1月20日施洗节）、伊斯特节（3月4日复活节）、布赫节（8月21日开斋节）、马斯考节（9月27日十字架发现日）、库鲁比节（12月28日圣加百利节）。

马斯考节已成为埃塞俄比亚传统节日。这天晚上，亚的斯亚贝巴市中心的十字架广场上燃起一大堆篝火，数十万信徒排着长队集中于此，围着火堆边唱圣歌边起舞。全国各地每个家庭门外烧起一堆篝火，孩子们围着火堆边鼓掌边喊边舞。

图1　亚的斯亚贝巴东正教教堂
（作者摄于1999年5月）

图2　塔纳湖湖中岛上的东正教教堂
（作者摄于1999年5月）

库鲁比节是全国东正教教徒最盛大的朝圣节日,每年12月28日,全国各地教徒云集东部迪雷达瓦市西南约40千米的库鲁比山村附近的圣加百利教堂周围,搭起帐篷,点起篝火,举行为期3天的朝拜大天使加百利的宗教活动。每年大约云集10万教众,有的还带着自己的小孩来此接受洗礼,每年大约有1000名孩子受洗。教堂乐队奏出悠扬的圣歌,众信徒分时分批进入教堂做祈祷活动。

埃塞俄比亚东正教在全国保存有1万多座教堂,其中数目最多最为著名的教堂主要分布在北部古城贡德尔城中的教堂、拉利贝拉教堂(地下石凿教堂群)、青尼罗河源头塔纳湖岛上的教堂群以及首都亚的斯亚贝巴的现代教堂建筑。

埃塞俄比亚东正教教堂建筑格局与天主教不同,建筑形体呈环式八边形建筑。教堂内部布局为三环,外环呈开放式,为教区普通信徒的活动场所,非教徒也可自由活动;中环为虔诚信徒过宗教生活之地;内环为放置约柜的神龛之地,只有神职人员可以入内。教堂的墙壁和天花板上保存有大量珍贵的宗教故事和人物绘画,以及许多在羊皮上书写的古经卷本。各教堂有自己的乐队和唱诗班,乐器主要是鼓乐和弦乐,有专门创作的宗教音乐。教堂壁画和宗教音乐已成为埃塞俄比亚传统文化的重要组成部分。东正教每年7—8月有45天的宗教把斋习俗,把斋期教徒不吃含有肉、蛋及奶油的食品。教徒每月两次到教堂聚礼。

二、伊斯兰教

伊斯兰教为埃塞俄比亚第二大宗教,于公元7世纪传入埃塞俄比亚。公元616—618年,麦加的先知穆罕默德的弟子受到迫害时,穆圣为保存其宗教火种,秘密安排一大批忠实信徒渡过红海迁徙到埃塞俄比亚北部避难,受到了当时阿克苏姆帝国国王纳加什的善待,但不准他们传播伊斯兰教。待麦加异教迫害形势好转后,绝大多数伊斯兰教教徒又返回麦加,只有少数留了下来,在埃塞俄比亚传播伊斯兰教并扎下根来。公元8世纪,也门伊斯兰教宰德派在其反叛起义遭镇压后,其中一部分教徒潜逃到埃塞俄比亚东部并逐步深入内地,同时进行传教活动。到公元10世纪,埃塞俄比亚东北部达纳基勒低地区的阿法尔族和阿岱利族人全部皈依了伊斯兰教。后来,索马里族人也信仰伊斯兰教。随着伊斯兰教不断地向内地扩散,到中世纪的阿比西尼亚王朝时期,埃塞俄比亚版图内先后出现了许多小的穆斯林索丹国。后来,这些小穆斯林索丹国被信仰东正教的埃塞俄比亚君主一一击败,使绝大部分信伊斯兰教的居民皈依了东正教。16世纪初,奥斯曼帝国的伊斯兰远征军从苏丹的东南部进入埃塞俄比亚,征服东部大片地区,推行伊斯兰教,并以哈拉尔为中心建立了伊斯兰王国(逊尼派),统治了300多年。哈拉尔市便成为埃塞俄比亚的伊斯兰文化中心。近代以后,势力强大的东正教排挤伊斯兰教,但伊斯兰教在全国各地仍有众多教徒。目前,穆斯林主要集中分布在东部、西部和南部低地,穆斯林人数次于东正教教徒。据1995年的统计,埃塞俄比亚穆斯林有1120万人。从信奉伊斯兰教的民族上看,阿德尔族、阿岱利族、索马里族、奥罗莫族、锡达莫族、古拉格族以及阿姆哈拉族的一部分人和南部海迪亚地区的一部分人仍然信奉伊斯兰教。哈拉尔市一直是伊斯兰教的宗教和文化中心,有许多清真寺、穆斯林神龛和穆斯林领导人的坟墓。但埃塞俄比亚伊斯兰教最高委员会总部设在首都亚的斯亚贝巴。

埃塞俄比亚的穆斯林跟阿拉伯世界的穆斯林一样,十分虔诚于真主安拉,严格按照伊斯兰教规履行"五大功课"。每年举行盛大的开斋节和宰牲节。节日时,穆斯林穿上节日服装,涌入清真寺聚礼,然后宰杀牛羊,相互赠送节日礼物。

埃塞俄比亚的饮食文化——英吉拉与咖啡

埃塞俄比亚的饮食习惯是与在高原生存环境中形成的种植面积最大的土生传统代表性作物苔麸和咖啡密不可分的,苔麸是埃塞俄比亚人民传统的主要粮食作物,咖啡是人民的传统饮料,长期的饮食习惯形成了风味独特的饮食文化。

一、主食英吉拉大饼

英吉拉是埃塞俄比亚百姓最喜爱、最常吃的主食。它是用苔麸磨成的面粉和成面糊发酵3天,摊在大大的平盘锅上(大小如山东大煎饼锅),烧木炭火,烤熟成灰白色,饼上充满汽包坑,吃起来柔软,味感微酸,吃下去易消化。吃时不用刀叉,用手撕成小块,夹上菜吃,不能用手直接抓菜吃,否则视为不礼貌。这儿所说的菜,是一道大众化的、必不可少的代表性菜肴瓦特,分荤、素两种。荤瓦特以牛、羊肉为主,素瓦特以豆类为主,但两种均配以10多种佐料,蒜、姜、黑胡椒、洋葱、小豆蔻、果酱、柠檬汁、黄油、盐等,香辣味浓烈。素瓦特通常是东正教教徒把斋期间的主菜。

埃塞俄比亚人平时在家请客或办红、白喜事也用英吉拉和瓦特待客,饭前一位家庭成员一只手提着一只小水壶,另一只手端着小脸盆,搭着毛巾,到每位客人面前请客人洗手。饭后再一次洗手。最后,每位客人喝杯咖啡,表示请客完毕。这就是埃塞俄比亚人的待客之道。

图1 亚的斯亚贝巴著名的餐馆
(作者摄于1999年6月)

英吉拉大饼所用的原料,是生长在埃塞俄比亚海拔3000米以上的高原的一种禾本科谷物苔麸,亦称画眉草。在奥罗莫族语和提格雷族语中分别称苔菲和苔麸,它是一种一年生小粒谷类粮、草兼用的作物,生长快,耐瘠薄,耐干旱,抗逆性强,适应性广,成为埃塞俄比亚高原上的传统粮食作物,每年7月播种,11月收获。籽比芝麻还小,粒重只及小麦粒的1/150,品质优良,营养价值高,富含氨基酸、蛋白质、多种微量元素和植物纤维等。钙含量高于牛奶,铁含量为小麦的两倍。苔麸籽以白色为上,价高,红色质差,价低,混合色一般。但其单产很低,只及小麦的15%。据说曾有科学家想尽一切办法提高苔麸产量,但均未成功。在埃塞俄比亚人的日常饮食中,一日三餐少不了英吉拉,苔麸食品提供的蛋白质占每人每日蛋白质摄入量的2/3,有研究者认为,苔麸食品能改善人的膳食结构,对糖尿病有食疗作用。此外,当地人也用苔麸酿成饮料,如"arake""kali""kalla"等酒精饮料和"tella""tersso"等土酒。秸秆也用作饲料或房屋的木料结构。

埃塞俄比亚人日常生活中,吃饭时常喝的饮料除矿泉水之外,就是用大麦或玉米酿制的啤酒台拉,或用蜂蜜发酵后做成的甜酒台吉。这两种自家酿制的土酒,度数虽不高,但喝多了也能醉人。闺女出嫁前要学会做英吉拉饼、瓦特菜、土酒,否则难以嫁出去。

此外,埃塞俄比亚人有吃生牛肉的习惯。选用牛臀肉,切成碎块或肉条,蘸辣椒酱吃。商店有这种生牛肉辣条出售。

二、做客埃塞俄比亚朋友家,享受独特的咖啡文化

埃塞俄比亚是世界咖啡的原产地。野生咖啡最早发现于西南部的卡法山区。每年的9—10月,满山遍野的咖啡林挂满着一串串殷红的咖啡豆,掩映在青枝绿叶之中,光彩照人。

咖啡成为世界三大饮料之一,相传有一个十分有趣的故事。很久以前,卡法山区有一个牧羊人卡德,发现他的山羊群吃一种野果后,欢闹不停,甚至彻夜不眠。这一奇怪现象,引起这位牧羊人的好奇,于是他也摘了一些亲自品尝,吃下去几颗后不多时就倍感精神兴奋,再多嚼下一些,便进入醉迷状态。消息传到附近的一座东正教修道院内,修道士怀着好奇的心情向这个牧羊人打听这种野果的"魔力",尝试之后也产生了兴奋的感觉。周围的修道士纷纷前来采摘、咀嚼,兴奋得难以入睡,影响了他们的正常宗教活动。于是,教会视其为"魔鬼豆",甚至下令禁食。因此,在其后的相当长时期内,当地人是不食咖啡的,也不懂得制作咖啡饮料。

当初发现咖啡时,这时野生植物没有名字,当地人就把这一植物以其原生地"卡法"的近似语音命名为"卡法",以后广传世界各地的"咖啡"之名就是从"卡法"演变而来的。

大约在 15 世纪,咖啡开始向国外传播。首先从北方古都贡德尔的大集市开始,商人用骆驼商队驮载咖啡豆向西北运到苏丹,传入埃及和地中海沿岸国家,往东穿过红海传到也门和阿拉伯半岛,广泛种植,被阿拉伯人称为"阿拉伯咖啡"。后来,这种咖啡向远东传播,最后跨越太平洋传到美洲大陆。巴西成为新的最大咖啡种植国。从此,咖啡逐渐成为世界最重要的三大饮料(茶、可可、咖啡)之一。在当今的中国,咖啡已成为时尚饮料。

埃塞俄比亚的咖啡最早野生于西南部山区,以后逐渐在北部高原、东南部哈拉尔山区和南部阿瓦萨周边地区都广泛种植。但野生咖啡仍然集中在西南部海拔 1800 米上下的高原地带,平均气温 17 ℃~20 ℃,年降雨量达 1200 毫米,干、雨两季分明,土壤富含氮和钾,特别适宜阿拉伯种咖啡的生长。至今,埃塞俄比亚的咖啡仍有野生和人工种植之分。野生产量较低,人工种植的产量较高,每公顷产量 500~600 千克。埃塞俄比亚咖啡质地纯正,色香俱佳,畅销国际市场,享有"红色金豆"之美誉。因此,咖啡长期为埃塞俄比亚最主要的出口商品,出口值约占国家总出口值的 60%以上。

早在 18 世纪以前,埃塞俄比亚人发现了咖啡具有很强的提神作用,但不知如何制作咖啡饮料,只是嚼咖啡豆或将新鲜的咖啡豆榨汁后掺奶粉或加糖饮用。直到 18 世纪初,当地人才开始学会制作咖啡饮料,喝咖啡已逐渐成为一种独特的咖啡文化,名曰"咖啡礼仪"。热情好客的埃塞俄比亚人无论在因公还是因私场合,都是用咖啡招待来宾。不像我们往往是清茶一杯待客,他们总是以一种浓厚的传统咖啡文化习惯待客。在埃塞俄比亚最高学府亚的斯亚贝巴大学访问研究期间,我们曾享受过两种氛围的咖啡文化,一种是与该大学校部机关的有关领导座谈时,体验了一种礼节性的咖啡文化,另一种是到该大学一位助教家中做客时享受的传统的当场制作的咖啡。礼节性咖啡文化较为简便。我国驻埃塞俄比亚大使馆的文化参赞张文建与亚的斯亚贝巴大学有关主管领导联系后,约定某天上午接待我们。

最有情趣地享受咖啡,是应邀去亚的斯亚贝巴大学物理学专业的一位助教家中做客。这位助教是一位热情好客的工学院教师,他常在工作之余到我的住处小叙。在我即将离开埃塞俄比亚南下乌干达之前,他邀我去家中做客。他家离工学院不远,住在一处比较宽敞的大杂院中,院落比较干净。他住一处平房。当我们跨进客厅时,主人已在客厅一角摆好现场制作咖啡的各种器具,只见一只木炭炉的周围用新鲜的青草(形似我国的一种三叶草)铺上,给客人一种清心爽目的感觉。旁边放着平盘一样的炒锅和陶壶。我们在一条长沙发上就座后,主人拿出两本影集请我们欣赏,上面是家庭成员在不同时期的留影,充满着家庭生活的温馨。一位中年妇女身着传统的白色长裙,端坐在木炭炉旁边,开始制作咖啡。炭火烧热浅底平锅后,主妇将咖啡豆放进锅里不停翻炒,当咖啡豆炒到有点呈暗褐色时,倒入一个石臼内用锤捣碎,不时地散发出一股沁人肺腑的清香。随后,将咖啡碎末倒入大肚小口陶壶里,放在木炭火上熬煮,大约15分钟后,壶中飘逸出一股浓香,咖啡已煮好。主人将咖啡端上来放在茶几上,咖啡杯具是白瓷茶盅,客人可按口味加些糖。主食是米饭,佐餐为烧牛肉块,相当于臭豆腐大小的肉块。"茶足饭饱"之后,这种具有独特民族文化氛围的咖啡"茶道"就算礼毕。

我嚼食了恰特草——埃塞俄比亚茶

恰特草，又名阿拉伯茶、埃塞俄比亚茶、巧茶，原产于埃塞俄比亚。早在公元13世纪，当地人就咀嚼恰特草的嫩芽和叶子来抵抗饥饿和疲劳，后来，嚼恰特草的习惯传到了许多非洲国家和阿拉伯半岛，我国的海南岛和广西也有这种恰特草。它不是草，而是一种常青灌木，高1~5米，叶呈椭圆形对生，长4~7厘米，宽2~4厘米，叶边像有明显密生钝锯齿，叶柄长2~8厘米。恰特草属无患子目卫矛科灌木，生长习性喜温暖、湿润、阳光充足环境。

亚的斯亚贝巴大街上到处可见卖恰特草的店铺，成捆成捆地卖，买的人也很多。刚开始我不知买卖恰特草作何用途，后经当地人介绍，才知道埃塞俄比亚人有咀嚼恰特草的传统习惯。我在亚的斯亚贝巴大学期间，有一位助教跟我建立了友好关系，他也常到我的住处闲聊。有一次他买了一捆恰特草，我们一起咀嚼。据他说，咀嚼恰特草可提神醒脑，能使人感到思维清晰，精力充沛。不少学生和司机咀嚼恰特草来提神醒脑，精力集中。据说，农民也咀嚼恰特草以减轻疲劳。传统上恰特草也是一种社交用的药物，如今人们仍然把家中最好的房间辟为恰特草堂，在那儿亲朋好友相聚，咀嚼恰特草，闲谈家常，谈天说地。据说咀嚼恰特草后待药力消退，人多感沮丧，思维逻辑混乱，什么事也不想去做。咀嚼恰特草会上瘾，如长期咀嚼可能造成厌食，甚至引发心血管疾病，营养不良，降低人体的免疫力，从而容易感染各种疾病。据研究，恰特草叶含有兴奋物质卡西酮，咀嚼后，对人体中枢神经产生刺激作用并容易成瘾，因此恰特草又被称为"东非罂粟"，是世界卫生组织确定的Ⅱ类软性毒品，很多国家已将其列为兴奋剂或受管制药品，严禁携带或邮寄入境。恰特草已被我国列入《精神药品品种目录（2013版）》，与冰毒、氯胺酮等一同作为精神药品，属于我国毒品打击范围，凡种植、持有、贩卖、走私、吸食恰特草均属违法犯罪行为。

现在，埃塞俄比亚政府虽不鼓励种植恰特草，但默许其出口，主要出口到邻国索马里、吉布提、肯尼亚等国。埃塞俄比亚人虽有嚼食恰特草的习惯，但未形成像喝咖啡那样的特殊文化现象。妇女很少有嚼恰特草的习惯，也没有形成用恰特草招待客人的习惯。

树枝刷牙

用树枝刷牙,乍听起来或看到,往往会感到奇怪、纳闷,也会嘀嘀咕咕,琢磨着想象用树枝刷牙的人在干什么。1999年5—7月,我在亚的斯亚贝巴大学以高级访问者的身份在地理系进行三个月的短期访问研究期间,经常外出,走街串巷,常看到小摊贩出售一种树枝,如铅笔长短,打成小捆。由于这种树枝价格低廉,刷牙效果又好,十分好销,购买的人很多。据说,在撒哈拉以南非洲国家农村地区,农民一般不买牙刷牙膏,而用当地的一种树枝代替牙刷牙膏,用来刷牙。在非洲可用于刷牙的树枝树种多达一二百种,农村地区到处都有,随手可取。

据医学研究,这类可供刷牙的树枝中含有既能保护牙齿又可以防止口腔牙病的化学物质——二氧化硅和氟化物。二氧化硅可充当摩擦剂,氟化物可以有效地预防龋齿病。据实践证明,用这种树枝刷牙确实很少有口腔疾病或牙病,到老牙齿都不会松动脱落。据说男性喜欢用木质较坚硬且带有苦味的树枝,而女性则喜欢用木质略柔软且带有甜味的树枝。刷牙的时间虽不分早晚,有的早上刷,有的饭前饭后刷,有的随时刷。用树枝刷的方法,大多把树枝放在嘴里横刷,来回捣来捣去,有的把树枝放在嘴里不停地嚼。如我们走街串巷稍加留意,可以看到一种现象,不分男女老少,每人手里都拿着一根树枝,放在嘴里捣上一二十分钟就算刷好了。刷牙时,由于海绵状的树枝纤维反复在牙齿上摩擦,可除去牙菌斑以及牙缝里的残渣和剔除牙垢。刷牙时,嘴里出现白色泡沫,口腔中的脏东西随着泡沫纷纷被吐出来。非洲人靠这种树枝刷牙,使牙齿干净洁白,口腔里还呼出一股清香味。尽管现在普遍使用牙刷牙膏,但用树枝刷牙的习惯短期内还不会被抛弃。凡是见过非洲人的各位,都会感到非洲人皮肤黑,但都有一口洁白的牙齿。从生理上讲,牙齿本质是淡黄色的,而非洲人的牙齿本质颜色比我们的要淡。这是基因决定的,再加上常用树枝刷牙,黑白反差明显,牙齿显得格外洁白。难怪国产黑人牙膏很早前就已成为名牌牙膏,现在也很畅销。

参观埃塞俄比亚国家博物馆

凡到埃塞俄比亚旅游、经商、从事研究工作的学者、驻该国大使馆外交人员、各类代表团成员等外国客人，只要有机会，无不慕名到埃塞俄比亚国家博物馆参观名扬世界的考古化石——"露西"人体骨骼化石。埃塞俄比亚人也以在自己国家的土地上发现了人类最早的起源地而自豪。参观者只要提到特为参观"露西"而来，就会大受欢迎和热情接待。

我在亚的斯亚贝巴大学访问研究期间，所住该大学分部距国家博物馆不远，步行20多分钟可达。博物馆是一栋四层小楼，第二层主要展出自然科学、人类学、考古学的资料，也展示民族的美术作品。第三层是民族学的资料。最珍贵的馆藏在地下一层，摆放着赫赫有名的古人类骨骼化石"露西"的尸骨。其真身据说现在以每年600万美元的价格借给美国纽约展览，这儿展出的是仿制品。1974年11月，美国芝加哥大学人类学专家唐纳德·约翰逊率领的美法考古队在埃塞俄比亚东部阿尔法地区东非大裂谷阿瓦什河谷中段进行考古，在哈达尔村附近的谷底深土层中发现一具人骨化石。因化石出土时，考古队的录音机正好放出《露西之歌》的乐声，故将此化石命名为"露西"。当地埃塞俄比亚人则用阿姆哈拉语称之为"丁凯尼什"，意即"你美极了"。

经考古研究，出土化石为一具完整度40%的古人类女性骨骼化石，年龄20岁，看上去体型不大，身高130厘米，脑壳小于现代人且大于猿人，脑容量只有400毫升，颌骨呈V字形，盆骨和腿骨几乎和现代人一样，双肩短，能直立行走。牙齿能食植物外可能还能吃肉类。根据骨盆推算，"露西生过孩子"。经考古学家科学考证，"露西"属于人类进化过程中最早的人骨化石——南方古猿"阿法种"的代表，其生活年代距今350万年，因此，"露西"被认为是地球上最早的"正在形成中的人"和最早能直立行走的人类，是目前所知人类最早的祖先。1976—1977年，这批西方考古学家在发现"露西"的原地址土层中发掘出许多250万年前的人打制的石器工具，这比1950年在坦桑尼亚奥杜韦峡谷发现的石器要早70万年，是目前已知的世界上最早出现的石器文化遗存。在"露西"化石出土的25年后，考古学家又在同一地发现了的一个女性的半个颅骨及25块骨化石，这为进一步研究人类始祖提供了新的科学依据。

20世纪90年代的两大重要发现,一是1994年11月在阿瓦什河谷阿拉米斯村发掘出早期猿人骨骼碎片化石,距今450万年。经考证,这可能是人类进化系中最早的祖先,是已经绝迹的南方古猿非洲种的遗存。另一发现是1999年4月,在东非大裂谷地带穆卢河谷盖盖利地区地层下,发掘出属于340万～400万年前的南方古猿阿法种的完整的头盖骨化石,生存年代比"露西"更久。此外,在东非大裂谷地带的奥莫河谷地出土了180万～300万年前的早期猿人骨化石,并发现了属于同一时期的石器工具。

上述一系列重大发现,与坦桑尼亚奥杜韦峡谷出土的170万年前的晚期猿人骨化石和肯尼亚图尔卡纳湖东畔发现的250万年前的晚期猿人头骨化石,共同证实了东非大裂谷地带是"人类真正的摇篮"。

观青尼罗河大瀑布

1990年5—7月我在埃塞俄比亚最高学府亚的斯亚贝巴大学访问研究期间，最大心愿就是能抓住机会，亲临其境地荡漾在非洲屋脊上的塔纳湖上。她是伟大的尼罗河的支流青尼罗河的发源地。坐落在塔纳湖南岸的巴赫达尔是一座著名的湖滨商城和旅游胜地，与首都相距300多千米，有飞机和汽车可以直达。对我来说，希望选择长途汽车，可以沿途考察自然景观的变化，但经打听后才知道，路途较远，耗时一天才能到达，而且，山路崎岖不平，路况不佳，时有交通事故，我只好知难而退，乘飞机前往。1999年7月12日上午，我便赶往机场。12:20起飞，大约飞行了45分钟，飞机便盘旋在一军用机场上空，一块块的农田和绿茵茵的草地编织成的美妙的大自然地毯和镶嵌其上的小山村映入眼帘，美不胜收。飞机一到，我国的一家工程公司就派车接机，让我们住进一家湖滨旅馆。晚上，该公司领导给我们接风洗尘，公司小伙作陪，边吃边谈。我问小伙是否已婚，得知他未婚，也没有恋爱对象。我随机讲了几句。我说现在改革开放，国际交流越来越多，要打破跨国婚姻的无形锁链，爱情是没有国界的，只要两情相悦，就可以结婚，过去我国跨国婚姻的悲剧不能再重演了。我继续说埃塞俄比亚出美女，相中了就可以大胆地去追求，大胆地去结婚。公司领导听后大不高兴，说你给他讲这些干什么，带他出国时，他母亲特别交代我要管教这孩子，不能让他出事，更不能出男女情感之事。听后我也补充谈了几句，诸如"洁身自好""男女授受不亲"之类封建社会时期形成的落后婚姻观仍然无形地笼罩在我们的脑海里，严重束缚了国人的个性发展。父母之命、媒妁之言的宿命，何时才能粉碎，走着瞧吧。但愿天下有情人，终成眷属。游湖之前，我的首要目标是观赏青尼罗河出湖的第一大自然奇观提萨瀑布，一览这道在高原之上土生长出来的瀑布的壮美景观。出行这天，蒙蒙的小雨滴在石子路上，车子难行。出巴赫达尔市，车行大约半个小时就到了提萨镇，名为镇，实为破烂不堪的小山村，主要是一条街道两侧排列着简陋的铁皮房子。在街的尽头，有个专门出售参观券的售票处。参观券每张315比特，我买好参观券后便驱车直奔瀑布。不多时车到山前，无路可行，只得徒步上山了。走不多远，便到了一座石桥前，它是意大利人于17世纪修建的。虽经历了风吹雨打，至今依然如故，接送着来往行人。过了桥，我们沿着弯弯曲曲的羊肠小道深入山区。沿途可见散落的茅草小房，对一个远方来客来说,那里的一草一木都是新鲜的。我怀着好奇的心情去打探了一下草房的真面目,便驻足在小道左边的一间草房前,只见草房占地不过6平方米,没有窗户,门内左侧生一火塘供取暖和烧饭,右侧用木头架支起一张床,后左侧用土垫起约20厘米厚的土床,没有陈设,家徒四壁,只见一中年妇女在编织手工艺品,专卖给过往游人挣几个小钱贴补生计。此情此景令人酸楚。大约20几分钟,我便爬到了山顶,四目极望,绿树成荫,山花烂漫,把山坡装扮得格外秀丽。上山的路上三五成群的山村女童手提着编织的花篮或刻画着花纹的小葫芦尾随游人,有说有笑,期望着能卖出几个,卖不掉也无怨无悔,在离开游人时很有礼貌,还要道一声拜拜,高高兴兴地消失在山野之中。此情此景,让人感叹不已。这从一个侧面反映出埃塞俄比亚人重礼仪、讲亲善的传统美德。翻过山梁,顺着小道向西走不多远,已能依稀看到瀑布。此时,天在下着雨,山路格外难行,我仍然坚持继续向瀑布走去,终于到了最佳观景处。远远望去雾云翻腾,一团团饱含水分的雾气浓重地笼罩着山坡下的幽幽深谷。当地人说,这时是观赏瀑布的最好季节,正值雨季,雨水充足,瀑布向游人展现出气度不凡的壮丽景象。我透过树丛极目西望,犹如雾里探花。瀑布好似一道400米宽的巨大水帘,从天直冲而降,积蓄着巨大能量的水流飞泻直下45米,砸到断壁悬崖底部,下泻的惊涛骇浪在谷底咆哮打旋,发出震耳的轰鸣,激起一团团白色的水雾,气势磅礴,令人叹为观止。雨稍停后,只见一道巨大彩虹从雾蒙蒙的深谷中拔地而出,腾空悬挂,把整个瀑布和山涧揽入色彩艳丽的半圆形拱门之中,气象妖娆,令人陶醉。忽然又下起雨,我不甘心失去这终生难以捕捉到的浩瀚绝景。青尼罗河过提萨瀑布向东南蜿蜒绕过乔凯山脉往西去,全长1367千米,入苏丹境内流经平原地区,在苏丹首都喀土穆与尼罗河的最长支流白尼罗河汇合,向北流经埃及进入地中海。青尼罗河在埃塞俄比亚境内称阿巴依河,支流众多,水量充足,是尼罗河60%流量的供给者。每当我拿出这张照片时,我的美好记忆,仿佛又把我带到了瀑布旁,心在激烈地跳动,耳朵里不时回荡着大瀑布的巨响,给我新的启迪,伴随着这滔滔奔腾的洪流,激励着我这个在非洲研究战线上的老兵,继续开拓前进,激荡着我的非洲心在这沸腾的激流中跳跃,在搏击中升华和奋进。

追梦青尼罗河源头

中午,从瀑布回到巴赫达尔后,我们急匆匆赶去游湖。湖岸有专供游人租用的游船,可包租也可随散客,我们花了300比特包租了一艘游艇,上艇后直奔青尼罗河的出水口处。在湖面上,放眼四望,湖水浩瀚无际,水天一色,天水相连,水鸟在空中翱翔,令人心旷神怡。不多时,我们便进入了出湖口水域,这是一片游人必到的景点,如果没有导游指认,人地生疏的游人难以辨认出水口在哪里,因为出水口隐藏在水草之中。看罢出水口,我们便游向湖中小岛。塔纳湖坐落在海拔1830米的阿姆哈拉高原上,面积随季节变化,3100～3600平方千米,5—6月份水位最低,9月份水位最高,平均水深14米,最大水深72米。沿岸有60条河川注入。它是由熔岩阻塞河谷而形成的淡水湖,湖中散布有37个小岛,其中约有20个小岛上保存有建于中世纪的基督教堂和修道院。我们要去的是建有最古老的教堂的那座小岛。在湖上,我们可以看到当地居民用"沙草"扎制成的草丹,名曰"坦克沃斯",作为湖上交通工具,往返于小岛之间。我不时看到男人独身一人划着草丹,逍遥自在地荡漾在湖上,别有一番情趣。我们要去参观的小岛建有最古老的教堂。上岛设有人工码头,实际上是一处便于上岸的登陆点。上岛后,我跟着向导徒步直奔教堂,它是一座建于12世纪的基督教堂,形似我国蒙古包式的建筑,房顶用铁皮搭顶,周檐吊着角铃,随着湖风叮叮当当,发出悦耳的铃声。教堂内有一神职人员,藏有一部珍贵的经书。返回时,湖上风雨交加,不多时雨过天晴,展示了热带地区风雨的特点。

图1　青尼罗河源头塔纳湖(1999年7月)　　图2　青尼罗河源头提萨瀑布(1999年7月)

图 3　观青尼罗河瀑布必经山路石桥（1999 年 7 月）

在巴赫达尔小住的几天里，我抽空逛了逛这几个世纪以来一直是湖滨商城和旅游胜地的巴赫达尔的大街小巷，领略了一下这里的风土人情。同时，我也一直在想，在飞机还没有成为交通工具的时代，奔波在高原山区考察，一定是困难重重。没有一种信念支撑，是难有作为的。布鲁斯对青尼罗河源头的探险活动，向我们展示了探险生活的艰辛。

布鲁斯 1730 年出生在一个苏格兰贵族大家庭，青年时代他就被派往当时在土耳其控制下的阿尔及利亚，任英国总领事。1768 年，时年 38 岁的布鲁斯组织了 10 人探险队，从开罗出发溯河而上到达阿斯旺以南地区时，地方部落内战正酣，控制这一地区的土耳其官员劝布鲁斯一行打道回府，以防不测。可布鲁斯不甘心轻易放弃为此已等了 10 年的机会，岂肯就此罢休。于是他率领探险队弃水路东行，越过干热的沙漠入红海，向东南方向航行至埃塞俄比亚的港市马萨瓦（今厄立特里亚境内）。一到马萨瓦，布鲁斯一行又遇上了麻烦。因为自从 1633 年以后，当地禁止西方人在此登陆。布鲁斯以为拿出一路上经过的土耳其的证明和麦加的文件，可以获得放行，谁知这仍然于事无补。布鲁斯只好使出"杀手锏"——破财消灾，他们将随身所带的向埃塞俄比亚皇帝进贡的礼物拿出一半给控制这地区的土耳其头领作为买路钱，这才使已被扣留 2 个月的探险队得以脱身。布鲁斯一行终于于 1768 年 11 月 10 日抵达埃塞俄比亚首都贡德尔。这时，贡德尔城天花蔓延，御医们束手无策。布鲁斯是名医生，被召入宫，在房间内焚烧香木和泻药，用醋洗涤墙壁，使皇宫内室的孩子们幸免于难。从此布鲁斯赢得皇太后的欢心和信任。时任宰相的拉斯·尼卡耶路发现布鲁斯是一位精明强干的实干家，认为他是处理国家事务的得力助手，任命他为管理宫廷事业、马车的最高官，兼任皇帝寝宫的管理者，因怕他嫌官小不肯上任，又封他为盖休地区的名誉总督。其实，布鲁斯无心当官，只是他听当地人说盖休地区处在河流的上游，河水从一个湖里流出来，这正是他梦寐以求之地,为了实现自己探险的目的才违心地受命留在了后宫。

布鲁斯第一次看到青尼罗河,是他随着皇帝军队参加平叛作战的时候,在塔纳湖下游 30 千米处的提萨瀑布一带,他原想对瀑布考察一番,但军令难违,只好随军队返回都城。

1771 年 12 月 26 日,布鲁斯一行从首都贡德尔出发,经苏丹境内青尼罗河上的散纳尔向尼罗河下游埃及境内的阿斯旺行进,行程约 1000 千米,河流两侧为浩瀚的努比亚大沙漠。1772 年 10 月他们便开始了沙漠之旅,长途跋涉在沙海之中,磨光了鞋底,只得赤脚在干热的沙子和不平的山崖上艰难地行进,不时还遭遇令人窒息的沙漠旋风和沙暴,体力消耗殆尽,此时此刻只有前进才有生存的希望。在沙漠中水就是生命,对人畜最大的威胁就是脱水。布鲁斯一行用完了随行所带的水,为了生存,只好杀死骆驼取其胃中的水,他们非常不忍地杀死了唯一的运输工具骆驼,弃掉随身所带的东西,就连 10 年探险活动中所积累的笔记也得扔掉了,只有轻装行进,才能尽快走出沙漠。幸运的是天无绝人之路,行将绝望之际,布鲁斯发现有两只鸟在飞翔,预示着不远处有水,精神大振,黄昏时分,布鲁斯一行突然听到了远处传来的瀑布声。最终,他们在 11 月 29 日到达了尼罗河上游的阿斯旺。虽然历经磨难,身心疲惫不堪,但布鲁斯仍念念不忘留在沙漠深处的材料。他向土耳其人总督要来几峰骆驼,原路回去,把扔掉的材料再运回来。不久,布鲁斯一行搭乘班轮经开罗返回老家苏格兰。他把探险时所收集的资料和日记本收藏起来。妻子过世后他便把一言难尽的苦难探险经历写成旅行记。1790 年,布鲁斯终于完成了《发现尼罗河水源的旅行》一书,奉献给国人。1794 年 4 月 27 日,这位世界探险史上著名的先行者,因意外事故不幸离世,享年 64 岁。家乡父老乡亲为他立了一块石碑以纪念这位令人敬仰的探险家。

深入底部大裂谷——阿瓦什河谷地

在坦桑尼亚和肯尼亚野外考察期间,我曾有多次机会穿行非洲大裂谷的东支裂谷带,尤其是深入坦桑尼亚马尼亚拉湖考察和游览肯尼亚内罗毕以南50千米的大裂谷段,给我留下了终生难忘的印象。内罗毕附近的裂谷则呈现出另一番景象。站在裂谷断崖上远眺,谷底较深,起伏平缓,可以看到对面的断崖起伏伸展。

埃塞俄比亚高原的大裂谷地貌和人文环境,对我来说仍是个未知数,我怎能不抓住机会再次深入大裂谷看个明白。1999年6月18日,早上8点多钟,我们乘坐的越野车出亚的斯亚贝巴向东南方向行进大约百多千米,地势逐渐下降,气温升高,但视野越来越开阔,司机告诉我们,我们已进入大裂谷底了,不多时便来到一座桥前,这儿有守桥部队把关,没有当地政府的介绍信一律不准通行,几经交涉未果。那天正值星期天,我们无法与地方当局联系,只好再次试试碰碰运气,得到的答复仍然是"no"。因为过桥便进入了军事要地,正处埃塞俄比亚与厄立特里亚交战时期,未经批准不得通行是可以理解的。我们只好另辟路径,驱车奔向平坦的高原农村。这儿大裂谷的地貌特征与我在东非高原上所见到的大不相同。这儿是阿瓦什河谷地带,有一条穿行大裂谷底部向北流的内陆河,也是埃塞俄比亚最富饶的地区之一。埃塞俄比亚高原中央的裂谷,大致可分南北两段。南段更为典型,长约550千米,宽40~60千米,深度从南部边境的海拔900~1000米向北逐渐降低,低到我们所在地段的海拔580米,形成一条宽广的天然走廊。向北逐渐展宽,进入阿尔法平原。

我们站在裂谷底部,环顾四周,平坦高原面好似一眼望不到边。乡村民居反映了与自然环境的关系,房屋的用料和建筑风格以及住宅布局结构各族也各有特色。沿途可见高原上很少有大村落,绝大多数村庄都很小,普遍的是2~4户人家聚居在一地,彼此相距一段距离。这儿的居民是埃塞俄比亚最大的民族奥罗莫人的聚居区,民居与我在塔纳湖地区见到的阿姆哈拉人的民居有所不同。院落占地范围较大,呈四方形,周围种植一种常青的灌木,高约1.5米,具有美化环境和观赏的价值。农舍绝大多数是圆锥形的宽大草房,用木条、麦秆、黏土筑墙,房顶用木条、草覆盖。我有心进入房内仔细观察。草房虽很简陋,但室内还算整洁。房屋结构有两种类型,一种是单层墙,一种是双层墙,占地面积15~20平方米,中央均不用木柱支撑。大致可看出有前厅和后厅卧室之分。内墙为泥土墙,厚 10~15 厘米,高 2.5 米,外墙用木棍、牛粪掺泥抹上,内外墙之间夹层间距大约 80 厘米,是卧室、储藏室和火塘,直对正门的夹层是父母的卧室,左侧是子女的卧室,床是高约 2 厘米的土床,上铺有绵羊皮,看起来这是比较殷实的家庭。我走访过的另外一家草房就简陋多了,没有窗户,室内一片黑,但主人非常热情好客,拿出传统主食英吉拉招待。他拿出的英吉拉看起来较黑,不像在首都见到的英吉拉呈淡灰色,我礼貌地谢绝品尝,但我因他们的坦诚相待深为感动,也为如此差的生存环境感到凄凉,这从一个侧面折射出大山儿女对客人坦诚相待的优良传统文化。

图 1　高原民宅(作者摄于 1999 年 6 月)

图 2　高原民居(作者摄于 1999 年 6 月)

图 3　与高原农民合影(作者摄于 1999 年 6 月)

图 4　民居草屋(作者摄于 1999 年 6 月)

图 5　高原农田(作者摄于 1999 年 6 月)

图 6　与高原农民合影(作者摄于 1999 年 6 月)

埃塞俄比亚国际机场出境飞往乌干达受困记

1999年8月3日上午,我们完成了三个月的短期访问研究工作之后,按计划赶乘10:36的飞机飞往乌干达。我国驻坦桑尼亚大使馆文化参赞张文建和秘书开车到我们暂住的亚的斯亚贝巴大学地理系公寓接我们赶往博莱国际机场。一到机场,搬运工推着行李车帮我们搬到行李托运处。我打算托运两只箱子,秘书担心超重要加运费,建议只托运一只。办完托运手续,即去安检。海关人员检查机票和护照时,表示暂时不能出境,需办理出境签证才能放行。这时,秘书陪我去见一位专职负责人,说明情况,得到的回答是"no"。据秘书打交道的经验,只要他们表示"no",这事就难以通融。秘书不死心,陪我们先见一位高一级的负责人,答复仍然是"no",强调必须办理出境签证。我们只好打道回府。这时已过11:30,秘书想把我们拉回原住处,张参赞不同意,让秘书把我们拉回大使馆,因为原住处我们已经退房,无法再回去暂住,那是大学公寓,不是旅馆,不好再去和大学打交道,只好回大使馆。在商量不决时,秘书差点违反了交通规则,交警上来询问怎么回事,秘书表示歉意,并表示下一次一定注意。因为埃塞俄比亚城市交通规则规定,违纪三次就吊销驾驶执照。到了大使馆,又住在大使馆客房,但这时的大使馆办公室要求我们每晚住宿费收15美元,比三个月前接我们入住时多,这是按规定标准收费。三个月前我们暂时入住时,是每晚5美元的优待价。多交10美元,当时我们无心与他们较真,认可就是。下午,我们到亚的斯亚贝巴大学外事办公处拜见了外办主任,他要求地理系出证明给校研究处,由研究处再出证明给外办,让我们第二天(周三上午)来。我们第二天上午10:00左右又去了大学研究处取介绍信,拿到信后,我发现介绍信上打错了。我们应去乌干达,信上却打成了去中国,也没有注明出境日期。我要求重打介绍信。我们只好下午再去学校,大约下午3:00,我们到大学后,到研究处拿了介绍信,但信上还是打错了,还是去中国,弄得我哭笑不得。这次外办主任还好,办事灵活了点,他同意他出证明,研究处的错由他们自己内部去协调。外办给移民局的信必须由校长签字才能生效。校长下午不在办公室,只好再等第二天上午10:00我们再去大学取信。我们驱车赶到移民局,使馆秘书提出能否先出具出境签证,大学的信件改日再送来。答复是不行,说只要有大学的信件,办起来很快,半小时即可。随机我们赶往埃塞俄比亚航空公司确认(星期四)是否有座位，还好，周四有座位，为确保能尽早飞往乌干达，我们还预约了星期六的机座，做了两手准备。如大学校长不在，不能如愿获得签字，则只好拖到周六启程。按计划，大使馆秘书于 9:20 去大学取信，还算幸运，校长签了字，秘书便马不停蹄直奔移民局，办好出境签证，直接去国际机场。大使馆于 10:40 由大使馆雇用的司机直接开车送我们到国际机场。接头以后我们直接检验护照，被准予出境。下午 1:00 飞往乌干达的埃塞俄比亚航空公司航班准时起飞，大约飞行 2 小时 40 分钟，抵达乌干达首都坎帕拉恩德培国际机场。我国驻乌干达大使馆秘书到机场接我们，安排我们暂住我北方集团公司驻地。至此，压在心坎上的一块石头总算落了地。我们调整好心态，准备开始我们在乌干达的两个月的访问研究任务。

专题研究

埃塞俄比亚农业现代化战略转型模式探讨

埃塞俄比亚是位于非洲大陆东北部"非洲之角"的一个内陆高原国家,平均海拔2400米,享有"非洲屋脊"之誉。全境面积111.8万平方千米,人口约6000万。富饶的高原为发展特色农牧业提供了得天独厚的资源环境条件。但长期的无节制的掠夺性开发,造成了资源、环境、人口与发展之间的严重失衡。粮食供应短缺已成为长期困扰国家的头等大事。解决人民的吃饭问题,也就成了历届政府的首要战略目标。

实地考察后,我们认为解决吃饭问题的根本出路,在于从传统的小农业转型为先进的现代化农业,探索出符合国情的农业现代化战略转型模式。

一、农业经济的优势地位

从现阶段的经济结构和发展水平来看,以农业为主体的自给自足的自然经济仍然占有突出的地位。

1. 农业经济尚处在向工业经济转型的过渡时期,传统经济与现代经济二元结构特征突出

埃塞俄比亚国民经济三大产业结构为50∶12∶38,尚处在"一、三、二"序列;劳动力"三产"职业构成亦反映出同样的结构特征,为72∶12∶16,全国85%以上的人口以传统的农牧业为生存基础。薄弱的工业部门中,80%以上是依赖农牧业提供原料的农畜产业加工业。同时,农畜产品也是重要的出口创汇来源,其产值约占国家出口总值的90%。现代工业规模弱小,水平低下,传统手工业在国计民生中仍有重要意义。整个工业水平尚处在工业化前期的起步阶段。这种二元经济结构特征同样反映在城乡经济社会的巨大差别上。规模小而水平不高的现代城市经济与广大落后的传统农村经济仍有天壤之别。

2. 农业部门结构中，传统粗放的种植业和畜牧业占绝对优势地位

埃塞俄比亚具有悠久的高原农牧业发展史，除逐水草而居的游牧业外，广大的农民普遍实施封闭型的自给自足的小农业生产，家庭依然是广大农村自然经济的生产主体单位，普遍实施粗放的农牧结合的混合农业，农民中实施农牧结合的农户占80%以上。

3. 生产力水平低下，人民生活贫困

农业生产力水平极端低下，谷物单产每公顷最高不超过2000千克。人均谷物生产量只14千克多一点，人均每日粮食消费热量值不足1800大卡。失业率居高不下，乡村贫困化尤为严重，大多数人家家徒四壁，一贫如洗，是联合国公布的世界上最不发达的48个贫困国家之一。

二、农业发展的优势条件与约束性因素

1. 优势条件

（1）农业生态环境地域差异和垂直差异明显

埃塞俄比亚宜农、宜牧、宜果、宜林的土地兼而有之，适种性广且适宜放牧牛羊。因此，土地资源比较宽裕，外延开发有较大潜力。全国38%的土地适宜耕种，13%的土地可以耕种，从发展牧业的条件看，全国65%的土地适宜放牧。海拔1500米以上的高地气候凉爽，雨量充沛，土地肥沃，无虐蚊危害，适宜作物生长和放牧牛羊。因此，高地是埃塞俄比亚开发历史最久的经济重心地带。海拔1500米以下的低地主要分布在国境的东部、南部、西北部和东北部边缘地带，多为干旱和半干旱地区，主要为游牧业。

埃塞俄比亚虽地处热带，但高原地形打破了自然地带的纬向分布规律。气候在很大程度上取决于海拔高度，高差造成各地气候、植被复杂多样并具有垂直分布的规律，随海拔高度的升高，大致呈现出5个不同的气候带。海拔500米以下为热带沙漠气候带，日照强，蒸发大，不宜农耕，仅在地下水出露的地方有绿洲农业，广大地区只能维持以养单峰骆驼为主的游牧业。500~1700米为热带草原气候带，大多适宜放牧。1700~2500米为高地气候带，干雨两季分明，适宜多种作物栽培，是全国最重要的农牧业地带，养牛业较发达。2500~3500米为山地气候带，牧草生长良好，适宜放养牛羊，同时适宜高寒作物栽培。3500米以上为高山气候带，仅

在4000米以下有少量耕作,以上则不宜农耕,至今尚未开发利用。

全国最重要、遍及整个高原地带的土壤,是发育在火山岩尤其是玄武岩母质上的红褐色黏土,土地结构良好,有机质含量丰富,含磷量低,而氮、钾成分高,最适宜耕作,已广泛开发利用。发育于河流两岸的冲击土是最好的土壤,但分布面积小,不占重要的地位。

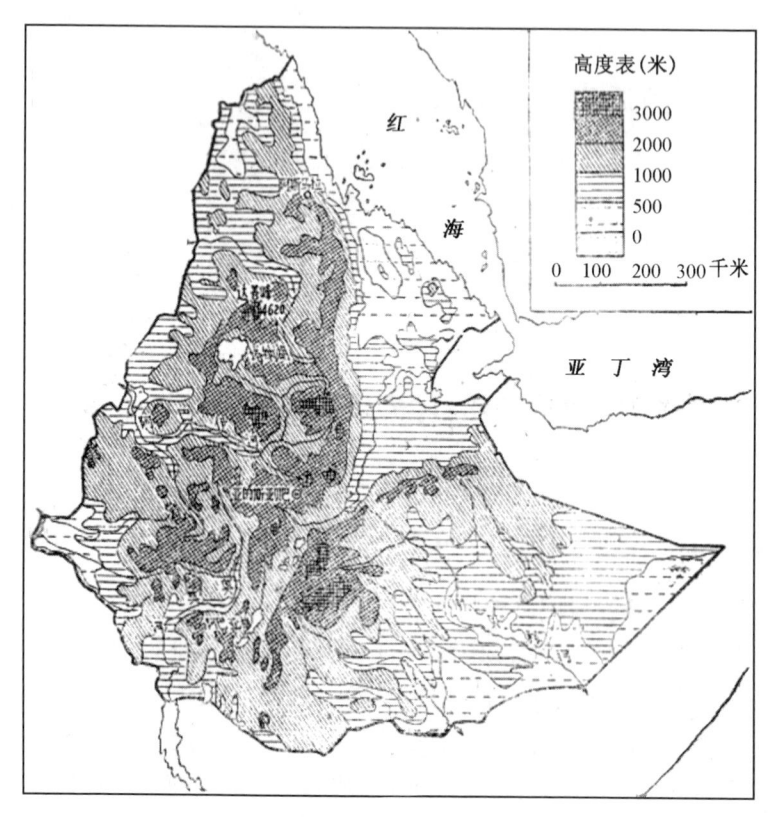

图1 埃塞俄比亚和厄立特里亚地形图

资料来源:埃塞俄比亚非洲地理资料,1978年。

(2) 人口众多,劳动力较充裕

埃塞俄比亚人口自然增长率近3‰,有些地区高达4‰以上,是非洲人口增长速度最快的国家之一。女性结婚年龄多在13~19岁,平均出生率高达45‰,有些地方高达56‰。由于高出生率,人口年龄构成中15岁以下人口占总人口近45%,表明劳动力后备力量充足。埃塞俄比亚人口密度平均每平方千米约55人,但人口分布很不平衡,全国86%以上的人口分布在广大的农村地区。人口的垂直分布差异突出,且与生态环境密切相关。高地面积约占总面积的36.3%,而人口却集中了全国人口的88%。中央高地是全国人口最稠密的地区,也是土地资源开发程度

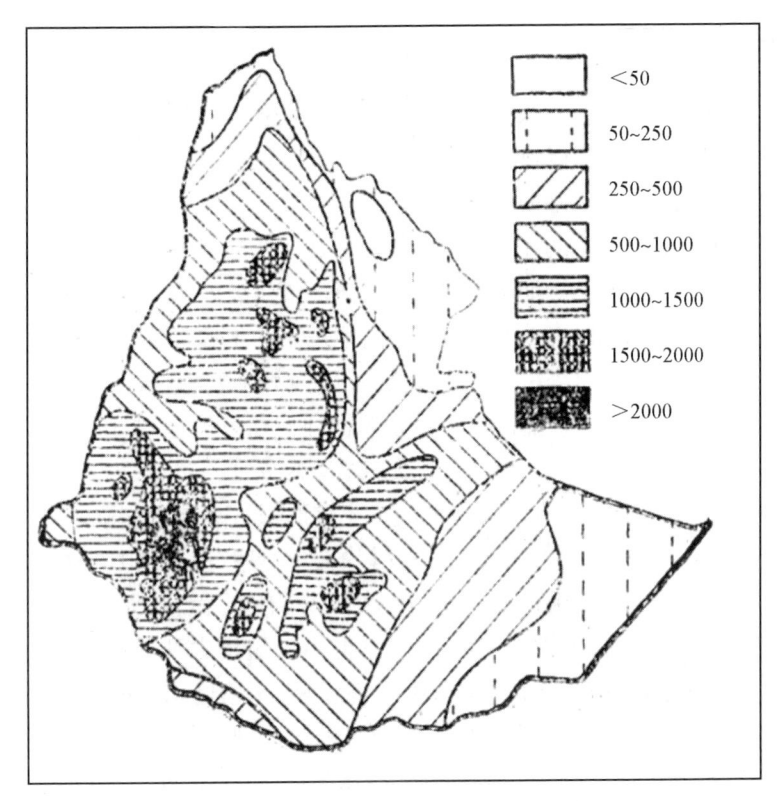

图 2　埃塞俄比亚和厄立特里亚雨量分布图

资料来源：埃塞俄比亚非洲地理资料，1978 年。

最高的地区。低地面积占 63.7%，而人口仅占 12%，其中 1000 米以下地区面积占 21.5%，但由于环境条件恶劣，不利于人类生存，人口稀少，仅占总人口的 2.8%，只能维系游牧业。

(3) 部族众多，经济文化底蕴丰富，具有经管传统农牧业的丰富经验和技能

埃塞俄比亚民族族源复杂，但绝大多数属闪、含两大族长期血统混杂而形成的一种过渡型种族。现有居民分属于 80 多个部族，他们创造了各自的经济文化，栽培了传播世界各地的优质咖啡，积累了养牛的丰富经验，成为非洲第一养牛大国。奥罗莫人、阿姆哈拉人、提格雷人、索马里人系全国最大的四个部族，人口合计占总人口 90% 以上。奥罗莫人是全国最大部族，约占全国总人口的一半，主要务农，善牧或实施农牧结合的混合农业。阿姆哈拉人为全国第二大部族，人口数约占总人口的 30%，主要分布在资源环境较好的中西部高地，善农耕和饲养牧畜，经济文化相对发达。提格雷人约占全国总人口的 10%，大多居住在北部和东北部高地，善农耕，历史文化悠久。索马里人主要集中在东部干旱半干旱的荒漠地区，大多数为游牧民，善养单峰骆驼。

2. 约束性因素

（1）约束性因素可以分成难以改变的永久性约束因素，如坡地、水资源约束等，以及可以改善的暂时性约束因素，如水土流失、生态环境脆弱、农村劳动力素质差、科技人才缺乏、经济基础薄弱、资金匮乏等。

土壤侵蚀是土壤退化的主要因素，侵蚀造成土壤蓄水能力下降、营养物质流失、土层变薄，从而土地生产能力大大下降。据研究，高地约一半土地受到一定的侵蚀，其中25%的农用地受到严重侵蚀。高地每年的土壤侵蚀损失估计19亿吨，相当于每年每公顷土壤流失35吨。另据估计，土壤损失总量的80%来自已耕种的土地。值得注意的是，高地上的大部分作物种植在坡度超过18°的坡地上。在北贡德尔、南贡德尔、绍阿北部和东部、提格雷、沃洛地区、北沃累加地区、东部高地，土壤退化较为严重。造成土壤侵蚀的主要自然因素是地形和降雨。海拔1500米以上的高地，70%的坡地坡度超过27°，其植被一旦被砍伐，很容易造成土壤侵蚀。加之高地上大部分降雨是暴雨或倾盆大雨，土壤冲刷流失严重，每年造成减产2%，相当于每年损失谷物12万吨。农民不得不依赖扩大种植面积来弥补损失。人口迅速增长和乡村贫困化，是造成环境质量下降、土壤退化的重要人为因素。人口迅速增长，导致对可耕地、薪柴、牧草需求量的增加，低下的生产力迫使农民不得不毁林开荒、乱砍滥伐、开垦陡坡、缩短土地休闲期、过度放牧，从而导致土地质量下降，沙漠化进程加速，农田收益每况愈下，草场载畜量下降。而大多数农民宁愿以干季迁移、卖手艺、做生意等办法作为生计的补充，而不愿把时间和精力投入得不到回报的环境治理上，这就不可避免地使业已贫困的农民陷入恶性循环的生存环境危机之中。

（2）农民劳动力素质差，缺乏现代农业技术人员，农业生产方式落后，水平低下

传统的小农经济长期占压倒性优势。至今仍有95%的耕地由小农耕种，农田地块小而分散，承袭落后的传统耕作方法，刀耕火种，多数不施肥、不用农药、不改良品种，生产水平极端低下，不少地方还处于自然经济状态，采用迁移种植和大量撂荒的方法。耕种方法原始粗放，大都使用锄头、镰刀、砍刀、木犁。谷物和豆类的单产每公顷只有1300千克和900千克，玉米最高单产每公顷也只有1900千克。

农业技术人才缺乏是国家长期面临的问题。现有的各类农业大专院校由于师资短缺、教学科研设备严重不足，培养能力有限。大专以上的毕业生，需求缺口很大。

（3）畜牧业经营管理粗放，牲畜品种退化，饲料不足，疾病流行，市场容量狭小，资金不足，缺乏长远的发展战略和对策，是畜牧业所面临的严重挑战。其中疫

病肆虐和饲料短缺是最为严重的制约因素。

牧畜主要的流行病有牛疫、睡眠疫、口蹄疫、吸血虫病和大裂谷病。南部和西南部海拔 2000 米以下地区,是睡眠病的高发地区。牧畜疾病往往造成畜群的重大损失。除高死亡率外,还影响到出生率、增长率和役用率。据估计,牧畜疾病所造成的损失每年高达畜产品值的 30%～50%。牛疫、胸膜炎和口蹄疫严重限制了活牛及其肉制品的出口。

在高地混合农业地区和低地游牧地区,牧畜最重要的饲料来源是天然牧草。据估计,大约 90% 的饲料依赖未经改良的天然牧场、放牧地、休闲地,而作物留茬地和农产品加工过的副产品仅分别占资料的 7% 和 3%。全国各地没有储存饲料的习惯,特别是干季后期,饲草短缺,水源不足,牧畜严重掉膘,尤其是在干旱的低地地区,干季期间,畜群高度聚集于永久水源处放牧,牧畜密度大增,过牧严重,加之牧畜踩踏,草场严重退化。在高地,由于人口压力大而过垦,牧草资源每况愈下,载畜量下降。

现代交通运输费用较高,运输车辆季节性不稳定,加之传统赶畜上市的习惯,严重制约了牧畜市场的交易活动。赶畜上市,由于长途跋涉,沿途又无提供牧畜水草的停歇地,往往造成牲畜掉膘,肉质下降,一般失重达 25%～30%。

(4) 旱灾往往给农业以致命打击

全国 60% 的地区属于干旱缺水区域。难以预料的干旱往往使全国数百万农民处于危难之中。1972—1974 年和 1983 年的干旱导致了大规模饥荒灾难。

三、农业现代化战略转型原则、模式与对策

1. 农业现代化战略转型原则

(1) 树立农业可持续发展战略思想,实现农业资源永续利用

埃塞俄比亚农业资源虽然丰富多样,但过速的人口膨胀对土地资源形成的压力越来越大,加之生态环境、资源开发历史、民族传统、社会文化及其分布地区的不平衡等多种因素影响,为了生存,人们向周围环境进行无节制掠夺索取资源的行为有增无减,导致有限的资源环境容量越来越小,且造成生态环境恶化日趋严重,致使人口膨胀与环境恶化处于恶性循环之中,使埃塞俄比亚高原成为非洲乃至世界上环境最为脆弱、抗灾能力最差的地区之一,每逢大旱年份,颗粒无收,数十万人民死于饥饿。控制人口增长,因地制宜适度开发,保护资源环境,维持生态平衡,应成为一项长期的基本国策和实现农业可持续发展的必由之路。在推动农业现代化的

过程中,坚持土地资源开发与治理并重,探索人口、资源、环境、开发利用协调发展的农业可持续发展战略模式。面对环境十分脆弱和恶化的趋势,坚持以开发带治理、以治理促开发思想,逐步实现生态环境良性循环,为农业和全国经济可持续稳定发展提供可靠保证。

(2) 立足地区条件,因地制宜

扬土地资源适宜性广、水资源潜力大、劳动力数量充足之长,补劳动力素质不高、水资源利用程度低之短;扬粮、畜之长,补林、果不足之短;坚持改善资源利用上的制约性因素,把潜在的优势逐步转化为现实优势,从综合开发利用的原则出发探索出因地制宜的农业结构,培植农业优势,形成特色农畜产品实施和生产基地,即形成专业化生产和区域化生产相互配合的格局。

(3) 坚持科教兴农

走不断提高农民素质和积极推广先进的现代集约农业之路,尽快改变农牧业普遍存在的粗放低效经营状况,逐步提高土地产出率、农业劳动生产率和农畜产品商品率。在广大的农村积极引导和尽力扶植农民发展商品农业和非农产业,逐步增强农民的自我积累能力和扩大再生产的能力。积极培养农技人员,为不断强化他们的创造力和开拓力创造条件。

2. 农业现代化战略转型模式的选择与对策

农业现代化战略转型模式的选择,由于不同国家、不同地区的农业资源、经济、社会条件千差万别,应从国情实际出发,采取因地制宜的战略转型模式。

实践证明,埃塞俄比亚过去为了农业增长,主要依赖消耗大量的土地资源和增加大量的农业劳动力的投入。随着经济自由化和私有化的深入展开,固守传统的农业发展模式已远远不能适应现代农业发展的需要,应采取对策逐步抛弃单纯的农业资源—人力资源转换战略模式,向因地制宜发展资源密集型、人力资源密集型、智力资源密集型战略模式转换,引导农民走上农业资源—人力资源—智力资源综合转换的发展道路。在现阶段,在充分有效利用农业资源和人力资源优势的基础上,重视智力资源的开发,不断加大农业人才培养的力度,以适应现代农业发展的新要求。为推进这一综合转型模式的实施,采取下列模式对策可能是有益的:

① 加大培养农业技术人才的投入。采取多种形式,推广农业技术普及教育,提高农民的文化水平和素质,树立现代农业观念,逐步推广先进农业技术。

② 发展生态农业。以现有的农业技术力量如高等院校农业学科、农业研究机构为依托,组建教学—科研—生产—推广示范基地,使科研成果尽快转化为生产力。同时,在这一类型基地建立农畜产品加工业,改变过去单一的资源直接利用方式,把种植业、养殖业、加工业结合在一起,形成地域生产体系。这就意味着要走逐

步运用生物工程技术的生态农业之路,实现资源、环境、人口协调发展和经济、社会、环境效益的统一,而不是西方式的"石油农业"的道路,使这一示范基地逐步成为区域现代化农业的增长点,带动周围区域传统农业向现代农业转型。

③ 调整农业结构,建立因地制宜的粮食—畜牧—林果三元结构农业生产地域体系。实施多种经营农业系统工程,在不同类型的农业地区建立起不同规模结构的粮食—畜牧—林果三元结构农业生产地域体系,在保证粮食供应的基础上,不断扩大牛、羊饲养规模和建立林果生产基地。逐步建立起传统农业技术与现代农业技术结合的现代农业技术体系。同时,解决吃饭问题的出路还在于转变传统的"粮食"观念,逐渐树立起现代饮食观念,调整传统饮食结构,不断增加肉、奶、蔬、果等多种粮食消费量,替代部分粮食,达到饮食多样化。这种饮食结构的变化必然进一步促使农业结构不断地进行适应性的调整,向更高层面推进。

南 非
——彩虹之国

在人们的传闻中，非洲是一个落后、贫穷、乱事不断的大陆，去过非洲的人则会有另一番感受，那是一个充满诱惑、友谊又令人神往的地方。位于遥远神奇的高原大陆的最南端的南非，不仅是非洲经济最发达的国家，也是多元文化最具特色的国家之一。2010年11月16日—24日，我与南京大学外国语学院刘成富教授有幸以外交部组织的非洲研究专家组成员的身份赴南非参加"纪念中非合作论坛成立10周年学术研讨会"，这是一项重大的配合国家代表团的国事活动。会议结束后，我国驻南非大使钟建华夫妇专门在官邸宴请我们，我国驻南非前任大使和中国非洲事务特别代表刘贵今大使作陪，又专门安排我们赴开普敦和好望角实地考察了三天。短短几天的实地考察给我们留下了难以忘怀的印象。

2011年，赴非洲地理考察研究的机会再一次降临到我的头上。为完成外交部"中非联合研究交流计划项目"，赴非洲五国考察"非洲农业和农村发展"。我作为项目负责人着手组建了4人考察小组，制订了详细的考察计划，将南非作为我们考察的第一站。8月9日，我们启程飞赴南非首都比勒陀利亚，开始非洲五国考察之行。

踏上飞往南非首都比勒陀利亚的旅程

2010年11月14日下午,我们乘坐香港港龙航空公司的飞机,从南京禄口机场起飞,2小时后抵达香港国际机场,换乘国泰航空公司的大型波音客机飞往目的地南非最大的机场约翰内斯堡国际机场。飞机静静平稳地夜行十几个小时后于次日早上7:00(当地时间)抵达。当飞机抵近机场的时候,从空中俯瞰南非高原平坦的大地,可见这片土地上错落有致地散布着各种色彩的屋顶和普通的民居院落,很少见到大都市的那种高楼大厦。

前来接机的大巴将我们接到约翰内斯堡南阳宾馆。从约翰内斯堡机场到比勒陀利亚市区大约40分钟车程。公路路面不宽,两边长满了高高的茅草。进入市区,道路仍不是很宽,但来来往往的车辆却井然有序。道路两侧,很少看到高楼大厦,多为多层楼房,掩映在成荫绿树之中,风光秀丽。这个优美的享有"花园城市"之称的城市给我留下了入境森林的感觉。

南非行政首都比勒陀利亚印象

南非是世界上唯一同时拥有三个首都的国家：行政首都比勒陀利亚，现为南非中央政府驻地和各国驻南非大使馆驻地；立法首都开普敦，南非国会驻地；司法首都布隆方丹，南非司法机构驻地。

图1　比勒陀利亚曼德拉商厦留影（摄于2010年11月）

图2　比勒陀利亚合影（摄于2011年8月） 　　图3　总统府（作者摄于2011年8月）

图 4　比勒陀利亚娱乐活动(摄于 2011 年 8 月)

　　比勒陀利亚市区仅指比勒陀利亚大都市中心的一片区域,位于南非高原的马加利山谷地,海拔 1378 米。市区跨林波波河支流阿皮斯河两岸,由 12 座桥梁连接,面积(包括近郊区)约 592 平方千米,人口 80 余万。整个城市四面环山,街道两旁紫葳成荫,建筑物掩映在绿树下,风光秀丽,有"花园城市"之称。气候凉爽宜人,1 月最热,7 月最冷,平均气温分别为 20 ℃ 和 11 ℃,年平均降雨量 700 毫米。

　　比勒陀利亚城建于 1855 年。以布尔人领袖比勒陀利乌斯(Andries Pretorius)及夫人丽亚(Lia)的名字命名。1860 年成为布尔人建立的德兰士瓦共和国的首府。1910 年被英国人占领,成为白人种族主义统治的南非联邦(1961 年改为南非共和国)的行政首都。比勒陀利亚是南非的政治、外交、文化、教育和科研中心。总统府、外交部、司法部等政府机构主要集中在联邦大厦内,文化部、教育部等则在城内的一些老式建筑中。著名的比勒陀利亚大学、比勒陀利亚理工大学、南非大学、国家天文台、国家歌剧院、国家文化历史博物馆等也集中在城内。整个城市围绕着中央的联邦政府建筑群(南非政府办公地)而建。比勒陀利亚是南非的重要矿业城市,市区近郊分布着金刚石、白金、黄金、铅、铁、铬、煤等矿藏的开采中心。所以,浏览城市郊区周围广阔的地面,看不到一块庄稼地,几为荒芜之地。地面上散布着以矿为生的非洲人的聚居地,住宅较为简陋。

　　凡到比勒陀利亚来访的各方人士,都会抽空到访南非总统府驻地。南非政府与总统府所在地联合大厦,是一座气势宏伟的花岗岩建筑,坐落在比勒陀利亚一座俯瞰全城的小山上,大厦前面是整齐、优美的花园,园中立有不同的纪念碑和雕像。大厦后面有大片的丛林和灌木区,林中栖息很多鸟类。在总统府前沿马路的外侧,是一条露天的南非特产的工艺品露天小排档市场,参观游览者都可在此选购自己喜爱的工艺品,摊主们能讲几句简单的汉语,可以用人民币支付。

　　总统府前没有警卫人员在看守,这与其他国家的最高行政机关警卫森严的景象截然不同,这里给人一种祥和的感受。据介绍,这座总统府当年是由英国人和布尔人（最早殖民南非的荷兰人的后裔）共同出资建造的，门前两人拉一匹马的雕塑象征着英国人和布尔人携手驯服黑人这匹野马。在前面不远的花园中立有一座白人总统赫尔佐克的雕像，据说他是臭名昭著的种族隔离制度的始作俑者。1994年曼德拉当选为新南非的首位黑人总统后，黑人便成为这座官府的主人，但这两座雕像依然留存下来，成为一种历史遗迹，让人们不要忘记南非的过去。

参观南非种族隔离纪念馆

2010年11月17日上午,我们马不停蹄地赶往种族隔离纪念馆参观。一到纪念馆,首先参观建在纪念馆入口处的种族隔离博物馆。我们在入馆之前,排成两队,一队每人领取印有"南非公民"的身份证,另一队领取其他有色人种的身份证,上面注有"土著""马来西亚""中国"等字样。两种证件的身份证被放大挂列展室前,供游人亲眼看见种族隔离时期的种族歧视和人权侵犯。在不同的展室内,陈列有大量的文史图片和实物,令人发指地揭露了南非种族隔离时期的黑暗和残酷,同时也展出了黑人为生存而战的历史场景和画卷。

南非的种族隔离制度是世界上独有的种族歧视制度,其英文名字是"apartheid",出自南非荷兰语。所谓种族隔离就是将白人和其他人种严格分开,并分成不同的等级。白人在这个国家享有选举权、被选举权和一切优等的权利,被视为优等种族,而其他种人则被定为劣等种族,基本人权被剥夺。南非的这种种族隔离制度被联合国认定为"一种对人类的犯罪",也是对基本人权的践踏,臭名昭著。从1652年荷兰殖民者入侵南非直到1910年南非联邦成立期间的258年,被视为南非种族歧视和种族隔离的初期阶段。开普殖民地布尔人政府与英国殖民当局总共颁布了20余项种族歧视法令。

1910年5月31日,南非联邦正式成立,白人政权在种族主义思想的驱使下,建立起黑暗的种族歧视和种族隔离制度。当时的白人只占总人口的21%,黑人被驱入保留地内居住。历史学家习惯将1910—1948年称为"种族隔离和种族歧视时期"。1948年,代表阿非里卡人利益的南非国民党上台执政,推行更加彻底和残酷的种族隔离制度。推行一系列法令,全面剥夺非洲人和有色人种的政治权利。这种惨无人道的种族主义政策遭到了国际社会的严厉谴责,南非白人政权陷入孤立的境地。白人政权为了进一步加强对黑人的奴役和管理,最终达到剥夺黑人南非国籍的目的,于20世纪50年代抛出了"班图斯坦"政策,其目的是要对黑人实行土地分割和政治分离,从而达到白人独立统治南非的目的。白人政权于1974年在南非建立了10个黑人家园,从此南非黑人被更加严格地隔离起来。黑人家园人口拥挤,找不到工作,到处是一片片肮脏破烂的棚户区,缺电缺水,没有医院和学校,处于社会的最底层。进入20世纪80年代以后,反种族主义斗争发生变化。黑人团结起来通过反抗和罢工给白人政权以沉重的打击。在国际反种族主义浪潮的推动下,许多西方国家也开始对南非实行经济制裁。到20世纪80年代末,全世界140多个国家与南非断绝了外交关系和贸易关系,南非经济下滑到了崩溃的边缘,迫使南非不得不面临重大的社会变革。1994年4月26日,南非通过首次不分种族的大选,"非洲人国民大会"获得62.65%的选票高票当选,曼德拉当选南非总统。南非民主政权的建立标志着南非300余年的种族隔离制度彻底结束,一个广大黑人梦寐以求的民主的新南非从此诞生。

延续300多年的南非臭名昭著的种族隔离制度虽然废除了,但要彻底消除种族隔离制度所遗留下来的后遗症并非易事。在白人的思想意识里,种族歧视仍然根深蒂固。在城市郊区和广大的乡村,随处可见黑人棚户区,与白人的豪华住宅形成贫富悬殊的两种黑白世界。在南非,无论走到哪一座城市或下到哪处村庄,你都能亲眼看到以大城市为主体的白人南非与以昔日黑人家园为主体的黑人南非,是两种天地、两种生活图景。白人居住区与黑人居住区有天壤之别,前者有瑰丽多姿的花园别墅和豪华住宅,而后者的栖身之处均为简陋的铁皮小屋,多以波楞瓦或铁皮搭顶,棚屋形似纸箱,屋内缺乏基本的生活、卫生设施,家家聚集在一起,拥挤不堪,单调而暗淡,与宽敞、多姿多彩的白人住宅形成两重天。此情此景,令人唏嘘。

南非先民纪念馆与自由公园观感

2010年11月18日上午,我们驱车参观南非先民纪念馆。南非先民纪念馆亦称"开拓者纪念天堂"(Voortrekker Monument),"voortrekker"在阿非利堪语和荷兰语中意为"先驱者"。纪念馆位于距比勒陀利亚市西郊不远的一座圆形小山顶上。从纪念馆正面仰视,是一座高41米的方形建筑物,建筑风格别致,气势恢宏。馆外有一组由64辆水牛车浮雕组成的半圆形围墙,直观此景令人联想起布尔人的牛车阵。在方形纪念馆外墙四角有四位先祖布尔人的领袖雷蒂夫、波特基特、比勒陀利乌斯和一位无名氏领导人的塑像,尊尊栩栩如生。纪念馆正面入口处上方悬挂着一头野牛雕像,似乎警惕地注视着周围的一切。

进入纪念馆大厅,首先抢眼的是环绕大厅四周墙壁上的白色大理石浮雕,长92米,高2.3米,重180吨,整组浮雕主要生动地记述了当年布尔人的祖先荷兰人大迁徙的历史场景,给游客留下了深刻的印象。博物馆展有大迁徙过程中的历史文物和定居时期生活的历史实物。在地下一层大厅中央有一块大型横躺在地上的大石棺。它象征着"人民的安息地",上面刻有一行字:"南非,我们为了你!"每年12月16日,阿非利堪人都会聚集在先民纪念馆举行"契约日"纪念活动。在参观历史博物馆时,一群黑人小学生在老师的带领下参观。小学生对我们十分友好,一名10来岁的小女孩跑过来与我握手、拥抱、亲亲脸蛋,我们也留下了珍贵的合影。

南非先民纪念馆是南非阿非利堪人(布尔人后裔)于19世纪末酝酿,直到1938年12月才动工修建的,历时11年后于1949年12月正式完工。纪念馆主要是为纪念1838年12月布尔人在内地大迁徙中与土著黑人祖鲁人之间爆发的"血河之战"。据记载,荷兰殖民者最先在南非开普敦地区建立了殖民统治。后来,英国殖民者于1795年占领了开普殖民地,导致昔日强大的荷兰人开始走向衰败。其后裔布尔人感到在英国殖民统治下的殖民地处处受到歧视和限制。他们认为唯一的选择是离开这块曾生活了几代人的伤心之地,到南非内陆去重新开拓新的家园。先民布尔人便开始了第一次大规模地向内地迁徙。他们将全部家当装上牛车,长途跋涉、翻山越岭,因为当时牛车是唯一的交通运输工具,可想而知途中的艰辛和苦难。跋涉途中往往遇到凶猛的野兽,疾病也往往缠身不断,缺医少药,如遇上霍乱,一些迁徙的人群难逃病丧黄泉的命运。在深入内陆的大迁徙过程中,与土著班图人部落相遇,往往难免发生纠缠,爆发一系列冲突和种族屠杀,其中最惨烈的冲突是与土著祖鲁黑人之间的"血河之战"。布尔人获得了胜利,历经17年的大迁徙在"先民馆"建馆之地建立了布尔人共和国。大迁徙不仅改变了布尔人的命运,也彻底改变了南非的历史进程,这在南非的发展史上有着特殊重要的历史意义。

"血河之战"发生在1838年12月15日,布尔人在安德烈·比勒陀利乌斯的领导下,拥有64辆牛车、500匹马、900头牛和手握步枪的539人的队伍。祖鲁人王国国王丁干召集了3万武士手持长矛和盾牌,准备与布尔人决一死战。布尔人采用牛车战术,利用靠近恩考河(后称血河)的有利地形,把64辆牛车首尾相连围成一个堡垒,形成牛车阵,周围挂起灯笼,以防祖鲁人夜袭。次日清晨,约1.5万祖鲁人大军向布尔人发起猛烈进攻,经过2个小时的激战,布尔人几乎毫发无损,只有3人受伤,而祖鲁人伤亡惨重,以失败而告终。其实按中国古代的战法,祖鲁人不需发动武力进攻,采用围困战术,断绝布尔人的粮草,不需多少时日,布尔人就得举手投降,别无出路。此后,布尔人在此定居下来,于1840年在纳塔尔建立了"纳塔利亚共和国"。英国人并不承认布尔人的独立,于1843年7月15日正式并吞了"纳塔利亚共和国",使之成为英国殖民地。

图1 自由公园广场(作者摄于2011年8月)　图2 南非先民纪念馆(作者摄于2011年8月)

我们在参观完先民馆之后,接着马不停蹄地赶往自由公园。在距离先民纪念馆不远的小山上,南非的民主政权为了缅怀那些在南非历史中为自由献身和为国家捐躯的先烈们,于2000年建立了一座公园,定名为自由公园,黑人称之为"斯库姆巴特"。整个公园由半圆形露天会场、内厅、领袖堂、人名墙、长明火和祭坛等组成。每年12月16日这天,黑人也同样会聚集在自由公园里,纪念他们的祖先为自由而战的"丁干日"。1994年南非新政权诞生后,为体现民族和解,政府将这一天定为"和解日"。每逢这一日,众多黑人到这里参加"和解日"庆祝游行活动。

自由公园的露天会场选址视野开阔,是半圆形斜坡比梯的梯状,可容纳2000

人。在广场正前方一座半地下的建筑物前,有一团日夜燃烧的"长明火",这是为了纪念那些为南非自由而献出生命的无名先烈们。会场四周立有 200 根长短不一的金属灯柱。地下建筑物内有一宽敞的大厅,常用来举办各种纪念活动。领袖堂是人们向曾生活在南非、非洲大陆和世界各地对人类历史做出过贡献的已故领袖们致敬和寄托哀思的地方。人名墙是令参观者最为心动和印象最为深刻的地方,由几座刻有姓名的墙组成。铭刻在墙上的人名有 13.6 万个之多,这些人都是南非历史上献出宝贵生命的人士。其中有些人是在第一次和第二次世界大战中战死疆场的南非军人,还有一些是为帮助南非争取自由和解放而献出生命的外国友人。人名墙的场景给我留下了强烈的感受,让我这个远方来客深深地感受到,南非是一个具有无限包容心的国家,能够正视自身苦难历史和牢记历史的国家。南非黑人是伟大的人民,有宽大为怀之心,包容了白人和有色人,用爱心打碎了昔日"黑白势不两立"的社会,将之变成了一个伟大而自豪的多元文化的"彩虹之国"。当然,种族问题仍然是南非现实社会中最敏感的问题之一,想要彻底和解和各民族真正的一律平等,不可能一蹴而就,只要各民族共同努力,持之以恒,团结一心,共同奋进,我想南非未来一定是充满光明的"彩虹之国"。

"纪念中非合作论坛成立10周年"巡礼

2010年11月18日下午14:30—15:30,"纪念中非合作论坛成立10周年学术研讨会"的开幕式在比勒陀利亚市区喜来登饭店隆重举行。我有幸赴会坐在前排。南非政府的代表发表了热情洋溢的讲话。双方热情真挚的讲话释放出中非双方对未来合作充满了信心和美好的愿景。会场的热烈气氛令我终生难忘,使我感受到了中国的力量和魅力,这种力量激励着我们这些长期从事非洲问题研究的一介书生增强了信心和力量,愿终生为中国的非洲地理研究事业献上绵薄之力。

图1　中国驻南非大使馆合影(左起刘成富、姜忠尽、前中国驻南非大使刘贵今、中国驻南非大使钟建华,2010年11月)

19日,学术研讨会在中钢大厦分六个分会场进行。第一分会场:当代国际舞台上的中外关系;第二分会场:中非双边关系——经济与发展合作;第三分会场:中非双边关系之二——能源、农业及科技合作;第四分会场:中非政治安全事务;第五分会场:拓展中非在治国理政、公民社会交流及多边主义领域的合作;第六分会场:南非与中国的伙伴关系评估。中外专家学者欢聚一堂,就各分会场相关的问题展开热烈的讨论和交流。我在第三分会场做了题为"中非合作粮食安全战略选择"的报告。当晚,我国驻南非大使钟建华设宴招待会议代表,并强调中非合作的重要性和紧迫性。

11月20日晚上，驻南非大使钟建华夫妻在官邸设宴招待我们。出席这次宴会的有公使衔参赞、参赞，还有外交部非洲事务特别代表刘贵今大使。谈话围绕驻南非大使馆人员、中非学术交流代表团成员和南非华人代表的讲话精神展开。我汇报了南京大学非洲研究所建所46年来的非洲研究工作、全国高等院校的非洲研究力量以及研究水平，做了客观的评价，言明了我们今后的研究重点。座谈中，公使衔参赞问到我国非洲研究的水平问题。我当时感到这是个难以实话实说的棘手问题，但毫不避讳地说，就我多年研究非洲的感受，也发表了不少文章，但总有一种感觉，好多文章似乎给人一种"水上飘"的感觉，言外之意是，研究深度不够。实际上，我的用意有点影射国内研究水平的现实。2000年，"首届中非合作论坛"部长级会议在北京举行，我有幸应邀参加了这次盛会。在这次会议精神的鼓舞下，我国各兄弟部门如雨后春笋般纷纷成立了非洲研究中心，相续发表了不少文章，但精品甚少。钟建华大使对我校的非洲研究工作十分关心，表示将尽力帮助我们加强非洲研究。我当场表示，今后三年，我们将组合跨系、跨学科的非洲研究力量，集中研究非洲的乡村发展。根据我们多年研究非洲工作的经验，认为要真正地认识非洲，必须研究非洲的乡村，不了解非洲的乡村，就不能全面认识真正的非洲。在这一研究领域，国内外均较薄弱。这一课题包括非洲乡村传统社会与传统文化的转型，乡村工业与城市化，传统农业向现代农业转型，农民素质的提高等重大问题。目前，我国研究非洲，无论是从人才上还是从研究水平上评估，均与我国在国际上的大国地位很不相称，远不能适应我国对非洲开展中非合作的需要。

图2 中非合作论坛10周年纪念会合影（2010年11月）

座谈快结束时，钟建华大使向我发出肺腑之言："只要你身体允许，欢迎你每年都能来，我将尽力支持你的研究事业。"这令我十分感动。这是一种激励，也是钟大使对南京大学非洲研究事业强有力的支持。

2010年11月20日会议代表大都启程回国。21日上午，在我国驻南非大使馆的安排下,我与刘成富教授乘飞机从约翰内斯堡国际机场启程,赴南非的母亲城开普敦进行三天的实地考察。我们考察了开普角自然保护区,亲临好望角、企鹅滩、桌山、海豹岛等必游之地。23日,我们登上回国的飞机,依依不舍地离开了这片资源丰富、风光迤逦和文化多彩的土地。

访谈农业部与比勒陀利亚大学

2011年8月9日,我们非洲五国考察小组乘坐埃塞俄比亚航空公司 ET607 航班客机于晚上8:15从广州机场起飞前往南非,途经埃塞俄比亚首都亚的斯亚贝巴国际机场转机,换乘 ET809 航班客机,于8月10日上午8:05起飞直飞南非约翰内斯堡国际机场。在我国驻南非大使馆的周密安排下,接机的小车直接把我们接到比勒陀利亚距大使馆不远的一家宾馆。短暂的几天,在大使馆的安排下,我们访问了南非农业部与比勒陀利亚大学,同时对比勒陀利亚郊区的广大农村地区进行走马观花式的考察。虽行色匆匆,但耳闻目睹的一切使我对首都地区的地理环境、乡村面貌、城市建设和风土人情有了进一步的感性认识。

一、访谈南非农村发展部

我国驻南非大使馆对我们这次考察南非十分重视,大使馆官员直接与南非农业部联系并安排我们访谈事宜。我们应约赴农业部,南非农村发展部秘书长(相当于副部长)接见了我们并与我们亲切地交谈。她首先利用演示文稿全面讲述了南非宏伟的乡村发展计划。该计划十分详细,并有具体的计划实施对策。她讲解完后,我们探讨了一些关于南非乡村发展过程中较重要的问题,如乡村经济发展、乡村土地制度改革、乡村城市化、乡村能源问题等。南非的农业在撒哈拉以南非洲国家中是比较发达的,但二元结构仍然十分突出。我专门提问了乡村能源问题。陪着秘书长的一位女性农业官员毫不讳言。她说,在广大的黑人聚居地区,农民以树冠枝叶、杂草和作物秸秆为烧柴仍较普遍,短期难以改变。我们感到南非存在的资源占有不均、农民生存就业难的问题,仍将极大影响乡村地区的正常健康发展。访谈结束,秘书长与我们合影留念,并向我们每位赠送了一顶南非牛仔帽以作纪念。

图 1　与南非农村发展部秘书长座谈合影(2011 年 8 月)

二、访问比勒陀利亚大学农业经济系

为了进一步了解南非农业与农村发展情况,我们专门访问了比勒陀利亚大学农业经济系。比勒陀利亚大学建于 1908 年,是南非最大的黑人学生为主体的公立大学,拥有七个分校,分布在全国不同的城市。访问那天,农业经济系的系主任克瑞斯坦教授热情地接待了我们。他曾多次访问过我国,对我国的发展,包括城市与乡村都很感兴趣。座谈开始,我首先代表考察小组表达了多年向往来贵校的愿望成为现实的如愿以偿的心情。最后我表达了一个愿望,"这是我们第一次访问贵校,但希望不是最后一次",深情地表达了今后保持校际友好往来和开展学术交流的愿景。

图 2　访问比勒陀利亚大学留影(2011 年 8 月)

克瑞斯坦教授简要地介绍了南非的农业与农村发展情况。黑人尽管已是国家的主人,但生活仍然贫困,贫富悬殊仍然很大,大量贫困的黑人流入城市,由于大多数黑人缺少生存技能,找不到工作,只得涌入城市贫民窟。加之乡村地区经济发展滞缓,基础设施落后,基本公共服务设施仍然很差。具有天壤之别的城乡状况仍将延续相当长的时期。

南非农业相较其他撒哈拉以南非洲国家较为先进，小农场经营是南非农业重要的生产组织形式，但整个农业生产的现实状况具有突出的二元结构。全国的农业生产组织形式、生产水平、生产特点相差很大。农业经济分为主要由少数白人经营的发达的商品农业，即白人农场主经营的发达的高度商品化的大型农牧场，拥有国内多数的优质土地。

至今，白人农场主仍然拥有83%的农业用地。南非的主要农产品均来自白人商业农场，其产值占国内农业总产值的90%以上。全国约有4万白人农场主，雇用了60多万黑人农民，南非大约90%的农产品来自这些白人经营的农场。第二类农业经营形式为黑人维持生计自给自足的生存型传统农业。前"黑人家园"地区，是南非种族隔离统治时期的有关法令将86%的土地划给白人以致广大的黑人被排挤到"黑人家园"的产物，这里土地贫瘠，人口密度大，农业生产条件落后，土地过度耕作而退化，农业长期得不到发展。到1994年种族隔离制度废除时，由于广大黑人家园地区人多地少，缺少资金和技术，基础设施落后，导致农作物产量低下，粮食不能自给，需从白人农场调运。这种贫富两重天的农业二元结构，严重影响了南非农业和农村的整体发展。南非政府曾计划2014年前将商品农业30%的土地重新分配给黑人，然而因种种原因收效甚微。此外，政府推出土地政策的过程中出现了难以解决的新问题。获得土地的黑人由于经营农场缺乏经验和技术，多达90%的这类土地遭到荒废。

从南非农业经营方式上看，南非政府鼓励发展小农场农业。种族隔离制度废除后，政府开始实际扶助小农场发展计划，旨在为刚刚进入商品农业领域的黑人提供服务。小农场的经济实力和规模有限，但对市场的适应性较强，发展潜力巨大，也是南非农业生产的重要组成部分。这类小农场多为食品供应链的基层供应者，对缓解粮食危机起到调剂性的积极作用。

图3　比勒陀利亚郊区农村（作者摄于2011年8月）

南非农业经济的二元结构是长期实施种族隔离制度造成的严重后果，短期内难以消除。黑人聚居的乡村地区仍然贫困，基础设施、基本公共服务设施仍然很差,迫使越来越多的黑人农业人口背井离乡走出乡村去寻求新的生路。涌入城市的黑人很少有谋生的一技之长,找不到合适的工作,无力找到适合自己的投身之地,这直接促使城市边缘地区出现了大规模贫民棚户区。这一城市差别和贫富差别,不可能在短时期内消失,这将是一个长期缓慢的演进过程。

国际航空枢纽——约翰内斯堡

约翰内斯堡是南非第一大城市和世界最大的产金中心,素有"黄金之都"的美称,也是重要的国际航空枢纽之一。地处东北部内陆高原,海拔1754米,面积约269平方千米。约翰内斯堡为温暖的亚热带气候,昼夜温差较大,夏季平均气温24.7℃,冬季平均气温18.0℃。该市有人口约70万,半数以上为黑人。四通八达的高速公路连接着首部比勒陀利亚及周围十数个卫星城。市区公交路网完整,可通主要街道,便捷的路网将其联成一个有机整体。每个初来南非的人都会被它的现代繁华所吸引。市中心多为新型的现代建筑,市郊为绿树成荫的中产阶级住宅以及高级花园豪宅,大有与世隔绝的世外桃源气派。造型各异的欧式建筑物鳞次栉比,四通八达的道路网通向城市的每个角落,环境幽雅的现代购物中心随处可见。夜幕降临,灯火通明,霓虹灯异彩闪烁,为这座现代化大都市增添了现代化的气氛,休闲期间,令人流连忘返。但谁又能想到它是在一块发现黄金的地方兴起来的大都市。

1886年的一天,一个叫乔治·哈里森的白人在现在的约翰内斯堡北部山区散步,偶然被一块露出地面的石头绊倒了。这是一个金块,世界最大的黄金矿脉区由此被发现了,引发了世界各地的淘金人蜂拥而至,掀起了一股淘金大潮。随着黄金的开采,淘金者越来越多,逐渐形成了一个人口众多的聚居地,从而打破了这处安静的处女地,经过100多年的风雨洗礼,取而代之的是人们的狂热和喧闹,象征财富的楼房拔地而起,高楼大厦比比皆是。城市的发展十分迅速,移民不断地大量移入,城市人口爆炸式膨胀,逐渐成为南非的最大城市、非洲最大的工矿区和世界最大的采金中心,是名副其实的世界"黄金之都"。每当夜幕降临,整个城市灯火通明,霓虹灯闪放异彩,更增添了现代大都市的风采。

约翰内斯堡在城市空间结构上被铁路分为南北两大部分:南为重工业区;北为市中心区。这里分布有主要商业区、白人居住区和高等学校。市中心区大厦林立,政府机关、银行、车站、证券交易所等都是极其新颖的现代建筑。市郊区是绿树成荫的中产阶级住宅和高级花园豪宅。黑人居住区分散在市郊、公路边,大部分的黑人用捡来的石棉瓦之类的东西建造自己的栖身之所,远远望去,黑人区被破烂的铁丝网围起来。仅有少数经济条件相对较好的黑人建有自己的砖房、小院。黑、白两重天的城市景观,无不反映出种族隔离和种族歧视制度的后遗症结。从空中俯瞰,闪耀着金色光环的城市景观与映衬着黑色人群的郊区,交织成一幅令人难以平静、五味杂陈的景象。

在考察比勒陀利亚和约翰内斯堡的过程中,我们向陪同我们野外考察的司机提议想去黑人聚居区特别是黑人城索韦托实地考察,但是出乎我们预料的是,他婉言拒绝了,说这太不安全,怕节外生枝,遇上不测事件难以应付,我们只好扫兴作罢。让人难以置信的是,约翰内斯堡这座黄金之城、财富之都,也是世界上犯罪率最高的恐怖之都。在耀眼的光环下,在繁华的霓虹灯下,伏藏着罪恶。这与白人政权实施的种族隔离制度使这座"彩虹之国"从人间天堂变成了黑人的地狱不无关系。全国绝对贫困人口(每人每日所得不足1美元)占总人口近12%,而其中黑人占了95%。黑人人均年收入不到白人的20%。如此悬殊的贫富差别,不断恶化的社会问题和治安,使得这座城市抢劫事件屡屡发生。难怪了解这座城市的国内外人士认为,这是一座充满欲望和爱恨交加的"黄金之城"。

索韦托是距约翰内斯堡西南25千米处的一座卫生城,方圆120平方千米,约有33个城镇,黑人约400万,居住着祖鲁、科萨等9个民族,曾是南非黑人的集中隔离区。1976年6月16日,南非白人政权制造了骇人听闻的激起全世界人民愤怒谴责的事件。对于南非黑人来说,6月16日令人刻骨铭心。现在,这一天被定为青年节,是国家法定假日。

1976年南非白人政府决定要求黑人学校中的部分课程必须采用阿非利堪语替代英语。英语和这种语言都是南非官方语言,具有同等地位,而非洲语言则不享有官方地位。人们普遍认阿非利堪语是白人使用的语言,英语是国际化语言。黑人学生只能受到低劣的教育,学校人满为患,教师素质低下,而白人学生却能享受高质量的免费教育。在以贫苦黑人家庭为主的庞大的黑人社区索韦托,1976年6月16日大约有1.5万名学生举行游行,抗议警方发布的示威禁令,与警察展开对峙。警察施放催泪瓦斯,鸣枪警告,向人群开枪,致两名青年当场死亡,多人受伤,导致双方对抗升级。索韦托和几乎所有黑人镇区相续爆发了大规模示威活动,暴乱此起彼伏、难以平息。7月16日清晨,2万名左右中小学生走上街头高喊"打倒阿非利堪语""阿非利堪语是压迫者的语言"等口号。警察竟然向和平游行的孩子们开枪。一周内,约200人被打死。暴动从索韦托发展到全南非至少160个黑人城镇。南非当局出动了大批军警,用武力镇压。据官方公布的数据,从1976年6月16日到1977年10月,死亡人数就有700人左右。

南非开普角自然保护区考察足迹

在我国驻南非大使馆的安排下,2010年11月21日,我乘飞机从约翰内斯堡飞向母亲城开普敦,2个小时的航程后,大约中午时分抵达向往已久的历史名城。我们原计划驱车前往南非的桌山,次日踏访好望角。人算不如天算,天老爷不开眼,正值阴天,我们只好调整行动计划,先后考察了企鹅滩、好望角、桌山和海豹岛。11月23日,我们登上了回国的飞机,欣慰地离开了风光迤逦的土地。2011年8月14日,我因在斯坦陵布什大学参加"中非关系与公共外交"国际学术会议,再次踏上南非的母亲城开普敦。学术会议结束后,我们再次考察开普角自然保护区。2011年8月18日,我们启程离开开普敦机场,经约翰内斯堡国际机场转机,直飞我们考察的第二站——刚果(金)金沙萨国际机场。

尼裴侬酒庄

2011年8月14日，我们从约翰内斯堡国际机场乘机抵达开普敦国际机场。令我感到奇怪的是，飞行途中，机上不免费向乘客提供茶水，要喝茶水就得自己掏钱买。当我们在机场出口处等待来接机的小车时，正好我国前驻南非大使刘贵今同飞机抵达，他也是应邀前往参加这次学术会议的，于是我们相伴而行。接机车驶上高速公路时，首先映入眼帘的景象是沿公路两旁的物流企业和长达数千米的贫民窟。十分简陋的铁皮小屋，多以波楞瓦或铁皮搭顶，如此窟棚星罗棋布，令人唏嘘、感慨。这与我在比勒陀利亚地区所见的高档白人豪华住宅形成鲜明对照，真是黑白两重天。

图1　参观尼裴侬酒庄葡萄园(2011年8月)

在我们抵达斯坦陵布什大学之前，接我们的同志首先陪我们去参观已有300多年历史的著名的尼裴侬酒庄。开普敦地区是南非著名的盛产葡萄和各种葡萄酒的有名之地，闻名于世。尼裴侬酒庄是这里的著名酒庄之一，它是一处集葡萄种植、葡萄酒酿造与贮藏、餐饮、住宿、观光于一体的综合性葡萄酒庄园。酒庄建筑面积并不大，但建筑物用地布局十分紧凑，三栋建筑物分别布局了饭店、历史陈列馆、产品展示和游客体验区。我们抵达酒庄后，在酒品展厅稍息片刻，品尝了几种不同品质的红葡萄酒，随后参观了历史陈列馆，直观看到了不同历史时期的酿酒设备。参观了面积广大的葡萄种植园，放眼望去，在起伏的丘陵地上好似有一望无际的葡萄海洋。这里种植的葡萄品种很多,用以酿造红葡萄酒的葡萄占55%,其他品种用以酿造白葡萄酒。这里的酿酒师有一技之长,能酿出令人惊喜的纯种葡萄酒和混种葡萄酒。出自这一酒庄的葡萄酒远销世界各地,享有很高的声誉。每个到此一游的远方游客,都能感受到浓郁的酒庄文化和地域特色葡萄酒。酒庄建在安静而环境优雅的山坳处,远眺能清晰地看到雄伟的山脉和山麓地带的村庄。身处此地,好似梦入仙境,蓝天、白云、青山、绿水融为一体,营造出天人合一的世外桃源。

斯坦陵布什大学印象

离开酒庄,驱车不远便抵达斯坦陵布什大学,在会务组的安排下,我住进了学校的普罗蒂宾馆07号房间。这儿距教学区不远,步行可达,十分便捷。斯坦陵布什大学是南非的一所公立大学,坐落在开普敦地区著名的桌山脚下的世界上最美丽的酿酒镇斯坦陵布什古镇,也是南非第二大古镇,西距开普敦50千米,距开普敦国际机场30千米。大学始建于1866年,是南非最古老的大学之一,教学质量和学术研究均居世界名校之列,在南非名校排行榜中名列前茅。该大学共有4个校区,10个学院,150个专业。2010年在校生2.7万多名,研究生占学生比例在南非所有大学中是最高的,约占学生总数的40%。学校设施完善,现代化图书馆、国际互联网、语言自助图书馆为国际学生提供了便利。

图1 斯坦陵布什大学非洲学术研讨会合影(2011年8月)

"中非关系与公共外交"国际学术会议于8月15日正式举行,共分4个议题展开学术交流。我在"中非经济关系"议题上做了"中非合作粮食安全战略选择"的报告。我首先分析了非洲粮食安全形势的严峻性,对非洲粮食自给率长期低下的原因作了客观的分析,在此基础上,我明确提出了提高非洲粮食安全系数要分两步走的目标:第一步,解决人民吃饱肚子的问题;第二步,增加粮食产量,提高粮食安全系数。最后,我提出了中非合作解决粮食安全问题的战略模式和对策。

学术会议圆满结束后,会议主办方在一家大型饭庄宴请与会代表。这是一家独具南非地方特色的饭庄,客人以自助餐的形式各取所需,可选已做好的食品,也可现场自选所喜欢的食材请大师们现做。我们各找伙伴围在餐桌边谈笑抒情,开怀畅饮。饭后,我们浏览了饭庄的购物中心。这里南非特色产品样样俱全,民族特色较为浓重。宴会后,学校专车接我们返回宾馆。离别时,参加会议的一位南非大学的年轻印度裔女士大大方方地上来拥抱,深深地在我这张老脸上吻了一口作别,我顿感不知所措,也许这是一位漂亮女学者给一位来自中国的老人最亲切的告别礼物。

　　斯坦陵布什大学国际学术会议之后,我们便离校住进了开普敦一家高级宾馆,开始"开普角自然保护区"的考察活动。

　　开普角自然保护区建于1939年,占地面积7750公顷,海岸线长40多千米。保护区内有植物1200余种,动物数十种,鸟类250多种。进入保护区,视野广阔,空气清新。南非地处南半球,又是非洲大陆最南端的国家,东临印度洋,西濒大西洋,两洋洋流交汇于最南端的厄加勒斯角。这里的四季与北半球的中国正好相反。我们这里夏季炎热多雨时,那里却是寒冬。我们这里冬季寒冷少雨时,那里却是夏季。南非这个国家南北地区气候差异很大。由于开普敦地区地处地中海气候类型区,冬无严寒,夏无酷热,年平均气温约为17 ℃,年平均气温差约为11 ℃。这里已被列入"世界自然文化遗产名录"。世界各地的来访者,如正值盛夏时节,进入保护区可见原野植物郁郁葱葱,低矮的野花竞相绽放,五彩缤纷,姹紫嫣红,争奇斗艳。除花草之外,这里有南非羚羊、鹿、斑马、猫鼬、鸵鸟、狒狒等野生动物,还有许多旱龟,这种龟不同于其他乌龟离不开水,而是生活在陆地上,以绿色植物和小昆虫为食,寿命可达百年,所以这种龟被视为南非的特产。

南非观赏企鹅

开普敦位于南非开普敦半岛的北端,濒临大西洋桌湾海南岸,是欧洲沿非洲大西洋沿岸南行绕过好望角,通往印度洋的必经之路。它是南非主要的港口和旅游城市。在世界十大旅游城市中名列第六。来自世界各地的游客,无不去游览好望角、企鹅滩、桌山和海豹岛。企鹅滩的所在地西蒙镇是到访好望角的必经之地。游客往往是先行看一看企鹅之后再直奔好望角。2010年11月和2011年7月,我有幸两次在去考察好望角的途中,先抵达西蒙镇,亲身深入企鹅滩观赏企鹅。在此之前,我一直以为只有在相当寒冷的南极才能见到企鹅,其实不然,我在南非见到了成群的企鹅,扩大了我对企鹅生存环境理解的视野。

一、南非企鹅滩在哪里

西蒙镇位于大西洋的一个小海湾里。这儿有一片平缓的海滩,是企鹅理想的栖居之地。南非政府为了保护濒危的企鹅,专门建立了这处企鹅公园,为企鹅营造了一个良好的生息繁衍的生存环境。世界动物保护协会也将这里列入世界动物保护名录。

西蒙镇企鹅滩实际上是一片砾石滩,海滩上散布着许多大小不等的圆砾石,所以这里又称巨砾公园,亦称企鹅滩。我们凭门票入园,沿着园区高低不平的游览路线,观赏多姿多态的企鹅。为了让游客能近距离观赏企鹅,公园用木板搭建了一条长长的亲水栈桥深入海滩深处。我们沿着栈桥漫行,远望可见成群的企鹅在水中冲浪、戏水、觅食。

图1　南非开普敦半岛(1)　　　　图2　南非开普敦半岛(2)

二、企鹅来自何方

　　这片海滩不像我们想象的,好像海滩休闲度假村那样,各种服务功能俱全,这儿几乎保存了原生态的环境,没有遭到人为的破坏,植被杂乱无章,东倒西歪,不成系统,这正好为聪明的企鹅提供了机会自由选择适宜自身活动的栖息之地。我们行走于企鹅的天下,清清楚楚地看到,有的企鹅懒洋洋地躺在树下休息;有的在灌木丛中安安静静地享受着日光浴;有的在园中砾石上酣睡;有的在沙滩上悉心看护着小企鹅,寸步不离;有的挺着点缀有黑色斑纹的白肚子,黑背好似身披燕尾服,显得气度不凡,傲慢,甚至有点盛气凌人;有的摆动着早已退化的小翅膀,好似欢迎远方来客欣赏自己。我们注视着这些多姿多态、憨态可掬的企鹅,顿生爱意,舍不得离开。据介绍,这儿的企鹅不同于澳洲的企鹅,饿了游到水中捕食,冷了就在银色的沙滩上晒太阳。

　　在我们游罢企鹅滩即将赶往好望角之时,难免会想到,企鹅来自何方? 生存在何处? 据研究,企鹅是一种古老的游禽,在地球冰河期之前,就可能已在南极安家。全世界的企鹅共有18种,大多分布在南半球,属企鹅目企鹅科。企鹅的两脚趾间有蹼,身体直立,前肢成鳍状,羽毛短,毛间存留一层空气用以保暖。各个品种之间的区别在于头部色型和个体大小。企鹅能在零下 60 ℃ 的严寒中生息繁衍。在地表行动笨拙,一摇一摆,在水中游速可达每小时 25～30 千米,一天可游 160 千米。游泳全靠两只前肢,好似一对强有力的"划桨"。企鹅体型最大的平均 1.1 米高,体重 36 千克以上,体型最小的是小蓝企鹅,体高 40 厘米,体重 1 千克。完全生活在极地的企鹅只有两种,帝企鹅和阿德利企鹅。分布在温带地区的企鹅主要为汉波德企鹅、麦哲伦企鹅、黑脚企鹅。加拉帕戈斯企鹅的分布地更接近赤道。

1488 年,葡萄牙的水手在好望角第一次发现了企鹅。但最早记载企鹅的是历史学家皮加菲塔,他于 1520 年乘坐麦哲伦船队在巴塔哥尼亚海岸遇到大群企鹅,当时他们称之为不认识的鹅。发现真正生活在南极冰原的企鹅是 19 世纪和 20 世纪的事。据说,企鹅名称的由来,是因为这种鹅常昂首眺望远方,好像等待什么,期盼什么,于是人们就叫这种鹅为企鹅。

据化石研究,最早的企鹅是能飞的。直到 65 万年前,它们的翅膀随着生态环境的变化而慢慢地演化成能够下水的鳍肢,由空中飞翔渐渐地转战海上,成为一种水鸟,主食鱼类,善于潜水和游泳,因翅膀退化而不能再飞翔了。

三、南非的企鹅来自何方

在企鹅滩观赏企鹅的过程中我脑海里一直在想,这儿的企鹅又来自何方。据说,居住在西蒙镇的渔民常在海湾内打鱼。1982 年在石砾海滩发现了两只企鹅,在当地居民自发的保护下,次年产下了小企鹅。此后越来越多的非洲企鹅涌到这里的海滩。经过 20 多年的繁衍,到 2005 年这里的企鹅已增加到 3900 只。

不过这儿看到的企鹅不同于北极的企鹅。当地人称之为"公驴企鹅",因为叫声大且酷似驴叫而得名。南非的企鹅,中文名叫斑嘴环企鹅或黑足企鹅,俗称非洲企鹅。这儿的企鹅比较瘦小,体高 50～60 厘米,体重 2～4 千克,白肚皮点缀有不同的黑色斑点,黑背,寿命一般达 10 年,长寿者可活到 24 岁。企鹅的繁殖期在每年的 11 月到次年 2 月间,每只雌性企鹅产蛋 2～4 枚,孵化 28 天破壳,小企鹅喂养 3 个月便可自由在海滩活动,长到 4 岁时开始自由寻找配偶,自由恋爱成婚,"一夫一妻",夫唱妇随,形影不离,忠贞不渝,和美终生,绝无移情别恋,实在令人羡慕。南非企鹅之所以选择这里长期繁衍生息,是因为这里有着企鹅生存得天独厚的资源环境条件,一是这一带海域有丰富的企鹅赖以为生的天然食物来源——沙丁鱼和凤尾鱼,生存条件优于极地和澳洲;二是因为南非政府和动物保护组织的大力保护,为企鹅创造了一个良好的生存环境。

亲临好望角

2010年11月和2011年7月,我曾两次亲临好望角,那是一处充满无限神采和令世人无限向往的天然海角。它与同生于大西洋与印度洋交汇海域的开普角、麦克利尔角同享世界三大著名的天然海角之美誉。凡是远方来客,首要目标当然是抢先去游览好望角,一睹海角的风采。

图1 考察好望角留影(2010年8月)

好望角是南非西南端的一处岩石岬角,北距开普敦48千米,从开普敦市区驱车一路南下,沿途观察海滨地带的植被自然景观、城镇建设的人文景观,深化了我更为直观的感性认识。亲眼看见了政府建设的中、高档住宅区、别具地方风格的西蒙镇的景观风貌,以及令人流连忘返的好望角,我赞叹不止地发出肺腑之言——风景这般独特。

当我们下车徒步走向好望角时,看到先期抵达的游客在海边向大海观望,或在一块长条黄色的竖立木牌后摄影留念。我们目不转睛地等待时机凑上去留个影。木牌上用英文标明好望角的地理坐标:上刻"好望角",下刻南纬34°21′26″,东经18°28′26″。游客中华人不在少数,游客们都兴致勃勃,不失时机地与这块木牌合影留念,我也不例外,这儿毕竟是我这个长期研究非洲地理的中国学子有机会登上好望角的梦想成真之地。站立在木牌边,从脚下放眼向洋面望去,可清清楚楚地看见好望角的真面目,它是一条深入大洋中的岩石,形似卧龙的一只脚爪伸入水中,谁能想象到这是大自然鬼斧神工塑造的海角。自葡萄牙航海家迪亚士来到此地之后,好望角便一跃成为名扬世界的"名角"。事实上,好望角更像一条孤独深入海上的栈桥。站在海边,放眼望去,可以看到冲击岩石的浪花,甚至可以听到海浪的拍岸声,气势雄伟,令人大开眼界。空气中充满着的大洋气息,沁人心肺,令人顿感兴奋和激动。对所有到此一游的远方来客来说,虽是慕名而来,实际上,这里并没有人们幻想的那种丰姿多彩的海洋环境,游人产生的只是对地壳活动过程中大自然内外力作用下塑造的一种独特的海岸地貌的崇敬。

图 2 好望角一景(作者摄于 2010 年 8 月)

在从好望角返回的道路上,我透过车窗望去,到处是一丛丛低矮的灌木和野花,各种鲜花竞相绽放,五彩缤纷,姹紫嫣红,其中最有名的是波斯花和帝王花,但整个生态环境给人一种原始荒凉的感觉,绝非人们幻象的那种世外桃源。

据介绍,好望角拥有的如此丰富的植物中,不乏全世界最古老、完全处于原生态的灌木丛,以及未受人类干扰的原始植物群,拥有研究植物进化不可多得的原始植物条件。人们在关注和钟情好望角的同时,也为好望角能否保持原生态的未来担忧,因为这儿每天接待世界各地来访的游客,人类的活动难免会对原生态环境造成一定程度的影响,甚至破坏。几年前,一位来此观光的欧洲人就不慎在这里引起了一场火灾,大面积的原生灌木毁于一炬,至今仍未恢复。事实上,原生态植物一旦毁于烟火,是不可能恢复原生态的景观风貌的。

人们在游览好望角之后,难免会联想到这一名称由何而来。据记载,西方航海家一直向往驾船沿非洲西海岸向南航行,试图绕过非洲大陆的最南端到达印度,好望角的发现到命名颇有一番艰难。早期,葡萄牙人对马可·波罗描写的盛产金银、宝石、香料和丝绸的中国和印度贪慕不已。他们已了解到阿拉伯的航海范围仅限于东非海岸。因此,葡萄牙人避开穆斯林的传统商道地中海—红海—印度洋航线,试图沿西非海岸开辟一条通往亚洲的新航路,于 1415 年占领了直布罗陀海峡南岸的休达城,这儿从此便成为向非洲西海岸扩张的据点。1460年,葡萄牙人探险队已经沿非洲西海岸南抵赤道几内亚附近。1486年,葡萄牙探险家丹尼斯·迪亚士奉国王约翰二世之命,率船队从里斯本出发,沿非洲西海岸航行,企图去寻找一条通往"黄金之国"印度的新航路。1487年,迪亚士船队行至南纬33°大西洋与印度洋汇合处的水域时,遇上连续几天的大风暴,巨浪把船队推到一个无名岬角,冒险家们死里逃生。当大海稍微平静时,船队立即继续东行,几天后绕过非洲最南端,由于船员经长途颠簸疲惫不堪,要求返航。归途中发现所遇风暴海域中有一个突出于海中的岬角,便命名为"风暴角"。回国后,当国王听他绘声绘色地描述这段航海经历时,便大叫道:"它不叫风暴角,而叫好望角,从现在起,到印度的道路终于打通了。"

  好望角及其邻近海域一直是印度洋与大西洋互通的航道要冲,基于航海和航行的需要,这一海域的气象与海况一直受到航海者的关注。据记载,一位经常航行在这段航线的海员,曾做了这样的描述:"乌云密蔽,连绵不断,很少见到蓝天和星月,终日西风劲吹,一个个涡旋状云系向东飞驰,海面上奔腾咆哮的巨浪不时与船舷碰撞,发出阵阵吼声,震撼着海员的心灵。"究其原因,这与好望角所处的地理位置密切相关。从世界地图上看,好望角、南美洲南端、澳洲的南部沿岸和新西兰的南岛位于南纬40°～50°的强风带,这一带终年西风劲吹,风暴频繁,常年的西风使海水环绕着地球由西向东推涌,形成著名的"西风漂流"。好望角的地理位置正处在盛行西风带上,其特点是风力强劲,常有11级大风,这是形成好望角巨浪的气象条件。好望角接近南纬40°,南半球是一个陆地面积小而水域辽阔的半球,有"水半球"之称。南纬40°至南极圈形成一个环绕南半球一周的大水圈,这是形成好望角巨浪的另一个重要原因。来自极地的冷气流与来自低纬度的暖气流在中纬度交汇,温差较大的冷暖气流不断交汇运动,极易导致风暴频发。

  此外,海流突然遇到好望角陆地的侧向阻挡作用,难免形成巨大的拍岸浪。因此,西方国家常把南半球的盛形西风带称为"咆哮西风带",而把好望角的航线比作"鬼门关"。

登上世界新七大自然奇观——桌山

我曾于2010年11月与2011年7月先后两次登上桌山。每次登上桌山，站在那平坦的山顶上四处远望，流云如瀑布般随山势萦绕，时而似云，时而像雾，飞旋地裹挟着山谷。环视俯瞰好似雾里看花一样，群山连连，与浩瀚的洋面融为一体，靠近大西洋一侧，清晰可辨信号山和狮子山，另一侧为险峻的"魔鬼峰"，它们好像伸出的两只手，紧紧地环绕着山脚下的开普敦城，身临其境，如入人间仙境，难免心中打问：这一云雾缭绕的天象气场是如何形成的？这与它濒临大洋不无关系。每逢10月到翌年3月的夏季，东南风挟带着大量的水汽涌向开普敦，遇桌山阻挡后饱含水气的气团迅速上升，爬上桌山顶交锋于冷空气，冷暖气团交汇凝结成厚重翻卷的云团，像丝绒布一般雾锁山体，景象颇为壮观。常常可见的是，桌山下细雨绵绵，山上雨后艳阳高照，晴空碧蓝。由于这种天气特点，很多远方来客往往不能按计划如愿登上桌山。2010年11月，我们抵达开普敦后的第一考察目标是桌山，但人算不如天算，正巧桌山雾锁，难见真面目，我们只好先去企鹅滩观赏企鹅。好在老天有眼，游览企鹅滩后，桌山开眼，喜笑颜开欢迎我们到访，我们终于如愿以偿，顺利地登上了梦寐以求的桌山山顶。

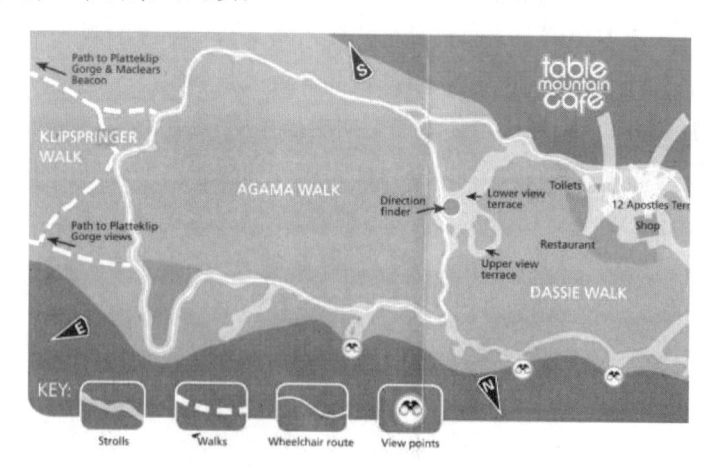

图1　桌山顶平面图

游人可选择两种方式登上山顶,一是沿山间羊肠小道从山脚下攀爬而上,二是乘缆车直通山顶。我和刘成富教授无力攀爬陡峭的羊肠小道,只能选择乘坐缆车登顶。从缆车上透过窗口窥视,正巧可见不少游客躬着身艰难地攀爬而上,山坡如刀劈断崖,十分陡峭,坡面上布满一道道羊肠小道。据说,整个山麓有350多条这样的羊肠小道,条条可通达山顶。自1929年开始,长1220米的索道正式启用,那时的缆车较为简陋,在桌山顶上可直接看到不同时期的缆车。1997年10月,这条索道重新修整,接送八方来客。新的圆筒式缆车每次可装载游客65人,缆车上可360°地环视周围,视野大开,约6分钟即达山顶,如徒步爬山约需2.5小时。

图2 桌山顶上指向世界各地的标注(2010年11月)

图3 桌山顶上留影(2011年8月)

图4 桌山脚下湖滨作者拾贝壳(2010年11月)

登桌山之前,听到这座山以"桌山"名之,我感到有点奇怪。但当我们乘缆车登上山顶之后,眼望着平坦的山顶,不但不感到奇怪,反而觉得委实贴切,名副其实。实际上,桌山是由一个名叫安东尼奥·达·沙丹那的葡萄牙航海家命名的,意为"岬(海角)之桌"。此前,土著科伊人称这座山为"海山"。

桌山海拔不高,最高处只有1086米,山顶长约1500米,宽约200米,可说是世界最大的长方形条桌。如凭空想象,峰巅莫不是屹然耸立,直插苍穹,一派巍峨险奇的风光。可一到山顶,它的奇特之处在于山顶绵延平展,无峰无巅,开阔平坦,形似一张宽大的平台,"平坦得犹如一张特大的桌面"。桌山的奇特之处在于它区别

图 5　考察开普角自然保护区(2010 年 11 月)

于地球上任何一座山峰,它是一座无峰之山,山顶上除有一些供观赏的巨石之外,没有峭石断道,乱石杂陈,游客可自由安稳地在山顶上漫步或小跑欢跳。

据研究,桌山生成于 3.6 亿年前的海底,150 万年前的开普敦地区是一片汪洋大海,后经地壳运动拔海而起,形成的年代更早于落基山和喜马拉雅山。海底的沙石、泥土和淤泥经海水不断冲刷堆积,终于在非洲最南端的海岸上形成三组山脉,桌山山脉是其中最低矮的一座。山顶岩石由白色的石英岩,红、橙、紫色的砾岩和沙土构成。据说,桌山是由水平状的砂岩层层叠加构成的。来自大西洋的强风终年劲吹,四季雨水丰足,年降雨量可达 1525 毫米,在强烈的风蚀和水蚀过程中,年深日久,山顶砂岩层层剥离,渐渐形成平坦的板状顶峰。难怪我们游走于"桌面"上到处可见大大小小的灰褐色石块,光滑滑的。石缝中顽强地生长着我们叫不出名字的灌木、花草。在脚边或不远处时不时地可看到乖巧的小蜥蜴和觅食的岩蹄兔,头顶上不时有太阳鸟飞过。我们穿行于来自世界各地不同肤色的人群之中,感受着天人合一的精神气场。令我记忆犹新的是山顶上有一座建于 1867 年的灯塔,塔下竖立着一根标示着从开普角到世界各地距离的标杆。其中有一块指向北京的指示牌标志着距离为 12933 千米。我们不失时机地将手指向北京,留下游子心所向往的珍贵照片。在桌面上每到一处向外眺望,远近海景尽收眼底。从崖顶远眺,可见一个伸入大西洋的海角,那就是著名的开普角,向另一方远眺,可见关押曼德拉 27 年的孤立小岛罗本岛。到达开普敦的游人常会想到的问题是,大西洋与印度洋交汇的地方在哪里。尽管国际地理学会将最南端的厄加勒斯角定义为两大洋的交汇处,但由于海水是流动不息的,从开普角到厄加勒斯角有段混水区,大西洋的水是深蓝色的冷洋水,而印度洋的水是淡黄色的暖洋水,两大洋的水融为一体,形成难得一见的自然水景奇观,我们并未亲眼看见这一水景奇观,只能想象而已。从脚下极目远望,浩淼的海水一望无际,天海融为一体,海浪拍打着海岸,山水一体,蔚为壮观。常言道,近看山景是乱石一堆,远看则是风光无限,向北看,山脚下的开普敦城市景观是一幢幢建筑,沿着宽广的海岸线拔地而起,白色的高楼巍然林立,勾勒出一幅美不胜收的海滨城市画卷。越过开普敦则是浩渺无垠的大西洋,岸边便是得名于桌山的桌湾,长约 5 千米,宽约 10 千米,是一处天然的深水良港。港内水域风平浪静,避风条件优越,因此享有"航海者之家"的美誉。桌湾宾馆附近的沙滩上如晴天艳阳高照,遥望桌山则深感气势雄浑,风景如画,如遇上坏天气,桌山就灰蒙蒙的,不见"庐山真面目"。从桌山上向南遥望,可见狭长的开普半岛如蟒蛇蜿蜒南去,气势壮观,令人胸怀顿时开朗。时至今日,回首游览桌山的经历,所见所闻好似历历在目,桌山在我心里。

趣游海豹岛

2010年11月22日,我们有幸驱车赶往海豹岛去观赏海豹。海豹栖居在开普敦豪特湾中的小岛上。豪特湾是开普半岛上著名的海滩,在荷兰语中意为"木头",是一处依山傍水、风景如画的渔港小村,也是捕捉、批发史努克梭子鱼和龙虾的渔船的停泊之地。码头上至今完好地保留着建于1884年的古老渔市。豪特湾可查的历史记载是1607年,当英国帆船"认可"号驶入这片海湾时,船上的大副约翰·查普曼将其命名为"Chapman's Chance",意为查普曼的机会。当南非拓荒者约翰·范瑞比克于1652年登陆开普敦后,也到过这个海湾并在日记中记载着这里有世界上最美的森林,因此将其更名为豪特湾。

图1　作者考察海豹岛留影(2010年11月)

俗称海豹岛的德克岛并非真正意义上的岛屿,而是豪特湾上突出海面的一些礁石小岛。岛上栖息着600至5000只海豹,这是因为海豹的数量因这儿的季节变化而改变。

我们抵达豪特湾码头后,买好登游船的门票等候。在码头外,地摊上摆满了当地手工艺品,以乌木雕和小石雕工艺品为主。我选购了一些乌木雕和小石雕留作纪念,并与一位摊主老妇合影留念。

我们登上游艇,不多大会儿便接近了海豹岛。船分三层,第二层为敞开式的空间,因为这一层可观赏到整个海豹岛,所以我们在第二层站到合适的位置,朝远处眺望，为了保护海豹的安全，游艇不能太靠近海豹岛，游客也被禁止登岛，因此游艇只能围绕海豹岛慢慢地转上两圈，以便游客能近距离地观赏到海豹捕食、戏水、栖息的场景。行船虽然缓慢，但船身总是摇晃不定，所以我们只能抓住时机，寻找最佳之处，站稳脚跟，拍下海豹活动的场景。放眼望去，成群的海豹令人目不暇接，有的集群在岩石之上酣睡，有的游戏在水中捕食，有的东张西望，有的在石头上伸伸懒腰，有的在水中摇头摆尾，"两脚"露出水面，酷似在跳水上芭蕾，十分可爱。据介绍，海豹岛周围的水深4～7米，水温10 ℃～15 ℃。浮在海面上的泡沫不是污染所致，而是死去的浮游生物，一般在暴风雨后会浮现在海面上。

图2　考察海豹岛（作者摄于2010年11月）

据说，这儿的海豹原本生活在桌湾的罗本岛上，只因罗本岛渐渐被人侵占，并改建成关押政治犯的监狱，破坏了海豹生存的天然环境，只得离此地而去，找寻新的栖息地，最终海豹迁移到豪特湾的礁石上。这儿的海豹主要以开普软毛海豹为主，是南部非洲的本土种，繁殖于南非和纳米比亚的大西洋海岸线一带。这些海豹浑身皮毛油光黑亮，能发出近似猪的叫声。海豹听力极佳，在水中能迅速辨别声音的方向。海豹以鱼类、章鱼和贝类为食，眼睛在水中可以清楚地看到猎物。海豹在水中身手灵活，游水速度极快，游速可达每小时2千米，一旦发现鱼类，无论是哪种鱼类都难逃一死。海豹的寿命为20～40年，体重约300千克。母海豹一般4岁开始怀上头胎，公海豹约10岁才开始发情，一般在年底进行交配，可说是老夫少妻了。由于这一时期公海豹只顾繁衍后代，无暇进食，只能靠体内储存的油脂维持生命。母海豹怀胎8～12个月，一次一胎。小海豹出生6周后就能下水游泳，半岁时便能在水中待上一两天，长到8～9个月时就能从开普敦沿海岸线北上一直游到1600千米开外的纳米比亚的十字湾。海豹的天敌是人类、鲨鱼、杀人鲸。海豹的血管集中在鳍状肢上，因此海豹常将鳍状肢伸出水面以便吸收热量。

海豹岛上的另一种生物是塘鹅，跟海豹一样，也是繁殖于南非至纳米比亚的海岸线上。塘鹅的蹼很大,会潜入水中捕食。母鹅每次产蛋 2～4 只,用蹼孵蛋。小鹅出蛋壳后 10～12 周就可独立。塘鹅的翅膀不同于身体的其他部位,不防水,人们常看到塘鹅在水面上伸展着翅膀。

母亲城——开普敦

开普敦之所以被尊称为"母亲城",是因为它是欧洲殖民者到来之后最早建立的城市。从约翰内斯堡到达这里后,你会感到仿佛进入了另一个世界。这里的繁华与发达,令人惊叹,整齐干净的街道和高大的欧式建筑掩映在绿树之中,自然与人文融合,浑然一体,令人倾倒。

我曾两次到访过这座被称为南非的窗口的"雾都"之城。从约翰内斯堡国际机场向南飞行,大约2个小时就抵达了这座传奇的"母亲之城"。之所以称为"母亲城",是因为整个南非的现代史是从这里操笔撰写的。但"开普敦"一名源于"好望角"的发现。好望角是大洋中的一岩石岬角,长4.8千米。岬角一词在葡萄牙文中称"开普"(cabo),在英文中也称"开普"(cape)。南非西南沿海地带多岬角,所以好多地名都以"开普"冠之。原来这一地区统称为开普省,首府设在开普敦,是因好望角而得名。开普半岛在开普敦的正南方,长约50千米,宽3~8千米。开普半岛的南部已新建开普角自然保护区。最南端的顶点便是开普角。从此点沿海岸西行经迪亚士滩、默克利尔角,再向西行不远便是好望角。这一带蕴藏着著名的旅游景点,其中桌山就是最著名的一景。在东西方探险非洲的年代,桌山就成为航海家的一座天然航标,桌山下的桌湾和开普敦立城之地便成了几百年来一直往返于欧亚之间的船只的休憩站。1652年4月6日,荷兰东印度公司派遣范里贝克率80名公司雇员在桌湾建立了一个后勤补给站,专为公司途经这里的船只提供淡水、蔬菜、肉类等食物,以及船舶检修和其他生活必需品。从此,荷兰以此为据点开始了在南非地区的殖民活动,开始采取各种措施向开普殖民地移民,以开普补给站为中心的殖民地很快发展巩固起来。至英国夺取开普殖民地之前的1793年,当地的白人已增加到了13830人。随着时间的推移,白人殖民者的队伍不断扩大,除荷兰人为主体外,德、法等欧洲国家的人不断加入移民队伍在此定居,后统称他们为"布尔人",在荷兰语中是"农夫"的意思。那时,他们分散在开普附近广阔的地区内,住地分散,只有开普敦附近的地区,通过过往船只能有机会与外界接触,易受外界的影响,思想相对开放。由于这里人烟比较集中,逐渐发展起一些作坊,制作简单的农具和生活必需品,有了商店和学校。同时,为满足行政中心和过往船只的需要,发展起一批种植经济作物的农场。由于开普地区属地中海型气候,宜栽培葡萄,随之兴起了葡萄种植园和酿葡萄酒作坊。

18世纪,荷兰在国际上的地位日趋没落,英、法两国争夺世界势力范围日益激烈。战略地位日显重要的好望角航线成为必争之地。1795年,英国武力占领好望角,1803年一度撤出,1806年起趁拿破仑战争再次占领,从此正式结束了荷兰人的统治,揭开了英国人殖民统治的序幕。这时的开普殖民地已有白人移民三四万人。英国舆论大肆鼓吹移民开普的好处,并采取多种有利于移民的举措,吸引了一批移民怀着各种目的来到新的谋生之地。这批移民后来在南非被通称为1820年移民。大批英国移民的到来,加剧了与布尔人的矛盾,迫使布尔人大举向内陆迁移。开普敦便成为英国殖民者大举向内陆扩张的基地,一半以上的人口是欧洲人和混血后裔。城市依山面海,市内至今仍保留了许多殖民地时期的古老建筑。100多年前,开普敦只是矮小房屋林立的小镇。1910年南非联邦成立后,由于确定了开普敦立法首都的地位,通过不断的城市建设和完善的城市组织管理,才造就了今天的开普敦,使之成为世界上最美的城市之一。昔日的荒无人烟之地,历经三个世纪的殖民统治,如今已成为南非第二大城市,也是最古老、最具特色的传奇城市。开普敦也是南非工商和金融中心。城市交通发达,天然良港桌湾可同时停泊40多艘深水海轮,年吞吐量达800万～1000万吨。海运线从欧洲至非洲西海岸直通远东、太平洋。开普敦国际机场几乎有飞往世界各地主要城市的航班,航线数量仅次于约翰内斯堡国际机场,是南非第二大商用机场,但其进出港货物多数都与旅游业有关。据南非2007年全国人口普查资料,开普敦人口350万,陆地面积2499平方千米。城市居民中,有色混血人种占48.1%,黑人占31%,白人占18.8%,另外还有不足20%的亚洲人。

城市依山面海迤逦展开,西濒大西洋,南郊入印度洋,居两大洋交汇处。位于大广场附近的开普敦城堡是建于1666年的最古老的建筑,建筑材料多从荷兰运来,后用于建设总督官邸和政府办公处。在公园对面是1886年竣工又在1910年增建的国会大厦和美术馆。西面是国家历史博物馆。16世纪建筑的大教堂坐落在阿德利大街,教堂钟楼至今仍保存完好。城西的桌山气势巍然。国家植物园位于桌山斜坡上,其上方是1825年建成的国家博物馆,山脚下是闻名世界的开普敦大学。海滩附近建有娱乐和休养设施,是南非主要的旅游地,特易于冬季休养。南郊有天文台。

开普敦是欧裔白人在南非建立的第一座城市,300余年来数度易主,历经荷、英、德、法等欧洲诸国的殖民统治,充满着多元欧洲殖民地文化色彩。集欧洲和非洲文化、自然景观特色于一身,名列世界最美丽和最具吸引力的观光都市之一。

开普半岛属地中海气候,四季分明,冬季(5—8月)平均气温只有7℃左右,全城月最高降雨量出现在冬季,平均321毫米,约占年均降雨量的61%。夏季(11—

2月)气候温暖而干燥,平均最高气温为 26 ℃,月平均降雨量仅为 63 毫米,由于临近大西洋,空气远比内陆地区湿润。

开普敦农业、渔业和石油化工业非常发达。沿岸地区是世界上海产量最丰富的地区之一。南大西洋的本格拉寒流流经此地,使渔获物的数量和营养都十分丰富。当地的大西洋渔场供给了南非约 75% 的捕鱼量,盛产的海产品种类有龙虾、鲍鱼和生蚝。开普半岛上的开普植物保护区已于 2004 年被联合国教科文组织选为世界自然遗产之一。

图 1　作者在开普敦公园留影(2011 年 8 月)

阴天,太阳隐去明丽的身影,天空布满灰蒙蒙的云雾,有时是乱云飞渡,细雨飘零,远看桌山灰蒙蒙,近看城市建筑如灰沙遮面,给人以"山色空蒙雨亦奇"的体验,难怪让人联想到这个"雾都"开普敦犹如不列颠的那个"雾都"伦敦。

开普敦大学印象

南非开普敦大学一直都是我向往的世界名牌大学之一,它不仅是南非最古老和最著名的一所国立综合性大学,也是闻名于世的世界五百强大学之一,曾名列世界名校第35位。出自该校的两位毕业生,曾分别于1979年获得诺贝尔生理学或医学奖,于1982年获得诺贝尔化学奖。我访问该校的目的是,通过访问与交流,探讨和人文学科科学院的地理与环境系建立校际交流与合作关系的可行性,以期南京大学非洲研究所能与同行建立长期的交流与合作关系。2011年8月,我们在参加斯坦陵布什大学国际学术会议后,计划安排时间专门拜访这所名牌大学。我们四位当中,有两位老师未游览过好望角,因此,我们先行游览好望角之后再赶回来直接专访这所大学。我们事先未与该校约定访问时间。当我们抵达该校时,已过下午4:00,令人失望的是,我们已错过了大学的对外接待时间。因我们已购买机票于7月18日启程赶赴刚果(金)考察,已无可能再来该校访问,我们只好遗憾地离开。我们只能在校园内浏览式地看一看几处具有代表性的建筑和校园景观,也多少给我们留下了美好的印象。

开普敦大学主校区坐落在开普半岛桌山脊背魔鬼峰下,特殊的地理位置和优美的自然环境为学生的课余活动和社会交往提供了天然的便利空间。该校的前身是南非学院,创建于1829年,当时只是供传教士进修的男子学院,后于1841年迁此,1890年开始招收女生,以教育殖民官员的子女为主,1918年改校名为开普敦大学,并公开对外招生。在校学生中黑人学生与白人学生各占一半,也有不少中国台湾的留学生在该校就读。经过近200年的发展与扩大,该校已发展成为南非乃至世界一流的国立综合大学。因校园建于山麓地区,地势不太平坦,但建筑布局因地制宜,建筑物错落有致,建筑群布局井然,与地势和谐相依,融为一体,远远望去,如世外桃源。该校对外联系交通方便,校园周围设有公共汽车站、小汽车站、出租车站、火车站等。该校学科齐全,由六个学院组成,分为人文学科科学院、社会与保健学院、医学院、经济与管理学院、法学院、自然科学院,在校学生2万余名,其中研究生约占1/3。该校每年授予本科学位超过3000个,可授硕士和博士学位,有来自70个国家的2500余名国际学生。该校拥有一流的研究设施和科研成果,45位不同学术领域的专家,享有世界声誉。由于承袭了英国教育的严谨传统,淘汰率相当高,所以每位学生都非常用功地读书或研究。该校以优质的教学方法,优美的学习环境,高水平的科学研究而闻名,并培养出了大批高质量的学生。

图 1　开普敦大学一景(作者摄于 2011 年 8 月)

专题研究

南非农村发展与城镇化之管见

一、南非农村经济现状特点与存在问题

1. 农业经济

南非大部分地区属于热带草原气候,东部沿海为热带季风气候,西南部开普敦平原为地中海气候。夏季为 12 月至次年 2 月,冬季为 6 至 8 月。地势总体较高,因此冬无严寒,夏无酷暑,日照充足。降雨量比较少,主要集中在夏季。西北部干旱少雨,年降雨量不足 200 毫米;东南部降雨量比较丰富,达 1000 毫米左右。

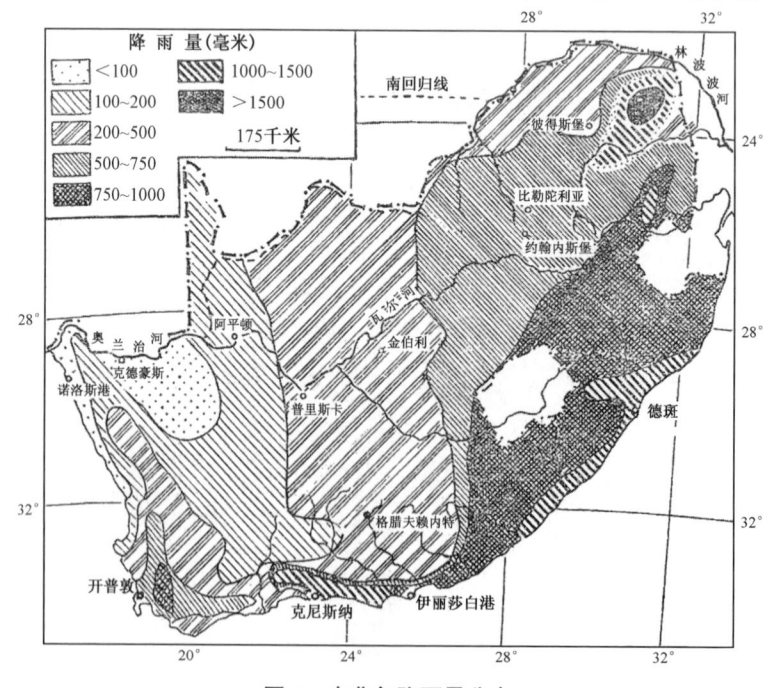

图 1　南非年降雨量分布

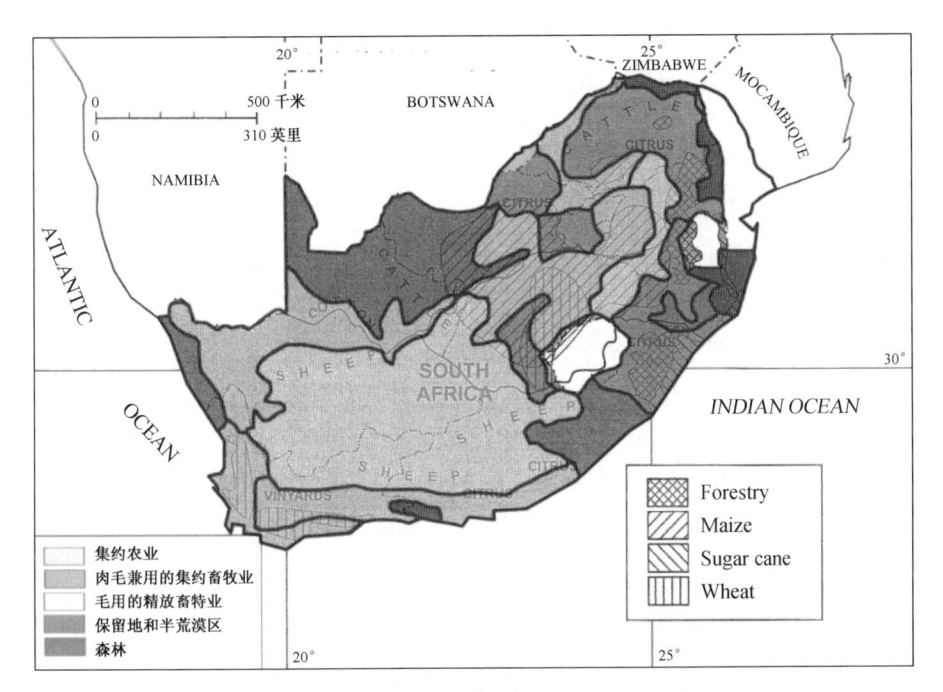

图 2　南非农业区

资料来源：Rov Cole. Survey of Sub-saharan Africa—A Regional Geography[M]. Oxford：Oxford University Press，2007：597；Г.М.莫伊谢耶娃.南非共和国经济地理概况[M].郑州：河南人民出版社，1976.

2009 年，南非耕地总面积达到 1450 万公顷，占国土面积的 11.94%，人均耕地面积超过 0.3 公顷，可灌溉土地面积为 149.8 万公顷。2009 年，南非土地利用主要以永久性草地和牧场为主(69.11%)，整体土地利用水平在非洲诸多国家可谓最高，加上独特的非洲大陆最佳自然优势，南非 2010 年主要农作物的产量颇高。

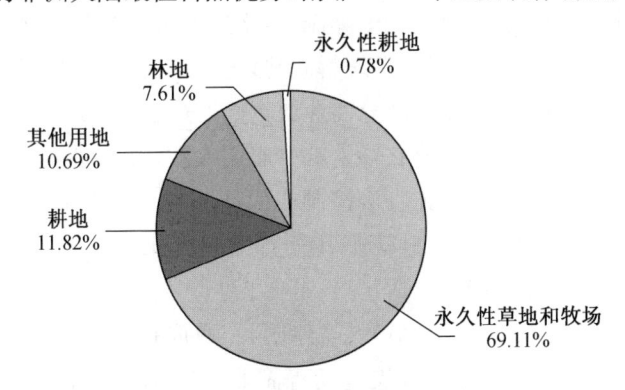

图 3　南非土地利用构成(2009 年)

资料来源：联合国粮农组织。

南非农牧业产品充裕,而且质量优良,农产品自给有余,1/3 的农产品可供出口。其中,玉米、小麦、马铃薯、花生、蔬菜、水果、肉类大量出口世界各地和援助非洲其他国家。

2. 农村工业化

从农业机械化角度来看,南非农业也经历了从依靠增加用地规模、劳动力密集的粗放式发展到依靠资本、技术等要素密集的集约型发展模式的转变。南非农村机械化水平在非洲处于较高水平。

相较于非洲大陆其他国家与地区,南非的农业发展组织方式也较为先进。目前,南非全国有将近 1000 个农业合作社和农工联合企业。这些合作社和联合企业是农村与工业相结合、农业横向集聚发展的媒介。农业产业化带动农民生产,而市场的纽带和桥梁作用又扩大了农业产业化经营的规模。农产品深加工、葡萄酒园地观光旅游等为南非农村工业化的主要增长点。

二、南非城乡人口迁移与农村区域经济发展

20 世纪 80 年代,南非对黑人实行"流动劳工"制,即允许黑人在城市打工,但不许黑人在城市内安家,且规定黑人劳工必须随时携带证件,否则就会被遣返回农村。旧南非的土地制度是白人土地私有,黑人土地供公有,禁止黑人私有、买卖和处置集体土地,而且国家对于公有土地拥有征调权,即南非的城市化大多以"征调"黑人土地来满足城市化需求。加上所谓的"有序城市化"迁徙制度,共同导致了南非城乡人口迁移的状况,是黑人进城却不能安居的处境。

由于长期种族隔离统治及遭受国际制裁,南非各行业失业问题严重,农业也不例外。农村失业率高于城市,但初呈缓解趋势,与城市失业率的差距亦有缩小。由于生产成本增加、产品价格下降,部分商业农场停产或倒闭,就业机会减少;农业工人最低工资标准的实施也使部分农场主减少雇用人数,失业现象持续出现。

南非政府没有采取特别措施直接控制或引导农村人口向城市转移,但采取了部分措施,客观上有助于增加农村就业,稳定农村人口,缓解农村人口涌入城市对城市就业造成压力。部分措施包括:(1) 加快土地改革进程。通过重新分配土地,造就一批黑人农场主。(2) 发展小型扶贫项目。政府指导、扶持黑人农民发展种菜等小规模农场,组织农村妇女开展缝纫等副业。(3) 政府采取适用于各行业的措施创造就业,如通过修建基础设施等公共工程项目创造就业机会等。同时,南非虽然无专门针对农民的社会保障体系,但政府扶贫政策向农村地区倾斜。这些措

施在一定程度上减少了农村劳动力向城市的迁移,一方面繁荣了农村地域的经济发展,另一方面也相对缓解了城市失业状况。在此基础上,南非形成了以开普敦、豪登、曼德拉湾以及德班为中心的城市区域。

三、农村城镇化现状与存在问题

南非有将近 500 个居民少于 5 万人的小城镇,容纳了将近 330 万人(将近总人口的 8%)。小城镇被认为是国家发展的重要元素,而不只被当作行政单位。在种族隔离政策的影响下,白人和黑人地区存在歧视性服务,白人区的所有城镇都有完善的服务。

在南非,小城镇正遭遇多种外部因素所导致的衰退,但是,学术界较少研究国家和次国家公共政策对南非小城镇发展的影响。当前政府由于土地和农业而考虑到农村发展,城市发展也大多集中在大城市。小城镇既非都市也非农村,因而基本被忽略。南非发展政策中对小城镇以及与当地管理结构相关的社会经济发展支撑策略也少有规定。

南非超过一半的小城镇经济有所衰退,大多数面临着人口增长问题。诸多小城镇面临着经济发展动力不足、基础设施无法配套的尴尬局面。

在东开普敦,在格拉汉姆镇周边形成城镇发展群,大多数是退休人员聚集地和观光目的地。东开普敦的 Stutterheim 已经成为南非小城镇发展研究最有影响力的案例地区。20 世纪 80 年代中期,Stutterheim 面临着诸如农业面积减少、经济停滞、基础设施和服务水平下降、严酷的种族和政治斗争。

而东开普敦的 Keiskammahoek 则极度需要发展。镇中的 1000 人口中贫困和失业率极其高,2/3 的财政收入来自罚金和汇款。小镇相对优势极少,通信公共服务供给和基础设施匮乏。私人投资希望渺茫,因而此镇的发展潜力甚为悲观。

南非小城镇在国家、次国家公共政策方面仍不受太大重视。小城镇的未来发展需要从以下三个方面来制定策略:

(1) 和解

黑人和白人社区需要认识到它们的未来紧密相联,这并不仅仅是为了美好未来而必要的种族和解,而且也是如同 Stutterheim 一样的小镇形象经营。

(2) 经济增长和社会发展

种族和解在经济衰退时期比较困难。小城镇需要创造性地改变工作福利供给途径。比如可以在观光农业旅游、小企业发展等方面做出努力。同时,应当保证已存在设施得到充分利用,可以对所有居民开放。贫困社区可以提高建筑和服务等行业培训,当然,居民间应该互助。

(3) 联系

每个小城镇需要制定彼此联系的策略。国家项目对特殊的城镇策略极为重要。周边城镇应该在资源和经验方面建立共享机制。除此之外,国家发展组织、贸易联盟、教堂和商会都可以提供便于城镇群体联系的机会。

四、结论与讨论

南非农村地区发展态势在全国范围内并不乐观,但是其对全国地区稳定与发展起到至关重要的作用。农业机械化水平较低,从事农业的人口规模减小,同时也存在着土地矛盾、二元结构以及农村贫困等问题,都在一定程度上说明了南非政府对农业发展、农村建设的重视程度有待提高。目前,南非农业处于由传统农业向现代农业转型升级的关键阶段,同时于2011年出台了"新农村建设"计划,表明南非农业、农村以及从事农业人员都将在此阶段的转型与发展过程中受益。

为了推动小城镇发展,南非政府应从政策与管理优化等两大方面做出努力,明确小城镇在城乡发展中的地位,构建合理的城镇规划标准或规范,以及改善小城镇种族摩擦,协调经济发展与社会发展,这是南非农村城镇化以及整体城镇化的重要着力点。

(姜忠尽　孙中亚)

参考文献

[1] 中国广播网. 南非政府5年内将投入36亿美元加快新农村建设[EB/OL]. http://news.163.com/11/0327/12/705DRKIF00014JB5.html.

[2] Jürgens U, Donaldson R. A Review of Literature on Transformation Processes in South African Townships[J]. Urban Forum, 2012(23): 153-163.

[3] Rogerson C M. Urban Agriculture and Public Administration: Institutional Context and Local Response in Gauteng[J]. Urban Forum, 2011(22): 183-198.

[4] Todes A, Kok P, Wentzel M, et al. Contemporary South African Urbanization Dynamics[J]. Urban Forum, 2010(21): 331-348.

[5] van Huyssteen E, Oranje M, Robinson S, et al. South Africa's city regions: a call for contemplation and action[J]. Urban Forum, 2009(20): 175-194.

[6] van Niekerk J, Marais L. Public Policy and Small Towns in Arid South Africa: The Case of Philippolis[J]. Urban Forum, 2008(19): 363-380.

刚果(金)
——赤道线上的中非宝石

我们踏上了刚果盆地

2011年7月18日,在完成南非考察任务后,我们便乘飞机从开普敦起飞经约翰内斯堡转机直飞刚果(金)首都金沙萨,开始对刚果盆地的三国进行考察。刚果盆地是非洲最大、最典型的盆地,也是世界典型大盆地之一,盆地内部形成了完整的辐合状水系——刚果河水系。刚果盆地也是非洲面积最大的热带雨林区。全年高温多雨,在农业结构上表现为热带经济作物种植业和林业占有突出地位,农业经济类型和种植方式复杂多样。木薯是重要的粮食作物。这儿是油棕的原产地。油棕不仅是土著居民的食用油来源,也是重要出口物资。森林资源丰富,林产品是重要的出口物资。

刚果(金)、刚果(布)、加蓬是刚果盆地中三个具有代表性的国家。我们考察的重点是,在热带雨林地理环境下,刚果河中下游地区土地资源开发利用的特点、粮食安全、传统农业向现代农业转型模式、新农村与小城镇建设、传统文化在农村社会转型中的地位与作用等问题。在我国驻三国大使馆的帮助与安排下,我们与各国农业部、农村发展部、高等院校、中非农业合作项目、农村地区等,开展了对口交流与实地考察。

图1 刚果河实景(作者摄于2011年9月)

刚果河发源于赞比亚北部的谦比西河,流经赞比亚、安哥拉、中非、喀麦隆、刚果(布)、刚果(金)等国,干流流贯刚果盆地边缘地带,呈一向北突出的大弧形,两次穿过赤道,向西注入大西洋,全长 4640 千米。它在长度上虽不及尼罗河,但流域面积和水量却是尼罗河所远远不及的,流域面积 370 万平方千米,比尼罗河大 28％,河口年平均流量 41300 立方米/秒,比尼罗河大 16 倍,流域面积的 60％ 在刚果(金)境内,曾称扎伊尔河。刚果河浩浩荡荡、气势磅礴,穿行于热带雨林之中,吸引着世界各地的游人和学者前来。早在 1483 年,葡萄牙航海家迪奥戈·卡奥率领船队,沿非洲西海岸航行时,就在刚果河口登陆,并得知附近有一个由姆瓦尼·刚果统治的刚果王国,河流因该国而得名。展开非洲水系分布图,我们可以清楚地看到,刚果河流域位于赤道地区,大小支流多达 260 多条,流域的盆地地形是影响河流水文特征的重要因素,盆地海拔 300~500 米,周围是 500~1500 米的高原和山地。这些高原山地与盆地之间形成许多陡坡和悬崖,河流在这些地段形成一系列急流和瀑布。全河共有 43 处瀑布和数以百计的急流险滩。例如,下游分布在至马塔迪 200 余千米河段上的利文斯敦瀑布群,由 32 个瀑布和急流段组成,总落差为 280 米,是著名的瀑布群。马塔迪至河口,长约 129 千米,河宽 1~2 千米,河水深 20~100 米。河口形成深水谷,宽达数千米,水深达 100~200 米。刚果河与尼罗河的不同之处是,它在河口没有形成像尼罗河三角洲那样的三角洲,而是在河口以外数十千米的范围内形成了广大的淡水洋面。这是非洲大河中唯一的深水河口,有利于航运的发展。从金沙萨上行至基桑加尼为刚果河的中游段,长约 1700 千米,流经地势低平的刚果盆地中部,支流众多,河网密布,河道纵坡平缓,水量丰富,水流平缓,河面变宽。中游地区气候湿润,年降雨量 1500~2000 毫米,为全流域多水区,是重要的油棕产地。

刚果盆地区具有典型的热带盆地雨林景观,植被组成类型具有比较明显的地带性和近似环状的分布特征。最重要的植被类型是常绿赤道雨林,集中分布在赤道两侧南北纬 4°之间。刚果盆地中部平原,加蓬奥果韦河流域和喀麦隆低高原分布有非洲最大的赤道雨林带。这里连绵不断的森林面积达 2 亿多公顷,占全盆地总面积的一半以上。从空中鸟瞰,宛如一片无边无际的绿色海洋。如深入林中考察,可发现林木组成可分上、中、下三层。上层为高大密集的乔木,树干高达 30~40 米,有的高达 50~60 米,树身直立如圆柱,直插云天,枝叶茂密,遮天蔽日,形成一片巨型的帷幕,不见阳光,阴森而潮湿,空气沉闷。中层乔木较矮,树干高 15~30 米,直径 0.5 米左右。下层是幼树和灌木组成的树林,高度在 15 米以下,耐阴、耐湿。林中树木都由大量的藤本植物错综复杂地交织在一起,形成一个难以穿行的热带植物王国。林中没有季节之分,一年到头郁郁葱葱。林中生长着黑檀木、乌木、红木、檀香木、花梨木、林巴树等名贵树种,油棕、硬树脂树、橡胶更具有重要的经济意义。

从南北纬 4°向外往南北延伸,年内干、雨两季逐渐明显,常绿的赤道雨林逐渐过渡为热带稀树草原。禾本科高草可达3~4米，草丛茂密，难以通行。草丛之中，单株或丛生一些低矮的树木，代表性的树种有伞形金合欢、罗望子、大戟属和棕榈科植物等。干季时，稀树草原上草木枯萎；雨季时，草木葱绿，一片生机。

  刚果（金）、刚果（布）、加蓬是刚果盆地区域三个重要的林业生产国和林产品出口国。尤其是加蓬，森林覆盖率高达75%，是珍贵木材奥堪美榄的主要生产国，产量居世界第一位。加蓬森林覆盖率达60%，因此，森林是该国经济发展的巨大财源。刚果（金）森林资源丰富，热带雨林面积达9000万公顷，但由于大部分林区交通运输条件差，资源尚未查清，加之原始民族俾格米人是森林中主要的主人，对生存之本的原始森林保护意识很强，森林资源开发十分困难。

刚果（金）金沙萨国际机场出入境遭遇备忘录

我们一行三人在完成南非的考察任务后，即赴刚果（金）驻南非大使馆办理访问刚果（金）的入境签证。签证官是一位中年妇女，待人和蔼可亲，给人和善的印象。她在看了我们的申请签证材料后说，免你们签证费，这倒出乎我们预料。入境签证各国都一样，一般是要收取签证费的，这也许是我国驻南非大使馆的"照会"和我们是南京大学的学术考察团的身份起了作用，也表明刚果（金）对来自中国的考察团的友善和欢迎。

我们于2011年7月18日从开普敦启程乘飞机经约翰内斯堡国际机场转机飞往刚果（金）首都金沙萨国际机场，开始对刚果盆地三国刚果（金）、刚果（布）、加蓬的考察。我们在金沙萨国际机场入关时遇到了麻烦。我与刘老师出国前在国内未办理"黄本"，我们出国时考虑这次出行是短期入境考察，一般国家入境时是放行的，入境非洲国家时，这个"黄本"最重要，主要是预防黄热病。入境海关人员因"黄本"卡住我们不准入关，索要罚款，每人30美元。刘老师多次交涉未果。经与刚果（金）政府礼宾司的官员与机场入关人员交涉后，免于罚款。在我国驻刚果（金）大使馆的安排下，由中兴能源公司驻刚果（金）分公司负责接待和协助我们在刚果（金）的调研活动。该公司派车接我们直接住进他们公司的生活驻地，每人单住一个房间，因公司王总正巧回国办事，我就住进了他的卧室。我们每天晚上住在这儿，白天到公司的工作驻地。在我国驻刚果（金）大使馆周密的安排下和中兴能源公司热情负责的协助下，我们顺利地完成了考察任务，于8月25日启程赶赴加蓬继续进行刚果盆地三国的考察。

我们三人早晨4:20起床，中兴能源公司派车5:00出发赶往刚果（金）国际机场，大约5:50抵达机场。刚到机场外停车处，三个黑人争相帮我们提箱子赚点小费，我们谢绝了。这一次我们担心出关又会遇到麻烦，刚果（金）礼宾司派专人到机场协助我们出关。出乎意料的是，行李安检后，我拉着手提拉杆箱，还要经两道检查关口才能登机。第一道关口检查我的随身行李，内有一只乌木人物雕像，一位女检查员说这个木雕不能带走，她说着话做了个小动作，比划着说这个可以用来打人，要小费5美元，我顺手从身上拿出一盒清凉油送给她，请她放行，她不同意，当时我身上只有2美元零钱，她顺手留下了一袋0.5千克的洗衣粉，拿到钱才放行。

这时我倒轻松了些。但未曾想到在登机前还有一道关口要过,几个检查员又重新检查我的随身行李,他们还是拿木雕说事,说这个可以打人,不能带,要20美元,这时我有点着急了,因为接乘客的大巴在等我们上车,我说10美元,一位女检查员说不行并随手把木雕扔到了一边,我摆手说不要了,掉头就走,这时站在旁边的一位黑人看我真的要走了,赶忙叫住我说10美元,我交给他10美元,他交给我木雕,这才算完事。实际上,机场检查人员是串通好的,以此种手段捞些外快。这种伎俩实在让人鄙视。经过几天的考察,我们对刚果(金)的经济状况和人民的生活水平感受十分深刻。

由于刚果(金)国内长期动乱,国家经济与人民生活不断恶化,该国成为世界上最不发达的国家之一,农业落后,粮食不能自给,主要靠进口。政府公务员常年不能按时拿到工资。失业率极高,人民生活极度贫困。绝大多数人生活在贫困线以下,45%的人营养不良。人均预期寿命只有45岁。海关人员索要小费的行为令人不齿,但也值得同情。

抵达加蓬首都国际机场时,我国驻加蓬大使馆派车接我们。我们在办理入境手续时同样遇到在刚果(金)入境时因"黄本"不顺的问题。加蓬一位男性海关人员索要小费,我们讨价还价,最终付了25美元才得以入境。大使馆同志接我们直接住进了一位温州人在加蓬首都利伯维尔开办的丁丁宾馆,我们以此为立足点展开考察工作。

刚果河两岸上的姐妹都城——金沙萨

一、金沙萨

刚果(金)的首都金沙萨与刚果(布)的首都布拉柴维尔,犹如两朵姐妹花点缀在刚果河下游顶端南北两岸,河面宽 500～600 米,隔河相望,彼此面貌清晰可辨。这两座都城虽隶属两国,但城市的兴起和发展历程颇为相似。

2011 年 8 月 8 日访问考察刚果盆地三国期间,我们从金沙萨港口乘快艇跨河考察对岸的布拉柴维尔,穿过平静的河水,仅不到 20 分钟就抵达了刚果(布)的都城。新华社驻刚果(布)记者站的记者来接船,把我们直接安排在记者站小住几日,以便我们完成考察任务。

刚果(金)首都金沙萨位于南纬 4°19′30″,东经 15°19′20″,原名利奥波德维尔。1881 年 12 月,比利时国王利奥波德二世勾结英国探险家亨利·莫顿·斯坦利,成立殖民公司"国际非洲协会",深入刚果(金)内地进行侵略探索活动,用武力威胁和金钱贿赂手段诱迫一些部落首领接受一系列奴役性条约。1880 年 11 月,法国在刚果河北岸建立殖民据点布拉柴维尔后 2 个月,斯坦利急忙占领马莱博湖南岸的一个集市小村恩沙萨,建立殖民据点,并以利奥波德二世的名字命名其为"利奥波德维尔"。1884 年 11 月至 1885 年 2 月,15 个西方列强国家在争夺、瓜分非洲的柏林会议上达成协议,将刚果(金)划为利奥波德二世的"私人领地",名曰"刚果自由邦"。1908 年 11 月,比利时政府宣布对刚果(金)实行直接殖民统治,改名为"比属刚果"。1923 年,比属刚果的首府从西部的博马迁至金沙萨。1960 年 6 月 30 日,刚果(金)独立,定都利奥波德维尔,于 1966 年 5 月将这一带有强烈殖民主义色彩的名字改为金沙萨,面积 9965 平方千米,分为 24 个社区,人口约 1012.5 万。

在长达半个多世纪的殖民统治过程中,整个都城被打下了殖民统治的烙印。城市主要街道的命名和城市雕塑无不反映出殖民地文化的色彩。20 世纪 70 年代,刚果(金)政府为消除殖民主义的影响,发起了一场民族主义思想运动,提出了恢复和发扬"真实性"的口号。金沙萨恢复原名,推倒街头利奥波德二世的雕像,重新命名一些和殖民主义有关的街道和地区。纵贯全市南北长约20千米的"利奥波德二世大道"更名为"帕特里斯·卢蒙巴大道",横贯全市东西的"阿尔贝一世大街"改名为"六三〇大街"(国家独立日)。卢蒙巴大道上耸立起民族英雄卢蒙巴纪念碑,碑高200多米,为全市最高建筑,象征民族革命精神至高无上。在全市的一些街头广场和山顶上,竖立起一些具有刚果特色、宣扬民族精神的雕像。在总统府所在的恩加利埃马山上,竖立起高7米的青铜塑像《革命者的盾牌》,革命战士左手持盾,右手握矛,两眼凝视前方,英姿勃勃,象征着他们随时准备保卫祖国的独立和自由。在城东北风景区恩塞莱,竖有手擎火炬、象征光明与自由的雕像《战士》。

金沙萨市地处刚果盆地西南缘,市区沿刚果河与马莱博湖东西延伸约18千米,南北宽约13千米,地势西南高,北部低,平均海拔325米。气候属热带雨林气候,终年高温多雨,年平均气温26℃,年平均降雨量1500多毫米,全年分干、雨两季,10月至次年5月为雨季,气温较高,多雷阵雨,6月至9月为干季,多云少雨,气候较凉爽。

随着城市发展,城市空间功能结构日益明显,分为五大功能区:中西部卡利纳为行政和高级住宅区,有宽阔的林荫大道和高层建筑群,具现代城市风貌;东部为商业区;东南部和城市西端为工业区;北部马莱博湖沿岸为河港区,港内码头延续约5千米,拥有机械化装卸设备、大型仓库和储油库;南部老城区主要为普通居民区。恩吉利河和刚果河上游的金波科为金沙萨的卫星城。市东郊有恩吉利国际机场。金沙萨通往全国大多数城市主要依靠飞机。铁路只有金沙萨通往港口城市马塔迪的火车线路。市区交通落后,主要依靠当地人经营的老旧的二手巴士和二手出租车。

金沙萨城市生态环境热带风情浓郁,椰子树、芒果树、棕榈树,常年绿树成荫,各种奇花异草簇团争奇斗艳,各式各样的建筑物掩映万绿丛中,静谧迷人。市区有工艺品大市场,除令人抢眼的刚果(金)著名的铜雕外,还有乌木、象牙、蛇皮、鳄鱼皮、孔雀石等制作的首饰和手工艺品,极富乡土气息。

金沙萨文教和各类服务业较为发达,有高等学校和研究机构多处,以南部刚果(金)国立大学分校和热带疾病研究所最著名。公园、动物园、体育场和博物馆规模宏大。

金沙萨为全国政治、经济、文化中心和水陆运输枢纽。工业以粮食加工、纺织业、水泥工业最为重要,还有榨油、木材、烟草、化工、炼油、机械修配等工业企业。刚果河航运终点与海港马塔迪之间的河运受瀑布群所阻,由铁路和输油管相连。港口每年的货运量在150万吨以上。

二、光顾金沙萨工艺品市场

一天,中兴能源公司员工陪我们采访过有关单位后,专门陪我们去光顾金沙萨最大的一处工艺品市场。这处简陋的市场建设风格好似我国农村大棚式的小商品市场,设有4排长约百米的排档,各类工艺品就摆在排档上任客人挑选。不同类型的工艺品专门集聚在相对集中的摊位,大致分铜雕摊位区、孔雀石等首饰摊位区、乌木雕刻摊位区、皮件摊位区、牙雕摊位区等。我们往返穿行于各摊位,物色我们想选购的工艺品。我最感兴趣的是铜雕和皮件摊位区,也选购了几件铜雕品和小皮包带回国内。

非洲的铜雕艺术传统久远,铜雕艺术品也是世界艺术宝库中的明珠,虽不如木雕曾对世界现代美术发展产生重大影响,但其制作工艺仍流传至今,多姿多彩的铜雕仍令世人瞩目。刚果(金)铜雕艺术,在非洲的雕刻艺术中独树一帜,在世界享有盛名。

早在公元前,非洲人已经掌握了冶炼技术。西非的伊费王国创造了震惊现代文明的铜雕工艺,主要是青铜和黄铜为代表的各类铜雕工艺品。之后,受其黄铜雕刻艺术影响的贝宁王国后来居上。贝宁王国古城建于公元9世纪,曾是古代西非强大而富有的贝宁王国都城,当时非洲发达的经济和文化中心,历时800年,古贝宁文化是非洲古老文化之一,贝宁王国随着王国的兴盛,而逐步成为最能代表非洲美术特性的国家,其代表就是造型完美、栩栩如生的青铜雕刻。工艺高超,质纯壁薄,造型优美。整体以宫廷人物雕塑性最强。那个时代的青铜雕刻是一种宫廷艺术,铜器和牙雕等工艺品起初装饰在贝宁城的宫廷梁柱上,有小雕像、人头像和浮雕等,后来逐渐用来装饰宫廷大厅和回廊。

现代撒哈拉以南非洲铜雕工艺品主要有两种制作工艺法,即"腊胎"法和"敲铜"法。"腊胎"法铜雕主要出现于贝宁和尼日利亚。贝宁翁通吉家族艺人采用传统的失腊法制作黄铜小人像,通常许多人物组成阿波美王宫生活场面,同时也有日常生活的人物,如汲水的妇女、舞蹈者、杂技演员以及动物等。这类铜雕都较小,人物雕像多瘦长,高20~30厘米,做工较细腻,刻画入微,各个小部件连接精细,形象灵巧,主要是模仿三四百年前阿波美王国的宫廷艺术。另一类仿古铜雕是模仿15世纪尼日利亚境内的贝宁王国的青铜雕像,主要有国王、王后头像、骑士像以及人们崇拜的神像。布基纳法索的莫西族也善用失腊法铸雕小青铜像,表现国王和宫廷的生活场景。现在的铜雕艺人们仍制作这类雕像作为工艺品出售。一些非洲年轻雕刻艺人模仿西方室内装饰性铜雕,采用腊胎法制作小型铜雕工艺品,多表现女性人体、乐师、母与子和动物等。手法上颇具现代感,线条简洁流畅,具有抽象成分,突出黑人形体特点。

敲铜工艺起源于五六百年前的贝宁王国,当时宫廷的墙壁上装饰着敲铜的浮雕壁画,常见的内容是表现国王的丰功伟绩、狩猎和战争场面。

现代敲铜是用黄铜板加热后根据设计图案用凿子等工具在铜版背面敲打成浮雕图像,表现非洲日常生活场景,如母与子、女人体、舂米、狩猎以及动物等。现代工艺品注重整体造型和线条流畅,加之铜质色彩浑朴,更能体现出黑人特有的生活韵律。

闻名世界的非洲"铜矿带"位于刚果(金)与赞比亚两国的交界处,是世界著名的两大铜产国。刚果(金)盛产黄铜,为久负盛名的铜雕提供了雄厚的物质基础。刚果(金)敲铜不仅历史悠久,且较发达,金沙萨美术学院设有敲铜专业。刚果(金)敲铜工艺品题材广泛,主要以人像和动物像为主,人物像尤其流光溢彩,男性身体和脸部肌肉饱满,女性肌肉丰满,姿态风韵卓越,无论男、女敲铜像都体现着外在和内在的理想化的艺术美,在艺术上显得更加富有感染力和吸引力,令人赞叹。

图1 河上幻影青铜雕[摄于刚果(金)]

图2 革命者的盾牌
[青铜纪念碑雕,摄于刚果(金)]

图 3　乐师
[乐师黄铜雕,摄于刚果(金)]

图 4　革命者的盾牌
[青铜纪念碑雕,摄于刚果(金)]

图 5　夫妻
[铜雕,摄于刚果(金)]

图 6　人像[铜雕,摄于刚果(金)]

图 7　金沙萨美术学院雕塑系工作室

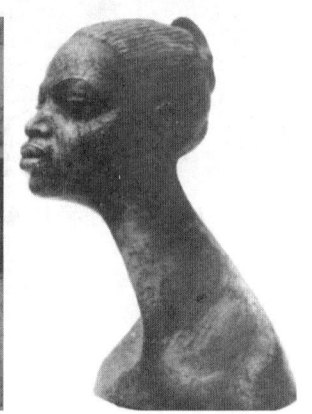

图 8　少女
[铜雕,摄于刚果(金)]

刚果（金）农业部与农村发展部访谈纪要

一、刚果（金）农业部

刚果（金）是撒哈拉以南非洲国土面积最大的国家，土地资源和热带森林资源十分丰富，但长年的战乱严重影响了国土资源的有效开发利用和国民经济的正常发展，可耕地资源开发有限，一家一户的生存型农业难以产出多余的粮食供应市场，只能养家糊口，粮食不能自给，常年依赖进口和国际援助。考察研究刚果（金）的粮食安全问题是我们考察小组的主要任务之一。

图1 与刚果（金）农业部主管官员马普亚博士合影

在我国驻刚果（金）大使馆的安排下以及中兴能源公司的协助下，我们专门拜访了刚果（金）农业部的主要官员马普亚博士，刚果（金）的农业、农民和农村发展问题，尤其是粮食安全问题是我们座谈的重点。粮食安全问题一直是刚果（金）政府最关心的问题。刚果（金）每年的粮食产量大约为1900万吨，但需求量为2400万吨，因此每年需从国外大量进口粮食如小麦、大米等以满足城市居民需求，其他的副食品如猪肉、牛肉、牛奶、鸡蛋等也需要进口。广大的乡村地区难以享受进口食品，广大的农民只能自产自销，养家糊口，也无钱购买进口食品。联合国粮农组织的一大任务就是尽力资助解决粮食紧缺问题。内战结束后,政府和国际组织都采取了一些措施以缓解粮食紧缺问题。刚果(金)政府已经开始考虑国家农业与乡村地区中长期发展规划。

二、刚果(金)农村发展部

在我国驻刚果(金)大使馆和中兴能源公司的安排下,我们得以见到了刚果(金)农村发展部秘书长阿贝勒·布希博士。阿贝勒博士热情好客,从中刚(金)关系、农业和农村发展、传统文化建设及中刚(金)合作等方面为我们做了详细的介绍。他谈到了中国是刚果(金)的第一个合作伙伴,他已走访了中国多个城市和乡村,很希望学习中国的成功经验来发展经济。因为刚果(金)大部分人口住在农村。对于农村部门要做的工作是,解决饮食、饮用水、住房等问题,要使农民有能力来进行农业的生产。所以还需要进行研究以满足农村的需求,以及做好农产品的推广、销售、粮食贮存等。由于经常断水、断电,阿贝勒博士对新能源也很感兴趣。

据秘书长介绍,刚果(金)面积234.5万平方千米,差不多有6000万人。农村地区的第一个特征是绝对贫穷;第二个是医疗设施很差。文盲率比较高,特别是年轻的女性。基础设施差,没有饮用水、电、医院等,交通差。能源问题,太阳能、水力发电等都缺乏,主要是靠传统方式进行生产,使得粮食安全无法得到保证。过去几年,政府在农业机械方面做出了一些努力,买了不少拖拉机。由于农民居住分散,乡土感情很深,即使找一个有水有电的地方,人们也不一定愿意去。他强调了刚果(金)有自然资源方面的潜力,但是却没有能够利用好。所以第一步是要解决农村的最基本的压力问题,如水电、医疗、住房、教育等问题。刀耕火种,森林破坏在加重,土地沙化严重,存在森林保护和管理问题。

图 2　与刚果(金)农村发展部秘书长阿贝勒博士合影

刚果（金）乡村发展一例
——贝塔村实地考察纪要

2011年8月21日上午，刚果（金）农村发展部秘书长阿贝勒博士在该部一位女官员的陪同下，开一部小车前来陪同我们一道去首都东南100多千米处的贝塔村考察调研。中兴能源公司派一部小车随行。在城内一家超市，我们短暂停留，买上面包和矿泉水，包括秘书长等人每人一份。出城前的道路两侧，到处是小摊贩的杂乱商品，人群拥挤，躁动的人群急促地向市内涌来，寻找生计。出城之后，开阔的乡村地区可见高大的乔木和杂乱的草地。偶见民居散落旷野之中。

图1　贝塔村儿童合影
（作者摄于2011年8月）

图2　农村发展部秘书长与贝塔村村长交流
（作者摄于2011年8月）

贝塔村位于中国中钢集团援助修建的干线公路的南侧。到达贝塔村之后，我们集聚在村长伽利马家的开敞式的庭院内。村长实际上是部落酋长世袭下来的，他手中拿着一个象征权势的木偶，高10多厘米，是世代相传下来的。村长召集了几位村委成员一块儿接见我们，村长穿一身花色衣裤，可以看出这是一身专门接待客人的装扮。以村长为中心，10把座椅一字排开，我们与秘书长坐在村长的左侧。座谈开始，村长表示很高兴接待我们远方客人，他说这是第一次接待中国的代表队，可以看出中国人对他们的发展很感兴趣。他希望这次交流能给村庄带来希望。

这个村有个村民小组,不是村长一个人说了算,有事商量着办。村长有 2 个老婆,每个老婆各自带着孩子住在一起,已有 6 个孩子。该村实行一夫多妻制,可以娶几个老婆。每天黄昏时,一家人围在一起共餐,因食物短缺,一天只能吃一顿木薯饭。

图 3　贝塔村农民农具
（作者摄于 2011 年 8 月）

图 4　木薯地
（作者摄于 2011 年 8 月）

图 5　贝塔村饮用水井
（作者摄于 2011 年 8 月）

图 6　打水(作者摄于 2011 年 8 月)

贝塔村共有 1.5 万人,并不居住在一起,分散在 2～3 千米的范围内。每户人家都有可耕地,平均每人约 1 公顷。但每户耕种的农田有限,因主要靠锄头和砍刀这两种农具,锄头用来翻地栽培作物,砍刀用来砍野草。只靠劳力种地,能力有限。只有有钱人家用得起拖拉机,每公顷约需佣金 200 美元。木薯是主要作物,也是主食来源。木薯地上套种玉米、豆类、花生等,不施肥,仅靠自然肥力,所以每块地不能永续利用,只得实行休闲制。木薯产量很低,每公顷单产 800～1000 千克。木薯有两个品种,苦木薯和甜木薯。苦木薯不能直接食用,舂成粉后需在水里泡 3 天,把苦味泡掉,然后才能做面团,作为主食,吃菜用木薯叶。甜木薯可直接食用,一般是切成块,蒸、煮、炸、烤,做成可口的食品。

村长家的住房比一般人家要好些,我们看了一下村长的居室,家里没有家具,也没有床,打地铺。房顶是铁皮搭建的。其他村民的房屋大多是泥巴墙,用草或秸秆搭顶。

由于贝塔村地势较高,远离刚果河,饮水是一大难题。如打井需打到300～400米才能见水。吃水要花钱买。政府为解决村庄用水问题,建了一处储水罐,但不能满足需要。村民为了用水,只得跑到3千米外的一处低洼地方的一口井去打水,这口井是本村与周边村民的一处饮用水源。我们专门去这处水井查看过。身临其境,深深感到农民生活的艰难,不仅粮食短缺,连吃水都这么困难,可想而知,穷乡僻壤的村民的处境。附近地区有的沼泽地有水,但不能饮用,怕感染地方疾病,如霍乱等。这里的主要疾病是痢疾和肠胃病。村长表示希望政府能加强水利设施建设。这谈何容易?国家贫穷,又无力帮助穷苦的农民摆脱贫困。

村里的年轻人有的进城找工作,由于缺乏生存技能,往往找不到工作,只好回家。

关于宗教信仰和传统社会文化习俗方面,刚果(金)不仅是多种宗教并存的社会,也是传统文化多样的社会。传统文化根深蒂固,宗教信仰和传统生活习俗仍有顽强的生命力,沿袭至今。尽管受到外来宗教如基督教和伊斯兰教的冲击,但本土原始宗教与外来宗教一同已渗入社会、政治和伦理生活中。在刚果(金)的传统社会中,原始宗教、基督教、天主教、金邦古教信众居多,伊斯兰教教徒有限,处于少数。宗教生活在社会生活中,尤其是宗教礼仪和习俗在乡村社会中仍受到尊重,在宗教崇拜、祭祀、宗教节日庆典以及社会生活中的婚丧嫁娶、生儿育女等传承下来了。

在刚果(金)现实社会中,酋长制作为一种社会政权制度已不存在,但酋长制的世袭习俗制度难以铲除。刚果(金)政府为了社会的稳定,对酋长制采取了既利用又削弱的政策。目的是随着时代的步伐逐步削弱和消除酋长制的影响。因此,酋长在现实社会中仍有着特殊的地位和权力,他们在现代社会中既是地方首脑,也是政府的代表。这在我们考察的贝塔村有着充分的体现。村长伽利马实质上是世袭下来的,不是选举产生的,名为村长,实为现实社会中的"酋长"。村长的世袭是母系氏族传承,不能直接传给自己的儿子,而是传给姐姐的儿子,从孩时就开始作为接班人培养教育。伽利马手中的木偶,上身是半身人头像,是家族传承下来的,它是民族权力的象征。一夫多妻制仍然是刚果(金)社会的婚姻制度,一个男人娶妻不受数量限制。也不实行计划生育,男孩、女孩都一样,没有男尊女卑观念。男女婚姻自由。结婚形式为四部曲。第一步,男女双方父母同意,男方要送彩礼,为一箱啤酒、一瓶棕榈油等。第二步,订婚在女方家举行订婚仪式,确定婚姻关系,然后男方送岳母头巾、皮鞋、马灯、农具,送岳父一套衣服,包括衬衫、领带、鞋、袜等,还要送两只山羊、一支猎枪、厨房灯、被子、床单、香烟、火柴、啤酒。第三步,在教堂举行婚礼。第四步,到市政厅办理结婚证书和财产协议。婚姻家庭的传统习俗是男女双方在婚前不许有性行为。婚后如女方出轨,则被赶出家门,如丈夫出轨,女方可要求离婚。

这儿的丧葬习俗是大家出份子买棺材。无论婚嫁还是办丧事都举行歌舞仪式。

座谈完后,我们顺便参观了村长两位夫人的住房,房内家徒四壁,没有家具,没有床,打地铺。两个夫人的住房中间是一较大的开放院场,两边是围墙。我们一到,一群孩子便围上来,十分热情,欢笑着与我们合影。其中有一位小女孩引起了我们的注意,外表漂亮,讨人喜爱。在我们即将离开时,这位小女孩换了一身衣服,显得格外靓丽,热情地欢送我们。我将身上仅有的5盒清凉油送给了村长,只能表达礼轻情义重。我们问村长,乡村发展最需要的帮助是什么。他最希望获得五方面的帮助:提供拖拉机和培训驾驶员,以扩大耕地,提高耕作技术;修道路;建储粮仓库;解决饮用水问题;建医疗中心。

访谈结束后,村长亲自送我们到村边沿公路的农贸市场。所有摊位均摆设在公路的一侧,瓜果蔬菜就摆在地摊上,任买主挑拣。紧连瓜果市场的是各类小卖部,都有自家的门店,有地方小吃门店、小商品门店等,虽然设施简陋,但好歹不是露天的。村长十分好客,从西瓜摊上捡了两个西瓜送给我们,以示礼别。我们将西瓜分送给了秘书长一只。

图7 贝塔村村口公路旁集市(作者摄于2011年8月)

在返回首都的途中，我们与秘书长一道顺访了中兴能源公司在首都郊区开办的农场。到达场部后，我们首先参观了农场的场部基本设施，然后参观了水稻田和蔬菜田。据王总经理讲，他们种出的水稻，产量虽高，但大米口感不佳，有点辣嗓子的感觉。这需要通过品种改良来解决。临离开农场时，我建议场里将生产的大米送两袋（每袋 50 升）给秘书长以示礼别。他们很高兴地收下了。在刚果（金），大米是要进口的。一般人家是吃不起大米的，只有经济条件较好的人家才能难得吃上大米。

图 8　中兴能源公司农场菜地（作者摄于 2011 年 8 月）

刚果（金）金沙萨大学访谈纪要

在刚果（金）短期考察研究活动期间，访问该国最高学府金沙萨大学是我们的一项重要的交流活动，目的是从教育和科学研究的角度了解刚果（金）在农业和农村发展方面的教育和人才培养问题。

刚果（金）有三所著名大学，即金沙萨大学、卢本巴西大学和基桑加尼大学。金沙萨大学是全国最著名的大学，也是全国的最高学府。它于1954年建立，当时学校名为"罗瓦努姆大学"，1971年改名为"扎伊尔国家大学"，1981年改为今名"金沙萨大学"。校址位于金沙萨市西南市郊的山丘上。在校学生2万多人，教师1000多人。金沙萨大学不仅是刚果（金），也是中部非洲地区最大的一所集文、理、工、农、医等多学科为一体的综合性大学，包括十大学院：法学院、经济学院、理学院、工学院、医学院、药学院、文学院、教育心理学院，社会、政治和行政学院，农学院。中国教育部和刚果（金）高教大学部在高等教育方面保持着良好的合作关系。除双方互派留学生外，中方还向对方派遣教师。中方帮助金沙萨大学建立的"计算机中心"成为刚果（金）电脑培训主要基地，是两国友好合作的见证。

2011年8月20日，我们专访金沙萨大学农学院。院长正好在国外访问，副院长热情友好地接待了我们。我首先表达此次访谈我们最为关心的问题和意向：双方互相介绍各自研究的方向和已做过哪些研究；探讨双方建立学术交流关系的可行性；探讨建立"南京大学—金沙萨大学农村发展合作研究交流中心"的可行性；今后在哪些方面可以开展合作研究和双方共同攻关、共同关心的问题。如果合作研究，共同关心哪些问题，需要创造哪些条件，各自可以做哪些具体工作。副院长向我们表示建立合作关系的想法是个很重要的意向，他们希望与朋友建立合作关系。农业学院首先是培养农学方面的学生，主要有七个方向：农学，主要是种植和农业技术员，负责传播如玉米、水稻等种植技术；渔业养殖方面的专家，主要负责养殖业；农产品加工与贮存方面的教学与研究，主要是向农民传授储存、加工农产品的技巧；土地和水方面，主要是寻求一些水土保持，水和农产品也是紧紧联系在一起的；野生动物和植物保护，主要是因为刚果（金）有些国家公园需要去保护；森林保护，植树造林和木材加工；最后是农业经济，可能包容了前面所有的方面，还有商业化、市场营销等问题。农学院还有400多公顷的土地用作教学种植与养殖的实验农场，主要培养农业工程技术人才，可授本科、硕士、博士等学位。

图 1　拜访金沙萨大学农学院并访谈（作者摄于 2011 年 8 月）

图 2　大学校园（作者摄于 2011 年 8 月）

交谈完之后，副院长又很热情地带我们参观了美国帮助建设的制图实验室、加拿大帮助建设的土壤实验室等，并带我们参观了学校。有趣的是，我们在走廊里碰见了一个高大热情的黑人，他见到我们就用普通话打招呼，汉语很好。我们在交谈中了解到，他在广州待了 5 年，做生意赚了钱就来金沙萨大学学习了，正在攻读博士学位。

答谢小宴

我们赴刚果（金）考察小组在顺利完成短期考察任务后，为答谢中兴能源公司给我们的支持和帮助，特选择一家在金沙萨经营的中餐馆，小宴该公司的5位同志，并邀请我国驻刚果（金）大使馆的杨代办和徐主任，杨代办因有公务未能应约到场。席间交谈甚欢。在谈到中国援建农业技术示范中心时，我简单表达了个人的建议，"农业技术示范中心"要办成"产、学、研"模式的农业科技园，一要与金沙萨大学农学院联合，将中心办成大学的教学、科研实验基地，可挂牌名示。二要尽快将示范中心科技成果转化为生产力，创办农业产业园和农副产品加工中心，以强化中心功能，不仅着眼加工自己园内的农产品，可扩大加工原料来源范围，农副产品面向国内和国外两个市场。三要加强中心的培训功能，可考虑每位来中心接受培训的学员就是中心的订单农业对象，订单农户生产的农产品可按合同送到中心加工厂，这样一来可保证订单农户生产的农产品有自己的销路保障，中心的加工企业原料来源亦有保障，不会"断粮"。同时，订单农户学到了先进农业技术，还可传授给周围的农民。四要不断加强中心的研发功能，可与金沙萨大学农业专家联合研究，联合攻关，研究成果共享，不断提高科研水平。科研成果可迅速转化为生产力并形成产业。五要加强中心的推广体系建设，提高中心的扩散功能，以培训学员为扩散"基点"，不断加大扩散效应。

与刚果（金）少女霍加闲谈

少女霍加1989年出生于金沙萨，是一位可亲的少女。她是中兴能源公司雇用的一位全职员工，每天负责公司驻地的家务，包括公司员工宿舍的卫生和驻地的环境卫生。每天晚上，员工把自己要洗的衣服放在筐内摆在居住房间的门口，霍加上班时把衣服洗好、烫好，放回原处，员工早起后就可以换上洗烫好的衣服。我们虽为客人，但也享受到了同样的待遇。这位小姑娘勤劳负责，我们都比较喜欢她。她被该公司雇用也是一次偶然的机会。有一天，该公司王总的夫人在去驻地的路上偶遇她，一眼就看中了她，一定要求她来公司驻地工作。王夫人之所以一眼看中了她，是因为她外表气质可人、讨喜，给人第一印象是单纯、可爱，散发出容易接近的亲和力。我们虽只住了个把星期，但她给我留下了美好的印象。

记得2011年8月11日下午，我们外出访问回到驻地，抓住机会与霍加随意长谈。她也十分乐意跟我们在一起聊天。她与我坐在一起，我从各个方面了解她的个人和家庭。我个人想，这是了解刚果（金）社会最低层家庭的生存状况的绝佳机会。现将我们谈话的内容整理出来，以飨读者。

霍加一家八口人，包括母亲、外公、外婆、姨妈、表妹、哥哥等。一家人住在自家建的平房内，共三间房，外建一间厨房。外婆与男子住在客厅里，女孩住一间。霍加跟母亲住一间。家内有电视和冰箱，没有空调，有电脑但不能上网，上网要到网吧。有一公用小卫生间，但无淋浴，用水桶冲澡。单建的小厨房有自来水，做饭用柴火，要到市场买薪柴。烧饭用薪柴，这在热带非洲城乡是个普遍现象。她父亲原是做点小生意的小摊贩，因车祸去世，家庭生活陷入困境。中学一年学费要120美元，霍加只得辍学，初中未毕业就出来找工作，挑起家庭生计的重担。一个哥哥就读于金沙萨大学装潢专业，上学需自费，靠打工挣点钱。霍加辍学后一直在中国人的公司打工。她觉得中国人比较好，有互助精神，与她分享食物，她感到很温暖。她在中兴能源公司打工比较顺心，与公司的员工建立了相互信任的关系。员工们对她的工作也较满意。她每月的薪金有100美元，给哥哥30美元生活费支持他完成学业，10美元交给妈妈，剩下的全部家用，自己不留分文。她每天的主要食物为木薯、大米、面粉、豆类等，很少吃肉，有钱时就买点。

她家的生活水平在首都属中等。

霍加的私生活也是我们关心的一大话题。她喜欢唱歌、跳舞,交过两个男朋友。第一个男朋友是一见钟情的那种,在中餐馆打工,存了一点钱准备旅游用,但男朋友骗了她的钱,相处三个月就分手了。第二个男朋友相处几个月也分手了。

刚果盆地热带雨林中的矮黑人

我对刚果盆地原始的热带雨林中的原始民族矮黑人俾格米人早有耳闻。我曾拜读过一位西方记者撰写的《非洲内幕》一书，书中有专门篇幅记述热带雨林中的矮黑人俾格米人的生活内幕。那时我对那块充满神秘而又具有传奇色彩的原始森林和其养育着的"森林之子"俾格米人的风土人情就充满着好奇，希望有朝一日我也能有机会走进那块神秘的土地览胜探奇。

2011年8月20日，我们有幸赴刚果（金）短期考察期间，在我国驻刚果（金）大使馆和中兴能源公司的安排下，刚果（金）农村发展部秘书长阿贝勒博士邀请我们三人专门去他的办公室长谈。关于俾格米人的生存和发展是我们重点谈及的话题之一。

非洲是人类的发源地之一，也是世界上种族成分与民族成分最为复杂的大洲。现在我们所能见到的非洲各民族是在漫长的历史进程中，由不同的人种、不同的民族长期相互交流、迁移、同化、融合的结果。综观非洲的民族，在世界各民族中有其自身明显的特殊性。总的说来，具有相当的复杂性、相对的落后性、急速的变化性和强烈的民族性四大特点。走在非洲大地上，凭我们的直观感受是分不出所见到的人们是属于哪个民族的。实际上，每个非洲国家，民族众多，其人口规模相差甚大，既有人口达数十万的现代民族，又有不过数百人的原始民族。在民族的地理空间分布上，很多地区多民族交错杂居。非洲民族的复杂性，在撒哈拉以南非洲主要表现在黑人族体发展过程的多阶段性上——部落、部族、民族。非洲现有的族体中，基本的和具有普遍性的族体仍然为种族、部落、部族和民族。撒哈拉以南非洲的民族仍处在民族一体化的进程中。据研究，非洲现有民族大小共计700多个，其中人口在千万以上的有10个，百万以上的112个，这两部分的人口总和占非洲总人口的85％以上，而其余的不到15％的人口中，含有600多个中小民族。

刚果（金）是一个多人种、多民族的国家。全国分为班图人、尼罗特人（苏丹人）和尼格罗人三个人种。全国现有254个民族，其中班图人占全国人口的84％，几乎遍布全国各地。尼格罗人集中分布在国土东北部的赤道雨林里，这儿居住着世界上仅存的几大原始民族之一的俾格米人，至今仍过着狩猎、捕鱼、采集野果维持生存的原始生活，几乎处于与外界隔绝的状态。

原始民族俾格米人的问题是我们最关心的问题之一。阿贝勒博士给了我们一篇有关俾格米人的研究报告，并对有关的重要问题作了简短的介绍。据介绍，俾格米人仍然游荡在刚果雨林地区，人口大约60万，主要分布在刚果（金）、刚果（布）、中非、卢旺达、布隆迪、乌干达等国家。至今，他们仍然过着原始的生活，以采集野果、捕鱼、狩猎为生，财产共有，没有私有观念，极少数人受到现代社会文明的影响，只有极少数人能走出山林，融入现代社会，但绝大多数依然依恋祖先的原始生活方式。可以说，他们仍然处于文明社会的边缘。政府考虑的是如何引导这些人走向现代社会，并采取特殊的政策和措施保护他们。俾格米人的传统观念很强，保护森林、保护野生动物对他们很重要。如果要谈农业开发，就必须要征求这些土著人的意见。国家是可以采取强制措施的，但会尊重他们的传统，向他们传授知识，帮助他们进入学校学习。

俾格米人原是非洲大陆最古老的民族之一，早在公元前就已散居在非洲许多地区。据说，俾格米人原先集中分布在刚果河两岸地带。公元8至9世纪，班图人的大小王国逐渐形成，不断扩大领地，俾格米人受到排挤，纷纷逃进森林，从此过着与世隔绝的原始生活。没有文字，语言简单，与外族不相联通，自卫能力低下，长期受其他种族的掳掠和屠杀，生存环境恶劣，不得不逐渐地退隐入原始森林中去，借助山林绿色屏障保护自己。居无定所，因生存环境十分恶劣，长期采集野果和狩猎，不得不出入于野兽和蚊蝇侵扰之地，无医无药，生活十分艰辛，老人和儿童的死亡率很高，人口逐年在减少。

俾格米人一词一般被认为带有贬义，海维莱特建议采用俾格米人自称的"森林的儿子"。但是，俾格米人各部落喜欢其他人以他们实际所属的族名为名字，如阿卡族、巴卡族、木布提族和特瓦族。

刚果盆地热带雨林中的俾格米人，成年人身高1.3～1.4米，粗壮矮小，头大、眼大、鼻大、嘴大、腿短、臂长，肚脐眼凸起似鸡蛋大小的疙瘩，腆着大肚子。皮肤颜色较浅，呈深棕色。一般8～9岁发育成熟，可以结婚生儿育女，实行一夫一妻制，这与黑人的一夫多妻制大不相同。婚龄11—12岁。男方搭一小茅棚作为新房，一把弓箭为嫁妆，两家共进一顿饭就算完婚。以父系血统维系十几个或几十个家庭，结合成大小不一的部落，没有私有观念，财产共享，劳动果实由部落首领统一平均分配，过着氏族社会的原始生活。俾格米人知道用火，吃热食，但不知道如何取得火种，因此，火种的保存就成了妇女的重要的活计。俾格米人只有语言而没有文字，也没有数字的概念，不知道自己的年龄，估计寿命在30～40岁。葬礼习俗是人死了，家人只以舞蹈表示哀伤，尸体扔进山谷或土埋，或在尸体上画上草木花纹，用泥巴裹尸，埋在大树下。俾格米人认为，他们来自森林，死后应回到森林中去。他们不信奉宗教，只崇拜森林，认为森林是"万能的父母"，称自己是"森林的儿子"。

每遇灾祸,男子围着村子唱起低沉的歌曲,以求森林保佑。他们头一回品尝到的新鲜东西,都要先敬树,以求保佑自身平安。

俾格米人听、视、嗅觉灵敏,是狩猎的高手。他们从小练就射箭打猎、吹口技的本领。打猎时,他们敏捷地上树隐蔽,学着野兽的叫声引其出来,然后用箭射杀。他们能制造一种麻醉剂,沾在箭头上,善于用这种箭射猎大象和狮子。当猎手将猎物拿回村时,村民大多在村口围着猎手欢歌跳舞,然后用砍刀剥掉兽皮,把肉切成块,用树叶包好,在火上烧烤。先把最好最大的烤肉分给猎手,然后大家分食。俾格米人是猎象的能手,世传一项捕象的绝招。猎人先在身上涂上大象粪便,使大象闻不出人味。然后悄悄接近大象,一跃而起用矛刺入大象的肚子。中毒的大象怒吼狂奔,由于同时受到另一猎手的袭击,几番下来,力大无比的大象筋疲力尽,倒地受擒。这时猎手先割下象鼻子回村报喜,召集全村的人分食象肉。猎死大象的人被视为英雄,受到部落的尊敬。不过,现在俾格米人也知道保护大象了,不再猎杀。他们喜食白蚁。白蚁出洞预示着要下大雨,在下大雨之前,他们就去捉出洞的白蚁,边捉边吃。不下雨时,他们就用烟熏的办法逼白蚁出洞。

俾格米人几乎赤身裸体,用芭蕉叶、棕榈叶当衣料,腰间用树皮当腰带,在肚皮下方用树叶遮住下身。他们喜欢用象骨、甲虫、羚羊角、龟背壳等做项链、手镯等。化妆品是用野果汁与母乳汁混合做成,因果色不同,化妆品多色多彩。妇女喜欢浓妆艳抹,在脸上涂上几何图形,增加美感,驱妖祛邪,以示吉祥美好。

俾格米人由于过着游猎生活,居无定所,经常迁移,行踪不定,漂泊终生。游猎一处,搭建临时住所,房子用树枝搭架,长、宽、高都不超过2米,上覆一层薄薄的芭蕉叶或棕榈叶,搭成椭圆形的茅屋。茅屋按小群落整齐有序地搭建,各家独立门户,但又户户相连,形成一个圆圈。长老的住房位居中心。小茅屋隐蔽在光线暗淡的高大森林中,容易躲避野兽的袭击。各家的茅屋大小为5~6平方米,屋中间的石头上生火,上方架着一只泥罐子,树干横在地上当凳子。墙上除挂着弓箭、兽皮、象牙、羚羊角外,别无他物。杂草和兽皮铺在地上当床。家家都一样,没有贫富差别,居住环境极为恶劣。

至今,俾格米人仍然受到两方面的严重威胁,一是他们赖以生存的森林资源受到掠夺性开发,生存环境受到破坏;二是民族矛盾、冲突不断,局势动荡,种族屠杀时有发生。例如,一些活跃在森林中的反政府武装常雇用俾格米人去寻找食物,一旦一无所有,他们便成了盘中餐。国际社会有识之士呼吁采取切实措施来保护俾格米人的生命安全,保护他们的生存家园和独特的生活方式。一些国家的俾格米人也自发地联合起来,成立了自己的组织,以让世界听到他们的声音,了解他们所应有的权利。刚果(金)国家俾格米人联合阵线就是其中之一。有些国家对本国的俾格米人实行特殊的政策,动员他们走出原始森林,过普通人的生活,与外界社会不断接触,开阔他们的眼界。已有少数俾格米人走出了森林,慢慢地融入现代社会,不少人已学会穿上了衣服,把日用品如火柴、香烟、肥皂等带进了部落。但愿非洲俾格米人所在国家都能采取切实可行的措施保护这些原始的居民。这也是保护人类的文明,保护人类自己。

专题研究

刚果(金)粮食安全战略研究

刚果(金)是撒哈拉以南非洲地区国土面积最大的国家,土地资源丰富,但农业落后,粮食不能自给。据20世纪90年代人道主义协调办公室的统计,刚果(金)农业可耕地约1亿公顷,已耕地约600万公顷,仅占可耕地面积的6%左右,绝大部分土地尚未利用。刚果(金)的粮食安全问题仍然十分严重。

一、粮食作物生产落后,粮食安全形势严峻,自给率逐渐走低

1. 粮食作物生产落后,农业结构单一

刚果(金)粮食不能自给,消费结构较为单一。粮食作物主要包括谷物和薯类两大类,主要农作物包括玉米、水稻、木薯、豆类;主要经济作物包括棕榈油、咖啡、可可、棉花、橡胶、花生。2010年,谷物和木薯这两类作物的产量分别是152.8万吨和1505万吨。

表1 刚果(金)主要粮食作物产量 单位:吨

作物	1961年	1970年	1980年	1990年	2000年	2010年
木薯	8680000	10345900	13087200	18715000	15959000	15049500
玉米	370000	428100	594000	1008000	1184000	1156410
大米	70800	179800	234300	392300	337800	317231
小麦	2127	3256	3100	6750	9385	8841

资料来源:联合国粮农组织数据库。

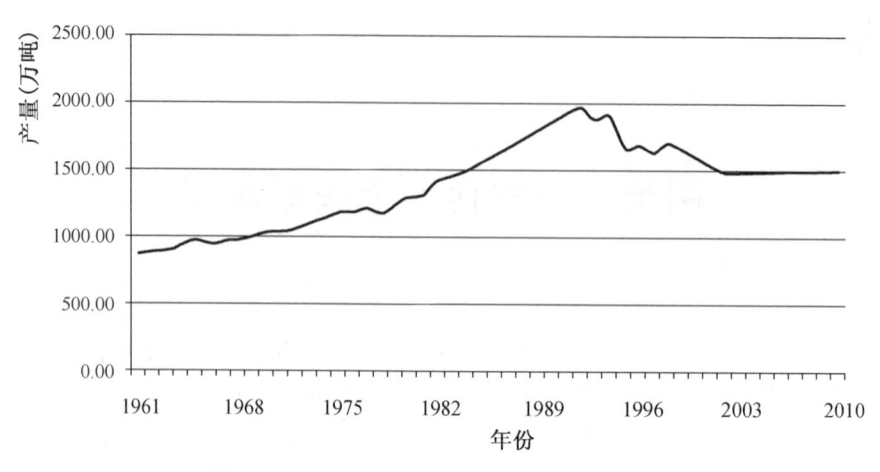

图 1　1961—2010 刚果（金）粮食作物产量变化

表 2　刚果（金）主要粮食进口量　　　　　　　　　　　　单位：吨

作物	1961 年	1970 年	1980 年	1990 年	2000 年	2010 年
玉米	760	63514	147435	80000	20000	10183
小麦	28	0	166354	150314	100000	398751
谷物	63000	205186	350068	396168	288708	643448
大米	15377	25573	26000	85000	51337	47480

木薯是刚果（金）的主要粮食作物，占薯类作物产量的 95% 以上，主产区分布在刚果省卢卡亚、卢卡拉等地，北基维省瓦利卡勒，南基维省沙班达，东部省、西卡赛省，加丹加省，班丹杜省等地。[①] 1961—1992 年，木薯的产量一直处在上升态势，由 1961 年的 86.8 万吨上升到 1992 年的 197.8 万吨，自 1993 年后有所下降，到 2001 年下降到 154.36 万吨，2002—2010 年产量基本稳定在 150 万吨。马铃薯、甘薯、山药等薯类的产量所占比重比较低。木薯的消费量也是粮食作物中最高的，并一直处在上升之中，从 1961 年的 72.13 万吨上升到 2007 年的 179.94 万吨。

玉米是刚果（金）主要的谷类作物，近几年其重要性愈发显现。1961—2010 年，玉米的产量一直处在上升之中，从 1961 年的 37 万吨上升到 2010 年的 116 万吨，增加了 2 倍之多。卡萨 1 号和萨笼格品种的玉米几乎到处种植。玉米也是最适合使用化肥的作物，同时也适合与改良的作物轮种和套种，如尼埃拜小麦和大豆。

---

① 资料来源：卢肖平. 非洲农业与中非农业合作基础研究[M]. 北京：中国农业出版社，2010：100.

图2　刚果(金)收割场景　　　　　图3　刚果(金)木薯

刚果(金)有水稻种植的良好条件,大米在粮食作物中的重要性在快速增长。在1961年到1993年之间,大米的产量处在不断上升之中,从1961年的7.08万吨上升到1993的42.98万吨,从1994年往后处在下降阶段,下降到2010年的32万吨;而大米的消费量则一直处在上升之中,从1961年的5.79万吨上涨到2007年的45.21万吨。在班巴以及马尼玛地区,雨水多,在鲁兹兹峡谷、马勒博等地区有灌溉农田。在中央盆地,降雨量大,一些新品种非常有成效(早熟、不怕荒草、高产、蛋白质含量高)。在班达省,农民引进和挑选新品种,并得到了支持。

2. 谷物自给率长期低下

刚果(金)的粮食自给率变化趋势显示其自给率极其不稳定,从1963年到1969年有所上升,1969年到1981年又明显下降,1981年到1999年再次处于上升阶段,但1999年后则急剧下降,虽然从2000年后有所增加,但2010年70.38%的粮食自给率仍然远低于1961年88.87%的自给率,说明刚果(金)谷物不能自给的情况愈发严重(见表3、图4)。

表3　刚果(金)谷物产量、进出口量及自给率　　　　单位:吨

年份	1961年	1970年	1980年	1990年	2000年	2010年
产量	503194	666231	889000	1490658	1572045	1527798
进口量	63000	205186	350068	396168	288708	643448
出口量	0	30	0	0	95	594
自给率	88.87%	76.46%	71.75%	79.00%	84.49%	70.38%

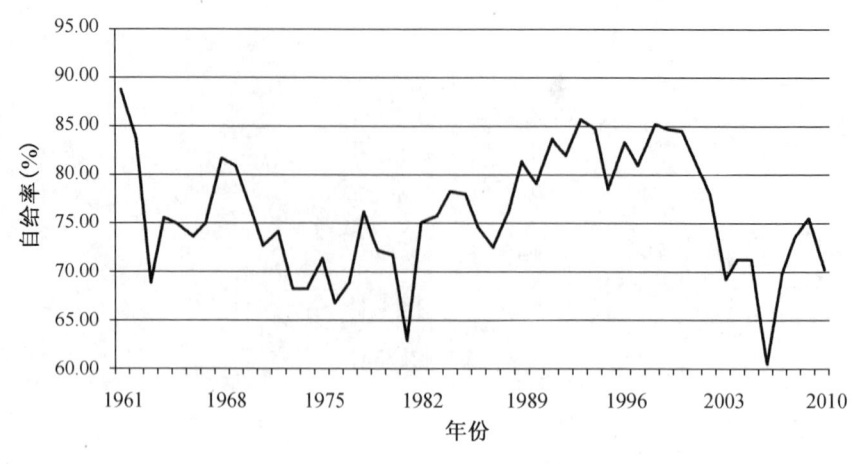

图 4　刚果(金)谷物自给率变化

二、粮食安全战略目标定位与农业资源潜力

武装冲突结束后,刚果(金)经济处在快速复苏当中。粮食安全战略目标主要可以分成两步:第一步,解决基本吃饱问题;第二步,提高粮食安全系数。

1. 农用地条件

刚果(金)位于非洲中西部,大西洋东岸,赤道横贯北部。中西部为刚果盆地,海拔在300～500米,盆地东南高、西北低,盆地内多为沼泽、湿地和茂密的热带森林,人口比较稀少。盆地南、北为高原地貌,海拔一般在600～1000米。

全国可划分为三个不同的主要农业生态区:中部冲积盆地,海拔300～500米,涵盖了1/3的国土,植被为赤道森林和沼泽,人口相当稀少;接壤盆地北部和南部的草原,海拔700～1200米,人口较稠密;东部和东北部的火山高原,海拔1500～5000米,人口稠密。

砖红壤广泛分布于盆地中部和周围地区,受长期淋溶,易溶盐全部淋失,pH值为4左右,有机质含量低。土壤结构性很差,除表土较疏松外,土层紧实,干燥条件下易结成硬块,旱时干裂,湿时泥泞。开垦后起初作物生长良好,但几年后肥力便耗竭。宜种植芋类、木薯、玉米、高粱、谷子、花生、豆类、椰子、油棕、橡胶、可可、咖啡、香蕉、茶、剑麻等多种作物。

砖红壤化红壤形成于高温多雨但有短暂干季的气候条件下,南部的沙巴高原和西南部开赛河流域分布更为广泛。有机质含量较低,pH值在4以上,土壤物理性质良好,肥力较高,可种植各种热带作物如咖啡、油棕、橡胶、可可、茶、油桐以及薯类等。

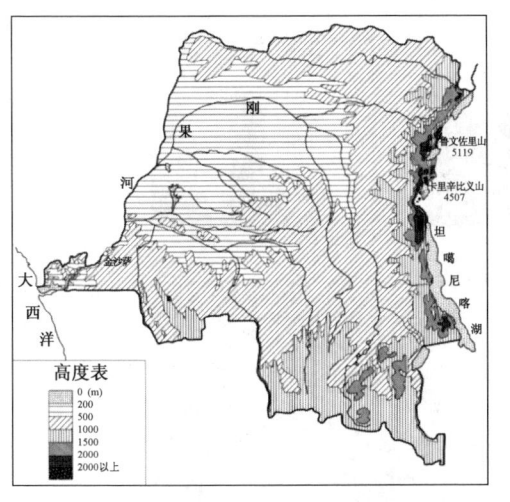

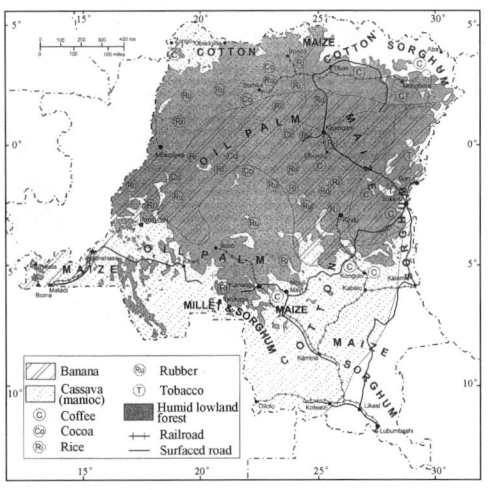

图 5　刚果(金)地形地势图①　　　　图 6　刚果(金)作物分布图

黑色冲积土主要分布在盆地中部河流两岸和盆地边缘的河谷地带,质地较细,有机质含量丰富,表层多为团粒结构,肥力高,大部分已经垦植。

发育在新近年代的火山灰土,分布在东北部鲁文佐里火山区,养分丰富,是刚果(金)境内重要的农耕地带。

图 7　刚果(金)植被分布图②

---

① 扎伊尔地理概况[S].非洲地理资料(内部资料),南京大学地理系非洲经济地理研究室,1976.
② 扎伊尔地理概况[S].非洲地理资料(内部资料),南京大学地理系非洲经济地理研究室,1976.

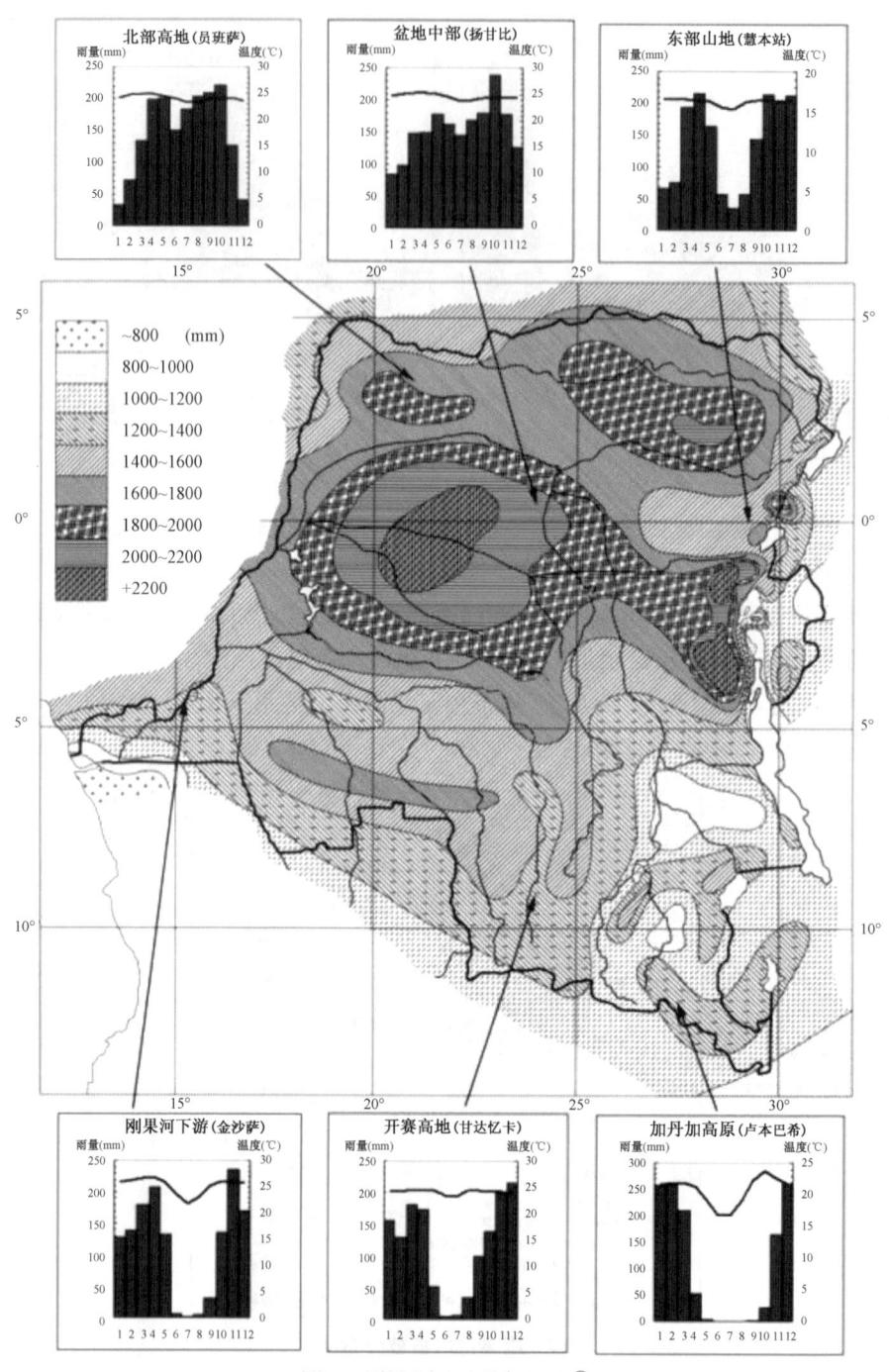

图 8 刚果(金)雨量气温图①

---

① 扎伊尔地理概况[S].非洲地理资料(内部资料).南京大学地理系非洲经济地理研究室,1976.

其他土壤分布在下刚果、马永贝山地丘陵和东部高地,地势高,侵蚀作用剧烈,土壤表层常遭冲刷,故土壤发育年龄较短,养分淋失较轻,土壤肥力较高,大部分用来种植薯类、玉米等作物。

2. 水资源潜力分析

刚果河全长4640千米,自东向西流贯全境,重要支流有乌班吉河、卢阿拉巴河等,几乎覆盖了刚果(金)全境。整个刚果河及其支流的流域面积约370万平方千米,其流域之广和水量之大,在世界上仅次于南美洲的亚马孙河。水力资源蕴藏发电量约10万兆瓦,相当于非洲总储量的50%和世界总储量的13%(2003年)。水力资源主要集中在刚果河干流,特别是入海口处,河水的平均流量为4万立方米,发电潜力巨大,但开发仅处于起步阶段。

刚果(金)处于全年多雨区,地表水资源丰富,一般农作物无需灌溉即可终年生长,但也有少数情况下需要发展灌溉,如水稻田等。刚果(金)西部有37千米长的海岸线直通大西洋,各种水产资源相当丰富。刚果(金)东部边界自北向南有阿尔伯特湖、爱德华湖、基伍湖、坦噶尼喀湖和姆韦鲁湖等。

3. 劳动力资源

刚果(金)的人均预期寿命为47岁,从人口的年龄构成来看,2009年,刚果(金)0~14岁人口占总人口的47%,15~64岁人口占50%,是一个年轻化的社会。

表4　刚果(金)农业劳动力资源情况(2010年)

农村人口(千人)	城镇人口(千人)	参加经济活动总人口(千人)	参加农业生产人口(千人)	参加农业生产男性人口(千人)	参加农业生产女性人口(千人)
42734	23232	24808	14194	7293	6901

资料来源:联合国粮农组织资料库。

据世界银行统计数据,2007年刚果(金)以女性为户主的家庭比例达到21%,女性在劳动力中所占比例为38.6%。由于传统习俗和一夫多妻制,参加农业生产的女性人口超过了男性人口。

4. 生物自然潜力

刚果(金)虽然草原面积广大,但大部分地区高温多雨,萃萃蝇危害严重,因此畜牧业并不发达,主要集中在加丹加、东方、下刚果、南基武和北基武等省的草原与高原地区。东北部阿赞德高地牧场广阔,牧草生长良好,又无萃萃蝇危害,集中着全国2/3的牛,是最重要的养牛区。另外,沙巴矿区和大城市郊区养乳牛较多,下刚果区、基伍区、开赛高地的非萃萃蝇带也有小规模养牛业。山羊适应性强,盆边高地普遍饲养,绵羊仅限于较干旱的西南部高原。

刚果国内生产的肉类产品长期以来无法满足国内需求,短缺部分主要依靠从国外进口。

由于气候非常有利于林木生长,国土的一半以上被森林覆盖,热带雨林绵延155万平方千米,占非洲森林资源的一半以上,占世界森林面积的6%。森林80%可供开采。木材品种有150多种,其中有多种名贵木材。林地绝大部分未经开采,已被开采的林地主要是在下刚果省。热带雨林是重要的全球生态系统服务的提供者,通过联合国"减少发展中国家毁林和森林退化所致排放量方案"(即REDD+),到2030年,刚果(金)的热带雨林有望带来每年9亿美元的收入。

5. 土地人口容量潜力

据2011年统计,刚果(金)人口约为67.7百万人。自1990年以来,刚果(金)的平均人口增长率为2.9%,位居世界前列。据预测,刚果(金)2050年的人口将增长到1.89亿,并保持超过1.84%的增长率,大部分人口的生存直接依赖于自然资源,使该国所面临人口增长的巨大压力令人担忧。因此,对刚果(金)的土地利用进行规划,确定土地人口容量成为该国面临的一个重要问题。

三、农用地资源开发利用特点与制约因素

1. 农用地资源利用特点

(1) 土地利用结构特点

农用地结构以个体农民耕种为主,其耕种的土地占已耕面积的68%,国营和与外资合营农场占28%,私营农场占2.45%。

主要粮食作物为木薯、玉米、水稻和大蕉等,多由农民小规模自给性经营,经济作物主要有咖啡、棕榈油、棕榈仁、橡胶、棉花、可可、烟草等,多由大种植园经营,主要面向出口。

表 5　刚果(金)农业土地资源情况(2009 年)

土地面积（千公顷）	农业面积（千公顷）	耕地和永久性作物（千公顷）	耕地（千公顷）	永久性作物（千公顷）	永久性草地和牧场（千公顷）	森林面积（千公顷）
226705	22450	7450	6700	750	15000	155459.5

数据来源：联合国粮农组织数据库。

(2) 土地利用组织形式

刚果(金)土地所有权归国家专有，但国家给予个人土地使用权，称作出让(承包)权。有两种转让形式：长久转让和普通转让。在农村获得土地出让，需要事先调查空地，以便证明上述地块是否闲置和由他人使用。

(3) 土地经营方式与生产方式

刚果(金)耕作方式粗放，农民仍延续刀耕火种，导致土壤肥力下降和退化。从 11 月开始进入旱季后，下雨越来越少，地面和作物叶面水气蒸发量越大，空气湿度越来越低。草木逐渐枯黄落叶，风干物燥。每年 1 月起进入放火烧荒的异地耕种季节，到处可见到浓烟滚滚的烧荒现象，放火烧荒既毁坏树林也破坏和污染农业生态环境，最终也没有多少有机肥留在新开垦地里。

2. 主要制约因素

(1) 薪柴利用严重破坏生物资源

由于能源资源短缺，农民把木柴作为重要的能源来源，必然会破坏有限的森林资源。合理使用热带雨林区土地资源，才能使得土地潜力得到最大限度的发挥。

(2) 农业物质技术装备条件落后

刚果(金)机械化耕作非常少见。全国除了少数外国人或本地企业家开办的农场以外，农民都没有拖拉机等农业机械。主要的农具是原始的砍刀和镢头。

木薯和玉米品种长期得不到改良；农民种地得不到良种、化肥和农药，完全手工作业。农民不懂施肥，当地也没有土壤成分检测设备，更不懂植物和动物疫病如何防治。

(3) 农畜产品加工条件及其运输条件

刚果(金)缺乏农产品干燥储藏加工设备及工具，农副产品(农业废弃物)没有得到开发利用，农业技术落后贯穿于产业链各个环节，从良种培育技术、土壤改良技术、收获技术、储藏技术、加工技术直到产品分销技术，都几乎处于空白状态。畜牧业同样落后，畜牧业良种、配合饲料、疫病控制、畜产品加工等都属于有待开发。农业技术和加工条件落后的根本原因是政府不重视农业，基本没有国家财政投入。

(4) 病虫害频发

块根作物也易受病虫害严重危害,如薯蓣主要有甲虫和叶斑过滤性病毒引起的皱叶病,致使减产并降低经济价值。从种植业的病虫害来看,可可是最易遭受病虫害的热带木本作物,其造成的损失远远高于橡胶、咖啡、油棕等。目前植保措施较差,病虫害成为突出问题,主要有盲椿象、褐果腐烂病(棕榈疫霉引起)、肿枝病(水蜡虫传播的真菌性病毒引起)、根朽病、黑夹病等。

萃萃蝇大大限制了刚果(金)畜牧业的发展和分布,尤其是牛等大牲畜受影响更大。大面积的草场由于萃萃蝇为害难以发展养牛业,并影响农牧结合。

四、粮食安全战略对策

1. 刚果(金)政府为解决粮食安全问题所做的工作

刚果(金)政府十分强调农业发展的重要性,为了吸引农业投资,政府规定,农业投资采取国民待遇,所用的设备、种子、化肥等免进口税,外国人可以租赁国有土地,租期为25年,期满后可以续租。此外,对农业经营中的营业税等有几年的免税。

2. 国际社会的工作

刚果(金)一直是世界银行、联合国粮农组织等国际机构的援助对象,各国及国际组织对刚果(金)农业方面的援助、援建主要集中在粮食和农业生产、农业生产资料购买、农业基础设施建设等方面,也是刚果(金)财政收入和农业经济增长的重要组成部分。国际社会的援助对于刚果(金)发展社会经济、提高农业生产技术水平、减少饥饿和贫困人群具有十分重要的意义。①

3. 中刚(金)农业合作战略重点

中国援助刚果(金)的农业项目始于1973年,中国农业专家重点帮助当地农民发展水稻种植,以扩大稻谷种植面积及提高单产为目的,推广先进的种植技术和水稻良种。

---

① 卢肖平.非洲农业与中非农业合作基础研究[M].北京:中国农业出版社,2010:122-124.

4. 对策

(1) 建设农业示范中心

农业示范中心的建设将为刚果(金)农民提供学习与掌握现代化农业科技的机会,促进刚果(金)农业由传统型向现代型转变。

(2) 发展灌溉农业,提高单产

刚果(金)部分地区由于常年受到干旱的影响而造成粮食作物受损,产量锐减。通过各种农田灌溉水利措施的应用,保证土壤的温度、湿度、空气与养分,可以提高土地生产力,增加粮食作物单位面积产量。

(3) 加强种子工程建设

刚果(金)对良种和良苗的需求很大,化肥的短缺造成粮食产量很低,希望通过良种和良苗的耕种提高单位面积粮食产量,其中增加水稻、玉米的单产尤为重要。如果能把良种和化肥引入千家万户,不但能够提高其防治病虫害的水平,而且粮食的单产水平会有大幅度提高,这将为农业生产带来革命性的变化。

(4) 实施生态农业战略

引导农民科学种田,借鉴中国高产、优质、高效、产业化经营的经验。推广沼气等农村能源技术,一为解决农村能源问题,二为提供优质农肥。

(5) 建设不同等级系统的粮库

农业基础设施的严重不足及不稳定的冲突局势造成刚果(金)大批民众饥饿及营养不良的现状。政府应当建设不同等级的粮库,保证充足的粮食供应,在发生如干旱、民族冲突等突发事件时确保人民的基本吃饱问题。

(6) 创建农业综合开发区,加强农业基础设施建设,提高农业综合生产能力

刚果(金)的基础设施建设不足是造成其粮食短缺的一大关键因素。其中,道路运输问题目前是影响粮食销售最关键的问题,在连续的民族冲突中许多主要的干道均已损坏,因而尽管市场上的粮食价格很高,农民也无法到达市场。资金的短缺导致化肥与农机的供应不足,从而对粮食生产造成不利影响,形成恶性循环。如果能够建立农业综合开发区,兼具粮食的生产与销售,解决了农民的销售问题,保证其基本收入,则更加有利于资金的积累及基础设施的完善,最终提高农业生产能力。

此外,还应培养农业技术人才和管理人才,增加经济作物,提高收入。农业生产不仅增加粮食作物生产,还要增加蔬菜生产和其他经济作物的生产。全国粮食生产面积和经济作物生产面积的比例、种植的经济作物种类、运输、加工和销售渠道等,都要制订合理的计划。[①]

---

① 马新才,袁合烈,邢同胜. 刚果(金)农业现状调查分析[J]. 潍坊高等职教育,2010.

刚果(金)农村发展

一、刚果(金)农村发展状况与限制因素

1. 农村发展状况

刚果(金)是以农业为主的国家,约70%的人从事农业活动,个体农民是农业生产的主体,多采用游耕制,刀耕火种。农业可耕地资源充裕,劳动力充足,生态条件适合多种作物生产。然而,基础设施的持续损坏限制了市场准则和社会基础服务;良种和优良公种畜供应困难,兽医贫乏;不掌握农产品的保管、加工和储存技术,因此收获后出现大量损失;农民组织框架体系垮台;持久的土地争端;难以获得金融服务,税收混乱等,导致农业发展停滞不前,人均粮食产量普遍下降。自1999年以来,木薯产量下跌约20%。农业生产已经不能满足人民的粮食需求。乡村依然处于落后贫困状态。

刚果(金)农村地区环境深度恶化,基础设施不足;获得生产设备和培训服务的渠道较窄;农民组织能力不强,很难获取投资;体制和管理能力有待加强。农村地区联合组织发展的主要障碍,是因为其自身结构的组织化程度较低,以及缺乏资金支持。另外还有三大限制因素:由于教育、宣传和信息的缺乏,不利于人民合作意识的发展,从而导致合作社成员不积极参与组织生活;由于农业活动缺乏多样性且不稳定,因此农业组织就缺乏经济活力;管理组织及其结构运行的方式不当,组织成员也无法获悉各类活动。

2. 农村发展的限制因素

(1) 发展部门的机制运行不良,严重限制农村的正常发展

① 发展部门内部,以及发展部门与农业部门和其他部门之间在结构和职能上存在着多项强调双重性、重叠、互错的公共职责;

② 缺乏科学的国家农业发展政策;

③ 缺乏人力的物质和金融方案来保障农村地区技术、研究、推广和资金培训

服务的正常运行；

④ 由于工作条件恶劣且报酬不稳定,工作人员(无论是在职的还是待招聘的)消极缺乏动力。

(2) 社会经济限制

① 社会经济基础设施极为陈旧；

② 受多种原因影响,如贫困、缺乏基础社会服务、战争以及生活条件持续恶化等,时常发生农村居民迁居的情况；

③ 村落的隔离和闭塞；

④ 地方病的复发,以及新型疾病的涌现；

⑤ 土地、可饮用水、电力资源、体面住房和生产因素难以保证；

⑥ 失业人口数量不断增长；

⑦ 武装斗争导致所有盈利活动(耕田、捕鱼、畜牧、狩猎等)中止以及大量人口的迁移；

⑧ 全国农村人口总是不断成群移居；

⑨ 农村道路的严重破败,这也是村落隔离和闭塞的根源,因此农产品流向消费中心以及加工产品流向农村变得十分困难。

(3) 长期性限制因素

为了改善农村地区的生活质量、减少农村地区的贫困并保证食品安全,农村发展部门管理局应考虑到以下方面:农村地区的信息不足和文盲状态,结构和组织的薄弱(妇女、年轻人等),自行推广组织的管理不当,固有的文化导致长期存在家庭纷争和土地纷争,等等。

20世纪90年代以来的"扎伊尔化"(企业的国有化)和在全国肆虐的战争,使乡村地区变得更加无人问津,如今在农村地区依然很难获得银行信贷：银行体系并不适合农村活动,这些金融体系在省市的运行尚不成熟,在农村地区就几乎难以生存了。

(4) 环境限制因素

生态环境的恶化(砍伐森林、土地恶化等)对于农村居民来说是一个持久的威胁,因为他们从环境中获取资源以满足多数生存需求:食物、健康、能源、住房等。然而,灌木的焚烧是导致土地恶化的一大因素,传统的刀耕火种也是砍伐森林的主要因素。这种生态环境的恶化使得土地变得贫瘠、枯竭,加剧了雨水的冲蚀,并使含水层下降,进一步加剧了当地居民的贫困,并造成了气候变暖现象。农村居民可耕种的肥沃土地越来越少,并造成了一些所谓的"耕地"村庄难以从事田间劳动。

由于缺少卫生措施,可饮用水和卫生设备尚未普及,是农民身体状况恶劣和罹患严重疾病的主要原因。刚果(金)农村地区可饮用水的获取率非常低,而诸如霍乱和腹泻这些水源性疾病多由于居民直接饮用未经保护的河水或井水。

二、农村地区的有利条件

1. 森林资源丰富

农村地区拥有大量的自然和人力资源,为短期和中期发展提供了良好的条件。该国位于赤道附近,加上优越的水文地理条件,有利于多样化农业形式的发展,尤其是粮食作物可一年两熟,另有果树栽培、园艺、赢利作物、林业、水产养殖业、渔业、畜牧业和手工业等。

居民主要从森林中获取资源,木材出售的收入平均每年就超过了10亿美元。木材保证了刚果(金)居民约91.5%的能源需求以及几乎全部农村人口的需求,其中只有1%是用于发电。

农村家庭中约75%的动物蛋白来自野生动物区系,10%～40%的动物蛋白来自毛虫、昆虫和幼虫。此外,超过3/4的家庭利用森林植物和农工业产品(野生苋菜等)作为食物或收入来源。

表1 刚果(金)植被分布表

地名	植物类型	地名	植物类型
下刚果省	红树林,草原,森林,稀树草原	东方省	森林,草原
班丹杜省	森林,稀树草原,森林走廊	赤道省	常绿森林,白茅次级草原,落叶性森林
西卡塞省	稀树草原的适旱植物森林,草及灌木丛森林,森林走廊	北基维省	草原,乔木硬叶森林,山地森林,赤道森林,
东卡塞省	湿密度森林,稀树森林	南基维省	低海拔森林,赤道山地森林,热带草原,草原,高海拔竹林
马尼玛省	湿密度森林,沿水系有森林走廊的草及灌木丛森林	加丹加省	竹子与槐树混杂的稀树森林,草原,草原森林,山区多种类型森林,沼泽地草原,各种草原,森林

2. 热量条件

刚果(金)全境属热带气候,月平均气温很少低于25℃。[①] 日长变化在11.5~12.5小时,由于湿度和云量较大,全年日照时数约为2000小时,占可能日照时数的45%~48%。短日照和均衡高温条件有利于多年生热带木本植物以及甘薯、木薯、水稻、玉米等短、中日照作物生长。同样,优越的热量条件有利于多数作物、牧草、林木的生长,气温日较差大有利于养分积累。

刚果(金)的气候条件有利于木薯各地普遍种植。产量仅次于木薯的玉米除自给外,尚有少量出口。水稻产量不断增长,大部分供国内消费。气温条件非常适宜对热量条件要求较高的棕榈、橡胶、可可等热带多年生经济作物的生长。

3. 水文条件

刚果(金)水利资源丰富,年平均降雨量约1500毫米。除南部的沙巴高原外,大部分地区干湿季不明显,太阳直射赤道时,形成两个降雨高峰。降雨形式多为对流型,下午或夜间以雷阵雨形式降落,有利于农业生产。

在地表水方面,刚果(金)拥有非洲最稠密的水道。刚果河自东向西呈弧形向心状水系流贯全境,两岸支流密布,流域面积占全国总面积的97%。农作物一般无需灌溉即可终年生长。众多的河湖和水域,为渔业提供了得天独厚的条件。这些水资源不仅提供众多的水产品,而且刚果河及其支流为该国居民提供了经济的内河水运交通。

三、农业和农村发展的战略方针

1. 政府关于农业和农村可持续发展的展望

农业部门和农村地区的振兴是摆脱贫困的主要途径。事实上,研究表明,农业生产每增加10%,贫困线以下人口就会减少7%。对于该部门的振兴,刚果(金)政府打算通过颇具竞争性的家庭式和工业式的自给农业在农村地区创造财富。

具体说来,可以通过以下方式实现:
① 大规模的农业研究;
② 在重视环境的情况下扩展技术创新;

[①] 曾尊固.非洲农业地理[M].北京:商务印书馆,1984:323.

③ 在权力下放的条件下进行适当的财政拨款；
④ 因地制宜地对农村地区进行规划和组织；
⑤ 农业和农村发展部门重组计划的实施；
⑥ 推行适合该领域活动性质的金融体系；
⑦ 扩建公共基础设施，以完成生产基地的准备工程；
⑧ 振兴农业部门，推动家庭式和工业式自给农业的发展；
⑨ 提高农产品的生产力、附加值和商品化；
⑩ 通过基层社群来实现当地发展。

2. 战略方针

刚果（金）政府打算大力振兴农业生产活动，主要是因为政府预计农业活动能够直接促进扶贫发展战略的实施。农业的崛起将使农村地区底层人民获得所需收入，同时以合理的价格为城市地区的贫困人口提供食物。

刚果（金）政府针对农业领域提出了特殊和具体的政策，主张短期和中期部门战略，以农业潜力大、人口密度高和商业化程度高的地区为中心，因为具备这些特点的地区拥有着最大的增长潜力。目前，三个主要发展区域已经确定如下：

① 农业潜力大、人口密度高、商业化程度高的地区；
② 农业潜力大、商业化程度有限、人口密度低的地区；
③ 农业潜力小、商业化程度高、人口密度低的地区。

农业潜力大的地区分布在五个不同的区域：

区域1，从大西洋到卡宾达（东开赛）境内；

区域2，加丹加矿业城镇的腹地；

区域3，大湖地区[①]；

区域4，厄瓜多尔省的北部地区；

区域5，从基桑加尼到马莱博湖的腹地地区。

在这些确定区域内部，分布着有利于农业生产的盆地；在这些生产盆地内部将会逐一发展：农业生产部门；除了基础设施以外，另外发展地区开发和投放市场的设施（饮用水、学校、医疗中心、住房、休闲设施等）；基层社团构造和组织能力。

根本的战略方针应该将食品安全和经济发展结合，集中所有资源来显著增加农业生产和生产力。为了提高农业生产力（每公顷产量、工作日报酬）并保证生产

---

① 大湖地区指非洲中东部东非大裂谷周围的一些国家，包括布隆迪、中非共和国、刚果（布）、刚果（金）、肯尼亚、卢旺达、苏丹、坦桑尼亚、乌干达和赞比亚等。因为裂谷的形成，该地区的湖泊发育茂密，故得此名。

体系的可持续性,唯一的选择是在有可能实现增产以及使农民增收的地区,以一种与自然资源和谐相处的方式,实现农业的集约化。

目前,由于交通基础设施年久失修,许多生产地区失去了潜在的市场。一些具有潜在生产力的地区如今人口密度很低,可用的劳动力资源受限,并使得生产服务变得极其困难和昂贵。因此,那些农业生产潜力大、人口密度大且商业化程度高的地区将成为首选。

四、农村发展战略对策

1. 战略对策一:进入市场,改善农村基础设施和贸易能力

该对策将为农村地区的振兴打下基础。为此,需要建立商品化的基础设施,农产品储存的基础设施,农产品处理和加工的基础设施,通水、通电、住房和社会文化基础设施,以及农村市场建设。市场和价格的信息体系也将得到发展和完善。

(1) 农村路况整修

生产地区的开放显得尤为重要,通过对农村道路和水路进行整修和维护,使各个高产地与省道连接起来;尤其要使基层结构变为真正的服务行业。该战略包括:使用"劳动力高强度"的技术,简称 HIMO;建立"道路维修当地委员会(CLER)",工程的维修则由村民负责;加强"道路维修当地委员会(CLER)"所组织社团的检修能力;重新开放水道(疏浚、清沟和信标系统)以及港口基础设施。

(2) 农村通饮用水

在当地社团的参与下,实现水资源的钻探、引流和水利工程;加强成立的水事委员会的能力。

(3) 农村住房和生活质量的改善

该战略的重点是:利用当地更合适、更便宜的建筑材料;推广新类型的住房;对农村卫生加强法律法规监管;制定《土地整治管理纲要》。

(4) 农村电气化

推广与农村社会经济情况相适应的新能源和可再生能源(尤其是将农业和畜牧业副产品的残余物与生物能、沼气、太阳能和风能相结合);小型水坝建设;对可再生新能源的生产者和使用者进行培训;参与国家电气化战略的制定;建立水力发电厂。

(5) 促进农产品的附加值提高和销售

通过改进技术来减少收获后的损失,提高收成,同时推广相应的干燥、储存、加工和保存体系。

加强农民自身的能力,并建立宣传和交流机制;推广小型加工单位;推广市场信息体系;恢复并建立农村市场;恢复并建立屠宰场。

2. 战略对策二:改善农作物、畜牧业、渔业和手工业生产

① 依靠一个农民新阶层的涌现,来推动其自身发展;
② 推广现代生产技术;
③ 建立"农业培训中心";
④ 促进农业生产者的组织;
⑤ 加强农业机械化;
⑥ 推广改良品种和农业研究;
⑦ 推广改良公种畜和人工授精;
⑧ 加强对农民的培训和普及;
⑨ 投入资源和土地的开放化;
⑩ 发展工商业作物,逐步建立农业部门;
⑪ 发展城市和城郊的畜牧业和园艺;
⑫ 在农村地区发展家禽、小型反刍动物和猪群养殖;
⑬ 逐步恢复大型家畜养殖;
⑭ 引进非传统农业;
⑮ 发展渔业和水产养殖业;
⑯ 注重环境保护。

3. 战略对策三:农业和农村领域的投资

① 通过投标竞价和其他组织的协会,创建小额信用社、互助社和合作社,以及小额信贷机构等;
② 由国家创建"国家和省份农业农村发展基金"和"社区支持框架";
③ 在"国家和省份农业农村发展基金"的保证下,通过外部资源建立投资机制;
④ 促进农村储蓄和投资。

4. 战略对策四:对机构能力和人力资源进行管理并强化

该战略建议对农业和农村发展部以及其他涉及农业农村活动的机构进行深入重组。具体内容为:

(1) 机构改革

将国家的作用与私营部门的作用分离,对公共部门进行调整,让私营部门发挥更大的作用：

① 权力与部分责任的下放；

② 加强国家能力和权限；

③ 加强生产者的专业组织；

④ 调整并强化农业和农村发展部的分析、规划、预测和审计部门；

⑤ 重组农村发展部；

⑥ 加强基层参与措施的协调；

⑦ 农业和农村发展部重组中对工作人员进行整顿；

⑧ 建立一套框架对部门内部所有相关机构和部门进行协调；

⑨ 加快对各项法律法规文件的审查和通过。

(2) 能力加强

① 中央和省级主管部门建筑的建设、改造和配备；

② 注重发展全国顾问委员会(CCN)，省级顾问委员会(CCP)，农业和农村管理委员会(CARG)和地方发展委员会(CLD)；

③ 发展农业和农村领域的通信平台；

④ 发展农业和农村领域中小型企业和非政府组织的管理能力，尤其强调女性对管理机构的参与；

⑤ 建立该领域民间社会组织和经济运营商的年鉴；

⑥ 在研究和规划局建立一个"区域研究特别项目"(PSES)，加强分析、规划和预测能力，包括对数据的收集和处理；

⑦ 制订一项人力资源能力建设的国家计划。

5. 战略对策五：农村自行管理的组织(所有权)

① 促进农村地区带动发展的新阶层的出现；

② 建立对积极性团体组织的参与评估；

③ 在权力下放的同时建立农村组织；

④ 振兴农村活动和获取信息的渠道；

⑤ 促进社团和地方发展；

⑥ 促进并支持农村女性和青年社团组织的发展；

⑦ 促进农业农村领域同类行业的发展。

参考文献

[1] 李智彪. 世界经济年鉴2004[S]. 中国社会科学院西亚非洲研究所.

[2] 李智彪. 刚果民主共和国[M]. 北京：社会科学文献出版社，2003，204.

[3] (英)克里斯·奥尔登. 中国的非洲参与:动机与前景[J]. 张碧昭,译. 文化纵横,2011年8月.

[4] 姜世尽. 世界文化地理[M]. 南京:江苏教育出版社,1997.

[5] 南京大学非洲研究所. 中非农业合作国别研究报告[S]. 2009.

[6] Stratégie sectorielle agricole et développement rural final(《农业和农村发展最终区域战略》).

[7] Programme d'actions prioritaires(PAP) et cadrre de dépenses à moyen terme(CDMT)2011—2013(《2011—2013年优先行动计划和中期支出框架》).

[8] Revue de toutes les provinces de la R. D. Congo:descriptif géo-agro-économiques, territoires à haute production, et commercialisation(《刚果(金)所有省份一览:地理农业经济描述、高产地及市场营销》),联合国开发署(PNUD)发布的刚果(金)国家农业和农村复兴计划摘要,2010.

[9] Stratégie nationale pour le développement des peuples autochtones Pygmée(《俾格米土著人民发展的国家战略》),世界银行,2009年5月.

刚果(布)
——刚果河孕育的木材之国

专访中国驻刚果（布）大使馆

2011年8月23日上午，我们一行三人首先赴我国驻刚果（布）大使馆专访李树立大使。我们赴刚果（布）考察的重点是粮食安全问题和中刚（布）农业合作问题。李大使大致向我们介绍了刚果（布）的农业和中刚农业合作问题。

图1　拜访驻刚果(布)大使李树立(2011年8月)

刚果（布）是一个落后的农业国家，粮食不能自给，大米、食品要靠进口。城市化水平很高，已超过60%，不是正常的城市化。当地人不喜欢务农，乡村人口大量涌入城市。现有城市人口主要集中在首都布拉柴维尔及其他几个大中城市里。城市经济落后，没有充足的就业机会，城市贫民涌进城市郊区形成贫民窟。乡村地区非常贫困，部落观念仍很强，处于非常原始的状态。

中刚（布）农业技术合作起步较早，中国的农业技术援助对刚果（布）的乡村发展起到了积极的作用。刚果（布）人力资源素质比较差，大学科目70%是文科。中国援助项目需要为刚果（布）培养大批人才，实施项目要与人才培养并行。农业市场狭小，当地人不怎么吃蔬菜，购买力低下。生活习惯和食物结构上，中刚（布）人民之间差别很大，刚果（布）人民逐步改善食物结构以适应现代社会发展面临的很多困难。中国援助重点为粮食生产和蔬菜种植，具有重要的现实意义。

刚果（布）农业部双边合作司访谈纪要

2011年8月23日上午，我们三人采访了刚果（布）农业部双边合作司。一位女性接待官员告诉我们，她负责养殖业及其多边合作，推动刚果（布）与外国合作。刚果（布）粮食靠进口，国家推动振兴计划，有个重要项目与不同国家合作。中刚（布）农业合作，中方享有优先权，与中国有着特殊关系。刚果（布）需要农业生产资料，需要粮食和蔬菜，如白菜、胡萝卜等。

在与一位男性官员座谈时，我们重点谈论了农业和农村发展战略问题。他说刚果（布）在执行农业机械化计划，建立中心，帮助农民；在新农村发展计划中，政府出资支持，设立农业支持发展基金；农村发展与人口重新安置计划，建立粮食运送通道，把农村的粮食运送到大城市。刚果（布）农业需要继续加强，传统农业依赖手工工具锄头与砍刀，粮食产量很低。刚果（布）现有耕种面积很小，需要拖拉机，非常需要中国的合作。刚果（布）1996年开始实施农业政策，支持农业发展。土地买卖方面采取措施，发展养殖业，可采取多种合作方式，设有章程，鼓励投资。在人口方面，农业人口占多数，没有足够的农业技术。农业劳动力从1995年的39万人减少到1996年的35万人，原因是城乡人口流动，乡村人口向大城市流动。农业劳动力女性多于男性，女性占63％，男性只占37％，农业劳动主要靠女性。刚果（布）仍实行一夫多妻制，50％以上的男人有两个老婆，至于娶多少个老婆取决个人性格和爱好，也有打光棍的。一个女人不能同时有两个以上丈夫。

布拉柴维尔

  布拉柴维尔位于刚果河北岸,与金沙萨隔河相望,城市规模远比金沙萨小,但给我们的印象是城市市容和城市景观远优于金沙萨。该市面积约为100平方千米,人口约150万。城市街道整洁,绿树成荫,主要有芒果、椰子、旅人蕉等成行成荫,无不散发出热带城市的气息,有"花园城市"之称。

图1 布拉柴雕像(作者摄于2011年8月)

图2 刚果河旁(作者摄于2011年8月)

在城市河岸上竖立着一座褐色的石碑,记录着布拉柴维尔的发展历程和名称由来。这座高三四米的方形石碑是为纪念法国人布拉柴(1852—1905)而修建的。早在15世纪末,法国和其他欧洲国家的殖民主义者就插足刚果河口地带,贩卖黑人奴隶。17世纪以后,殖民者开始深入非洲内陆建立势力范围,掠夺黄金、象牙、橡胶等。法国同比利时在刚果盆地展开激烈争夺。意大利人布拉柴1874年加入法国籍,任法国海军军官,在赤道非洲从事探险活动。1880年布拉柴来到马莱博湖畔,9月10日他与当地的马科科国王签订"保护"协议,将王国置于法国的保护之下。1884年他为与刚果河对岸比利时人兴建的利奥波德维尔竞争,在湖畔的恩塔摩村"购置土地",开始兴建城市。布拉柴维尔一名就是以布拉柴的名字命名的,"维尔"在法文中意为"城市"。两年后,布拉柴被任命为法国驻中央刚果的高级专员。后来,中央刚果与加蓬合并为法属刚果,并于1891年正式成为法国的殖民地,布拉柴维尔成为殖民地首府。1910年,法国将中央刚果、加蓬、乍得、中非合并为法属赤道非洲,仍以布拉柴维尔为殖民统治中心。

1911年,布拉柴维尔升格为市镇,1912年建立市政厅。1924年,刚果大洋铁路将布拉柴维尔与黑角连接起来,1929年首次有城市规划。1940年,布拉柴维尔成为"自由法国"的象征性首都。20世纪60年代之前,城市分为欧洲人区(市中心)和非洲人区。1960年8月,刚果(布)独立,布拉柴维尔成为新生的刚果共和国的首都。从此,这座城市开始从法国殖民者重点经营的中心地带,向本地人聚集的东北部和西南部扩展。城市东部逐渐发展为商业区,西部高地成为行政机关所在地。1962—1963年修建新市政厅。1980年,布拉柴维尔脱离普尔区,获得区级地位。

布拉柴维尔位于赤道以南,西距大西洋506千米。地势较平坦,海拔317米,周围是广阔的热带稀树草原。年平均气温26℃,平均高温31℃,平均低温20℃,极端高温37℃,极端低温12℃,年平均降雨量1473毫米。每年有两个雨季和两个干季,1月中旬至5月中旬为大雨季,5月中旬至9月底为大干季,10月至12月中旬为小雨季,12月中旬至次年1月中旬为小干季。市下辖7个区:①马凯莱凯莱区:面积最大,人口最多,位于市区南部外围朱埃河畔。世界卫生组织非洲区域总部位于朱埃河畔。②巴刚果区:最早的区之一,拥有全市最大的市场,街道以法国名人命名。三法郎大街距今已有百年历史。戴高乐曾于二战期间住在本区的别墅,位于刚果河畔,现为法国驻刚果(布)大使官邸。区内有罗塞尔圣母堡等教堂,均为法国—刚果风格建筑的精品。③波多—波多区:建于1900左右,原为沼泽和奥基拉村。刚果(布)最大和最著名的圣安娜大教堂建于1949年,位于1944年兴建的菲利克斯—埃布埃体育场附近,两者均为城市象征性建筑。④穆恩加利区:商业区,酒吧、迪厅众多。⑤乌恩泽区:区名来自林加拉语,意为市场。⑥塔朗加伊区：位于北郊，人口居全市区第二，区内混杂着危房和权贵的别墅。⑦ 姆菲卢区：位于西北郊。

布拉柴维尔在国家独立后，城市建设发展很快，从消费型城市迅速发展成为全国的政治、经济、交通、文化中心。主要工业部门有纺织、食品、啤酒、制糖、榨油、卷烟、木材加工、金属加工、化工、水泥、电力等。市区从朱埃河口沿刚果河向上游延伸 10 多千米。东部为商业区，西部为行政区。工厂多沿河分布。城市布局井然有序，房屋造型多呈欧洲风格，但又具有开放、轻巧、简洁、明快的热带建筑特点，如市政府、邮电局、圣安娜车站、高等师范学校、医院等都是典型热带建筑。市中心恩古瓦比博物馆建筑群与"最高牺牲广场"造型壮观、美丽。刚果河中的姆巴穆小岛是赏月佳地。

大洋铁路是刚果（布）唯一一条铁路，连接首都与港市黑角，全长 510 千米，贯通国境南部，为全国交通命脉。刚果（布）国家 1 号公路连接首都与黑角，全长 600 千米，是全国最重要的交通命脉之一。市郊有大型马亚马亚国际机场，可起降大型客机。市区道路狭窄，车速不快，无固定线路的大型公共汽车，市内出行可乘出租车或中巴车。到刚果河对岸金沙萨可乘快艇（航程 10 分钟）或大船（航程 30 分钟）。

刚果（布）贡贝农业示范中心考察纪要

我们考察了位于首都西南 17 千米处的中国援建的贡贝农业技术示范中心[①]，这儿原为中国援建的贡贝农场，移交后渐渐废弃。该技术示范中心在原农场的基础上新建。该中心占地面积 60 公顷，引进了新的蔬菜品种，已建成大棚蔬菜基地，雇用当地人工作。但非洲人并不喜欢吃蔬菜。农业生产和刚果(布)人生活习惯方面差距很大。该中心主要示范种植业(玉米、木薯、果蔬)、养殖业(养鸡)、食品加工等，设有研发和培训中心，免费培训农技人才，每年举办 3～4 期培训班，每期学员 30～40 人，包食宿。

图 1　贡贝农业技术示范中心(作者摄于 2011 年 8 月)

图 2　贡贝农业技术示范中心(作者摄于 2011 年 8 月)

[①] 中非论坛确立了 30 个农业示范中心。

图3　贡贝农业技术示范中心(作者摄于2011年8月)

中国援建的贡贝农场东南临近刚果河,南面有卢瓦河,北临近主干公路。海拔约200米,地势平坦,相对高程差3~10米。土壤大多为沙质土,土层较厚,但土壤肥力不高,旱地20厘米以下有墒。土壤pH值上层(0~20厘米)4.2~5,中层(20~50厘米)4.2~5,下层(50~100厘米)4~4.8。气候属热带草原气候,全年分雨、干两季。年平均气温25℃,平均最高气温29.8℃,最低20℃,绝对最高气温36.4℃,年平均降雨量1396.4毫米,降雨日数109.5天。每年10月至次年4月为雨季,降雨量合计占全年降雨量的99.8%。每年6—9月为干季,很少下雨。降雨量最多的9月也只有37.5毫米,甚至无雨。全年日照时数1956.5小时。因此,干季种植作物迫切需要灌溉。农场所在区域东侧有卢瓦河,水源条件较好,易于建筑抽水站、水渠,其不足之处是河流水量不大,且干季时枯水流量不到0.3立方米/秒。沙质土保水率较差,水分损耗较大。农田水利建设采取分种轮灌(喷灌、沟灌、畦灌),以减少水利设施和输水的渗透损失。灌水时间短、集中全力引水,以将损耗降至最低。

该中心的前身贡贝农场采取以农业为主、农牧结合、多种经营、综合发展的方针。农场组织结构上,分别由农业队、蔬菜队、畜禽队、机务队组成。全场职工约250人。农场建成初期,在中国专家的苦心经营下,初有成效,但移交后中国专家离场回国,农场由于经营不善,逐渐衰败。

专题研究

刚果(布)土地利用与粮食安全研究

一、农业在国家民生中的战略地位

1. 农业 GDP 在 GDP 中的比重趋于下降,占比低下

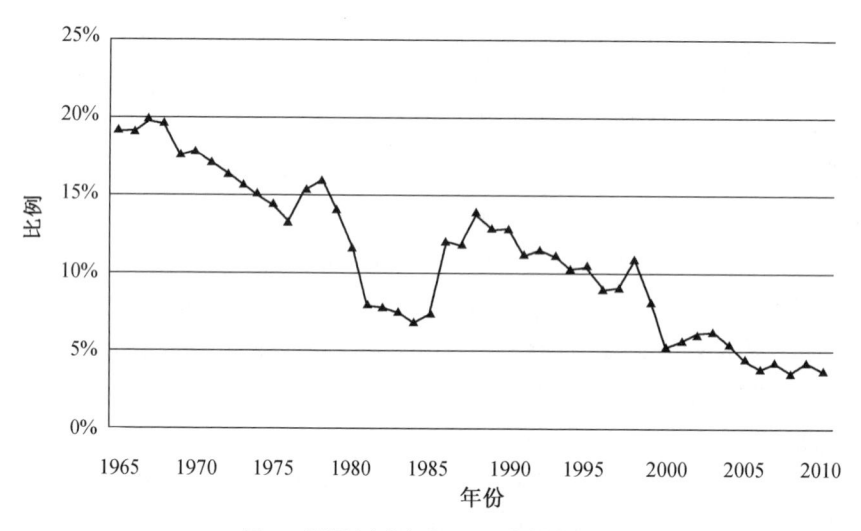

图 1　刚果(布)农业 GDP 比例变化图

资料来源:世界银行,www.worldbank.org。

随着石油产业的快速发展,农业在刚果(布)的国民生产中的比重,从 1965 年以来从未超过 20%,呈逐年下降趋势。2005 年之后,农业 GDP 比例始终徘徊在 5% 以下。由于 1995 年的内战,乡村一片萧条,土地荒芜,社会发展处于倒退状态,粮食不能自给。2010 年,国民生产总值为 177 亿美元,农业 GDP 比例下降到 3.7%。

2. 刚果(布)农业人口、农业劳动力比重

刚果(布)独立时,全国有80%的人口从事农业,到20个世纪80年代末降至43%,90年代末再降至36%。绝大多数农民一直用刀耕火种的落后方式从事耕作,一般一个农户家庭的每个劳动力平均耕种0.5公顷的土地,主要的生产工具是短柄锄和砍刀。20世纪80年代以来,政府实行了经济调整政策,把农业放在优先发展的地位,政府采取了一些鼓励措施,农业发展有所好转。根据联合国粮农组织统计,刚果(布)农村人口约150万人。农业生产以个体传统生产为主,个体农民耕种土地的面积占已耕土地面积的68.49%,国营和外资合营农场占28%,私营农场占2.45%。

同时,农村留不住青年人,153.6万农村人口以老人、妇女、儿童占大多数,有家有口的农村劳动力的负担相当繁重。参加农业生产的人口仅有60万人,而其中女性劳动力占到了59.6%。联合国粮农组织曾经斥资200万美元,以帮助刚果(布)农村妇女开展庭院经济作物的种植,但大部分资金都花费在建立有关机构和购买车辆等非直接开销方面,真正用在农村妇女头上的资金十分有限,因此该项援助农村妇女的发展计划的收效也十分有限。

表1 刚果(布)农业劳动力资源情况(2010年)

农村人口(千人)	城镇人口(千人)	参加经济活动总人口(千人)	参加农业生产人口(千人)	参加农业生产男性人口(千人)	参加农业生产女性人口(千人)
1536	2507	1693	599	277	357

资料来源:世界银行。

3. 农产品国际贸易

刚果(布)经济严重依赖对外贸易。经济以石油为主,石油以出口为主,石油出口收入占出口总收入的94%。第二大出口商品为木材,每年出口超过120万立方米,也主要是销售给国际市场,木材出口收入约占出口总收入的4%。农产品主要出口商品是糖、可可和咖啡等。同时,由于工业基础薄弱,农业生产落后,粮食不能自给,每年需要大量进口粮食和肉类来维持市场供应。每年的进口用汇中2/3用于食品进口。

现在刚果(布)实行多边自由开放的贸易政策,鼓励国有、私营、合资三种经济形式并存,国家只垄断大米及部分生活用品的进口和销售。主要进口国家是法国、巴西、日本、美国、德国及欧亚经济共同体成员国。主要出口国家是法国、美国、意

大利、比利时等。

表2　刚果对外贸易额(2004—2010)　　　　　　单位:亿美元

年份	2004	2005	2006	2007	2008	2009	2010
出口	17.8	25.6	60.3	55.25	35.5	50.09	74.9
进口	7.7	20.7	11.5	16.66	19.55	16.99	31.9
总额	25.5	46.3	71.8	71.91	55.05	67.08	106.8
差额	10.1	4.9	48.8	38.59	15.95	33.1	43

二、刚果(布)粮食自给率低下,长期依赖粮食进口

2000年以前,由于刚果(布)对农业生产的不重视,以及内战和一些政治原因,粮食进口量一直呈现高速增长趋势,2000年粮食进口达到21.8万吨,之后随着农业的逐步恢复,进口量稍微有减少。谷物严重不能自给,需要从各个方面对其进行农业援助,缓解粮食不足。

表3　刚果(布)谷物产量、进出口量及自给率　　　　　　单位:吨

年份	1961	1965	1970	1975	1980	1985	1990	1995	2000	2005	2010
产量	5000	10000	8000	20650	11713	16048	6014	11849	9953	21297	24950
进口量	12871	17488	24938	35709	88236	95622	78872	130638	218283	122098	40344
出口量	0	0	0	15	154	0	0	78	46	10775	202
自给率	27.978%	36.380%	24.288%	36.650%	11.737%	14.371%	7.085%	8.320%	4.362%	16.059%	38.330%

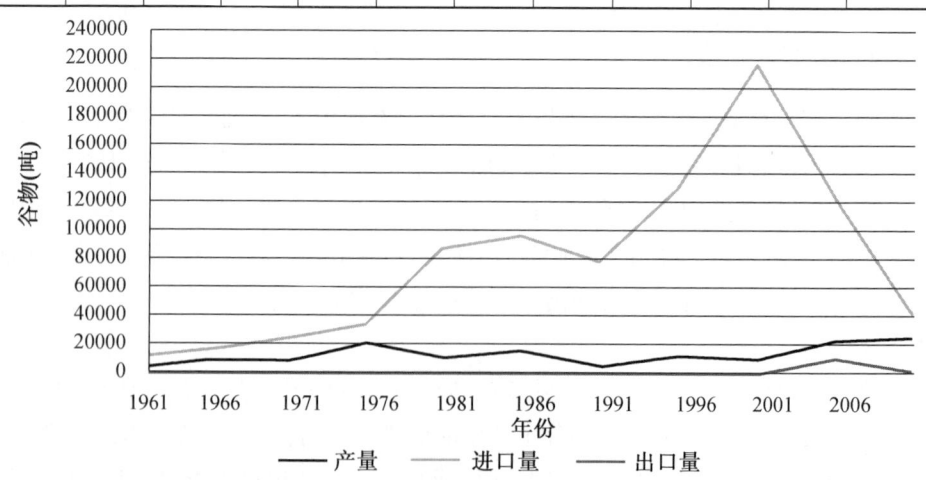

图2　刚果(布)谷物产量及进出口量变化

从产量上来看,除了木薯和块根作物一直保持较高的产量之外,其他粮食作物的产量都相对较低。2007年,木薯产量912543吨,而玉米、大米、小麦、花生、土豆的产量很小,造成刚果(布)粮食结构单一。

表4 1996—2007年刚果(布)农产品产量　　　　　　　单位:吨

年份	玉米	土豆	木薯	花生
1996	8013	2966	762828	17120
2000	10026	3448	672800	18000
2005	9364	4012	887654	22034
2006	10056	4207	901452	22654
2007	10125	4563	912543	25463

三、土地利用结构特点及潜力

1. 农用地结构

刚果(布)境内森林覆盖率仍达国土面积的60%左右,在某种程度上制约了农业的发展。

由于气候炎热多雨,刚果(布)拥有天然的农业发展条件,山地、平原、河谷、盆地等多种地形,又为多样化的生态农业提供了可能。

刚果(布)农业呈二元结构,少量的现代农业和大部分的原始农业并存。少量的现代农业经营企业拥有种子、化肥、农药和农业机械等资源,而大部分的原始耕作农户则几乎以刀耕火种的方式维持生计而已。农业用地面积占国土面积的25%以上,可耕地实际用于农作物种植的仅有2%。就农业地理分布而言,北方地区基本上原生态未开发,中部高原地区沿城市边缘和2号公路附近为半开发地区和抛荒地区,而以布拉柴维尔以南至黑角的南方地区,大部分是已开发农业地区。

表5 刚果(布)农业土地资源情况(2009年)

土地面积(千公顷)	农业面积(千公顷)	耕地和永久性耕地(千公顷)	耕地(千公顷)	永久性耕地(千公顷)	永久性草地和牧场(千公顷)	森林面积(千公顷)
34150	10560	560	500	60	10000	22420

数据来源:联合国粮农组织数据库。

2. 粮食作物、经济作物用地结构

刚果(布)农业生产方式仍以个体农民传统生产方式为主,个体农民耕种的土地占已耕地的 68.49%,国营和外资合营的农场占 28%,私营农场占 2.45%。牧业和渔业都不发达,种植业集中在南方普尔、尼阿里和布昂扎三个地区。主要粮食作物有木薯、马铃薯、甜薯、玉米和水稻等,以薯类为大宗,特别是木薯,适应性强,全国大部分地区均有种植,用木薯加工制成的富富粉是城乡居民的主食。甜薯、马铃薯的分布也较为普遍,其中以丘陵和山地较多。巴太凯高原主产玉米、小米等。沿海平原、尼阿里谷地和桑加河流域种植水稻,产量不大。粮食、肉类、蔬菜等均不能自给。

经济作物在刚果(布)农业中占重要的地位,主要有甘蔗、花生、油棕、烟草、可可、咖啡和香蕉。其中以甘蔗、花生、油棕最重要。经济作物既有种植园或国营农场经营,又有个体农民分散种植。甘蔗主要分布在奎卢河—尼阿里河上游各地。独立后政府在此建立规模巨大的甘蔗种植园,主要用于制糖。花生主要产地在奎卢河中上游的沙壤土地。油棕分野生和培育的两种,整个刚果(布)都有野生油棕林,但采集困难;东北部桑加河流域两者皆有;西南沿海地区多人工栽培的油棕。油棕仁可榨油。可可和咖啡从 1890 年引进,在沿海种植,1930 年后大面积种植,独立后可可集中在桑加河流域,咖啡集中在奎卢河上游地区种植。香蕉遍布各地,烟草集中在阿马河流域。棉花、柠檬、柑橘和剑麻多种植于奎卢河—尼阿里河流域。蔬菜多种植在河谷地带和城市周围地区。经济作物存在不少问题,首先是多年生作物老化且多病虫害,许多树种亟待更新;其次是与粮争地的矛盾日渐突出,尤其是烟草等产区也是刚果(布)主要的产粮区,为解决粮食日益不足的问题,不得不缩小经济作物的种植面积;再次是经济作物管理费时,日感劳动力的不足,而妇女占农村劳动力的 60%。面对这一情况,刚果(布)政府通过作物更新、扩大种植园面积、推广农业新技术等措施,使经济作物进一步发展。

3. 林业

在非洲,刚果(布)是仅次于加蓬的木材生产国,森林资源是刚果(布)第二大自然资源,出口收入仅次于石油。刚果(布)森林资源十分丰富,素有"绿色金子"之称,林地面积约 2000 万公顷,占全国面积的 58%,可采伐的木材约 5500 万立方米,茂密的热带森林中树种繁多,有 1000 多个木材品种,可供出口的有 40 多种,其中属于名贵木材,在国际上享有声誉的是奥库梅木、红木、桃花心木、黑檀木等。据说刚果(布)对森林资源采伐的控制措施相对严格,2007—2008 年度木材采伐量为 208 万立方米。刚果(布)目前尚无中资企业进驻开发棕榈油资源,但巴西、意大

利、韩国等国家正在筹划开发当地的棕榈油资源。

刚果(布)主要的林区有三个：① 马永贝林区,位于大西洋沿岸,面积 120 万公顷,可采伐的木材约 285 万立方米。因为位于沿海地区、运输条件好,是较早进行采伐的地区,现已接近枯竭。② 夏露林区,位于南部的尼阿里地区,面积约 300 万公顷,可采伐的木材约 700 万立方米。由于靠近刚果(布)—大西洋铁路,运输方便,大部分森林已被开采。该区是刚果(布)的主要木材区,产量约占全国木材总产量的 70%。③ 北部地区,主要在桑加地区,面积约为 1300 万公顷,可采伐的木材达 4000 余万立方米。由于交通不便,运输困难,并且有大片林区处在沼泽地带,不易采伐,因此该区的木材采伐量在全国总采伐量中占的比例很小,但是木材生产的潜力很大。

4. 畜牧业

由于整个农业发展处于比较低的水平,而且受萃萃蝇的危害,刚果(布)畜牧业十分落后,牧业和渔业同样处于自给自足、随产随销的状态,主要饲养牛、羊、猪、鸡等。至今所提供的畜产品和禽蛋远不能满足人口需要,其中肉类只能满足人口消费的一半。刚果(布)畜牧业落后,一方面归因于历史上居民没有饲养牲畜的习惯,第二次世界大战后,才有第一个畜牧站和两家法国私人公司从事畜牧业。另一方面则受自然条件的限制,刚果(布)的萃萃蝇为害严重,畜群因此大量死亡,后在引进抗昏睡病的畜种以后,情况才有所好转。此外,天然牧场的缺乏也影响畜牧业的发展。北部热带丛林区牲畜放牧困难,中南部巴太凯高原旱季水源不足,地下水位低,打井效益不高,牲畜饮水困难,同时这里土壤侵蚀严重,植被稀少,载畜量低。只有西南部地区水草丰茂,有利于畜牧业的发展,建有国营牧场。

表 6 2004—2006 年刚果(布)畜牧业存栏量

年份	2004	2005	2006
山羊(只)	294200	295000	295000
牛(头)	110000	115000	115000
猪(头)	46300	46500	46000
绵羊(只)	98000	99000	99000
马(匹)	65	65	65
鸡(千只)	2300	2400	2400

数据来源:联合国粮农组织数据库。

加 蓬
——赤道雨林之国

2011年8月25日,我们乘飞机飞往刚果盆地三国考察的最后一国加蓬。抵达加蓬国际机场办理入境手续时,我们三人又遇到了健康"黄本"问题。一位男性海关人员向我们索要小费。经讨价还价,我们交了25美元才得以入关。我国驻加蓬大使馆的同志接机,直接把我们送到由温州人在加蓬首都利伯维尔开办的丁丁饭店住下,这儿便是我们短期考察的栖身之地。加蓬国土面积狭小,但矿产资源(尤其是石油和锰)和森林资源极为丰富,石油工业和林业是加蓬的两大支柱产业与外汇收入来源。种植业和畜牧业不占重要地位。城市人口占比高达80%。粮食不能自给,大米、小麦主要依靠进口,以满足城市居民需要。林业是我们考察的重点。我们先后采访了我国驻加蓬大使馆、经商处和我国在加蓬从事木材加工的企业华德集团公司的驻地。经商处负责调研的秘书简单介绍了加蓬的林业经济状况,并向我们提供了相关的材料,对我们研究加蓬的林业问题很有帮助。我们专门拜访了华德集团公司驻地,董总经理热情地接待了我们并陪我们参观了企业相关的生产部门。该企业拥有30多位黑人员工和本集团公司员工,主要生产锯木和板材。据商务处陈秘书介绍,林业是加蓬第二大支柱产业,大片的森林为无人居住区,每年出口150万立方米木材。现已禁止出口原木,这对各国企业影响比较大。过去的木材加工设备主要是加工原木出口。为保护加蓬森林资源,政府已出台原木出口禁令,各相关外资木材企业必须执行,中国企业也不例外,为执行加蓬国家禁令,各企业只得改建木材加工设备企业。中国在加蓬的企业都在投资筹建加工厂,主要加工板材、胶合板等。据反映,我国农业部曾派农业技术专家组指导加蓬农业,但成效不佳。

图1 拜访我国驻加蓬大使馆参赞
(摄于2011年8月)

图2 大使馆驻地留影
(摄于2011年8月)

漫步利伯维尔——加蓬首都

2011年8月,我们小住丁丁宾馆期间,除直接拜访有关单位和企业外,利用间隙时间,我们重点考察了首都利伯维尔市区的城市建设与城市发展,时或乘出租车,时或步行,走街串巷,享受映入眼帘的独特的城市景观和川流不息的人群的风土气息。尤其是女性,从头到脚,发型各异,耳坠、手镯和脚镯异彩纷呈,不仅展现出加蓬黑人女性的美,也从一个侧面显示出加蓬人民的生活水平远高于刚果(金)和刚果(布)。城市道路宽阔而整洁,具有民族风格的建筑融入西方高大的西式建筑,给人一种完全欧化的现代化城市的感受。实际上,利伯维尔已发展成为中非地区的一座国际化都市,一些重要的地区性或国际性会议在这里举行。

图1 利伯维尔海滨(作者摄于2011年8月)

图2 利伯维尔海滨(作者摄于2011年8月)   图3 利伯维尔城市雕塑(作者摄于2011年8月)

图4　利伯维尔建筑物雕塑
（作者摄于2011年8月）

图5　雕像
（作者摄于2011年8月）

回顾加蓬的发展史,可以追溯到利伯维尔兴起和发展的历史轨迹。据记载,早在15世纪,葡萄牙人率先来到加蓬海岸,从事罪恶的奴隶贩卖活动。18世纪,法国人逐步渗入。1839年,法国船长布埃发现这里是建立商站的宜选之地,以低廉的代价骗取了加蓬两岸大片土地的主权。1846年,殖民者在河口北岸建立了商城,成为殖民者掠夺加蓬自然资源的据点,这儿就成为利伯维尔的前身。1849年,法国人在加蓬近海截获了一艘偷偷贩卖黑人奴隶的巴西船,便把船上的黑奴截留下来,安置在商站,成为这里最早居民的重要组成部分,布埃给这一商城起名叫"利伯维尔",在法语中,意为"自由"。法国殖民者相继涌入,以武力作后盾,诱编当地酋长与其签订不平等的"保护条约",至1891年占领了加蓬全境。1910年,加蓬便成为法国在赤道非洲的四块领地之一。利伯维尔成为法国殖民者统治加蓬的行政首府。随着法国殖民者大量掠夺加蓬的木材。到20世纪50年代,利伯维尔已发展成为有2万人口的小市镇。1960年加蓬获得独立后,随着民族经济的发展,利伯维尔作为首都城市迅速发展壮大起来,不仅欧洲人大批来此"淘金",广大的农村人口也不断涌来寻求生存发展的机会,城市人口迅速增加。1992年,市区人口已达到35万人,市区面积4780平方千米。2000年,城市人口已上升至40万人。现已发展成为城市区域面积（含郊区）47平方千米、人口75万人的具有民族风格的现代化大城市。利伯维尔港是加蓬第二大港口。

利伯维尔坐落在大西洋加蓬湾的北岸,西南为南北延伸的海滨,东面为起伏变幻的丘陵,海拔20～30米,南面为沟通内陆的加蓬河。这为利伯维尔的发展提供了得天独厚的自然基础。一条海滨大道从莱昂姆巴国际机场沿着海滨平原蜿蜒伸展到城市中心,长约15千米,道路宽20米,成为利伯维尔市区与大西洋毗连的一条重要城市主干道之一。这条海滨大道与随着山丘起伏、弯弯曲曲地呈现环形的城市道路系统相连通,构成整个城市的骨架。因此,城市建设用地布局呈现出不断向外扩展的同心圆。当飞机下降时,从空中俯视,整个城市空间格局形似一把芭蕉扇。碧蓝的海水,黄色的海滩与起伏错落有致的城市建筑群,构成一幅"依山傍水"的热带城市风光的美丽画卷。

利伯维尔整个城市的功能组团大致可分为以下几个区:行政区、商业中心区、高档住宅区和公共服务建筑区、工业区、港口区等。

阿兰巴河南岸为政府机关、博物馆所在地,其东侧为商业中心,是以城与海滨高速公路相连通的独立大街为城市发展轴线发展起来的。总统府、政府机关办公大楼都集中分布在这条繁华的街道旁。商业中心区、超市和街头小摊并存,有利于满足不同阶层和消费水平的需求。因此,在我们的考察计划中,包揽整条大街的城市建筑景观和城市社会经济文化活动,是我们的重点考察内容之一。

8月28日,在海岛沙滩游憩结束返回宾馆之后,我们吃完中餐便马不停蹄地沿着海滨大道向市中心走去。行至总统府前,我们被别具风格的总统府气派所吸引,便驻足拿出相机和摄像机。刘、甄两位老师开始照相,我拿出摄像机准备摄像。突然间,我看到总统府前的一位身穿军服的卫兵穿过马路大步走过来。这时,我多少有点紧张,生怕卫兵没收我们的相机和摄像机。幸运的是,两位老师还算机智,主动向卫兵解释,他们还未照到总统府,只是照到了府侧的一座清真寺,我还没有开始摄像。卫兵要求他们两位把已拍摄的删掉,于是他们两位当着卫兵的面删掉了照片。卫兵还算客气,这时我才算松了一口气。我们三人不敢久留,生怕节外生枝,心想越早离开越好。正巧,后面开过来一辆出租车,我们叫停。车上已有一位从马里来的黑人,带着一名小男孩,我们只好"饥不择食"地拼车,早点离开这是非之地。出租车行进不一会儿,马里客人下车,我们继续前行。行车中,正巧快到十字路口时,左边开过来一部小车,车内坐着两位女性,因路有点下坡,司机虽紧急刹车,还是惯性地向前冲了几米才停下来,差点与左侧的小车在十字路口相撞,虚惊一场。事有凑巧,两位交警正巧碰上赶过来,厉声要求司机拿出驾照,司机不肯,一位男警察拿出手铐,我们有点紧张,不知这位警察是想吓唬司机,还是真想把他铐走处理,气氛比较紧张,我们赶快拿出1000中非法郎车费交给司机,趁机下车走人,不敢多待,生怕牵扯不清。这儿离我们入住的宾馆不远,于是步行回去。至于交警如何处理的,不得而知。原计划游逛商业中心区的手工艺品市场,只好另行择机光顾。

在小住利伯维尔市的日子里,观赏奇妙的海上景色和热带园林式现代化城市建筑浑然一体的典型非洲城市风姿,对我们这样远道而来的访客来说,是一次难得的机会。

在奔波各有关单位之后,我们抓住机会沿海滨高速公路北上至海滩,在高速大道的两侧是广阔的大洋海滩,东侧建有一处阶梯式观礼台,这儿是举行大型国家活动的观礼台,也是供游客远眺海滩和大西洋面风光的最佳位置。放眼左右远眺,可清晰地看到海滨高大的椰子树衬托着美丽的热带城市风光,恰似一幅让人心旷神怡的美丽画卷。近看,碧蓝的海水清澈异常,金黄色的沙滩从脚下伸向远方。海滩上设有浴场、休息厅和餐厅,精心服务于各方游客。在这松软的沙滩上,点缀着艳丽的遮阳伞,宛如朵朵彩霞,为沙滩之美增添不少姿色。极目远望,海面上可见大大小小、颜色各异的游艇,来来往往。身临其境,可充分感受到,这一漫长的金色海滩构成赤道下热带海滨城市一大特色,充分展现出奇妙的海上景色和热带园林式城市浑然一体的非洲热带城市风格。

利伯维尔港位于加蓬河口,濒临大西洋东岸,是加蓬仅次于让蒂尔港的第二大港,也是锰矿输出港。一条横贯加蓬东西的铁路干线,自该区直通东南部的弗朗斯维尔,全程683千米,在该市西不远处即为莫安达锰矿区,因此,锰矿可通过此铁路线直达港口区。利伯维尔大潮时,海水上升2米,小湖上升1.6米,奥文多大湖上升2.3米,小湖上升1.9米。

利伯维尔港口是一个驳运港,有3个码头,设施功能齐全,装卸设备有各种岸吊、汽车吊、装矿机、驳船、拖船等,其中拖船的最大功率736千瓦。矿石的装卸效率为每小时3000吨。港域有较好的避风锚地,水深8.7米。主要输出货物除锰矿石外,还有木材等,进口货物主要有水泥、车辆、酒、金属、燃油及润滑油。

莱昂姆巴机场位于利伯维尔市西北22千米处,是加蓬航空公司的驻地和枢纽基地。加蓬国家航空公司成立于1977年,政府约占80%的股份。现有客机5架,货机1架,国际航线20多条,主要通欧洲和非洲。我们这次非洲五国考察行程路线即是从刚果(金)金沙萨乘国际航班抵此。考察结束后,我们从利伯维尔国际机场乘马里航空公司的飞机取道多哥抵达马里首都巴马科。

利伯维尔海岛沙滩游

2011年8月28日上午9:00多,我们三人赶往海边码头,准备乘渡船赴一处著名的海岛海滩一日游。这一天正值星期天,去海滩游憩的人比较多,需排队购票。每张票1.2万中非法郎。我们大约等候了半个小时才登上一艘小型渡船,船上游客都有座位,每人都必须穿上救生衣。船行大约20分钟便到达沙滩。沙滩上设有三排木质躺椅,滩外侧便是游客休闲度假村。我们把鞋袜脱下来放在沙滩上,刘成富和甄峰两位老师沿沙滩步行至200米之外的一处地方下水游泳。我在原处看守东西。海浪不断上涌,打湿了鞋子,我顺手将鞋子向外移了1米多。我以为海水打不到鞋子了。不一会儿,我也走向他们两人游水之处。我脱掉衣服,把衣服和摄像机放在岸边的一根大圆木上,海水冲打不着,我只穿了条红裤衩便下了海,顿时感到海水很凉。由于水太凉,霎时间我好像心脏骤停,我意识到此刻必须站稳脚跟,以防瘫倒在海水中。幸运的是我稳住了,瞬间转危为安。大约在海水中玩了20分钟,两位黑人小伙从沙滩游憩处顺岸走过来,用法语对我们讲了几句,我也不懂法语,没有理会他们。当我们上岸走回游憩处时,发现我的一只皮鞋和袜子不见了,矿泉水也不见了。我们在附近寻找,结果我只找到了一只袜子,这等于少掉了一双鞋袜。刘老师找到了他的一只袜子和鞋子,虽然少了一只袜子,但鞋子成双。甄老师在海水里游戏时,眼镜掉进海水里,无法找回。虽有遗憾,但我们都感到不虚此行,因为我们充分体验了远在大西洋边的一处世外桃源,这儿风景如画,有赤道带独特宜人的热带风光之美。

图1 利伯维尔海岛沙滩游(摄于2011年8月)

图 2　利伯维尔沙滩(作者摄于 2011 年 8 月)

下午 4:30,我们登上渡船原路返回。下船后,十分难堪的是,我只能请他们俩先回宾馆,我赤脚走回去。脚踩在石子路上难以忍受,我只好慢慢一步一步移动,这时最担心的是怕扎破脚,扎破脚最怕的是感染上地方病。我每走一步都十分艰难,格外小心,用了 30 多分钟才回到宾馆,总算安全返回栖身之处。这一经历令我终生难忘。

小记丁丁宾馆二三事

利伯维尔市地处赤道以北46千米的大西洋沿岸,由于受赤道低压控制,终年高温多雨,属热带雨林气候,全年温差不大,平均气温26℃左右,年降雨量充沛,在3000毫米左右,具有热带湿热的海洋气候特点。在我国每年8月,正值赤日炎炎,是火烧的夏季,当我们飞抵利伯维尔入住丁丁宾馆时,中午有些湿热感,但傍晚出人意料地十分凉爽。有时,我们白天在外奔忙一天,晚上吃过晚饭,便登上宾馆三楼的休闲中心,享受一下入夜气温下降后凉爽宜人的夜生活。中心是一处面积不大的露天平台,摆有五六张给人纳凉的桌椅,可以聊天,可以跳舞。中心一侧设有一间小卖部,有清凉饮料和休闲小吃,任人选购。一位年轻漂亮的中心服务员性格开朗,与各路来客交谈甚欢,能歌善舞。她与我们几位来客围坐一张桌子,谈笑风生,刘老师深谙法语,即席传递。我虽不懂法语,但我根据人的情感流露,多少能领悟到这位少女的心声。在闲聊间,她柔媚地侧身半趴在桌面上,伸出手示意乐意陪我跳舞。她的善意让我不知所措,我确实不会跳,不能随她意,只好谢绝。

那天晚上,正巧有几位法国人入住,也上来休闲,我们聊了一会儿。据他们自己介绍,他们是法国海员,是随油轮作为押送人员来加蓬运油的。他们都有家室,但出差在外,均不安分守纪,法国人的浪漫在世界上是出了名的,我们听其言,未见其行,一笑了之。

丁丁宾馆由客房和餐馆组成。客房两层楼,我们住在一楼的一套组合客房,我们三人每人一间房,共享一个客厅,还算宽敞。我们每天在餐馆用餐,如用早餐,需要先预订,因为客房不含早餐。餐馆雇用一位加蓬某大学在校大二女生。加蓬只有两所大学。其中,奥马尔·邦戈大学设在利伯维尔,为全国最高学府,马苏库科技大学设在上奥果韦省首

图1 女大学生鲍桑(作者摄于2011年8月)

府弗朗斯维尔。其他高校为大专院校。大学专科2~3年,本科4年。招生制度是凭中学毕业会考合格证书即可申请入学。在丁丁宾馆小住的几天里,有一位女大学生趁假期在宾馆餐厅打工,芳名鲍桑。她是加蓬某科技大学大二的在校学生,每次我们在餐厅就餐,都是她为我们服务。她年龄不超过20岁,1.70米的个头,身材匀称,行为举止落落大方,有少女的清纯,光彩靓丽,招人喜欢。我专门为她拍摄了一组照片,以作留念。

专题研究

加蓬森林资源的综合开发利用与保护

加蓬共和国位于非洲中部北纬2°和南纬3°之间,赤道横贯国境中部。西濒大西洋,海岸线长800千米,北与赤道几内亚、刚果(金)接壤,东南与刚果接壤,国土面积26.7667万平方千米,首都是利伯维尔。

从土地结构来看,加蓬大致可划分为3个自然地理分区:沿海冲积平原(范围在离海岸20到300千米之间);内部高原和山地,海拔500~800米;东部、南部主要是稀树大草原,多沙丘、潟湖和沼泽。主要山地有:北部的克黎斯达山地,南部的古姆那-布阿里和夏伊吕山地,东南部的比罗固山地。伊本吉山是最高山峰,海拔1575米。加蓬是一个多河流的国家,境内最大河流为奥果韦河,全长1200千米,自东向西流经全境,注入大西洋,流域面积达22万平方千米,占国土面积82%以上。其他河流有科莫河、朗波-恩科米河和尼昂加河,均由东向西流入大西洋。

加蓬自然条件得天独厚,除矿产资源外,森林资源极为丰富。加蓬热带雨林为刚果盆地热带雨林的一部分,其生态系统以极大的生物多样性而闻名。据联合国粮农组织统计,2000年加蓬的森林面积为2200万公顷,森林覆盖率为85.37%。林木总蓄积量达48.8亿立方米,可作为商品材利用的蓄积量在15亿立方米以上。[1] 原木储藏量约为4亿立方米,位居非洲第三位[2]。因此,加蓬获得"绿金之国"的美誉,也是世界第二"绿肺",非洲的"大氧吧"。

加蓬是非洲各国中木材出口历史最悠久的国家,早在1903年森林的采伐和加工就是主要的工业部门。在加蓬国民经济中,林业是仅次于石油的第二大支柱产业。

---

[1] 姜忠尽.非洲农业图志[M].南京:南京大学出版社,2012.
[2] 丁沪闽.非洲主要林业国家木材资源概况[J].河北农业科学,2010(02).

一、林业资源评价

1. 主要树种

加蓬森林主要属热带雨林类型,各类树木达 800 余种,特别是奥库梅,在一般热带雨林中少见,但在加蓬最为集中。因此,开发最多的是奥库梅,又称加蓬榄或黑檀木,储量达 1.3 亿立方米,占林木总量的 25%,产量和出口量居世界之首。其次是奥齐戈,又称蜡烛木。其余树种统称"杂木",主要有以下 10 种:非洲紫檀,又称红花梨;古夷苏木,又称巴花;非洲山榄;非洲阿勃木,又称红檀香木;巴蒂;绿柄桑;红铁木;巴伊亚红木,又称玫瑰木;小斑马木;两蕊苏木。① 这些树种出口量占杂木出口量的 70%。加蓬可开发树种约 400 种,但目前仅有 80 种树种得到开采和利用。

表1 加蓬主要热带木材一览表

名称	商品材名称	科属	主要特性	主要用途
奥克橄榄	Okoume	橄榄科	大乔木,心浅红褐—白色,材轻,强度弱,光泽强,结构细匀,干燥快,无开裂和翘曲,加工容易,耐腐性能良好	主要用于生产装饰单板、胶合板、家具、包装箱、盒、木模等
中非蜡烛木	Ozigo	橄榄科	大乔木,主干直圆,浅黄褐色灰白色,具光泽,结构细匀,重量中,干缩甚大,强度中至高,略有变形,开裂较严重,不耐腐	造船、车辆、家具、室内装修、地板、包装箱、板条箱、胶合板等
厚瓣乌木	Ebene	柿树科	大乔木,干形好,木材散孔材,心材近黑色或浅黑色,边材红褐色,木材光泽强,无特殊气味,结构甚细、均匀,木材甚重,干缩甚大,强度高,木材干燥速度中等,性能良好,几无开裂和变形	高级家具、乐器、雕刻工艺品、剑柄等

---

① Gabon: Plus d'exportations du bois[EB/OL]. http://africa-info. org/index. php? option = com_content&view=article&id=946:gabon-plus-dexportations-du-bois&catid=34:economie&Itemid=64.

(续表)

名称	商品材名称	科属	主要特性	主要用途
两蕊苏木	Ayan, Movingui	豆科	大乔木,主干直圆,有脆心材发生,木材散孔材,心材黄色至黄褐色,边材草黄色,木材具光泽,无特殊气味,结构细匀,重量及干缩中等,强度高,木材干燥略慢,几无开裂和变形,略耐腐,加工容易,切面光滑,胶黏性能好,具有一定抗硫酸性能	装饰单板、家具、室内外装修、造船、化工用木桶等
古夷苏木	Bubinga Waka	豆科	大乔木,主干直圆,心材红褐色或粉红褐色,具紫色条纹,边材乳白色,木材具光泽;无特殊气味,结构细匀,木材重,干缩甚大,强度高,木材耐腐,加工不难,切面光滑	上等家具、装饰板材
葱叶状铁木豆	Dina, Pao rosa	豆科	大乔木,木材散孔材,心材紫红褐色,具深浅相间条纹,边材黄白色。木材具光泽;无特殊气味,结构细,略均匀,木材甚重,干缩大,强度高,很耐腐,加工较困难,表面光滑	高级家具、细木工、装饰单板、乐器、雕刻等
卡雅楝	Acajou, African mahogany	楝科	大乔木,木材散孔材,心材金黄色,边材乳白色至浅黄色,木材具光泽,无特殊气味,结构细匀,木材轻,干缩大,强度中,易开裂和变形,加工容易,切面光滑	刨切装饰单板,用于家具、细木工、车厢等表面装饰板,也可生产家具、乐器及室内装修等
毛洛沃楝	African walnut, Dibetou	楝科	大乔木,树干通直,木材散孔材,心材金黄褐色,边材浅黄色,木材光泽强,无特殊气味,结构细匀,木材轻,干缩中,强度中,木材干燥速度中等,几无开裂和变形,加工容易	家具、细木工、室内装修、食品包装,尤其适宜刨切装饰单板作胶合板面板
大绿柄桑	Iroko	桑科	大乔木,树干通直,木材散孔材,心材黄褐色至暗褐色,边材黄白色,木材略有光泽,无特殊气味,结构均匀,重量及干缩中,强度中至高,木材干燥速度中,略有开裂和变形,很耐腐,加工较容易	上等家具、细木工、室内外装修地板、造船、化工用木桶、刨切装饰单板等

(续表)

名称	商品材名称	科属	主要特性	主要用途
翼红铁木	Azobe, Ekki	金莲木科	大乔木,树干通直,木材散孔材,心材暗红至紫褐色,边材粉色,木材具光泽,无特殊气味,结构均匀,木材甚重,干缩甚大,强度高,木材干燥困难,易发生开裂和变形,是非洲已知木材中最耐腐的一种,木材加工困难	桥墩、码头桩木、枕木、载重地板、卡车车底板等
犹氏黄胆木	Bilinga, Opepe	茜草科	大乔木,木材散孔材,心材黄至橘黄色,边材浅黄白色。木材具光泽,无特殊气味,结构细均匀,重量中,干缩甚大,强度中至高。木材干燥慢,略变形,开裂较严重,木材耐腐,抗蚁性强	枕木、造船、建筑、车辆、地板、刨切装饰单板等
猴子果	Makore, Douka	山榄科	大乔木,主干圆形,木材散孔材,心材浅红至暗红褐色,边材白至浅粉色,木材光泽强,无特殊气味,结构细,略均匀,重量中,干缩甚大,强度高,木材干燥慢,几无开裂和变形,很耐腐,加工不难	家具、细木工、造船、室内装修、胶合板、雕刻等

资料来源:侯元兆,等. 热带林学[M]. 北京:中国林业出版社,2002.

2. 森林地区分布

根据加蓬的地理和自然气候条件,其森林大致可分为四大类①:

(1) 热带常绿雨林。这类森林分布在加蓬的北部,特别是几内亚湾沿岸,那里有茂密的热带雨林,树种丰富,树冠相接,构成巨型的帷幕。主要树种有加蓬榄、艳榄仁树、中非蜡烛树、非洲紫檀、安哥拉密花树、桑巴桃花心木及翼红铁木等。加蓬的热带雨林与热带稀树草原林交错分布。

(2) 常绿林、半落叶林。这类森林主要分布在加蓬的东部,是常绿和半落叶林的中间型,它与常绿林的基本区别是没有加蓬榄。

(3) 热带草原林。这类森林分布在加蓬的南部,通常与热带草原林、稀树草原林互相交错,而以稀树草原林为主,树木稀疏,生产力很低。

---

① 加蓬林业[EB/OL]. 中国林业网, http://www.forestry.gov.cn/portal/main/map/sjly/sjly88.html.

(4) 红树林。这类森林分布在加蓬北部沿海几内亚湾海岸低湿地带。加蓬北部沿海地带有三大片潮水河,周围都是红树林,面积约有 12.5 万平方米,其分布在与赤道几内亚相连的加蓬湾、蒙塔港和木尼河湾。仅加蓬湾面积就有 8 万平方米,其中被水淹的至少有 2 万平方米。

沿海地区的原始森林早已砍伐殆尽,那里分布着次生林带。次生林带中的林木材质一般没有原始森林中的林木材质坚硬,但其生长快。次生林带中主要树种有加蓬榄、阳伞树、奥多罗、奥卡拉、木棉和油棕树等。

二、林业生产

1. 加蓬的林业状况

林业在加蓬国民经济中占有重要地位,木材产值占国内生产总值的 3.3%,木材和其他林产品出口在加蓬出口总额中居第二位,出口值占出口总值的 35%。林业是加蓬财政收入的重要来源之一,其税收贡献逐年增加。林业也是创造就业岗位最多的行业之一,2005 年,林业从业人员占加蓬总劳动人口的 22%。[①]

2. 采伐区和主要采伐树种

加蓬大规模采伐林木,已有一百多年的历史。加蓬政府对森林开采实行发放固定数量许可证的方法进行控制。允许开采的森林面积约 800 万公顷,目前约 400 万公顷的森林处于开采状态。森林出让的期限分 10 年、15 年或 20 年不等。采伐区主要分为三个区域:一类区约 350 万公顷,主要位于沿海地区,由当地公司开采。由于这一区域离港口近,并可以通过河流放木运抵港口,开采费用很低,而且不需要基础设施投资。二类区约 1000 万公顷,位于恩古涅省、尼扬加省、中奥果韦和奥果韦—伊温多省四省区内。三类区约 650 万公顷,位于国家的中部地区博韦、拉斯图维尔、弗朗斯维尔地区。[②]

采伐树种涉及树木约有 60 种,其中两奥木材(奥库梅和和奥齐戈)占绝大多数,其产量占总产量的 75%～80%。其余树种木材产量不大,其中较多的是桃花心木、乌木和胡桃木。

[①] 姜忠尽.非洲农业图志[M].南京:南京大学出版社,2012.
[②] 加蓬林业资源[EB/OL]. http://www.africawindows.com/html/feizhouzixun/guoqingbaike/20070815/10817.shtml.

3. 木材加工能力和主要林产品

长期以来，加蓬的木材加工率较低，当地木材加工厂的设备陈旧，可加工品种单一，以粗加工为主。为此，加蓬政府一直致力于提高木业工业化程度，提高木材加工能力。加蓬的木材加工业主要分三类：① 锯材厂，约有 30 家，主要分布在首都和让蒂尔港。这些工厂的设备简陋，只能进行一些简单的加工。锯材产量较为稳定，一般维持在 30000 立方米左右，出口量极少，不超过 1000 立方米。② 旋切厂，主要加工奥库梅，生产贴面和胶合板，其产量约 55000 立方米，80% 用于出口。③ 家具生产厂。这类厂家大部分水平较低，产量有限，主要是生产一些简单的家具和承揽装修工程。①

近几年来，森林开发企业与木材加工企业趋于合并，并形成较大的联合企业，木材加工能力有了很大提升。目前，加蓬已经有不同规模的各类木材加工企业近 70 家，各类企业包括锯木厂、枕木厂、单板厂、胶合板厂、纸浆厂、家具厂、木炭厂、电线杆厂等②，可以对采伐原木总量的 45% 进行加工（2002 年只能加工 7%）。从 2006 年木材加工行业主要领域可以看出，锯材加工比例为 49.07%，贴面加工占 29.26%，胶合板加工占 18.97%，旋切加工占 2.70%。在这些加工企业中，80% 以上都是外国企业，加蓬企业只有 20% 左右，且规模较小、设备简陋、人员技术素质不高，加工业分布不均匀。③

木材加工业产品主要包括锯材、胶合板、薄木板、单板、枕木、纸浆、纸张等。木材品种主要是奥库梅，其木质轻而软硬适中，木料纹路清晰，气味芳香，适合制造胶合板、薄木板、镶嵌木材等，在工业上用途较广。其次是奥奇戈，适用于胶合板、家具构件、地板、木箱、细木工制品等，可作为奥库梅的替代品。此外还有具备较高的装饰价值的红花梨，适用于豪华家具、地板、乐器、雕刻的巴花，适合于细木工、单板、胶合板的非洲山榄等。

4. 林副产品

根据一项针对加蓬首都利伯维尔市场上的林副产品的调查结果④，加蓬非木

---

① 同上.
② 陈宗德，姚桂梅.非洲各国农业概况[M].北京：中国财政经济出版社，2000.
③ Freddy MEKA M'ALLOGHO, Evaluation de l'impact de l'application des mesures conservatoires et leurs incidences sur l'exploitation des forêts au Gabon（《加蓬森林开发保护措施实施的影响和结果》），Ecole Nationale des Eaux et Forêts—Ingénieur forestier spécialite en SIG et BD, 2007.
④ ENQUÊTE PRÉLIMINAIRE SUR LES PRODUITS FORESTIERS NON LIGNEUX PRÉSENTS SUR LES MARCHÉS DE LIBREVILLE（GABON）（《利伯维尔市场的林副产品调查报告》），http://www.fao.org/docrep/x2161f/x2161f26.htm.

质林副产品主要涉及对林木的根茎、枝叶、果实、种子、汁液的开发利用,其价值主要体现在食用(蔬菜、香辛料、酒类等)、药用(草药)、薪材、家具等方面。

加蓬人将木薯的嫩叶用于烹饪,麻藤属植物是当地市场上的重要蔬菜,颇受欢迎。人们也使用林木种子和树皮作为香辛料,例如番荔枝科假肉豆蔻属就可作为调料以及传统草药。棕榈树汁可制成畅销的棕榈酒。在药用方面,由于很大一部分加蓬人难以承担购买进口药品的价格,因此他们倾向于使用林木的枝叶等作为草药。锯材工厂的木材加工废边料、木屑等是市场上薪材的主要来源,最多见的是奥库梅,其次是红木瓣木。另外,一些林木的叶片如蕉叶,可被用作包装,包裹木薯制成的食物。林木的枝干、藤条在手工业中大量使用,用作编织篮筐,及其他家具用品。

三、主要林产品出口流向

1. 出口品种

出口产品包括原木、锯材、板材、纸浆、纸产品。

出口品种方面,加蓬奥库梅出口量最大,其次是蜡烛木。国际热带木材技术协会(ATIBT)2009 年的数据显示,奥库梅木材出口量为 69 万立方米,占了 42.2% 的市场份额。其他品种主要有圆盘豆、非洲花梨木、开瓦辛高木、红铁木、格木、小斑马木等。①

2. 出口流向

加蓬原木大部分销往亚洲和欧洲。直到 20 世纪 90 年代中期,欧洲(主要有西班牙、德国、意大利、比利时、希腊、葡萄牙等)和地中海国家(主要是土耳其和摩洛哥)是加蓬木材的主要出口市场,其中法国是最大的进口国。然而,1993 年以后形势发生了变化,传统的欧洲市场逐步让位于亚洲市场,中国也取代了法国的地位。1992 年,加蓬原木的出口市场 62% 在欧洲,亚洲只有 12%;1995 年,亚洲市场超过 40%;1996 年,亚洲市场增至 51%;而到 2009 年,亚洲市场已占 88.5% 以上。②

加蓬原木向中国出口量逐年增加。2005 年,加蓬原木向中国出口总量增加到

---

① 程实.加蓬原木出口开始稳定[J].国际木业,2011(2).
② Présentation des pays II-Gabon, Cadre politique, social et économique(《国家简介(二)——加蓬,政治、社会、经济》),http://www.forestsmonitor.org/en/reports/549968/549987.

79 万立方米,占其出口总量的 50% 左右,出口欧洲的原木下降到 54 万立方米,比例也下降到 34%。2009 年,加蓬原木出口总量为 163 万立方米,向中国出口量达到 119 万立方米,占 70% 左右。①

四、森林资源的开发与保护

1. 森林资源开发过程中的生态环境问题

当前加蓬的年毁林率约为 0.5%②。森林资源的消减引发了众多的环境和生态危机,合理开发利用及保护森林资源是一项相当艰巨的任务。

从国情来看,加蓬人口密度相对较低,总人口的 2/3 左右为城市人口,1/3 左右生活在首都利伯维尔,石油和采矿业发达,直接依赖森林生活的人口比例相对较低,农业发展对于森林没有巨大压力,加之本身原始森林辽阔,因此与非洲其他国家相比,加蓬森林与环境破坏情况总体上较轻。

加蓬森林与生态环境方面存在的主要问题是:① 由于木材加工工业薄弱,林木采伐量高,影响森林的自然再生能力。交通方便的林区受到掠夺式的开发,许多珍贵树种即将采伐殆尽。沿海平原及可以通航的河流两岸,特别是奥果韦河下游等交通方便地区森林资源已经耗竭或趋向耗竭③。尽管加蓬对森林的开发是有所选择的,但也难以实现可持续发展。例如素有"加蓬一宝"之称的奥库梅,虽然成材快、成材率高,但砍伐数量持续增长仍然影响其数量上的再生,并且导致林木质量下降,影响其出口木材的品质。② 森林开发加剧非法狩猎,动物数量减少,生物多样性遭到破坏。③ 森林开发直接或间接引起环境问题:土地侵蚀与环境污染。一方面,用于处理林木的化学品污染土地;另一方面,燃烧未被利用的原木加大了空气中尘埃颗粒的含量。④

---

① 《加蓬原木向中国出口量逐年增加》,http://www.ce.cn/cysc/main/jtfzspsy/shwll/200801/22/t20080122_14322152.shtml.

② Freddy MEKA M'ALLOGHO, Evaluation de l'impact de l'application des mesures conservatoires et leurs incidences sur l'exploitation des forêts au Gabon(《加蓬森林开发保护措施实施的影响和结果》),Ecole Nationale des Eaux et Forêts-Ingénieur forestier spécialite en SIG et BD, 2007.

③ 姜忠尽. 非洲农业图志[M]. 南京:南京大学出版社,2012.

④ Présentation des pays II-Gabon, Cadre politique, social et économique(《国家简介(二)——加蓬,政治、社会、经济》),http://www.forestsmonitor.org/en/reports/549968/549987.

2. 从原木出口转向木材深加工

2009年,阿里·邦戈·奥丁巴总统上任后,尤其重视加蓬生态系统的可持续发展,提出"绿色加蓬"和"工业加蓬"的发展计划。加蓬政府决定改变以往单一的原木出口模式,重点扶持发展木材加工行业,并做出了禁止原木出口的重要决定:"为创造更多必要财富、着重减少青年和妇女的失业并出口高附加值成品和半成品,加蓬政府决定从2010年1月起禁止原木出口"①。此举对于当地经营的法资、中资和本地的木材企业带来较大影响,但充分表明了加蓬政府掌控出口贸易主导权,使本国的原木出口贸易向木材深加工行业进军的决心。

与之相适应,加蓬《森林法》规定,凡新颁发给外国公司的"森林租借权",必须以同时建立木材加工企业为条件。这就是说任何今后想在加蓬从事森林开发的企业,必须先建设自己的木材加工厂。另外,政府也实行诸多政策鼓励木材深加工,如加工产品出口免征关税,用于加工厂的生产设备在进口关税上享有优惠等。总体来看,加蓬木材加工率已从1999年的7％上升到2007的30％。根据政府制定的目标,2025年加工率有望达到95％。

3. 政府政策与措施

加蓬政府对森林开发与生态环境问题历来比较重视,设有较完善的林业管理体制。政府将森林开发与保护并举,注重保护森林资源,维护生物多样性。1946年加蓬建立了洛佩自然保护区,是非洲最早建立的保护区之一。该保护区生物多样性丰富,其中分国家公园、狩猎保护区和综合性保护区。1987年加蓬启动"沿海热带草原森林经营计划",这项计划得到法国的资助与指导,目的是应用现代造林技术改良加蓬橄天然林,提高林木生长量和质量,实现森林可持续经营。2000年,加蓬政府邀请世界自然基金会对加蓬边远地区进行考察,以帮助该国政府建立国家公园系统。2002年,加蓬总统奥马尔·班戈·奥迪巴指定约11％的国土作为国家公园的一部分,共有13个国家公园,占地超过1万平方英里,这是世界上最大的自然公园之一,也使加蓬成了未来的重要生态旅游目的地之一。②

加蓬政府也长期重视采育结合、植树造林。加蓬于1935年开始人工造林,20世纪60年代初至90年代末期,人工造林约3万公顷。目前,除了2350万公顷被树木覆盖的国土外,其余的土地也还将种植树木,也就是说,未来这个国家的森林覆盖率

---

① 《加蓬调整原木出口政策促中国非洲木企加速整合》,http://www.wood365.cn/news/newsInfo_47183.html。

② 《加蓬调整原木出口政策促中国非洲木企加速整合》,http://www.wood365.cn/news/newsInfo_47183.html。

将超过现有的 85%。加蓬人工造林培育的树种丰富,覆盖加蓬榄、美洲榄、桃花心木等 10 余品种,其中加蓬榄人工试验林、纸浆用材林都卓有成效。并且在原始森林中,每公顷树木可开采的树木出材量只有 5~10 立方米,而通过人工造林,可以达到每公顷出材量 400 立方米。由于造林技术上的成功,管理体制的建立,加上国际组织的援助,加蓬人工造林已从粗放经营向集约化栽培的方向发展。①

为使森林资源成为边采边再生的可持续发展资源,加蓬政府还实施了一系列有效措施,以促进森林资源更新及合理利用:① 合理规划,制定政策,加蓬与日本合作署合作,规划林业资源全国性资产总量表,根据对森林资源的盘存摸底,制定加蓬木材出口、加工政策;② 合理开采,要求企业对自己的林地、工厂进行认证,即对林地边界进行划分,确定每年可采伐区块,使林地实现可持续采伐;③ 开发新林区,制止掠夺性采伐,随着木材需求量的增加和现有采伐区资源枯竭,今后林业发展的重点应逐步转向新林区的开发,将采伐基地由沿海向内陆推移;④ 扩大采伐树种、限制珍贵树种采伐,对于产量显著减少的赤非红树木、猴子果、毒籽山榄和蜡烛木等树种颁布禁伐条令②。

五、加蓬森林资源相关法令及中加林业合作问题

1. 加蓬森林资源相关法令

加蓬现行的森林资源相关法令是颁布于 2001 年 12 月 31 的新《森林法》,由 298 项条文构成,分为基本原则和资源可持续管理两大部分,主要涵盖四个方面:① 林地长期整治和规划,旨在对森林资源实行有计划的长期持续的管理和合理开发;② 提高森林开发的工业化程度,提高原木当地加工率,为本国国民扩大就业机会,提高林业产品的附加值;③ 成立国家公园,强化对森林资源生态多样化的保护;④ 鼓励国民参与森林砍伐和经营。③

1982 年的老《森林法》主要侧重于促进森林资源的商业开发和鼓励引进外资投入,新《森林法》则侧重创造就业机会,提高木材当地加工率,加强林地规划、生态多样性,实现可持续发展。新法对于森林开发后的整治、木材加工企业的设立、利益分配、当地村民的参与以及森林经济部的管理职能、税收等,均有详细规定;针对

---

① 加蓬林业[EB/OL]. 中国林业网,http://www.forestry.gov.cn/portal/main/map/sjly/sjly88.html.
② 管宁. 加蓬禁伐 4 个重要树种木材[J]. 国际木业,2009(4).
③ 《加蓬新〈森林法〉简介》,http://www.smes-tp.com/Article_Show.asp?ArticleID=19314.

原始森林、国家级自然保护区、用于可持续开发林区和城市周边林带等制定了长远开发和保护的规划。例如为减少乱砍滥伐，法律规定林地租赁者必须对林地进行规划，主要包括森林资源调查、社会经济学及生物多样性评估，提交综合报告。只有制定林地规划并经认可的企业才可获得林地长期使用权，并享受减免林地税50%的优惠。①

2. 中加林业合作问题

加蓬是中国在非洲的第一大木材贸易国，我国原木进口第五大来源国。我国每年从加蓬进口原木都超过 100 万立方米，占中国从非洲进口原木量的 45%。一方面，由于中国木材市场的需求巨大，而传统供应市场不稳定，中国对加蓬等非洲国家的热带木材的进口需求不断增加。另一方面，加蓬林业加工技术落后，整个加工行业基础薄弱，木材制品具有市场需求，也为中国在加蓬投资木材加工业提供了机遇。

中国企业是加蓬木材加工业领域的新生力量。最近几年，中国木材加工出口企业响应加蓬政府关于林地整治规划、保证可持续开采、减少原木出口、增加就地加工、提高出口木材附加值、解决当地就业的号召，正在进入大规模投资创业阶段。据初步统计，中国企业在加蓬森林行业的投资额已超过 1 亿美元，拥有林地 200 多万公顷，已建成和在建木材加工厂 10 家，雇用加蓬员工 1500 多人。目前加蓬最大的森林资源开发项目是中国林业国际合作集团公司注册成立的合资企业华嘉木业股份有限公司，此外还有万鹏木业公司、加蓬爱龙责任有限公司、加蓬香江木业股份有限公司和华鹏木业等中国企业，经营森林采伐、设备出租、原木、锯材、木材制品的贸易和出口。按国别统计，中资企业数量仅次于加蓬（26 家）和法国（23 家）。②

中加在林业开发领域的互利合作目前主要集中在进口木材，合作采伐森林，在当地建立木材加工厂，未来将在木业深加工方向开展更深入的合作。禁止原木出口政策体现了加蓬政府对未来林业发展的调控方向，要发展木材二级加工和三级加工，进一步提高产品附加值。因此，中国企业未来的经营必须转型，应由采伐、出口原木转向到当地进行木材深加工，实现林业采伐、木材加工、出口服务的一条龙运作。中国木材企业，必须以长远战略的眼光来看待中加合作，加快资源整合的速度，在当地建立起完善的产业链。

---

① 赵章云."绿金之国"有潜力[N].人民日报，2004-09-09，http://www.envir.gov.cn/info/2004/9/99913.htm.
② 《中资企业开拓加蓬林业市场备受关注面临优胜劣汰和标准考验》，http://www.xinhuapo.com/html/2012/nongye_0530/52363.html.

马　　里
——西非粮仓

马里是我们五国考察的最后一站。8月30日下午4点,我们拜访我国驻马里大使馆。曹忠明大使热情地接待了我们。

在大使馆接待厅,我简单地向大使表明此次考察马里的目的和计划。我与曹大使在教育部召开的"中国智力援外工作会议"成都会议上有过一面之交,当时曹大使任外交部非洲司副司长,他是应教育部之邀出席会议的。曹大使当时的和蔼可亲给我留下了深刻的印象。我们这次来马里考察为的是探讨马里商品粮基地的建立与农村发展问题,这是外交部的立项项目。曹大使非常重视我们的考察工作,并做了周密的安排以保证我们圆满完成考察任务。我们大约谈了半个小时,曹大使与我们合影留念,并陪我们走进使馆会议室。全馆同志早已聚集在会议室等待我们。

图1 与我国驻马里大使馆曹忠明大使合影(作者摄于2011年8月)

在会议室,曹大使主持,我代表考察小组向全馆同志做了1小时汇报。我重点汇报了四点:我国研究非洲力量的发展过程和现状;这次非洲五国考察的目标、内容和重点;对已考察过的四国的感受;在马里的考察重点是商品粮基地的建立与农村发展、北部游牧经济的发展与水草资源的保护等问题。

在汇报过程中,我重点强调了中非粮食安全战略选择建立"非洲粮仓"的问题。"非洲粮仓"问题,是我在教育部智力援外工作成都会议上首次提出的。记得当时外交部一位参赞在发言时不赞成"非洲粮仓"的提法,主要是因为这个问题太敏感,容易引起外国势力的攻击。2007年我发起"走非洲,求发展"论坛,首届会议在南京农业大学召开时,我全面系统地简述了"非洲粮仓"战略。当时与会的人民日报非洲处处长在会上表示,这是他第一次全面系统地了解"非洲粮仓"问题。与会的新华社高级记者唐先生向我约稿,在新华社世界研究中心《世界问题研究》内刊第183期上摘要发表。唐先生讲,"你是国内第一个提出'非洲粮仓'问题的人。"这一问题已引起国外的攻击,但我仍然坚持这一观点。这次在大使馆汇报时,我再次强调建立"非洲粮仓"的战略性意义。我的基本观点是,建立"非洲粮仓"有助于提高非洲国家的粮食安全系数,保证粮食的基本供应。同时,也可作为我国的海外粮食储备基地,哪里一旦出现粮食危机,我们可以尽快实施粮食就近调拨计划,以缓解缺粮地区的饥饿危机。当时我举了个简单的例子,当时非洲东角埃塞俄比亚、索马里等地区出现粮食危机,急需国际援助。当时我国实施粮食援助是从上海港起运粮食,通过海运,以最快的速度也不是两三个星期能运到的,远水解不了近渴。如果我们实现"非洲粮仓"计划,就近实施粮食调拨,短短几天就可将粮食送到饥民的餐桌上。

在汇报中,我简要地强调在马里创建商品粮基地的有利条件。尼日尔河内三角洲地区有史以来就是著名的非洲粮仓和鱼米之乡。正常年份,马里是西非撒哈拉沙漠南缘地带国家中粮食自给水平最高的国家。内三角洲地区与马里西南部地区有创建商品粮基地的良好潜力条件。

在汇报最后,我专门指出了马里北部通布图地区的社会治安环境潜在的危机。这一地区是马里的少数民族图阿雷格人的活动地区。图阿雷格人以强悍的撒哈拉沙漠游牧民族著称,是散布相邻几个国家的跨界民族。他们一直有实现图阿雷格人独立建国的梦想,时常制造社会动乱,值得关注。

在1个小时的汇报工作会议后,曹大使设宴款待我们,并委托政务参赞陪我们赴宴。席间相谈甚欢,陪餐的大使馆秘书很赞同我所做的汇报。他们没有接待过国内来马里进行地理考察的专家队。这并不奇怪,我们国内非洲研究机构中,独有南京大学非洲研究所是专门从事非洲地理研究的。

马里共和国是西非地区的文明古国,中古时代地处加纳、马里、桑海三大帝国的核心地区。国土面积124万平方千米,总人口1400万,80%信奉伊斯兰教。马里是个多民族的农牧业国家,共有23个部族,北部通布图以北为撒哈拉沙漠,大多数人集中在南部地区,历史上有"西非粮仓"之称,工业基础薄弱,是联合国公布的世界最不发达国家之一。农村人口占总人口的70%,从事农业生产的人口占全国总人口的40%以上。尼日尔河和塞内加尔河流经境内,可灌溉土地1800万公顷,约占全国总面积的15%,全国已耕地面积约350万公顷,占可耕地面积的20%。尽管发展农业生产的自然条件较好,但由于技术落后等原因,迄今仍基本处于"靠天吃饭"的状态。正常年份,粮食自给有余。种植业以小米、稻谷、高粱、玉米为主,畜牧业占重要地位,主要牲畜为牛、羊、驴、马、骆驼。畜产品主要出口牛羊肉、活牛、羊及皮张等。

马里的商品市场并不发达,在市中心有一个规模较大的市场,由于畜牧业发达,所以牛皮制品非常多。这里有着传统的手工艺品,如乌木雕。大路的另一侧的街上充斥着也许是来自中国的廉价的生活用品。

拜访联合国粮农组织与马里农业部官员

马里的农业和农村发展状况是我们考察的一个重点,包括马里农业发展现状、马里农村社会发展状况及马里传统文化的演替与转型等。驻马里农业专家、安徽省农科院胡王研究员,利用执行"南南合作"任务时建立的联络渠道和工作基础,多方协调、商定考察对象,先后陪同我们拜访了联合国粮农组织驻马里代表处、尼日尔河开发办公厅等,实地考察了典型灌溉农业区 Selingue 农业开发区、城郊型农庄 Mountougouba 农场,深入采访了渔村、农户和牧民,获得了大量有益的信息和资料。

图 1　与粮农组织驻马里代表合影(摄于 2011 年 8 月)

图 2　拜访马里农业部主管官员并合影(摄于 2011 年 8 月)

在中国援建马里农业专家队队长胡王先生的安排下，我们去拜访了联合国粮农组织，较为详细地向粮农组织官员盖塔先生了解了马里农业生产技术、主要农作物类型与生产、农业技术人员、农业与农村发展这几个方面的内容。粮农组织官员的主要职责是开展马里的粮食安全工作，设有观察所，每个星期都要了解粮价，已在做商品粮调查。马里农业部负责全国的粮食战略的制定，提出未来的战略报告。主要的几种谷物是优先发展的项目，已制定了五年发展规划。

现在农牧结合也用牛耕地，每户至少养一头牛，农忙时再租用一头，很少有农户不养牛。商品牲畜主要在北方，现在南方养殖业也发达了。北方的商品畜主要向南出口至加纳、科特迪瓦。现不再出口活畜，主要出口肉类，卖活畜损失太大，但畜产品加工后需要冷库。盖塔先生表示愿尽力帮助我们完成下农村实地考察的任务，并提供了一些已有的研究资料。

塞林格地区农牧渔与农村发展考察

尼日尔河在马里境内的长度约 1600 千米,上游切过结晶岩地块,向东北奔流,这一段河谷狭窄,多险滩、急流。中游从巴马科和库利科罗中间的索图巴险滩起,流贯在稍有起伏的平原上,河床加宽到 1~2 千米,在莫普提附近与巴尼河相汇。巴尼河由巴乌莱河、巴戈埃河和巴尼芬河三条河汇流而成,是尼日尔河在马里境内最大的支流。从通布图起,尼日尔河奔向正东,到托萨埃险滩附近急转东南,从这里起就是尼日尔河的下游段。从马西纳到通布图有很多水量大的分流、岔流、湖泊、岛屿构成了尼日尔河内三角洲。而这个内三角洲,在河水泛滥时又连成一片大湖。内三角洲分为从桑桑丁到贾法拉贝的"死三角洲"和从贾法拉贝到通布图的"活三角洲"。

图1 与尼日尔河灌溉办公室官员座谈(摄于 2011 年 8 月)

尼日尔河上、中、下游各河段的自然环境差异较大,因而各河段表现出不同的水文特征。上游处于热带多雨地区,年降雨量超过 1000 毫米,支流众多,水量丰富。尼日尔河主要依靠上游段的雨水补给,每年只有一次洪水,洪峰出现在 6 至 9 月的夏季,洪水季节水位可上涨 5~9 米。中游河段支流稀少,蒸发强烈,湖沼区滞蓄大量河水,水量逐渐减少。水量的季节差很大,时令性明显,在巴马科高峰洪水流量可达每秒 8000~10000 立方米,而塞古以下地区雨季(6 至 10 月)洪峰期平均流量每秒 6000 立方米,干季(11 月至翌年 5 月)平均流量降为每秒 40 立方米,几乎断流。塞古以下的河段和内三角洲河水漫延特别厉害,淹灌的面积可达 400 万公顷。

大多数地区的人们都是以部分调节径流的办法利用尼日尔河水实行洪水灌溉。现有灌溉设施可灌溉 15 万公顷土地,这些水浇地种植的主要是水稻,但已经开发和灌溉的面积只有总面积的三分之一。

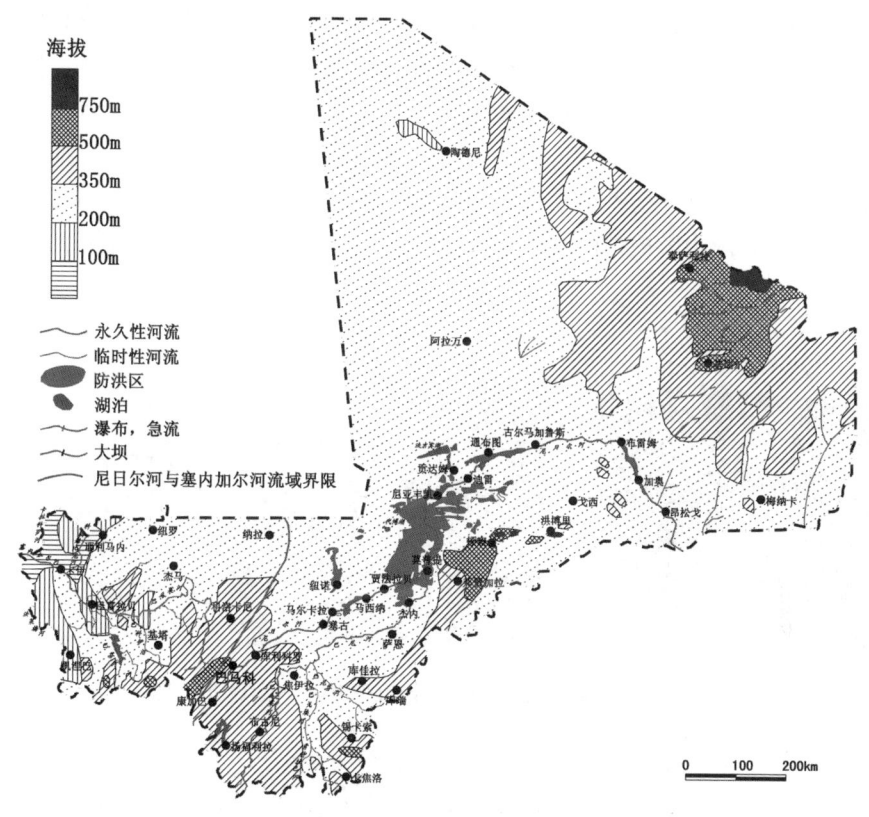

图 2　马里地形与水系图[①]

尼日尔河是一条长 4200 千米的非洲大河,流域广阔,面积达 150 万平方千米,在流域居住着 1.1 亿人口。马里是尼日尔河流域的重要国家,其境内尼日尔河流域的开发对于全国的区域经济、农业与农村发展来讲意义重大。9 月 2 日,在胡王队长的协调下,一方面,我们与尼日尔河流域开发办公室的负责人进行了面对面讨论与交流;另一方面,尼日尔河流域开发办公室又专门安排我们进行了对尼日尔河流域塞林格地区的实地考察,涉及农业、渔业、牧业和副业等方面,是一次非常安全、系统的实地考察。从巴马科到塞林格水库有 160 千米,约 3 个小时的车程。

---

① (苏)Г·Ф·拉钦科,等. 马里共和国[M]. 刘伉,等译. 北京:商务印书馆,1981.

1. 水稻田头调查

该地区由于靠近塞林格水库,灌溉条件较好,具备发展水稻种植的条件。在田头冒着烈日,当地村庄负责人及黑人水稻承包者给我们讲述了稻田种植的基本情况。插秧,施少量肥,每公顷产稻谷 3000 千克,这已算是高产了。这儿的旱作物主要是玉米。主要是在水稻选种方面存在着不少困难。随行的安徽省农科院的专家则为他们讲了中国的水稻种植技术。我们也实地看了距离塞林格大坝 500 米的主灌渠边的农业合作示范点,秧田面积 400 平方米,大田面积 4100 平方米。我们在现场看到,4 个品种的作物出苗均匀整齐,秧苗长势旺盛。尽管由于长期的农业耕种习惯,水稻在这里的种植规模还是非常小,但从发展远景来看,中马之间在农业合作方面,利用中国成熟的水稻技术加强合作与交流,不失为一个很好的选择。

图 3　赛林格灌区规划及稻田考察(作者摄于 2011 年 8 月)

离开稻田,我们又考察了该地区的主要农田水利灌溉设施,包括沟渠、泵站、河塘等。相对于别的乡村地区,这里的基本发展条件还是比较好的。在水渠的旁边,分布着一个小村庄,空地上晒着玉米,小孩子们在水渠里游泳嬉戏。我们走进了一户农民家,住房为十分简陋的两面坡草屋,低矮狭小,只能容身过夜,无活动空间,无家具,厨房另建,家无院墙。吃粮加工全靠舂米。村上没什么公共服务设施,需求水、电供应。

2. 考察畜牧饲养业

接着,我们又考察了该地区的畜牧业。畜牧业在马里国民经济中占有重要地位,牧民数量占全国人口总数的 42%,主要畜牧业品种有牛、羊、驴、马、骆驼等。牧场面积约 3000 万公顷,主要牧区分布在萨赫勒草原、北苏丹草原、尼日尔河三角洲及河谷。奶牛养殖在该地区比较普遍,沿途可以看见村民们放牧的奶牛。当地官员带我们去考察了位于城区的一个奶牛合作社,仅有两个房间,一个是用于牛奶的简单加工,另一个用于销售。除了加热、除菌的机器,这里还可以制作酸奶,满足当地居民的需求,并可以向巴马科提供鲜牛奶。但现在的情况是家家户户都在养奶牛,规模化养殖却比较少。在这一方面,我们国内的奶牛养殖有着很成功的经验,"公司+农户"的模式,可以很好地解决奶牛养殖和奶产品销售的问题。

图4　参观农户(2011年8月)

图5　牛群(作者摄于2011年9月) 　　图6　民居(作者摄于2011年9月)

3. 参观中国援建的鱼码头

渔业是马里国民经济的重要组成部分,尼日尔河和塞内加尔河为马里提供了丰富的渔业资源。主要渔业区分布于尼日尔河内三角洲莫普提、塞古、迪雷一带。马里渔民约26万人,占农村人口的3.6%。尼日尔河内三角洲地区有1/3以上的居民从事捕捞业。当地官员带我们考察了鱼苗繁殖基地,主要繁殖的是非洲鲫鱼等。基地的工作人员介绍了鱼苗繁殖的技术过程,相对于我国来讲,这些设备还比较落后,而且他们在育种关键技术领域还存在瓶颈。这一方面也为我们加强与马里的渔业技术合作提供了空间。然后我们又去看了当地的一个小型水产品市场,主要是鱼类。鱼码头是中国政府援建的,配备有冷库,鱼市就靠近水库边。我们访问了当地的村长,他们负责市场的管理。村长是选举产生的,无任期限制,村长下有4个助手。座谈完后,村长向我们要小费,我们付了5000西非法郎。这里的鱼主要是供应巴马科市场的。由于没有相应的保鲜技术,必须当天通过冷冻车运送到巴马科,车辆不足也制约了渔业的发展。

图7 与鱼贩合影(2011年9月) 　　图8 与图阿雷格人合影(2011年9月)

图8 水产繁殖基地鱼塘
(作者摄于2011年9月)　　图10 中国援建鱼码头
(作者摄于2011年9月)

4. 参观塞林格水电站

尼日尔河和塞内加尔河流经马里的大部分地区,境内长度分别为1780千米和669千米,两河常年有水,水电资源丰富。目前,马里境内在两河流经之地建有数个水力发电站,包括尼日尔河流域的塞林格水电站(1982年建成),塞内加尔河流域的Manantali水电站(2002年建成)、费鲁水电站(2014年中国援建),以及2013年开工建设的古伊纳水电站(中国援建)。这些水电站巨型工程的建设为农田水利、电力供应、防洪航运等都发挥了积极的作用,有巨大贡献。

　　塞林格水电站位于尼日尔河支流散卡腊尼河上,在首都巴马科以南 150 千米处,1982 年完工。土坝高 23 米,水库库容 21.7 亿立方米,电站装机 4.4 万千瓦。工程的主要用途为灌溉、发电、航运和防洪。在马里政府尼日尔河流域办公室的帮助下,我们考察了尼日尔河流域塞林格地区的农业与农村发展项目,具体包括水稻、牧民、渔业三方面内容。从巴马科市区出来,沿路是散落的小规模村庄以及玉米、高粱等庄稼地,植被覆盖率非常高。巴马科的居民生活方式悠闲,街头随处可见路边的茶馆。即使离开城市到了乡村,也可以看见路边围坐树边的村民。远离了城市,就能看见传统的茅草屋。这种非洲典型民居在撒哈拉以南非洲较为普遍,但也都是在乡村地区才能发现。这种建筑形式显然也是与非洲的气候与地理环境及传统生活方式等因素密切相关的。再往前走,路两边逐渐以林木为主,高大茂密的芒果树成群。远处可以看见静静的尼日尔河,以及岸边废弃的化工厂。

专访马里大学农学院

马里大学农学院访谈是我们的重点考察内容之一。该学院的教务长热情接待了我们,他负责学院的教学与科研。该学院接收外国留学生(已有来自 12 个国家的留学生),并与外国大学合作交流,如与美国、加拿大、荷兰等国的大学有合作研究项目。学院面临教师老龄化严重的问题。我们主要探讨了种植业和畜牧业的问题。

关于种植业,教务长主要谈了土地肥力问题和灌溉问题,主要进行土地改良和有效利用水资源,改变农民传统的耕作方法,存在农业技术的传播问题。农产品加工也是难题。

关于畜牧业,主要谈及游牧和定居放牧两种方式。北方热带干草原(萨赫勒地带)干季缺水严重,牲畜离开原地南移寻找水源河流、湖泊地区,雨季时返回原地,没有固定地方。定居放牧主要是在居住点附近放牧。干季时牲畜水草严重不足,掉膘严重。为了解决牧民之间放牧时的矛盾,建立了共享的放牧走廊。座谈结束后,教务长陪同我们参观了学院的种子培育室,和室外的一块庭院式试验田。

图 1　马里大学农学院教务长带我们交流参观(2011 年 8 月)

访问我国农业专家组工作站

库利科罗区是马里西部的一个大区,首都巴马科完全为其所包围。该区北邻毛里塔尼亚,西南与几内亚接壤,人口151万人,下辖7县106区。首府库利科罗,地处尼日尔河西北岸,西南距巴马科57千米,是马里共和国的重要城市,人口约1.7万。城市依尼日尔河边岩石丘陵的山坡而建。全城几乎被高大的芒果树林所遮蔽,故有"芒果城"之称。库利科罗是农业大区,主要产品为花生、棉花、稻谷和畜产品等,有碾米、榨油等初级加工业。这里也是马里西部的水陆运输枢纽,是尼日尔河中游航线的起点,以及塞内加尔—马里铁路的终点,因此也是农副产品及加工业制品的区域集散中心。

图1 库利科罗中国农业专家驻地(作者摄于2011年8月)

中国南南农业合作专家组的一个工作队就长期驻扎在这里,初步建成了库利科罗工作站。由于刚刚起步,工作站的工作条件还是相当艰苦,加之与马里农业部协调方面的困难,目前的工作开展还是相当困难。但在座谈中,我们也了解到,中方专家组还是发挥特长,分组协作,自筹经费,自制工具,自发与当地村民友好协商,取得了部分土地使用权,利用自带的蔬菜种子开展适应性试验和高效栽培技术示范推广。在当时就已成功收获10多个品种的蔬菜,包括黄瓜、冬瓜、苦瓜、茄子、白菜、油麦菜、萝卜、豇豆、毛豆等。收获的产品,部分自用,丰富了项目组自身的食物结构,改善了伙食标准,另一部分与当地居民和单位同事分享,增强了友好交流。

更重要的是，众多当地农民特别是妇女群体，对中国专家的蔬菜种植技术兴趣浓厚，每当专家在园地劳作时，总会吸引成群结队的群众前来观摩。在中国专家的精心指导下，几位接受能力较强的妇女已在自家园地种出了鲜美可口的蔬菜。我国专家身体力行，实现了实用技术的有效推广，并且产生了良好的社会效益。

首都巴马科城市文化景观巡礼

一、城市的兴起与发展

巴马科位于马里西南部尼日尔河上游左岸,在班巴拉语中意为"鳄鱼河"或"鳄鱼背",是马里首都和全国第一大城市,也是巴马科大区的行政中心。巴马科市区周围与其接壤的均为库利科罗大区的卡迪区。巴马科城市面积大约为267平方千米,人口245.87万人(2012年)。城市轮廓呈倒三角形。地势平坦,海拔320~340米,由于城市坐落在尼日尔河冲积平原上,故地表主要以沉积岩为主。西北依海拔480米的库巴山,为市区制高点,登上山顶可俯瞰全城秀丽风光。山体表层呈朱红色,可能含有铁矿石。尼日尔河从城南穿流而过,整个城市呈依山傍水之势,景观诱人。

马里曾是西非历史上出现过的加纳、马里、桑海三大帝国的中心地区。巴马科是非洲历史上第一个统一的黑人国家——马里帝国的中心(公元13—15世纪)。

巴马科老城是在16世纪一座村庄的基础上形成的。相传,巴马科一带在500多年前森林密布,狮狼成群,人烟稀少。住在马里西部临近毛里塔尼亚边境的尼奥塔城的一个青年猎手,因与兄弟不和,离家出走,来到今天巴马科这个地方定居下来,以渔猎为生,待人热情而慷慨接济贫困人家,吸引很多人迁此,形成村落,他们便成为了巴马科的第一代居民。

巴马科在被法国殖民主义侵占之前,是横贯撒哈拉沙漠的贸易集散地之一。巴马科的殖民史应追溯到1883年2月1日,当时有一支法国军队在泼格尼斯的带领下进入了叫巴马科的村子,那时这儿只有600个村民。被法国殖民者占领后,巴马科便由一个商业镇逐渐发展成为法国殖民统治的中心法属苏丹的首府,也是法国殖民非洲的第一个立足点。1904年,从巴马科到卡伊的铁路与前往达喀尔的铁路修通后,巴马科的城市建设速度获得了极大提升。铁路通车前,巴马科人口只有8000人左右。通车后,巴马科作为区域物资集散中心的地位日显重要,人口也随之增加,市区规模不断向外拓展。1920年巴马科成为法属苏丹的首府。1960年马里独立,巴马科成为国家首都。1998 年城市人口达到 100 万人,进入了大都市的行列。

二、尼日尔河大桥与城市空间结构

巴马科整个城市空间结构的基本特征,是一条西非大河尼日尔河流经市区东南,将城市分割成南北两部分,一座长 1200 米的巴马科大桥,把南北两个部分连成一体,北为老城区,南为新市区。尼日尔河巴马科河段的河面宽 800 米左右,一些河段可超过 2000 米。河道两侧植被覆盖率较高。我们曾专门深入河流的南岸,大桥的左侧,观察河岸景观和水上风景。河岸草坪如茵,有些

图 1 巴马科尼日尔河大桥留影(2011 年 8 月)

地方杂草丛生,河流沙滩呈赭红色。河流因受气候影响,年流量变化较大。我们观察河流时正值雨季,河水清澈,在阳光照耀下,碧波粼粼,河面上轻舟来往如梭。

雨季时进入新老市区,首先映入眼帘的是郁郁葱葱的芒果树。道路两侧的芒果树碧绿翠滴。据说,一到结果的季节,高大的芒果树上硕果累累,随风飘香,行人垂涎欲滴。高大的非洲"火焰树"花红似火。整个城市掩映在这两种高大的树层中,花红似火,把这座热带稀树草原上的城市装点得更加奔放美丽。

巴马科地区属于典型的热带草原气候,一年大致可分为干季和雨季。每年 5 至 10 月为雨季,多暴雨,7、8 两个月降雨量最多,分别可达 220 毫米和 234 毫米。11 月至次年 4 月为干季,降水稀少。12 月至次年 1 至 2 月,几乎无雨。全年平均降雨量不超过 900 毫米。全年气候炎热,最高气温可超过 40 ℃,全年最高平均气温也在 34.5 ℃,最低平均气温也有 21.5 ℃,全年平均气温 27.8 ℃。如果你打算去巴马科旅游,最好选择每年的 7、8 月,这两个月最高平均气温不超过 32 ℃,但雨量较多,空气比较湿润。每当雨过天晴,如果有兴趣可漫步巴马科大桥,凭栏远望,可见马里人头顶一个大包裹到河畔洗衣。女人们在露出河水面的石头上或水泥台子上,抡起衣棒捶打衣物,揉搓荡涤。特别是每到上午 9:00—10:00,阳光普照,河边上如同集市,男女涌聚,热闹非凡。有的人是靠洗衣为生的,洗好衣服后,把衣服

一件件地平铺在绿色的草地上,五彩缤纷,只需个把小时,洗好的衣物便晒好了。由于天气炎热,来这里的黑人男女们往往洗完衣物后裸身下河洗个澡,谈笑喧哗,别有一番非洲特有的情趣。据当地人反映,每到干季,天空万里无云,滴雨不降,除了一些常绿树木和人工栽培的花草外,落叶、草木枯黄,没有了雨季时的蓬勃生机,整个城市似乎变得憔悴。

漫步尼日尔河北岸老城区考察,是我们考察整个城市建设和社会文化景观的重点内容之一。以刚果(金)民族英雄卢蒙巴命名的自由广场,是巴马科城市中心。附近有独立大道、国家图书馆、清真寺、友谊宾馆、非洲发展银行等。利比亚卡扎菲时期援建的国家行政中心建筑群也布局在这里,其建筑风格和气派令人侧目。塔尖高耸的清真寺、电视发射塔和多达17层的友谊宾馆,为市区最高的建筑物,格外醒目。整个中心区建筑风格展现了阿拉伯建筑风格与西非地域建筑特色交融辉映。跨越尼日尔河的第二座大桥促进了河流南岸城市新区的发展,各项城市基础设施建设尚在完善中,城市照明和居民饮用水的覆盖率仍低于老城区。在市区东部河段已建了第三座大桥,主要连接开发区,聚集了食品、机械、纺织、卷烟、火柴、家具等工业部门。

图2　参观巴马科郊区私家小农场(2011年8月)

三、游览市中心商业区和工艺品市场

马里的手工艺品如乌木雕刻、象牙雕刻、动物角雕刻、鳄鱼皮件和小巧玲珑的金银饰品,在西非颇具特色。商业街区到处都是人,拥挤不堪,小贩占道经营,行人难以穿行。商业街两侧是经营各类商品的现代化门店。主要经营较高档次的进口商品和本国的各类商品,如巴黎高档时装、香水,以及具有欧洲或本地特色的金银首饰项链、手镯、钻戒、耳环等。进口首饰多为法国、瑞士、意大利、比利时产品。占道地摊和两侧的现代商店之中,还混杂有马里地方小吃和饮料摊,整条街道散发着黑人身上的特有气味,令人终生难忘。

图 3　巴马科街市(作者摄于 2011 年 8 月)　　图 4　巴马科工艺品市场(作者摄于 2011 年 8 月)

　　挤出商业街,我们急切地进入手工艺品市场。每个门店均为作坊式店铺,前为一间面积不大的门店,销售自产工艺品,后为作坊。我们重点考察乌木雕刻门店和作坊。我们先走马观花式地浏览各家门店摆出的各种乌木雕刻,主要有人物雕像和野生动物雕像。人物雕像均为男女成对,有头像、半身像和全身像,形态各异、姿态万千,都为清一色的乌木雕刻,但看起来令人眼花缭乱。选中了,就可与店主讨价还价。我们知道任何一件乌木雕刻都是有底价的,我虽不是讨价能手,但多少也能讨到较低价格。如没有挑中自己想要的雕件,我们就到后边作坊,一边欣赏他们的制作手艺,一边挑选想要的雕件。作坊大都光线昏暗,陈列杂乱,手艺工人所用的工具也十分简单,没有什么像样的现代设备,作坊环境十分差,空气也不新鲜。别看每个作坊其貌不扬,然而制作出来的乌木雕刻作品却个个栩栩如生,令人喜爱,可见非洲不乏传统的能工巧匠。我选购了一套夫妻全身乌木雕像。

　　在我们游览工艺品市场时,时不时地看到有些小贩手中拿着别的小皮件出售,如野兽皮小皮包、蛇皮皮带和小巧的金属人物或动物铸件等。小贩大多是青年,颇有耐性,跟着你缠着你。我也有耐性,不急不忙,谈到价位合适,我就买下。我挑选了三根蛇皮腰带,作为纪念品。工艺品市场还有一排专卖各式自制的皮鼓的地方,大大小小,形态各异,不管是哪种类型的鼓,均是野兽皮或鱼皮蒙面。我颇感兴趣,买了一只单面蒙皮的小皮鼓作为纪念品。另外,我还买了条牛皮皮带。

四、马里人的服装与装饰

马里人的衣着与服饰,在热带撒哈拉以南非洲国家中是比较讲究的,也很有特色,特别是在正规场合如接待来宾、举行各种会议、走访亲朋好友时,男女除穿西服外,多穿传统代表性的民族服装。"布布"长袍就是马里人的传统礼服,这种长袍肥肥大大,布面颜色有红、白、兰、黄,长袍面上都有变化多彩的图案,有的图案是用闪光的线秀出来的,做工精细,大多用当地有名的土布为衣料做成,无领、宽肩袍肥,腋下有较大的开缝。据介绍,这种宽大的长袍,在炎热的天气下,穿在身上感到凉爽、舒适。穿上长袍时,头上要戴上毡帽,脚上要穿上皮拖鞋或皮鞋。马里男子个子比较高大,这种装扮体现了马里人的气质和威风。妇女的"布布"长袍,不像男人的那样肥肥大大,比较紧身,长至脚踝,但领口和袖口比较讲究,都镶着边,胸前绣着美丽的图案,头上裹着布料纱巾。妇女注重装饰,喜欢戴上手镯、脚镯、项链、耳环、鼻环等,显得格外明媚,风韵尤佳。当然,这是有身份的达官贵人才穿戴得起的,一般平民百姓家的妇女就没有那么光彩了。据说,妇女习惯穿长袍与信仰伊斯兰教有关,因穆斯林祷告时需五体投地,如穿短衫、短裙,祷告时下身暴露就不雅观。未婚的女孩比较讲究发型,头上梳着无数条小辫,把小辫编成多种不同的发型。一旦结婚成家,就要以布包头了,直至终老。

五、参观马里国家博物馆

马里国家博物馆是我们了解马里历史的最好去处。马里国家博物馆于1981年建成开馆。富有特色的博物馆大门,简朴而紧凑的展厅布局,石头承重墙体,钢筋混凝土层面板,褚红色的建筑色调,所有建筑物与走廊的自然良好通风,都给人留下了美好的印象。这儿也成为远方来客必游的重要景点之一。马里国家博物馆是一座考古学和人类学博物馆,其主旨是继承和发扬马里传统历史文化。目前,整个展馆共有6000件关于考古学和人类学的收藏品,4万件手稿和幻灯片,1500件乐器,500盒录音带和300件录影带。博物馆共分三个展厅,第一展厅的展品是沙漠中居民使用的石头工具和一些日常生活用的器皿;第二展厅是一些木雕和陶器雕像;第三展厅是一些布料和服饰。这些展品是马里史前时代的临时和永久性藏品。据介绍,马里境内的很多遗址是法国探险家首先发掘的,大部分出土文物是走私到欧洲后追讨回来的,也有些是外国捐赠的。有些器物真实的用途和含义已不知晓,只是展出做个历史见证,有待今后研究考证。

六、城市交通与对外交通

  巴马科由于城市发展较为迅速,人口快速增长,私家车辆与摩托车大大增加,导致道路交通不甚完善,基础设施压力大增,尤其是老城区交通拥堵现象十分突出。这是因为城市就业岗位主要集中在老城区,上下班高峰期,大量的就业人员驾着私家车通过大桥往返新、老城区之间,时常导致尼日尔河大桥和主要道路拥堵。城市公共交通严重滞后,中巴车是主要的公共交通工具,载客量有限,远不能满足城市人口流通的需求。市政府为缓解城市交通压力,曾于2009年计划修建两条有轨电车线路,一条从尼日尔河南岸的长途汽车站经大桥和人民大街通往市中心;另一条线从AC12000经一条大街通往巴马科区。这两条有轨电车线路建成后,将会减轻城市交通压力。

  巴马科是全国的交通枢纽和对外交通中心。铁路方面,由火车站西行直通大西洋沿岸国家塞内加尔的达喀尔海港,成为马里重要的进出口通道。公路方面,由巴马科出行向南可通达西非大西洋几内亚湾两个沿海国家几内亚和科特迪瓦。马里航空运输较发达,巴马科是重要国际航空港之一。赛努航空港是马里和西非地区重要的航空枢纽,位于巴马科南郊15千米处。辟有多条重要国际航班。机场于1974年正式运营,2007—2012年升级改造。机场海拔380米,铺有一条长2706米、宽45米的沥青跑道,可供大型客机起降。目前,为阿尔及利亚、法国、加蓬、几内亚、科特迪瓦、马里、科西嘉国际航空、埃塞俄比亚、加纳、库洛哥、非洲运输航空、突尼斯、卢森堡等国航空公司运营的国内外客货运定期航班提供服务。

终生的遗憾——未能如愿考察沙漠南部边缘古镇通布图

2011年8月底至9月初,我们来到非洲五国考察的最后一站马里。在考察任务即将结束时,我提议去考察撒哈拉沙漠南部闻名于世的历史古城通布图。凡是到马里旅游的,大都向往亲眼一览沙漠边城的独特古城景观风貌。在国内,我因长期研究非洲地理,对这个沙漠边城多少有些了解,也一直向往有一天能亲临其境。这次考察马里,能趁机实地考察通布图,当然是梦寐以求的事情。可能有人要问,为什么不早做计划,未能早做决断其实是因为多少还是有些顾虑和犹豫,如向大使馆报告,出于安全考虑,大使馆肯定不会同意。如不去通布图考察,那我年事已高,以后再也不会有机会了。在我的坚持下,我们三人赶去国内机票售票处预订机票。到达售票处,我们抓紧时间去购买机票,出乎意料的是,飞往通布图的飞机不是每天有,每周只有一次,人算不如天算,我们回国日期已确定,难以改签,只好扫兴而归,留下了难以忘怀的遗憾。但我还是愿意把我对通布图的了解,做些"纸上谈兵",介绍给读者,但愿有意去通布图游览的探奇者,早做准备和安排,以便有朝一日梦想成真。

在撒哈拉沙漠探险中,闻名遐迩的廷巴克图(今名通布图)经常出现在许多人的想象之中。据说,它是个拥有传奇性财富的神秘城镇,并且一直是认真的探险家和年轻的冒险者的追逐之地。通布图坐落在撒哈拉沙漠南缘的尼日尔河中游北岸,是古代西非与北非骆驼商队的必经之路。从公元14世纪起这儿曾为马里帝国和桑海帝国的都城,多古迹。1887年由图阿雷格人所建。据说,早在公元12世纪,每当旱季,北方的图阿雷格人到这里的一口水井旁安营扎寨,待到雨季来临又返回北方。这口井就由一名叫布克图的老妇人看守,人们称之为"亭-布克图",亭在阿拉伯语中意为土地,即"布克图之地",久而久之,这个名称就成了这个地方的地名。如今,作为这座城市历史见证的这口水井,仍然保留着,供人观赏。中世纪的阿拉伯商人们,沿着沟通沙漠南北的商道向通布图进发。然后,比萨人、热那亚人、法国人、威尼斯人等也纷至沓来。通布图成了当时重要的物资集散中心,撒哈拉以南非洲与阿拉伯世界及欧洲之间架起了贸易桥梁。柏柏尔商人到这里来贩卖纺织品、奶制品、小米、椰枣,换回黄金、象牙、鸵鸟羽毛等。随着阿拉伯骆驼商队的到来。阿拉伯文化和伊斯兰教传入并传播开来。公元15至16世纪,通布图与开罗、巴格达、大马士革齐名,成为著名的伊斯兰学术研究中心。通布图清真寺与突尼斯、巴格达、爱资哈尔清真寺经常进行学术交流,不少伊斯兰教徒或学者慕名而来,在当时的散科尔高等学校里研究《古兰经》、法学、文学、历史、天文、地理、数学等。如今,当你进入通布图,中世纪的伊斯兰教和阿拉伯文化遗迹依然到处可见。最著名的建筑是建于1325年的通布图大清真寺,庄严肃穆。城市除了几条柏油马路外,布局和建筑形式大致保持着中世纪阿拉伯城镇的风貌,建筑风格与撒哈拉以南非洲其他地区迥然有别。居民住房大多数为双层石木结构,高大宽敞,大门多镶嵌有带有阿拉伯民族特色的铜质花纹图案,有的装饰着门环和门铃,显示出廷巴克图古代居民的智慧和手艺。市区还有一座古老的图书馆,馆内书籍和一些阿拉伯文书写的古书手抄本都已流散于通布图民间。

通布图也是重要的商业中心,商店和手工艺品店铺鳞次栉比,织布工人随处可见。图阿雷格游牧民至今仍保持着古老的风俗习惯,善于在沙漠里开垦盐矿,然后用骆驼运到通布图集市上出售。

尼日尔河流至通布图时因撒哈拉沙漠南侵堵塞河道而改道,现已从通布图南移11千米。但通布图的生存和发展仍与尼日尔河息息相关。公元15世纪末16世纪初,桑海帝国阿斯吉亚皇帝曾主持挖凿了4千米长的运河。马里独立后,政府积极筹资挖凿运河、修建码头,以沟通尼日尔河,引水灌溉,发展水运,活跃地区经济,再度使通布图焕发当年的活力,成为该地区的物资集散中心。

在阿拉伯世界,盛行妇女戴面纱,但在撒哈拉沙漠里,却有一个信奉伊斯兰教的游牧民族,成年男子戴面纱,而成年女子却不戴,他们就是沙漠中养驼久负名盛的既神奇又尚武的图阿雷格人。纯种的图阿雷格人肤色很浅,与阿拉伯人和黑人都没有血缘关系。据现代民族科学家考证,他们属于白色人种中的柏柏尔人,是北非土著民族的后裔。早在公元7—11世纪,阿拉伯人入侵北非,土著柏柏尔人遭受到驱赶,其中有几个部落被迫逃入撒哈拉沙漠中央的山区,与世隔绝,逐步形成独立的图阿雷格民族。目前,这个民族大约有90万人,主要散布在马里、布基纳法索、尼日尔、利比亚、阿尔及利亚等国的接壤地区,除部分已定居外,绝大多数仍过着居无定所的游牧生活,至今仍然保留着原始的习俗和落后的生产力。

图阿雷格人身材高大,体魄强健,性格豪放,尤其能忍受炎热和饥渴。男子上身穿白布大褂,下穿黑色或白色布裤,外面套一件青色"布布"长袍,身佩短刀和长剑,刀把和剑鞘都是用皮带编成的,上面有花纹和图案。成年男子个个头缠面纱,是用长4米的黑色或白色宽条布缠绕而成,上端缠着头发和前额,下端挡住鼻子、嘴和下颚,蒙得十分严密,只露出两只眼睛。平时甚至睡觉时都不摘掉,吃饭喝水时也不揭开,而只是将面纱下端稍许撩开一点,慢慢地往嘴里送吃的,同时小心翼翼地用手虚掩着嘴和鼻孔。每当会见外族宾客时,绝不会让外人看到他们的脸部。他们认为,让人看到脸是不礼貌的,越是尊重客人越是要把脸遮严。走亲访友,哪怕住上多日,也不能见到真实面孔,甚至男女青年恋爱时,小伙子也同样蒙着面纱,但彼此都能准确无误地认清对方。按照传统习惯,男孩到16岁时,家庭要为他举行庆祝仪式,父母要正式授予他一条面纱,并赠他一把传统武器双锋利剑,表示他已成年。儿子接过面纱并不马上戴上,而要珍藏到25岁左右才戴上,一旦戴上面纱就不再揭掉。如果男子不戴面纱,就会被认为伤风败俗,不成体统,并因此遭到严厉的舆论谴责。图阿雷格人各自因居住地区不同,面纱颜色有所差别,有白色、黑色、深蓝色之分。现在,有的地方把授剑和授面纱仪式分开进行,先是16岁授予长剑,到25岁时再授予面纱。

图阿雷格人至今仍然保留着传统的社会结构制度——氏族制度,每一个家庭都归属于一个氏族,而每个氏族都各属于社会的某一阶层或种姓。在氏族内实行的是"母权制",子女姓母亲的姓氏,嗣承其舅父,而父亲不能作为子女的血亲和保护人。妇女在族内享有很高的社会地位,受到全社会的尊敬,有时氏族争端也由妇女出面解决。妇女在经济上享有突出的自由,可以赤脚四处游逛。妇女可接受教育,能读会写,谈吐文雅。平日她们穿黑色长布衫,发型雅致,头发从顶部向两边平分,编盘成两个发髻,垂于头的两侧。她们惯用褚色土涂抹在面部,喜戴手镯和脚镯。两颊和下巴等处刺有花纹。但是,每逢节假日或举行隆重的盛会之时,不分男女老幼,装束一律为蓝色,甚至连皮肤、胡须都用蓝靛染成蓝色。因为这个民族以蓝色为贵,认为蓝色是神圣、富有的象征。

图阿雷格长年处于沙漠之中的山区,生活环境异常艰苦,气候终年干热,极少降雨,且常有沙暴,恶劣的生活环境磨炼了图阿雷格人刚毅的性格和顽强勇敢的斗争精神。男子汉大多长年过着游牧生活或从事骆驼商队贸易。也有部分图阿雷格人已定居下来从事农牧业。游牧民以帐篷为居室。父母和未婚子女同住一个帐篷中。所有亲属家庭聚集在一起,组成一个庞大的家族宿营地。帐篷式样独特,各地有别,如艾尔山区,帐篷草席搭成半球形,但在伊福拉斯山区,帐篷是用染成红色的三十多张羊皮搭成的,非常醒目。定居的图阿雷格人的住宅分外厅和内室,外厅墙上挂着一批陶器,既是用器又是装饰品,中间放有煮茶和咖啡用的炉子。左边是宽敞的内室,地上铺有席子或地毯,墙上挂有挂毯和器皿,色彩绚丽,但外人未经许可不得入内。右边是一间储藏室,放置手摇磨、织机、盛水皮夹等,家什多用皮、木和金属制成。

图阿雷格人伊斯兰化虽已达千年之久的历史,但原始宗教仍盛行不衰,笃信巫师。尽管伊斯兰教信仰允许男子娶4个妻子,但图阿雷格人严格遵守一夫一妻制,配偶不由父母包办,通常是自己自由选择,但氏族内禁忌通婚。姑娘14—15岁就可嫁人,但男人要到30岁才能成家。因此,图阿雷格人的姑娘都十分年轻。姑娘喜爱把头发梳成48根发辫,有的结婚后立即改变发型,有的做了母亲才改变发型。求婚约会由女方主导,晚上进行。已到婚龄的姑娘可以选择一个晚上邀请小伙子来聚会。通常是小伙子来到姑娘独居的帐篷外,与姑娘围坐在一起,喝着茶水,聊天,讲故事。姑娘弹着一种单弦琴,小伙子唱着恋歌,随着成双成对的恋人走进沙漠,热闹半夜。通过这种活动,姑娘可选择自己的终身伴侣,小伙子在姑娘如泣如诉的琴声伴奏下哼着恋歌,尽倾肺腑。

在过去的漫漫岁月里,茫茫沙海之中的交通贸易靠骆驼商队来沟通,即使到了现代交通发达的今天,汽车、摩托车、飞机等虽早已征服了沙漠,但在交通闭塞的地区,每年仍然有无数的骆驼商队在古老的商道上来往奔波,仍然是不可缺少的"沙漠之舟"。最早,马匹和驴子是主要运输工具。公元1世纪,骆驼被罗马人引进黎波里,用于撒哈拉的商道贸易。到了公元5世纪,撒哈拉地区商道交织,开始形成商道网络,贸易规模随之越来越大。阿拉伯人进入撒哈拉地区后,组织起庞大的商队,逐步控制了商道。公元8至11世纪,商道贸易大发展,此后的三四百年达到盛世,形成穿越沙漠沟通南北的西部商道、中部商道和东部商道,其中以通往西非地区的西部商道最为发达。仅从北非中西部通往西非的就有四条主干线;的黎波里—木祖克—加特—阿加德兹—加奥;突尼斯城—圣瓦格拉—图特瓦—延巴克图(通布图);特累姆森—西吉尔马萨—塔加扎—瓦拉塔;非斯—马拉喀什—瓦当—奥达哥斯特。随着北非市场对西非黄金、象牙、柯拉果和奴隶需求量的增加,商道不断地向西非内地伸延,直抵几内亚湾热带森林的北缘。撒哈拉商道的贸易促进了南北经济的发展和文化的交流。商道所经之处的许多地方出现了居民点,兴起了城市。

来到沙漠南缘的人们,常可以看到行进在古老商道上的"马帮"——骆驼商队。一峰峰的单峰骆驼,驮着笨重的货物,排着长长的队伍,缓慢而有节奏地跋涉在茫茫的沙海之中。外行很难想象到商队之旅是那样的忍耐饥渴、历熬艰辛的苦难历程。骆驼商队一般都有严密的组织,一支商队由十多人和上百峰甚至几百峰骆驼组成,商队成员大都是同一家族的人,人手不够时再雇些苦力。骆驼大多是属于氏族的。从北非穿越沙漠到达西非,大约需两个多月时间。要想商旅顺利,关键是要熟悉沙漠通道、水源分布,没有沙暴和强盗的袭击。由于沙漠气候恶劣,白天灼热似火,夜间寒冷透骨,商队只好清晨出发,中午休息,午后再启程,傍晚宿营。

一峰骆驼可载大约200千克的货物,以每天行走30~40千米的速度,连续跋涉几个星期,在损失体液27%的情况下(近于体重的1/4),依然能够活下来。人们必须知道这一限度,超过这个限度,骆驼就会躺倒,安静而顺从地等待死神的来临,没有任何办法使骆驼再能站起来了。

商队生活是十分艰苦的。启程前,必须带足干草、木柴、水和干粮,以保证度过艰难岁月,完成商队使命。10月是撒哈拉商道启程的黄道吉日。商队在吉日良辰出发时,装货场上人声喧哗,骆驼嘶叫,热闹非凡。货装好后,每12峰骆驼拴成一队,排成长长的队伍,浩浩荡荡的骆驼大军在羚羊角敲打铁铃的响声中起步,踏上旅途。

头顶无一丝云彩的蓝天,脚踏无穷无尽的黄沙,骆驼肥大的蹄子踩着沙子一步一个节奏,不急不忙地在这蓝天黄沙中缓缓前行,赶驮人在一边跟着,最初时还有说有笑,有的还悠悠地哼起乡土小调,可在起步一小时后,队伍就沉默了,无声无息,只是时不时用眼或手关注一下货捆是否松动。到了中午,烈日当空,炽热难熬,赶驮人才攀上驮背,躺倒在草捆中去睡一觉,骆驼却是不停歇地照常行进。用饭时由一人分送到每个人的碗里。直至晚上11点钟,猎户星座升起便是商队停息的信号。人们把货捆卸下,给骆驼喂草,安排骆驼躺下,再把卸下的草捆围成半圆形的围墙,用以挡风沙。在围墙里用木柴生起篝火,拿出炊具,熬小米椰枣粥。当人们裹着毯子睡下的时候,已过了半夜。天似黑色的穹庐,笼罩着大地,除了星星眨眼和风声呼呼,四周寂静极了,好似到了天际边缘。

次日早晨6点,疲倦的赶驮人被寒风吹醒,他们又必须重复昨天的工作,把几百个货捆再次装到骆驼身上,又开始了漫漫的路程。这样日复一日,甚至月复一月,直至到达目的地——绿洲。

商队驻扎在绿洲的外围。商队一到,当地穿红戴绿的妇女和姑娘就背着椰枣筐围绕着商队人员兜售。但商队人员第一天尽量避免做生意。由商队头领先到绿洲集市上,与熟悉的朋友喝茶聊天,了解当年椰枣的收成、质量以及盐的价格等行情,然后才开始做买卖。

就在商队的宿营地里,只见商队头领把小米倒在一张兽皮上,把空碗放在米堆中央。当地的妇女让小米从手指上滚下来,而商队男人把椰枣翻来覆去地嗅闻着,各自都在选货,双方满意后,谈妥价钱,交换开始。通常是一份小米换两份椰枣。量器是碗。卖椰枣的妇女试图把碗中的小米堆得尽可能高,商队的人员也尽力让碗装更多的椰枣。尽管事先一切都已谈妥,但在交换时有时也会再次讨价还价,甚至争吵。

商队对盐的质量更加注重。他们必须亲自跟着盐工到盐场区挑选盐棒,对盐棒的要求是干而不脆,掺泥比较适当。选好的盐棒被带回宿营地,用草席包扎,以防止途中因颠簸而破碎。破碎的盐棒是卖不出好价钱的,质量好的盐棒在家乡出售可比原价高出好几十倍。

　　交换生意结束后,商队把换来的货物同剩下的柴草等装筐打捆,给每峰骆驼驮上,然后告别绿洲,踏上归途。此时的商队人员归心似箭,所有的眼睛都不时地眺望家乡,默默计算着归期,盼望与家人早日团聚。他们心情好,步伐自然比来时要轻快得多。骆驼在地平线上依旧不紧不慢,一步一个节奏地行进着……

专题研究

马里畜牧业可持续发展对策研究

一、畜牧业在国民经济中的地位

1. 畜牧业在国民经济中的地位

马里是传统的农牧业国家。20世纪70年代末,马里的农业产值占国民生产总值的50%以上。虽然近些年,由于经济结构的优化与调整,农业产业占国民生产总值的比重有所下降,低至36.3%,但不可否认的是,农牧业仍在马里起着至关重要的作用。

在马里,畜牧业被认为是推动经济可持续增长、创造就业、增加收入和外汇的主要力量。它在第一产业中占据重要位置。不少于85%的马里农民投身于这项产业之中,这一产业成为超过30%的人口的主要收入来源。畜牧业是整个生产系统的决定性的组成部分,因为当今在88%的农场中,少于10个人的占43%。与土地不同的是,牲畜是相当集中的,这是因为聚集多于20个人的农场是非常少的(14%),但却集中了53%的牲畜。43%的农场拥有大概10到20人。

统计数据显示,畜牧业大概占马里国民生产总值中第一产业的26%,国民生产总值的9%,成为仅次于金子和棉花的马里的第三大出口资源。畜牧业的经济价值在于其相关产品,在于它能够满足人们的消费需求,更在于能通过增加就业岗位和提高生产者或其他行业参与者的收入来减少贫穷,尤其是对于那些最贫困的人而言。

2000年至2010年,马里畜牧业产量中牛肉由11.2万吨增至14.4万吨,羊肉由2.8万吨增至4.6万吨,鸡肉由2.9万吨增至4万吨。

表 1　马里 1999—2010 年畜产品产量　　　　　　　　　　　　　　　单位：吨

产品	牛肉	羊肉	山羊肉	鸡肉	牛奶	羊奶	绵羊奶
2000	111930	28125	38500	29175	203558	195900	96000
2005	126750	39746	50603	36000	243653	238590	126000
2010	143676	46444	69061	40600	308700	347000	160000

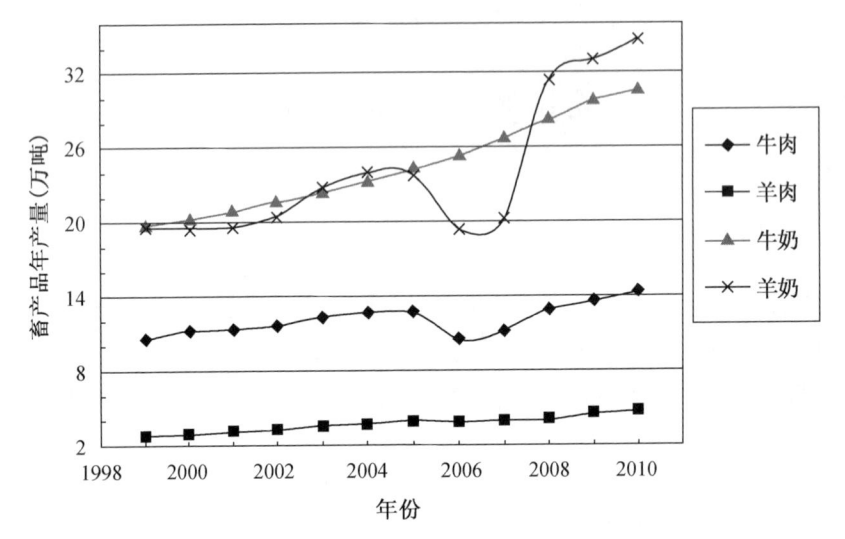

图 1　马里 1999—2010 年畜产品产量曲线图

资料来源：联合国粮农组织。

2. 畜产品的供应、需求及消费

（1）牲畜/肉的供应、需求及消费

马里全国范围内的动物交易活动在 60 个市场里进行。动物产品的消费水平依赖于多种因素，如饮食习惯、消费者的购买能力、牲畜供应和需求的季节性变化、气候的突发状况和经济困难。

1986 年至 2006 年，马里全国范围内肉类消费总量从 107268 吨上升至 192019 吨。牛仍然是屠宰的主要牲畜，但在红肉消费总量中所占的份额正在下降，从 1986 年的 54% 跌至 2006 年的 48%。马里牛肉消费比例下降是因为牛出口的增加，同时小型反刍类动物的消费量逐渐升高，尤其是北方的骆驼。

2006 年人均年红肉消费量为 16.5 千克，自 1986 年起，这种消费趋势逐渐上升。

（2）奶和乳制品的供应、需求及消费

2009年，马里全国可食用奶量达到554817000升，人均消费奶量达到39升。考虑到进口的奶类，人均年消费奶量将达到30～40升。然而，地区差异十分大。游牧地区人均年消费奶量大概是30升，而南部地区则为5～6升，其余地区为10升左右。此外，最新研究报告指出，巴马科地区50％的城市人口人均年消费奶量25～100升，塞谷地区40％的城市人口人均年消费奶量大约39升。马里的奶类没有出口，都在本国消费。同时，没有断奶的小牛犊也会消耗一部分奶量。

3. 畜产品的出口

继1994年1月以来法郎①贬值，马里出口给一些沿海国家的牲畜/肉的数量大幅度增加。

马里主要出口牛、绵羊，其次是山羊和骆驼。活牛主要销往尼日尔、尼日利亚、布基纳法索和其他国家，活羊则销往几内亚、阿尔及利亚等国，牛肉和羊肉出口几内亚、塞内加尔、多哥和法国等国。表2和图2主要显示了2003—2009年马里活畜的出口状况。

表2　2003—2009年马里活畜的出口变化　　　　　单位：头

种类＼年份	2003	2005	2009
牛	93011	58945	144412
绵羊/山羊	165279	243117	512255
骆驼	3533	306	2925
猪	—	—	313
家禽	18082	294985	6075

资料来源：联合国粮农组织。

---

① 这里的"法郎"指的是非洲金融共同体法郎。

二、畜牧业发展的条件

1. 草地条件

马里地形平整,起伏不大。整个西部、中部和北部几乎全是平均海拔200~300米的平原,面积占国土90%以上。西部有塞内加尔河穿越,南部和中部有尼日尔河流过。北部则是石漠、沙砾漠、砾漠以及沙漠。

根据联合国粮农组织的调查,马里的农业土地面积从2000年的3867.4万公顷增加到2007年的3961.9万公顷。其中耕地和永久性耕地面积占的比例较小,2005年为484万公顷,占国土面积的3.9%;森林面积下降到1257.15万公顷,占国土面积的10.14%;内陆水面保持在200万公顷,占国土面积的1.61%。农用土地中,耕地和永久性耕地面积占12.26%,永久性草场和牧场面积增加到3463.9万公顷,占国土面积的27.93%。由于草场全部为可任意放牧、不加管理的天然牧场,开发利用效率低,其潜在载畜量平均只有0.8头(牛)/公顷,目前实际载畜量约为0.5头(牛)/公顷。

流经马里境内的尼日尔河、塞内加尔河可灌溉土地1800万公顷,约占全国总面积的15%,全国已耕地面积约350万公顷,占可耕地面积20%。由于基础设施落后,马里总灌溉面积未曾增加,为23.6万公顷,比例很低。

表3 2005—2009年马里农业土地资源状况　　　　　　　　　单位:千公顷

类别＼年份	2005	2009
土地面积	122019	122019
农业面积	40342	41101
耕地和永久性耕地	5703	6461
耕地	5603	6361
永久性耕地	100	100
永久性草场和牧地	34639	34640
森林面积	12885	12569

数据来源:联合国粮农组织。

马里位处非洲西部撒哈拉沙漠南缘,北部为热带沙漠气候,中部、南部为热带草原气候,是一个以荒漠和热带草原为主的国家。气候条件影响下的水草资源将决定牧民的畜牧方式。

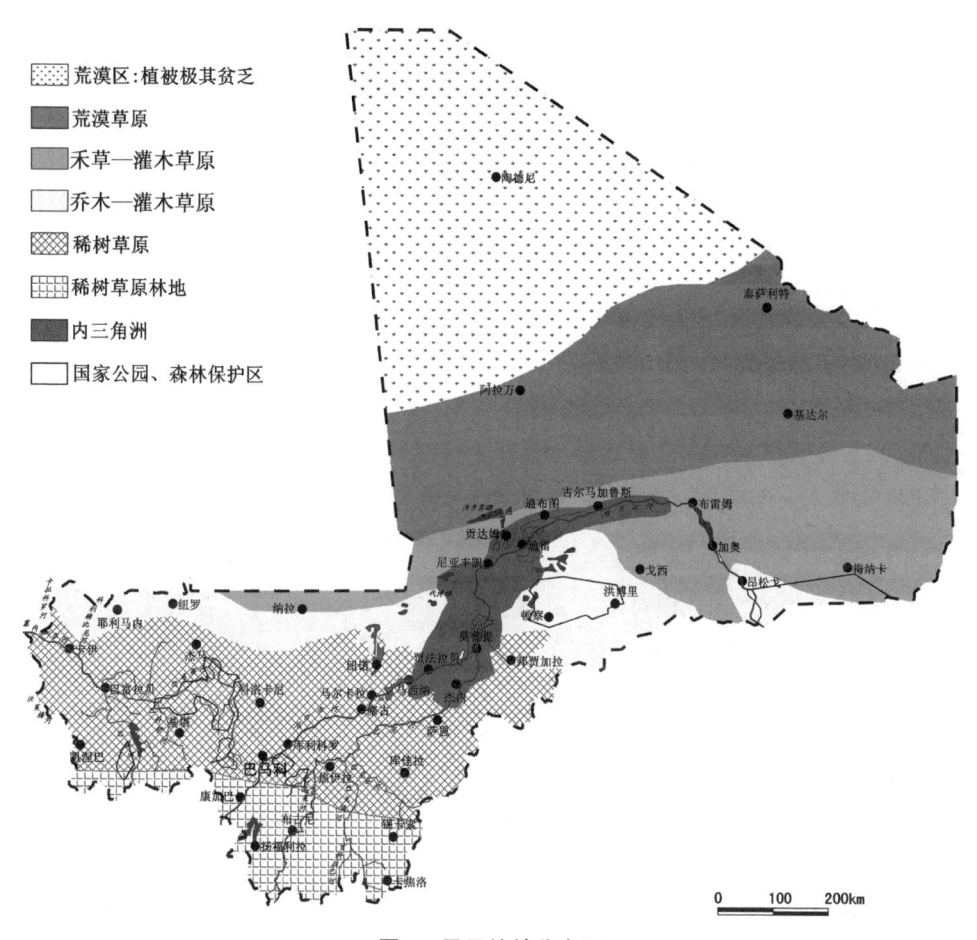

图2 马里植被分布图

资料来源:(苏)Г.ф.拉钦科,等.马里共和国[M].刘伉,等译.北京:商务印书馆,1981.

① 荒漠带:马里有一半的国土都是灌木和禾草—灌木荒漠,植被极度贫乏。生长在这种地方的主要是旱生灌木和半灌木以及耐旱禾草。在荒漠中,很多植物只有依靠快速生长才能生存,生长着这种短命植物的广大地面,可充短期牧场使用,当地称为"阿舍布"。

① 热带干草原(萨赫勒带):根据降雨量的多少可将本区分为南北两部分。北部平均降雨量不足350毫米,属于草原型草本植被,主要牧草有黍属、莎草属、三芒草属等耐旱的禾本科植物。南部年平均降雨量在350毫米以上,大部分植物仍然不外乎禾本科如三芒草、坎坎草和须芒草以及到处都能生长的刺槐。禾草、羊蹄甲

和刺槐的叶、花、荚、枝都可用作牲畜的饲料。

③ **热带稀树草原（苏丹草原）**：自热带干草原以南，是典型的热带稀树草原地带和高草稀树草原。这里的禾本科草类植物生长得特别茂盛，其中很多是牧场养畜业和游牧—牧场养畜业的饲料基地。

④ **热带草原林地**：马里最南部有面积不大的热带草原林地，沿着河流两旁有走廊林。自北而南，随着湿润季越来越长，草被也越来越密、越来越高，大树也越来越多，其中分布最广的是木棉树、卡里特油果树、内雷树和各种无花果等。

热带草原给牲畜提供了良好的天然牧场，但由于降水的地区性和季节性差别很大，植被的生长受到了严重限制。雨季时，水草丰美，牲畜膘肥体壮，旱季时牧草枯萎，牲畜开始掉膘甚至死亡，乳牛产奶量直接下降。

2. 水资源条件

(1) 降雨量与季节性规律

马里几乎全部位于热带，全年的气温都很高。全年分为三个季节：3—5月为热季，6—10月为雨季，11—次年2月为凉季。年平均气温在28℃~29℃，甚至最冷的1月平均气温也不低于20℃。马里又是一个干燥之国，由于降雨量小，气温高，干燥的东北风盛行，相对湿度自然很低。年平均相对湿度，在北半部不超过25%~35%，最湿润的南方也不超过60%。2—4月湿度最小，6—9月湿度最大。

马里降雨的地区分布也很不均匀。雨季多阵雨，全年雨量多集中于7—9月。全国年平均降雨量约700毫米，由南至北渐次递减，最南端的年降雨量可达1500毫米以上，而北部的荒漠里有些年份滴雨不降。东南部锡加索地区达1300毫米，巴马科约1000毫米，北部撒哈拉地区则减至50毫米。降雨量的多少，各年之间也有很大出入。

(2) 地表水

马里的河道网，基本上是由非洲的两条大河——尼日尔河和塞内加尔河组成的。这两条河流的流域，很大部分在马里境内。

塞内加尔河是由巴芬河和巴科伊河及其支流在巴富拉贝附近汇合而成的。塞内加尔河上游有很多急流和瀑布。卡伊附近有两个风景秀丽的瀑布，即费卢瀑布和圭纳瀑布。卡伊以下急流的数量和规模都小，但低水位时期航行仍有困难。自卡伊以下不远，科林比内河来汇合；再往下，又有卡拉科罗河携其时令性支流来汇合。它的上游左支流法莱梅河构成了马里和塞内加尔的国界线。塞内加尔河从巴芬河源头到入海处长约1700千米，大部分在马里境内。

由于有些河段下切过深，河岸很高，河谷很窄，所以塞内加尔河沿岸很少地方实行洪水灌溉，而是利用这条河的河水进行抽水灌溉。塞内加尔河的整治工程和河水的综合利用涉及多个国家，目前马里、毛里塔尼亚和塞内加尔三国正在考虑进行区域合作。

(3) 地下水

马里没有地表径流的国土约占一半,在这种地方,地下水是唯一的水源。在从事迁徙农业的地区,每个村庄都有一口或几口井。在利用井水的牧区和半牧区,有些地方水井显著不足,牲畜饮水处不敷应用,牧场资源也因此得不到合理的利用。干旱严重限制了马里农牧业的发展,因此,利用地下水更显得极其迫切。

在北部地区,几乎所有的畜群都掌握在摩尔人、图阿雷格人和颇耳人手中。畜群的牧场随着季节从北往南往返移动。雨季的时候,牲畜散布在北方的草原地带,雨季后又集中赶到河塘的两岸,在持续八个月的旱季则迁移到南方。雨季一开始,它们又回到自己北方的故乡。广阔的草原、高质量的牧草和熟练的牧民,这些有利条件使畜群大量繁殖起来。饲养牲畜是为了增加牲畜头数,并不是为了增加奶或肉的产量。牲畜头数愈多,牧主的社会名望就愈大。在马里中部地区,定居牧民正在增多,放牧只限于在短距离范围内,在旱季时就寻找那些地势比较低,因而也比较潮湿的地方。这里的牧主是定居的颇耳人,他们一部分人生活在索宁凯人、班巴拉人和马林凯人的村子里,或者本身就是农民,他们饲养牲畜只不过是作为他们农业劳动之外的一种副业。

3. 人口与民族

(1) 人口及城乡人口分布

2004—2005 年的农业人口普查显示,马里农业人口为 8912459 人,相当于全部人口的 78%,其中 75% 是农牧民,10% 是纯粹的牧民,9% 是纯粹的农民。这些农业人口分布在 805194 个农场的 1374215 户家庭之中。这些农场平均占有 4.7 公顷的土地。与此同时,87% 的农场每人至少拥有一头牲畜。2007 年,马里人口的约 73% 居住在农村地区,27% 住在城市。尽管大多数人口都生活在农村,但干旱年之后的自然增长和大量外流导致了自 1976 年以来城市人口的迅速增长。

表4 2009 年马里农业劳动力资源状况

农村人口 (千人)	城镇人口 (千人)	参加经济 活动总人口 (千人)	参加农业 生产人口 (千人)	参加农业 生产男性 人口(千人)	参加农业 生产女性 人口(千人)
9680	5230	3942	11267	1870	1109

数据来源:联合国粮农组织。

马里 15 岁以下的人口占总人口的 46%。2007 年,马里人均寿命仅为 48 岁,尽管比其他非洲国家要高,但远低于世界平均寿命水平。

(2) 民族因素

民族是牲畜饲养方式的另一个决定性因素。由于各类人民所处的自然环境不同,他们在饲养牲畜的过程中积累了利用各类草原的丰富经验,并形成了各具特点的饲养方式。[1] 例如,马里的富拉尼人以养牛著称,他们从 14 世纪开始从塞内加尔河流域向外扩展,有些向南进入富塔贾隆高原,有些则向东扩展至乔斯高原和巴门达高原。除部分定居外,相当大的一部分富尼拉人仍过着游牧、半游牧的生活。

三、牲畜组成及其饲养方式

1. 牲畜的组成

马里畜牧业中肉类和奶类部门所用的牛大部分属于瘤牛,有摩尔牛、图阿雷格牛、阿尔扎克牛和富拉尼牛。而无瘤牛主要是恩达马牛和西非短角牛。

绵羊有马西纳的毛用羊、摩尔羊、图阿雷格羊、富拉尼羊和南方的毛用绵羊。山羊主要是一些萨赫勒羊和富塔贾隆羊。这几种山羊与摩尔、图阿雷格等品种的不同在于,它们的产肉产奶量不高,但是它们能很好地适应畜牧中的艰难环境。

同样,比如说恩达马牛分布在北纬 10°以南,这些地方多属热带雨林和高草稀树草原区,萃萃蝇猖獗,只有抵抗力强的无瘤牛才能适应。从北方来到南方的牲畜繁衍下去,通过杂交,增加了南方牲畜不具备的抗寒力和适应力,最好的例子是恩达马牛。

骆驼是一种耐炎热、耐干燥,以有刺灌木的枝叶为食的牲畜,最能适应荒漠、半荒漠的炎热干旱条件。骆驼不仅能够提供肉、奶、毛、皮,更重要的是它们能够搬运货物和输送人员,素有"沙漠之舟"的称号。因此,骆驼在牧民生活中占据重要地位。非洲骆驼都是单驼峰。

除了骆驼能够作为役畜和驮畜之外,马、驴、骡也具备同样的功能。

---

[1] 姜忠尽.非洲农业图志[M].南京:南京大学出版社,2012.

2. 牲畜的数量

截至2009年12月21日,马里的牲畜数量为:8896300头牛,11300200只绵羊,15735600只山羊,478000匹马,861800头驴,904400头骆驼,74200只猪和33950000只家禽。

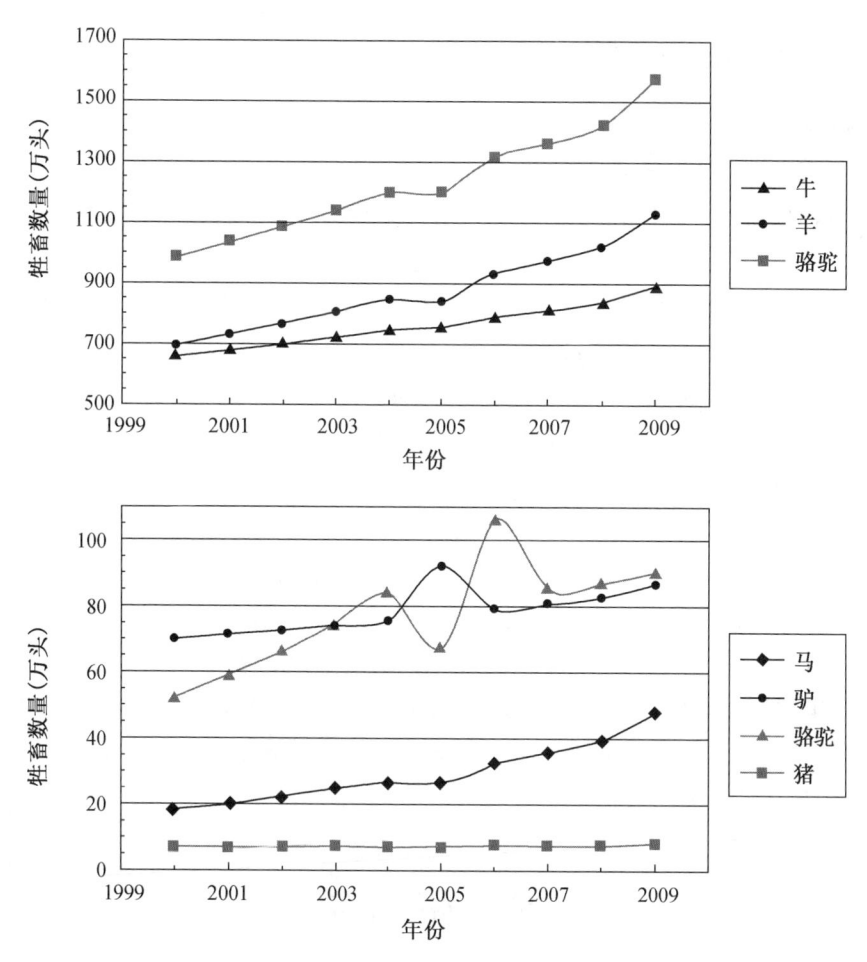

图3 2000—2009年马里牲畜数量变化曲线图

资料来源:马里国家生产及动物产业局报告(DNPIA,2005—2009)和规划统计部报告(CPS,2000—2004)。

表 5　2000 年至 2009 年马里牲畜数量的变化　　　　　　　　　单位:头

年份	牛	绵羊	山羊	马	驴	骆驼
2000	6619751	6937371	9847916	181520	695250	525252
2005	7532000	8408000	12000000	265000	919000	674000
2009	8896392	11300247	15735670	478187	861820	904425

3. 牲畜的饲养方式

众所周知,马里的大部分国土被用作牧场,畜牧业在萨赫勒地区和萨瓦纳地区盛行。牧民中一部分定居,一部分游牧、半游牧。

① 游牧:这是一种粗放的、规律性的迁移放牧方式,虽然牧民的迁移范围与游牧路线很难精确划定,但都有相对固定的范围、专场点和重点。按照气候对水草条件的影响程度将游牧划分为季节性游牧和非季节性游牧。富拉尼人、摩尔人、图阿雷格人等主要进行季节性游牧。[1]

① 半游牧:半游牧和游牧都属于粗放的饲养方式,两者的主要区别在于:半游牧民有半固定的住所,从事少量种植业,又从事放牧业(其中老人、妇女、儿童从事种植,青壮男人主要负责放牧),等粮食作物收获后再继续迁移,其牧场就是各种草地、休闲地和留茬地,游牧距离较短。富拉尼人就采用半游牧的方式。

③ 定居放牧:定居放牧指的是在村舍占有的土地上有固定场所的牧民或农民在从事种植业的同时还从事畜牧业的一种生活方式。牧民不再仅仅依靠天然草场,而是在自己的土地上种植牧草,对用不完的牧草加以储备,在旱季喂养牲畜。

马里的牧民约有 50 万人,他们多半过着游牧生活,只有极少数人从事种植业。其中萨拉科莱特、塞努福、图阿雷格、桑海、班巴拉和马林克等族人居住于尼日尔河冲积平原,从事传统种植业。

四、牲畜的分布

马里的各类牲畜区域分布与生态环境有密切的关系。牛主要分布在巴马科、莫普提和加奥;绵羊和山羊主要分布在加奥、莫普提和塞古;驴主要分布在加奥、莫普提和巴马科;马主要分布在巴马科、塞古和莫普提;骆驼主要分布在加奥;猪和家禽主要分布在塞古和巴马科。

---

① 姜忠尽.非洲农业图志[M].南京:南京大学出版社,2012.

表6 2009年马里牲畜地区分布　　　　　　　　　　　　单位:头;%

地区		卡伊	库利科罗	锡卡索	塞古	莫普提	通布图	加奥	基达尔	巴马科	2009总数
牛	头	947465	1276631	1418085	1003514	2490990	900315	766869	63164	29358	8896392
	%	10.65	14.35	15.94	11.28	28	10.12	8.62	0.71	0.33	100
绵羊	头	1308569	943571	838479	986512	2083766	1430611	2298470	1367330	42941	11300247
	%	11.58	8.35	7.42	8.73	18.44	12.66	20.34	12.1	0.38	100
山羊	头	1324944	1669555	1003935	1562552	3003940	2372939	3041705	1729350	26751	15735670
	%	8.42	10.61	6.38	9.93	19.09	15.08	19.33	10.99	0.17	100
马	头	154310	81722	1913	79475	32277	101233	20466	6360	431	478187
	%	32.27	17.09	0.4	16.62	6.75	21.17	4.28	1.33	0.09	100
驴	头	76099	97042	67567	80838	125912	167452	155990	90320	603	861820
	%	8.83	11.26	7.84	9.38	14.61	19.43	18.1	10.48	0.07	100
骆驼	头	2532	9406	0	724	14833	188482	210008	478441	0	904425
	%	0.28	1.04	—	0.08	1.64	20.84	23.22	52.9	—	100

资料来源:马里国家生产及动物产业局报告(DNPIA,2009)。

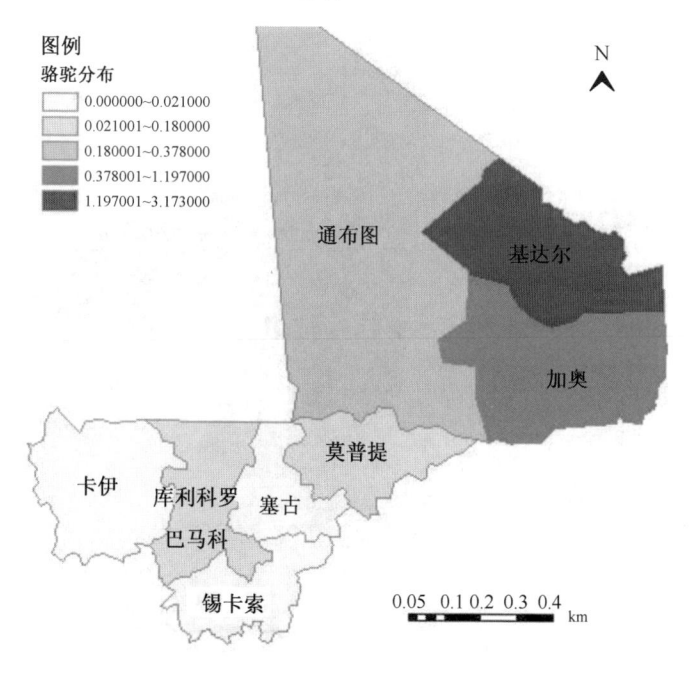

图4 马里各地区骆驼分布

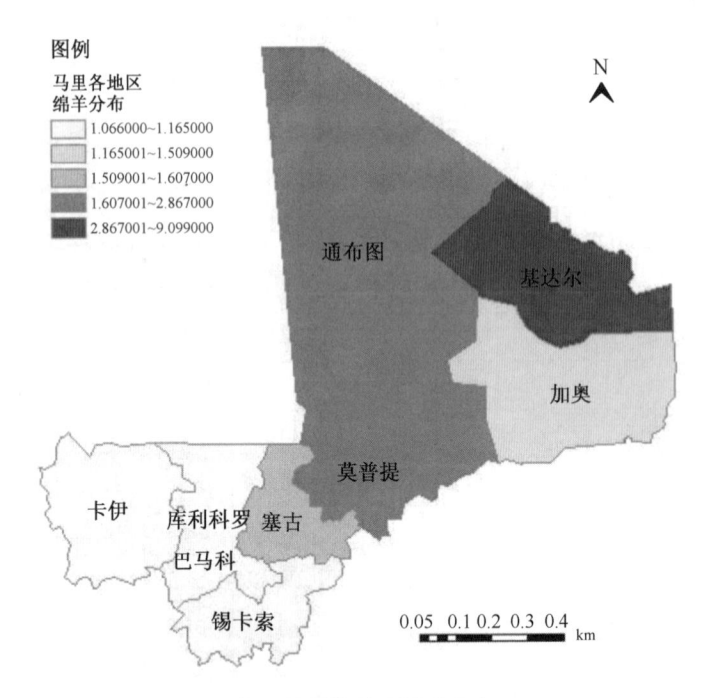

图5 马里各地区绵羊分布

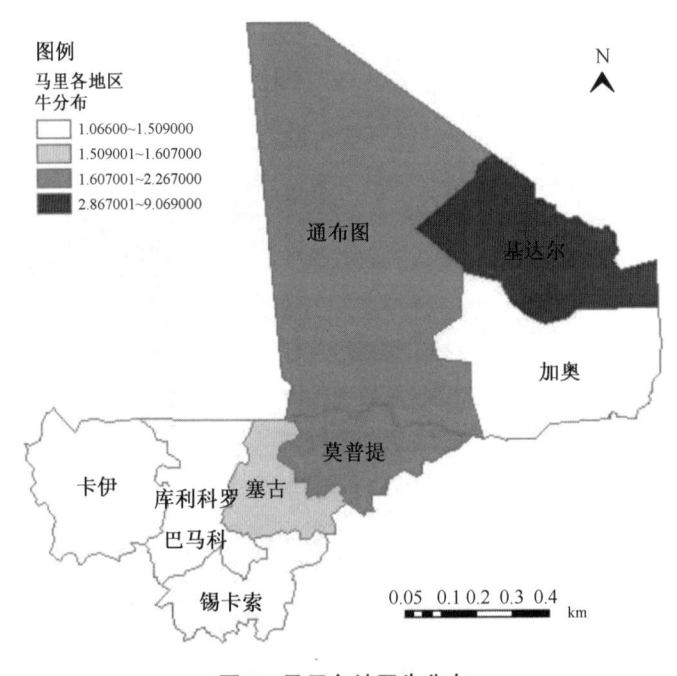

图6 马里各地区牛分布

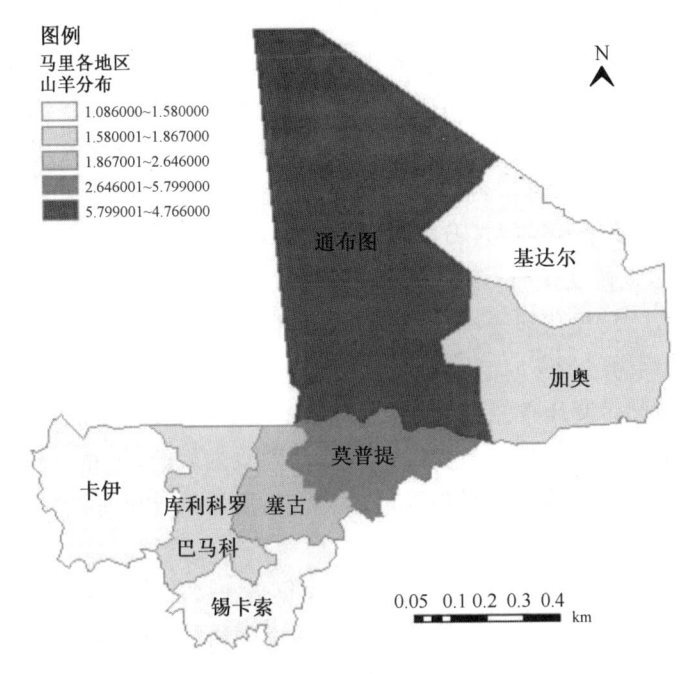

图 7　马里各地区山羊分布

五、畜牧业面临的问题

1. 草场退化与荒漠化

1994 年通过的《联合国关于在发生严重干旱和/或荒漠化的国家特别是在非洲防止荒漠化公约》最终确定了荒漠化的定义,即"荒漠化是指包括气候变化和人类活动在内的种种因素造成的干旱、半干旱和半湿润干旱地区的土地退化"。

今时今日,荒漠化问题已经被列在全球环境问题的首位。尽管联合国和许多国家的政府、企业、非政府组织与个人做了大量工作,在某些地区也取得了一些进展,但总的趋势是,处于干旱半干旱地区的第三世界国家土地退化还在继续,荒漠状况进一步恶化,而且越穷的地方荒漠化越严重,荒漠化越严重的地区人们越穷困。[①]

马里的畜牧业主要盛行在萨赫勒地区和萨瓦纳地区。而萨赫勒地带又是世界最严重的荒漠化地区。20 世纪 60 年代末,这个地区的严重干旱和荒漠化问题引

---

① 叶谦.荒漠化:问题与出路的思考[J].世界环境,2006.

起了全球对荒漠化问题的重视。经研究,造成荒漠化的原因主要包括自然因素和人为因素两个方面。

自然因素方面,气候不仅是造成荒漠化的潜在条件,还可能直接造成荒漠化。"有不少科学工作者坚持认为,萨赫勒地带的荒漠化与气候变化有密切关系,气候变化是这里荒漠化的原因。不能否定,在地质史上,由于气候变化,该地带曾不止一次地发生过荒漠化,例如,据研究,在更新世时,这里不断发生气候干湿状况的波动或交替变化,气候变干时,该地带就会发生荒漠化。"[①]例如,持续的大旱导致草场面积不断缩小,沙漠化加速,草场承载能力下降。这一现象在西非热带干草原草场尤为严重。因为热带草原雨季的长短及雨季来得是否迟缓,受到副热带高压的严重影响,若副热带高压很强且持续很久,则雨季来得早,北涝南旱;反之则雨季来得晚些,南涝北旱。大旱打破了牧民传统南北移牧的规律,牲畜的饥饿期频繁出现,牧草在未生长之前就被牲畜啃光,长期下来,草场植被破坏严重,加速了荒漠化,承载能力下降。

人为因素方面,过度放牧、滥施耕作、过度樵采和烧荒的机制,更是加速了荒漠化的形成。在萨赫勒地带,除了局部地区和最南部边缘地区外,基本上是牧业地区。近些年来,由于社会的变革和现代医学的进步,人类死亡率下降。1980—2000年,萨赫勒地带的人口每年增加2.8%,直接导致粮食及各种物品需求的增加。粮食的短缺引起耕地面积的扩大,农牧开始争地。马里虽然土地面积广阔,但适宜种植作物的肥沃良地很少,再加上经济技术落后,单位面积的粮食产量很低,干旱年份饥饿问题仍十分严重。为了临时解决饥饿问题,不少地区实施扩大耕地面积的计划,耕地的不断扩大侵占了较好的牧场,把一部分牲畜挤向其他草场,造成草场载畜量倍增,出现了过牧和草场退化。同时,因为交通条件的改善,农产品能够运到更远的市场去出售,人们对于畜产品的需求增强。供求关系的变化影响了这一地区的牧民,使他们通过养殖更多的牲畜来赚取利润,这也加剧了过度放牧现象。贫瘠的土地被牲畜来回踩踏,未能及时生长的牧草也被牲畜啃食消耗,于是愈来愈多的土地变成了荒漠。此外,为了得到稳定的税收,当地政府要求牧民留在原地放牧,人和牲畜不愿舍近求远,往往无控制地向水井附近集中,大量采集地下水,造成水井周围草场严重的人畜压力,水井布局密度和草场承载力不相适应。最后,广泛存在的烧荒也加速了荒漠化的形成。牧民在干季开始时烧荒,目的在于清除枯草,防治病虫害,以便使新生幼苗在雨季时得以顺利生长,但烧荒使植被和地面枯枝落叶全部烧光,使土壤失去腐殖质来源,还使土壤腐殖质大大减少,并使土地暴露于风蚀和水蚀。烧荒不慎时,常会引起大面积的火灾,其后果更为严重。

---

① 丁登山.从萨赫勒地带的荒漠化看世界荒漠化的原因[J].大自然探索,1996(1).

2. 荒漠化的防治

前文也提到,联合国和许多国家的政府、企业、非政府组织与个人在防治荒漠化问题上已经做了大量工作。1994年6月7日,《联合国防治荒漠化公约》在巴黎通过并于1996年12月正式生效。该公约的核心目标是由各国政府共同制定国家级、区域级和次区域级行动方案,并与捐助方、地方社区和非政府组织合作,以应对荒漠化的挑战。2005年5月2日至11日,该公约履行审查委员会第三次会议在德国波恩举行,审查了非洲国家的履约情况。

除了要将荒漠化问题和目前全球气候变化结合起来,明确发达国家对发展中国家的荒漠化问题的责任,要求其在技术上给予支持、基金上给予补偿,还应将政府政策和市场机制结合起来,发展那些能够高效利用于干旱半干旱地区有限资源的产业,采用高新技术提高产品价值,并且要改变以往那种单纯依赖外来技术的治理方法,更多地从当地传统方法中吸取经验。

简言之,荒漠化防治不是穷一时之力可以解决的问题,它要求各国在共同协作的基础上,根据现有的人力、物力资源和科学技术条件,商讨并推行有效的防治措施。这是一项长期且巨大的工程。我们最终的目标是要在以后的可持续发展中,实现人与自然、动物与自然的和谐相处。

3. 水草资源的合理开发利用

对于牲畜生长过程中所需水、草资源的合理开发利用,马里政府采取了一些具体的行之有效的措施。首先,改善牲畜饮水。在缺少水源的地方打了100多眼井,使牲畜都能饮到清洁的水。其次,改良牧草、禁止烧荒。牧草的可利用性和质量来自水和氮、磷,当水源充足时,牧草的蛋白质和氮的含量高而纤维素少,适口性好,有利于牲畜的生长。巴马科附近的索屠巴已经建立了一个牧草研究站,试验新品种牧草。通过输入草种、树种,对草原进行合理的管理。

4. 牲畜疾病防治

动物的健康,既是制约马里畜牧业发展的因素之一,也阻碍了小生产者的畜牧业发展。近些年,这一方面问题的解决主要得益于成立至今的政府的重视和提供的相应服务。国家和私人的服务保证了动物健康。兽医服务涵盖了整个国家,并建立了许多动物卫生基本设施(9个区域部门,55个区,181个兽医站、接种站)。马里国家兽医服务局有541名工作人员,其中75名是兽医,233名是高级技术人员,135名是畜牧专家。

(1) 动物易得的主要疾病

马里肆虐横行的一些牲畜疾病包括：牛传染性胸膜肺炎、牛和绵羊巴氏杆菌病、黑胫、炭疽、口蹄疫、牛块状皮肤病和纽斯卡尔病。这些疾病每年都会造成畜牧业方面的重大损失，并同样阻碍了马里的牲畜/肉进入某些市场。2008—2009年马里牲畜疾病状况如表7所示。

表7 2008—2009年马里已记录牲畜发病情况

疾病	发病案例	传染数量	生病数量	死亡数量	屠宰数量
牛肺疫	6	734	150	51	68
黑胫	1	350	24	4	2
牛巴氏杆菌	3	236	36	10	9
绵羊巴氏杆菌	2	1900	245	105	27
口蹄疫	18	33893	5676	16	0
牛块状皮肤病	10	9283	387	11	22
炭疽	2	2501	8	23	1
狂犬病	2	2	2	0	2
纽斯卡尔病	10	5015	2184	1531	69
鸡痘	3	7628	159	2	0

(2) 动物健康服务的成果及动物健康问题的控制

马里的动物健康问题的控制措施包括以下几个方面：兽医法律法规；健康监测与保护；牲畜检查和公共卫生；监测与评估，调查，教育与培训；实施项目和动物健康计划。

马里国家兽医服务局每年都会重新阅读规章制度和决议，来跟进法律草案的建立和法令实施。在次区域一体化范围内，马里的兽医服务致力于国家规章制度和西非经货联盟2007年第七号文件的统一。同时，世界动物卫生组织（OIE）、食品法典委员会和世界贸易组织（OMC/SPS）的相关规章制度的应用也被考虑在内。在健康监测与保护方面，这些措施主要以流行病监测、动物健康保护、私人手术医师的监督和控制为主。

2006年，由世界动物卫生组织和马里兽医局联合发布了一份有关马里兽医服务成果的评估报告，名字叫作PVS（Performance，Vision et Stratégie），即成果、前景与战略。马里兽医服务成果的这项评估报告被出资人和世界动物卫生组织的所有成员国当作兽医服务评估的一项参考，以及一些领域为了发展而请求国内和（或）国际资源帮助的一种鉴定。它是评定一国的兽医服务是否与国际条例接轨的依据，根据世界动物卫生组织的陆生动物卫生法典中第1.3.3章和第1.3.4章的内容可以评估一国的兽医服务质量。

(3) 畜产品加工工业基础和交通运输条件

这个因素同样也是发展畜牧业不可忽视的条件之一,它不仅影响饲养方式从粗放向集约转变,还影响牲畜的产品化和商业化。马里政府对农产品不实行统购统销政策,而是农民自产自销,粮食加工厂也自购自销。牧民饲养牲畜的区域大多数比较偏远,远离消费中心,而畜产品的加工由于技术和人力的原因,往往处于消费中心而不是牧区。目前,马里许多地区缺乏现代化的畜产品加工、保存、冷藏和运输等技术,不仅限制了水草资源的合理运用,也给畜产品的加工和运输增添了不少障碍。因此,国家为了更好地发展畜产品加工工业和交通运输,改善了牲畜传统贸易路线的服务设施,如畜栏、牧草、供水和宿营地等。

(姜忠尽　徐姗姗)

美国大学访问研究札记

20世纪60年代,我国科学技术发展迟滞,高等教育荒废数年,我们大大落后了。1978年改革开放以后,为尽快赶上世界科技发展潮流,我国开始大规模地向发达国家选派留学生。我也十分荣幸地赶上了出国留学的大好时机。我国高等院校各学科为发展需要,世界发达国家的著名大学便成了我们各学科对口选择的主要对象。美国、英国、法国、德国、意大利、加拿大、澳大利亚、日本等国的高等学校便成为出国留学的首选之地。我是研究非洲地理的学者,出国留学并不是那么急迫,似乎可有可无。20世纪80年代初,我校继续选派出国留学生,预选年轻教师集中培训英语以提高英语口语水平。根据学校要求,自己先行联系发达国家能接收留学申请的大学,确定接收后,即可办理相关留学手续。当时,我首选的是美国,不是英国和法国。就非洲研究的历史和基础而论,英、法两国远比美国实力雄厚。非洲国家的高等教育体系完全是原殖民地宗主国创建的。非洲国家民族独立后,他们与原宗主国的高校之间仍然保持着千丝万缕的联系。可能有人要问,那我为什么不选择英、法,要去选择美国呢?我的想法可能与众不同,我认为,美国研究非洲的历史和基础远不如英、法,虽是后来者,但却是后来者居上者,从厚今薄古的思想出发,值得学习。就非洲研究成果而言,英、法学者研究非洲国家的地理专著均是20世纪60—70年代的出版物,大约同一时期,美国出现了几位研究非洲地理的著名学者,亦有非洲地理专著面世,颇有影响。美国研究非洲地理具有代表性的学者,首推哥伦比亚大学的威廉姆斯·汉斯教授,他著有20世纪60年代出版的《现代非洲地理》,多次赴非洲国家考察。我直接给汉斯教授寄去了申请书,他很快回信表示欢迎我赴该校访问研究,并希望我们在哥伦比亚大学相见。同时,他也表示他已退休多年,并提了个建议,建议我考虑去波士顿大学。正在我与波士顿大学联系的过程中,教育部派我赴坦桑尼亚留学两年。我欣然从命,放弃去美国的机会,于1982年7月赴坦桑尼亚达累斯萨拉姆大学。1984年7月,圆满地完成了进修学业。

回到母校非洲研究所后,我继续非洲研究工作。在多年的国际学术交流活动中,我接待过来自英国、法国、印度、非洲国家的学者,却还没有接待过来自美国的同行学者,我没有放弃赴美国的大学进行访问研究和学术交流的愿望,哪怕是短期的。

1984年9月,前任美国非洲研究协会主席罗斯伯格(Carl G. Rosberg)教授(加利福尼亚大学伯克利分校)和于子桥(George T. Yu)教授(伊利诺伊大学香槟分校)为团长的美国非洲学者代表团,在应中国社会科学院邀请访华期间,专程到南京大学非洲地理研究室访问,并进行学术交流。美国学者分别做了"非洲农业危机和解决危机的战略"和"关于拉各斯行动计划——一个可供非洲国家选择的发展战略"两个报告。会上,我也做了题为"东非高原农业问题"的报告。这次交流活动为我们走进美国大学进行访问研究和学术交流创造了有利条件。

平心而论,美国对非洲的研究,就其研究广度和深度而言,远比不上英国、法国、德国、比利时、葡萄牙等老牌殖民主义国家,这些国家历史上都曾是某些非洲国家的殖民地宗主国,各殖民地国家的高等院校的学科建设都是殖民统治时期建立起来的,地理学科也不例外。人们经常会问,为什么还要去美国研究非洲呢?从世界各国对非洲研究的发展轨迹上看,美国的非洲研究可说是起步晚但发展最快,后来居上。第二次世界大战之前,美国对非洲的研究仅限于美国的几个大学中的少数学者,研究领域也侧重于人类学、语言学、地理学等纯学术方面,全国没有一个非洲研究中心,直至第二次世界大战结束,美国的非洲学家寥寥无几,屈指可数。第二次世界大战以后,美国为加强对外扩张,无论是政界还是商界,都需要深入了解和研究非洲,大力扶植学术界开展对非洲问题的研究。1948年,美国西北大学的人类学家梅尔文·吉·赫斯科维茨教授创建了西北大学非洲研究中心,这是美国最早和最有影响力的非洲研究中心之一。不久,波士顿大学、霍华德大学也相继成立了非洲研究中心。至1957年,美国全国已有9所大学先后成立了非洲研究中心。同年的3月22—24日,以赫斯科维茨教授为首的非洲学家聚会成立了非洲研究协会,并决定出版会刊《非洲研究公报》。该学会是致力于加强非洲信息交流的旗舰会员组织。

一、伊利诺伊大学香槟分校

赴美国大学短期访问研究的机会终于来了。于子桥教授自1986年率团来校访问交流后,多次以个人身份来我校访问。1991年,于子桥教授邀请我赴他就职的伊利诺伊大学访问研究4个月,每月资助1000美元。那时办理出国手续相当烦琐,签证需到上海的美国驻沪领事馆办理。获得签证后,需持签证赴上海国际机场预订赴美国的机票。那时,南京尚无直接飞往美国的航班,需从上海起飞。我预订了上海至美国洛杉矶的直达机票,至此,时间已拖到1991年12月,我只好赶在圣诞节前从上海起程去洛杉矶,计划抵洛杉矶后暂时落脚陆诚同志(我所派往加州大学读博士学位)住处,然后再购买洛杉矶至芝加哥的机票。抵洛杉矶后,陆诚赴机场把我接到他租住的地方。这时已临近圣诞节,美国人都要回家团聚过节,机票比较紧张,也无优惠价。洛杉矶无直达香槟城的航班,需先抵芝加哥。从芝加哥去香槟城可乘美国支线飞机,也可乘长途汽车。当我乘美国联合航空公司的飞机抵达芝加哥机场后,如乘长途汽车会比较麻烦,也比较劳累,所以我还是想乘飞机。当我准备购机票时,发现手上的美元所剩无几,不够一张芝加哥至香槟城的机票钱。当时非常为难,我只好直言相告,我没有足够的机票钱,售票员问我有多少钱,我说只有120美元,他直接向机场主管请示如何解决我的问题。请示后,他对我说,你是乘联合航空公司飞机来的,他们十分看重我选择了他们的航空公司,这是对他们航空公司的信任,有责任解决我的困难,破例收我100美元,并安排我先于其他乘客登上飞机。当我登上飞机时,心里多少有点感激之情。抵香槟城后,我在机场等候,通过机场电话直接跟于子桥教授(时任政治系主任)通电话,他派系办公室秘书开车接机,把我接到大学招待所住下来。我终于抵达目的地,一颗心总算落下来了。该大学招待所没有我想象的那样好,设备普通,跟我校的招待所差不多。在这个招待所只是临时住几天,我必须另找住处。这儿的学区房距离学校中心区越近租金越高。我找到距学校步行大约20分钟的出租公寓,三人间,设备齐全,设有公用厨房和卫生间,我租其中一间,月租金250美元,可自己做饭,这样所需的伙食费要便宜多了。美国的食品比较便宜,食品税1%,日用商品税7%,所以每月伙食费大约100美元。我安定下来以后,正式投入我的非洲研究活动。于子桥教授选择了一家中餐馆给我接风洗尘。在餐叙中,于子桥教授表示,给我延长2个月。我喜出望外,这样我就有6个月的时间,多考察一些美国大学的非洲研究活动,我便调整了原来的活动计划,以伊利诺伊大学为立足点,择机访问西北大学和艾奥瓦大学。

伊利诺伊大学香槟分校坐落在伊利诺伊州香槟城和乌班那城,毗邻芝加哥。该校的非洲研究起步较晚,其研究项目始于1970年,1986年成立非洲研究中心。至20世纪90年代中期为止,美国全国共有18所大学被指定为非洲研究方面的国家智力中心,该校的非洲研究中心是其中之一,成为美国重要的非洲研究机构之一,其研究水平和学术贡献享誉美国和世界的非洲研究学界。

我此次到访伊利诺伊大学不是应大学非洲研究中心的邀请,而是应时任伊利诺伊大学政治系主任于子桥教授的邀请而来的,所以我的研究活动是以该大学图书馆的非洲分馆为中心开展的。该大学图书馆在美国大学图书馆中排名第三位,在美国公立大学中居首位。该馆在1969年就已经着手收集文献,藏有以欧洲语言和非洲语言所著的非洲方面的书籍和文献18万册有余,杂志约2800份,地图约

4.6 万份。

　　该大学图书馆分馆有两间办公室，职工 4 人，分馆主任是一位白人女教授，时年 63 岁，其他三位均是黑人女性，两位中年、一位青年，其中一位中年女性维拉女士并非纯黑人，其祖辈是黑人跟印第安人，所以她继承了黑、黄两个人种的基因，肤色为黑棕色。我每天都在非洲分馆待上几个小时，在这个黑人小圈子里，我与他们相处得十分融洽。我虽身处美国白人的天下，但在这个小天地里，我仍然感受到了浓郁的黑人文化气息。维拉女士全天坐班，所以我们私人接触机会较多。她性格开朗，十分友善健谈。我知道美国人非常看重隐私，所以我从不打听她的私生活、婚姻家庭状况。有一天，她邀我到她家里看看，我欣然应允。她开自己的车带我一个人到她家里，她家住在黑人区，这是我到美国后第一次进入黑人区。据我所知，白人是从不进黑人区的。黑人居住区是整齐划一的砖瓦平房，街区也很干净。维拉把我领进家门，居住条件比我想象的要好很多，厨房、卫生间、客厅、卧室布局结构不错，十分宽敞，不像人们传说中的黑人区就是贫民窟，脏、乱、差，环境恶劣。黑人区和白人区不是混合的，而是各有天地。白人不会居住到黑人区，黑人更没有资格进入白人区，这就是美国社会的现实，种族歧视的真实写照。

　　在我投身该大学时，我随身携带了我在坦桑尼亚达累斯萨拉姆大学完成的两篇论文（英文版），一篇是《非洲畜牧业发展的地理条件、分布特点和问题》，另一篇是《东非高原农业地域类型初步研究》。非洲分馆主任十分重视，将两篇论文复印多套留下来馆藏。

图 1　与伊利诺伊大学香槟分校图书馆非洲分馆的两位图书管理员合影（1992 年 4 月）

图 2　伊利诺伊州香槟城长途汽车站(1992 年 5 月)

图 3　与伊利诺伊大学香槟分校图书馆非洲分馆维拉女士合影(1992 年 2 月)

图 4　与伊利诺伊大学香槟分校图书馆非洲分馆图书管理员合影(1992 年 3 月)

在该大学 4 个多月的访问研究中,该校非洲研究中心专门为我安排了一场小型学术报告会,这种形式的学术报告会不定期举行,主要为来自世界各地的学者提供一个交流平台,时间安排在中午 12:00—1:00,自由参加。我的报告是我在坦桑尼亚野外地理考察的足迹,重点反映坦桑尼亚境内农牧业的区域差异,尤其是高地农牧业活动的垂直差异。

还有一件使我记忆犹新的事。美国大型超市一般分布在城市郊区,物价比城内超市便宜,有城市公交往返,乘公交比较便宜,不管多少站,票价均是 1 美元。我到郊区一家大型超市购买了一台收录机,原价 30 美元,优惠价 20 美元。我买回来打开收听,感到收听台受其他台干扰较大,影响收听效果,我以为是收录机质量问题。几天后,我带着收录机到这家超市希望能换一台,我事先准备好了退换的理由。当我到服务台说明来意,服务员根本不听我解释,也不做货物检查,叫我直接去货架另选一台。换了一台回到住处打开收听,仍是有其他台干扰。心里的疑虑没有解开,还是想再换一台。过了几天,我又到这家超市,我先看货架上是否还有货。当时我看到货架上这款收录机已经恢复原价了,我硬着头皮又去服务台,表示还想换一台。当时担心的是,这款收录机已经恢复原价,如何换,服务员说,不必担心,还是以购买价换一台。在国内,消费者对商品不满意,退换货是比较难办的一件事,往往是"脸难看,事难办"。在美国退换货比较顺利,我问美国朋友是什么原因,美国朋友告诉我,消费者购物后,对商品满意与否,不是跟售货商家的矛盾,而是消费者跟厂家的矛盾,应由厂家解决,商家只是中介,做好中介服务是他们的职责。

我度过4个多月时光之后,按计划去芝加哥访问西北大学。分馆主任教授亲自开车到我的租住地接我,送我到长途汽车站,到站后,维拉女士也赶来为我送行并合影留念。她们发自内心地对我说,她们从未接待过像我这样亲和的外国学者。她们的真诚相待,给我留下了永不磨灭的印象,至今记忆犹新。回国后我与分馆主任教授时有书信往来。

二、艾奥瓦大学的非洲节

艾奥瓦大学是美国的名牌大学之一,非洲研究活动也很活跃,每年有一次"非洲节"活动。我之所以向往该校的"非洲节"活动,不得不说及我与美国女孩安迪相识于坦桑尼亚达累斯萨拉姆大学的一段往事。早在20世纪80年代初期,安迪在伊利诺伊大学读语言学博士,她有一年的时间赴坦桑尼亚短期留学。在达累斯萨拉姆大学期间,她居住在一位教师家,距我居住的学生宿舍不远,我俩时有见面的机会。有一天,我路过心理学系时,她突然叫住我,互做介绍。她是一位白人,热情大方,拿出一张她的半身黑白照片给我,我当时接过照片看了一下,也并没有感到有多美,就顺手还给了她。她笑着对我说,不漂亮。她还顺手给我留下了她在美国的家庭住址。在我离开坦桑尼亚回国后至1991年的6年间,我们从没有书信往来,也不知她在哪家单位工作。趁着正好有赴伊利诺伊大学短期访问的机会,我想见见这位女孩,毕竟在达累斯萨拉姆大学也曾有过一面之交。我抱着试试看的心情,给她写了封信,按她给我留的地址寄到她的家中。未曾想到,她收到了我的信并很快给我回了信。当时她已在艾奥瓦大学任教,主要辅导外国去该大学的留学生,帮他们提高英语水平。她表示收到我的信很高兴,希望我到达伊利诺伊大学时能与她见上一面,她遗憾不能来伊利诺伊大学看望我,因为孩子只有2岁,两地相距又远。我把安迪的事讲给主任听,她感到惊奇,因为她认识安迪,知道她是伊利诺伊大学的博士生。真是天助我们相会,主任要去艾奥瓦大学参加"非洲节"活动,希望带我前往。我便写信告诉安迪我要去参加"非洲节"活动,她立刻就回了信,表示她和她丈夫欢迎我去。我当时还在考虑去几天,如何住的问题,主任让我把安迪的信给她看,她看过信后对我说,她欢迎你去她家小住几天。一天中午,主任开车带上我,随行的还有一位南非的女留学生,她在该大学读博士。她单独开车,跟她一起的是一位来自埃塞俄比亚国家图书馆的馆员,在此大学进修。车行4个多小时后,我们抵达该大学,主任立即打听安迪的电话,因不知她的具体住处,不能直接把我送到她的住处,大约花了一个多小时多方联系,终于联系上了安迪。主任让我等候安迪和她丈夫驱车接我。果然不出我所料,她丈夫是坦桑尼亚黑人留学生,是在此读水利工程专业的留学生。她告诉我,他俩是在坦桑尼亚相识并结婚的,现已有一对儿女。他们把我接到家中住了下来,我这一颗悬着的心总算落地了。他们安排我睡沙发床。

我给他们的孩子买了一台儿童电子琴和小玩具,还带了一只自己腌制的盐水鸭。这是按我们中国南京的特产盐水鸭的制作方法腌制的,这是在南京大学下乡劳动的时候学来的,现在用上了,我心中很满足。他们对我很客气,吃过饭后,安迪把浴巾拿给我,说先洗个澡,早点休息。我说我带了浴巾,她有点不高兴地说,这是她自己用的浴巾,我停了片刻就接了过来。可是我并没用她的私人东西,怕她丈夫有误会,引起不快。这就是文化差异,在与外国人交往时,还是需要了解各国的不同民族的文化差异和习俗礼节。

第二天晚上,她和她丈夫一同参加"非洲节"活动,将两个孩子委托给临时家庭保姆看护。"非洲节"活动很隆重,与会者大都跳舞,我不会跳舞,只好在外围观看欣赏。舞会上摆有丰富的点心和饮料,与会者各取所需,很是热闹。白天,我去参观了艾奥瓦大学校藏非洲博物馆,几间展室内展品非常丰富,有非洲绘画、木雕和陶器,品种丰富,充满了非洲风情,给我留下了深刻的印象。

第三天,吃过早饭,主任开车带我返回了伊利诺伊大学香槟分校。

三、访问西北大学图书馆

我离开伊利诺伊大学香槟分校乘长途汽车直达芝加哥,出车站后,直接乘出租车至我事先预订的一家华人开的旅馆。这家旅馆坐落在芝加哥唐人街。我入住时没有其他客人,只我一个人,据说平常也很少有客人来住,即便有客人也多是国内到访美国的小型代表团或少数国内到访的散客。据我了解,在唐人街,由华人开的小型客栈不少,一般设备简陋,但房价较低,对国内去美国的访客还是有一点吸引力。我住的这家客栈还算不错,客房价比一般简陋的客栈稍贵一点,有专门的厨房,可自行开火做饭。

访问西北大学是我到达美国之后必须安排的一项重要活动。因为该大学在非洲研究方面具有重要的地位,享有很高的声誉。

西北大学坐落在芝加哥近郊埃文斯顿,五大湖中的密歇根湖畔,亲水环境,十分优雅。西北大学非洲研究中心是美国最早成立的非洲问题研究中心,该中心的创始人是美国著名的人类学家中的非洲学家梅尔文·赫斯科维茨教授,在他的建议下，西北大学早在1927年就开设了有关非洲的课程，于1948年启动了全美第一个"多科性非洲研究计划"，其目的是"鼓励和协调对非洲学专家的培训工作，鼓励其他专业的专家了解非洲问题及现实情况"。该中心培育了一大批美国非洲学家。非洲学的培训对象包括本科生和研究生，直至今天，该中心仍然是世界一流的非洲问题研究中心与非洲问题学者培养基地，每年都有来自世界各地的大量专家学者前来交流学习。此外，该中心与世界其他国家的许多非洲研究中心保持着密切的联系。

西北大学非洲图书馆是以赫斯科维茨之名命名的，全名为"梅尔文·丁·赫斯科维茨非洲研究图书馆"。它与非洲研究中心无隶属关系，但有着密切的联系，可说是脱离研究中心的重要部门，是全美高校中最为著名而又独立的图书馆，有一座独立的图书馆大楼。我进入西北大学后，直奔这座图书馆。该馆负责人是一位白人女性，她对我十分热情，陪我浏览了全馆主要的藏书和期刊，特别引我注意的是馆藏的来自非洲国家政府官方出版的文献，这对长期从事非洲研究的学者来说，是十分珍贵的文献资料。据这位负责人介绍，馆藏的西文和非洲当地文字图书有10万册以上，现代期刊约2000种，珍本图约3000册，另外还藏有大量的档案资料、报纸、政府文件。当时，我看到政府文件中包括大量的非洲国家政府出版物、统计资料、发展计划、各政府部门报告等。该馆馆藏十分丰富，内容涉及广泛，可以不夸张地说，在这座图书馆内，足不出馆，基本可以满足学者的需要，诸如人类学、历史、政治、经济、社会学或其他学科的文献，查阅很方便，几乎所有文献都可开架阅览。1970年以后的出版物均已统一编目输入电脑，读者可以利用图书馆终端设备查找所需文献资料。1970年以前的出版物按传统查阅图书目录卡片的方法，可查找所需文献资料。

参考文献

苏世荣,等.非洲自然地理[M].北京:商务印书馆,1983.
高秋福.多彩的非洲[M].北京:新华出版社,2006.
曾尊固,等.非洲农业地理[M].北京:商务印书馆,1984.
黄贤金,等.非洲土地资源与粮食安全[M]:南京:南京大学出版社,2014.
姜忠尽,等.非洲农业与农村发展[M].南京:南京大学出版社,2014.
梦晨.非洲之旅[M].北京:国际文化出版公司,1999.
王冬梅,王国泰.走进非洲[M].北京:中国国际广播出版社,2000.
张奋泉,等.非洲之旅[M].广州:广东旅游出版社,2007.
董文娟,等.非洲地理趣闻录[M].上海:上海教育出版社,1990.
张世钦.走进非洲[M].北京:外语教学与研究出版社,2007.
黄建文.狂野非洲[M].哈尔滨:哈尔滨地图出版社,2004.
陈宗德,等.非洲各国农业概况[M].北京:中国财经出版社,2000.
于迟.开辟海上航道[M].浙江:浙江少年儿童出版社,1994.
魏丁,马凤.神秘的非洲大陆[M].浙江:浙江少年儿童出版社,1994.
姜忠尽.非洲之旅[M].南昌:21世纪出版社,1993.
黄泽全.认识非洲[M].北京:京华出版社,1998.
黄泽全.旅游非洲[M].北京:京华出版社,1999.
甄峰,等.非洲港口经济与城市发展[M].南京:南京大学出版社,2014.
李小云,等.小农为基础的农业发展:中国与非洲的比较分析[M].北京:社会科学文献出版社,2010.
安春英.非洲的贫困与反贫困问题研究[M].北京:中国社会科学出版社,2010.
韩振乾,等.世界风情大全[M].太原:书海出版社,1991.
(英)莱恩·贝里.坦桑尼亚图志[M].北京:商务印书馆,1975.
(英)普里查德.东非地理[M].南京:江苏人民出版社,1976.
张文建.走近非洲屋脊[M].南昌:百花洲文艺出版社,2001.
钟伟云.埃塞俄比亚厄立特里亚[M].北京:社会科学文献出版社,2006.

（日）上衫千年. 郑和下西洋[M]. 上海：上海社会科学出版社，2003.

高晋元. 肯尼亚[M]. 北京：社会科学文献出版社，2004.

刘震环. 狂野伊甸园——非洲克尼亚[M]. 广州：广东旅游出版社，2001.

（苏）Г. М. 莫伊谢耶娃. 南非共和国经济地理概况[M]. 郑州：河南人民出版社，1976.

（南非）迪·里希克. 文化震撼之旅[M]. 北京：旅游教育出版社，2009.

贺明. 走遍南非[M]. 北京：时事出版社，2010.

葛佶. 南非——富饶而多难的土地[M]. 北京：世界知识出版社，1994.

卢小平. 非洲农业与中非农业合作基础研究[M]. 北京：中国农业出版社，2010.

段建国. 刚果（金）文化——世界各国文化概览[M]. 北京：文化艺术出版社，2005.

（法）P. 韦内提埃. 刚果（布）地理[M]. 北京：商务印书馆，1976.

（苏）Г. ф. 拉钦科，等. 马里共和国[M]. 北京：商务印书馆，1981.